东北财经大学国家级一流本科专业建设系列教材·会计学专业

国家重点学科 国家级特色专业
国家级精品课程
国家级精品资源共享课程
国家级线下一流课程
辽宁省课程思政示范课程

Financial Management

财务管理

（第二版）

◉ 任翠玉 宋淑琴 主编

东北财经大学出版社
Dongbei University of Finance & Economics Press
大连

图书在版编目（CIP）数据

财务管理 / 任翠玉，宋淑琴主编．—2版．—大连：东北财经大学出版社，2025.3．—（东北财经大学国家级一流本科专业建设系列教材·会计学专业）．
ISBN 978-7-5654-5618-3

Ⅰ．F275

中国国家版本馆CIP数据核字第20253GB700号

东北财经大学出版社出版
（大连市黑石礁尖山街217号　邮政编码　116025）
网　　址：http://www.dufep.cn
读者信箱：dufep@dufe.edu.cn

大连图腾彩色印刷有限公司印刷　　东北财经大学出版社发行

幅面尺寸：185mm×260mm　字数：473千字　印张：20.75　插页：1
2025年3月第2版　　2025年3月第1次印刷

责任编辑：王　丽　孔利利　　责任校对：赵　楠
封面设计：原　皓　　版式设计：原　皓

定价：52.00元

教学支持　售后服务　联系电话：（0411）84710309

如有印装质量问题，请联系营销部：（0411）84710711

东北财经大学国家级一流本科专业建设系列教材编审委员会

总序

当前，世界正处于百年未有之大变局。从纷繁复杂的国际政治经济局势，到大数据、人工智能、物联网和云计算等创新技术与经济社会生活各领域的全面深度融合，不仅催生出前所未有的新产业、新业态和新模式，而且对会计学专业人才的培养提出了全新的挑战。习近平总书记在全国高校思想政治工作会议上明确指出，要坚持把立德树人作为中心环节，把思想政治工作贯穿教育教学全过程，实现全程育人、全方位育人，并着重指出了“培养什么样的人、如何培养人以及为谁培养人”的问题。面对变革的时代与培养人才的更高要求，东北财经大学第六套“会计学系列教材”应运而生。

20世纪90年代初，我们编写了东北财经大学第一套会计学系列教材，其奉行的理念是：积数十年教材编写之经验，融十几位教授之心血，编系列精品教材。在随后的30多年间，我们在此理念的指引下，前后共出版过5套系列教材，每一套系列教材都经过多次修订和再版，总销量过千万册，得到了广大读者的厚爱和专家学者的肯定，为许多高等院校广泛选用，并多次入选国家级规划教材。本套全新的系列教材，既是30余年来我们对教材精益求精、不断自我革新的优良传统的继承和发扬，又是我们为新时代如何培养优秀会计人才交出的答卷。

基于此，本套会计学系列教材在第五套的基础上进行了全面升级，以崭新的形式呈现在读者面前。新的教材适于会计学普会方向、注会方向、国际会计方向以及财务管理、审计、资产评估、管理学等相关专业方向教学选用。本套教材包括《会计学（数字教材）》《基础会计》《中级财务会计》《高级财务会计》《成本与管理会计》《管理会计》《审计学》《财务管理》《会计信息系统》《会计职业道德》《大数据与智能会计》等11部。与第五套会计学系列教材相比，本套教材呈现以下五大主要特点：

1. 坚定立德树人的根本要务，强化课程思政对人才培养的引领。全面贯彻党的二十大精神，落实立德树人根本任务，“坚定学生理想信念，教育学生爱党、爱国、爱社会主义、爱人民、爱集体”是本套教材编写的指导精神，体现思政有关职业伦理道德内容，根据每章内容做“盐溶于水”的自然融入，注重价值塑造、知识传授与能力培养相统一，通过教材内容引导学生建立核心价值取向，培养文化自信的情怀，建立正确的职业操守，树立正确的世界观、人生观、价值观。

2. 结合新技术变革的趋势，体现新技术对会计学教学的影响。科技变化对专业人才培养具有促进作用。为了适应这一变革，本套教材在内容上注重增加技术变革对专业内容的革新，同时通过“二维码”等技术手段丰富教材资源，从而拓展教材的应用场景。利用新技术能够摆脱传统的课堂教学对于教学空间和教学条件的约束，在更为广阔的空间内开展教学活动。同时，新技术的引入也提升了教材资源体系的更新速度和更新频率，通过及时更新配套的网络教学资源，避免教材内容与实务的脱节，实现教学与实践更为紧密的结合。

3. 体现业财融合的特点，更加突出会计实践的中国特色。会计学专业的实践性较强，相关专业的大部分本科生均走向社会从事实务工作。本套教材的目标就是为会计学、财务管理、资产评估、审计学、工商管理等专业的学生以及实务人员（不同单位、不同岗位）而编写，培养既懂会计又懂管理、既懂专业知识又具有正确价值观的管理人才。本套教材加大本土案例的比重，增强读者对于中国国情和实践的了解，从而更为有效地利用专业技能解决中国问题。通过对现实企业案例的分析，使学生能够发现会计的潜在价值，深入分析发生的每一项经济业务特点以及对企业未来经营和发展战略所产生的重要影响，更好地体现"如何运用会计"的理念。

4. 教材结构体例新颖，知识体系更加合理。每一部教材不仅列出了本章学习目标、学习要点和主要概念，归纳和总结了主要知识点之间的相互联系，而且大幅度地更新习题与案例，供教师教学和学生自学使用。本套教材没有沿袭一般会计学教材过分注重程序和规则的编写体例，而是从不同信息使用者的视角，从培养和提高他们在管理实践中使用会计信息的能力的角度来阐述，构建了一整套完整的会计学专业课程用书。同时，更新了专业知识体系，使得知识体系更加合理，更加符合当前社会对于会计学专业人才的最新要求。

5. 教材资源结构立体化，体现简明、易懂、有趣、有料的特点。本套教材资源力争丰富和立体化。同时，引用大家耳熟能详的企业的经济业务，从企业案例、社会现象入手，使学生更容易理解，且学习兴趣盎然。同时，教材配套丰富翔实的习题与案例、视频资源和音频资源等，使得学习途径更加多元、学习资料更加丰富、学习趣味更加浓厚。

东北财经大学会计学系列教材是东北财经大学会计学院全体教师的共同劳动结晶，依托会计学国家级一流本科专业建设点，以财务管理、资产评估和审计学科作为支撑，集合了学院内众多优秀师资和一线教师共同讨论、编撰、修订、完善，尤其凝聚了众多资深教授和专家多年的经验和心血。新系列教材的建设工作才刚刚起步，本套初版教材仅仅是一个新的起点，我们将秉承编写精品教材的理念和初心，致力于教材资源和内容的不断修订、更新和完善，将时代特色、技术变革与学科发展前沿持续融入教材之中，使东北财经大学会计学系列教材与时代保持同频，为广大读者提供丰富、多元的系列化专业学习资源。

由于我们的经验与能力有限，教材中难免存在不足乃至疏漏，恳请广大读者批评指正！

东北财经大学国家级一流本科专业建设系列教材编审委员会

第二版前言

党的二十大报告指出，高质量发展是全面建设社会主义现代化国家的首要任务。财务管理作为企业管理的重要组成部分，在推动高质量发展中扮演着至关重要的角色。本教材紧扣高质量发展主题，深入探讨如何通过优化资源配置、加强投融资管理、提高资金使用效率等手段，助力企业实现财务管理的转型升级与价值最大化，为企业和社会的高质量发展贡献力量。

作为“国家级一流本科专业建设系列教材”之一和“国家级线下一流课程”的配套教材，本教材第一版于2022年出版。该版教材不同于以往的体系结构，而是围绕财务管理的核心内容，按照“基础理论—投资管理—融资管理—营运资本管理—公司价值评估”的逻辑思路设计教材内容，并创新性加入公司价值评估理论与方法，首次为学生提供完整的股权价值评估流程，以中国上市公司美的集团为例，完整演示股权价值评估过程。本教材系统阐述了财务管理的知识结构和整体框架，并辅之数字化资源支持在线练习、视频讲解、知识拓展、案例分析等。由于教材内容丰富、资源配套齐全，本教材第一版出版后，得到了广大师生的普遍欢迎，为我国会计人才培养和学科发展起到了推动作用。

众所周知，财务管理受经济环境、法律环境、技术环境、社会文化环境等影响比较大，尤其近几年来，国内外经济形势瞬息万变、利率变动频繁、金融法规不断推陈出新等，这些对财务管理实践均产生较大影响，党的二十大报告强调，要增强忧患意识，坚持底线思维，做到居安思危、未雨绸缪。财务管理要牢固树立风险意识，建立健全风险防控机制，有效防范并化解财务风险，从而保障企业持续健康发展。因此在教材方面也应该顺应发展、与时俱进，提升学生风险防范意识和应对能力，这也是促使我们重新修订教材的动力。

由于第一版在结构、体系和风格方面受到读者的普遍肯定，比较适合国内师生的教与学，因此第二版并未对教材的结构、体系和风格做较大调整，并保持了本教材的一个特色，就是理论与实践相结合，强调知识的应用性，在复杂公式和模型之后，都以我国上市公司的财务数据为基础，讲解计算和建模的过程，通过大量的实例将各章的前后概念和财务术语联系起来。在理论知识阐述之后辅之思考、习题、应用案例等。本教材力求将党的二十大精神贯穿始终，紧密结合财务管理理论与实践，帮助学生掌握财务管理的基本理论、方法和技能，培养学生的财务思维、风险意识和创新能力。

本次的修订主要体现在：（1）数据、内容更新。本着注重时效、务实的原则，我们对教材中所使用的上市公司财务数据进行了更新，尽量反映资本市场最新情况。（2）依据我国金融法规、政策的变化及财务管理理论前沿发展，修订部分过时的教学内容，使教材与时俱进。(3) 补充更新思政元素内容。在第一版的基础上进一步更新融入国家战略、政策法规、制度背景、社会现实问题等思政元素材料，扩展学生视野，提升认知水平。(4) 部分章节增补了二维码内容，完善了练习及拓展资源内容。

经过此次修订，本教材仍定位为财务管理学习的基础读本和入门必修读物。本教材可作为会计学专业和财务管理专业本科与研究生教材，也可以作为理论研究者和实际工作者的参考书。

由于财务管理有较多的专业概念、抽象的理论体系和繁多的公式计算，让很多同学望而生畏，所以我们的教材竭尽全力将抽象的概念具体化，将枯燥的理论与实践相结合，并注重讲授利用Excel财务函数解决一般财务问题的具体操作过程，以及利用Excel工具进行财务建模、财务决策和价值评估，通过学习真正能够学以致用，感受到财务管理独特的魅力，并体会到学习带来的快乐。

本次修订由各位编者联合完成，各章具体分工如下：第一章、第二章、第十一章由任翠玉教授修订；第三章、第五章由罗菲副教授修订；第四章、第八章、第十三章、第十四章由宋淑琴教授修订；第六章由熊伟副教授修订；第七章、第九章、第十章由张晓东教授修订；第十二章由陈克兢副教授修订。

本教材刊印之际，我们要深深感谢众多同行专家、兄弟院校及社会各界的肯定和支持，特别感谢东北财经大学出版社对本书的全力支持。由于所学有限，本书可能还存在疏漏或不当之处，敬请同行专家、学者及读者批评指正，以便我们不断加以修改、完善。

编　者

2025年2月

第一版前言

党的二十大报告指出："当前，世界百年未有之大变局加速演进，新一轮科技革命和产业变革深入发展，国际力量对比深刻调整，我国发展面临新的战略机遇。"信息技术革命及经济全球化的发展，为企业提供了新的管理理念、投融资工具及管理技术，但日益复杂、不断变化的国际经济政治环境也对企业财务管理提出更高的要求。因此，为了全面建设社会主义现代化国家，满足市场对财务管理人才的需要，我们结合高等院校会计学专业、财务管理专业及工商管理类其他专业对财务管理知识结构的需求，在现有财务管理教材的基础上，借鉴了近年来国内外优秀财务管理教材的精华并结合党的二十大报告提出的我国未来发展的总目标，精心组织编写了这本《财务管理》教材。本教材将理论性与实践性相结合，注重对学生基本素质和实践能力的培养，兼顾教学的实际需求。

本教材以公司理财为主体，以价值评估为主线，系统地介绍了公司财务管理的基本理论和实用技术。全书由五篇十四章组成：第一篇财务管理基础，主要阐述财务管理的基本概念及基本方法，包括财务管理概述、财务报表分析、货币时间价值和风险与收益；第二篇投资管理，分别从证券价值评估和项目投资管理两个方面加以阐述；第三篇融资管理，基于融资成本、融资方式、融资风险、融资结构及股利分配的视角安排，包括资本成本、长期融资方式、杠杆效应与资本结构、股利分配；第四篇营运资本管理，包括营运资本管理概述和流动资产管理；第五篇公司价值评估，围绕公司价值评估理论和具体的公司价值评估方法展开，包括公司价值评估理论和公司价值评估财务建模，这部分内容为学生提供了完整的股权价值评估流程，并以上市公司为例，利用Excel财务建模，完整演示了股权价值评估的数据模拟过程。

本教材在体系与内容构建上突出以下特色：

第一，体现了学科基础性，注重知识逻辑性。财务管理的核心内容是资本配置和资产定价。本教材围绕财务管理的核心内容，按照"基础理论—投资管理—融资管理—营运资本管理—公司价值评估"的逻辑思路设计教材内容，使财会专业及非财会专业的学生全面、系统了解财务管理的知识结构和整体框架，并利用主要内容导图，将各章节的知识点串联起来，使学生形成完整的知识链条，掌握教材前后章节知识的逻辑关系，真正理解财务管理的内容，为未来的学习和工作打下良好基础。

第二，理论与实践相结合，强调知识的应用性。财务管理涉及大量的公式模型和计算，在讲解公式模型应用时，如果用"已知条件"类型的例题进行讲解，那么无疑将财务管理中的计算变成了"数学应用题"。为了增加知识的应用性，本教材将"应用"的思想贯穿始终，以实际案例作为开篇引言，引导学生思考。涉及数据计算的章节大都以我国上市公司的财务数据为基础，讲解计算和建模的过程，通过大量的实例将各章的前后概念和财务术语联系起来，运用价值估价模型将公司投资决策、资本结构、营运资本管理等有机地结合在一起。在理论知识阐述之后附以思考、习题、应用案例等，从实际出发，倡导学以致用。

第三，加入数据模拟实训，注重实践操作性。由于在财务管理中存在大量计算和模型，因此，学生普遍觉得这门课比较难，理论性比较强。而实际上，财务管理是一门实操性非常强的课程。为了能够把学生从烦琐的计算中解脱出来，本教材侧重讲授财务管理程序、方法及技能。注重讲授利用Excel财务函数解决一般财务问题的具体操作过程，通过数据模拟增加读者对财务模型的理解和应用能力，学会利用Excel工具进行财务建模、财务决策和价值评估。在完成本课程学习后，学生能够以上市公司的真实数据为依据，从公司财务业绩分析出发，预测公司收益与风险，预测现金流量、资本成本、公司现有资产和未来投资的价值创造及其驱动因素，据此撰写上市公司价值评估报告。

第四，将思政教育与教材内容有机结合，专业性与价值引领相得益彰。党的二十大报告指出："育人的根本在于立德。"而立德树人的办法之一就是课程思政。因此，本教材在《高等学校课程思政建设指导纲要》的指导下，将专业知识与知识背后蕴含的社会价值有机结合，在教材内容中自然融入财务管理相关的国家战略、政策法规、制度背景、社会现实问题等思政元素材料，扩展学生视野，提升认知水平，引导学生深入社会实践、关注现实问题，培育学生经世济民、诚信服务、德法兼修的职业素养。本教材内容上的合理设计，使学生能够"理论解释现实""理论结合现实""理论解决现实"，掌握"中国式"财务管理知识，实现经济制度认同、实践操作培养、专业梦想和爱国情怀的思政教育目标。

第五，打造数字化立体化教材，教学资源配套丰富。本教材为国家级一流本科专业建设系列教材之一，本教材编写团队多年来一直致力于财务管理线上教学资源的建设，并成功被评为国家级精品课程、国家级精品资源共享课程和国家级一流线下课程，教材的编写团队对财务管理知识有着深刻的认知和独到的见解。在教育部"慕课：共享知识打破大学围墙"的指导思想下，本教材编写团队录制了慕课，打破传统章节结构，遵循财务管理知识的逻辑性，化整为零，按照知识点录制了"财务管理"线上教学视频，并在中国大学MOOC（https://www. icourse163. org/learn/DUFE-1206455825? tid=1470094605#/learn/announce）、东北财经大学运行跨校课的校级平台（http://dufe.fanya.chaoxing.com/porta）向社会学习者免费开放，本教材在相应知识点处以二维码的形式链接线上教学资源，充分展现教材的数字化和立体化特征，有利于学生结合教材内容课前预习、课后复习，提高学习效率和效果，同时有利于教师为学生进一步拓展知识，是课堂教学的良好辅助。此外，本教材配有完整的教学PPT和教学大纲、Excel数据模拟过程演示、延伸阅读、学思践悟（思政）、思考题、自测题、案例分析题等，配套资源丰富。

本教材框架由任翠玉教授和宋淑琴教授设计，各章具体分工如下：第一章、第二章、第十一章由任翠玉教授撰写；第三章、第五章由罗菲副教授撰写；第四章、第八章、第十三章、第十四章由宋淑琴教授撰写；第六章由熊伟副教授撰写；第七章、第九章、第十章由张晓东教授撰写；第十二章由陈克兢副教授撰写。最后由任翠玉教授和宋淑琴教授负责对全书进行修改和总纂。

本教材既可作为各财经类院校及商学院、管理学院的财务管理、会计、金融等本科专业教材，又可满足MBA、MPAcc课程学习和中高级管理人员结合企业管理实践，深入掌握和学习财务管理理论之用。

本教材的顺利完成与出版得到了东北财经大学出版社的大力支持，在此表示衷心感谢！同时，本教材也参阅了国内外许多财务专家、学者的思想和观点，在此对他们表示诚挚感谢！最后要特别感谢东北财经大学刘淑莲教授，本教材的完成离不开刘淑莲教授多年来在财务管理学科发展、课程建设及教材建设方面的智慧结晶和突出贡献。

本教材在写作过程中，力求科学严谨，表达准确，但是由于作者水平有限，书中难免有疏漏和不当之处，敬请同行专家、学者及读者批评指正，以便我们不断加以修改、完善。

编　者

2023年5月

目　录

第一篇　财务管理基础

第一章　财务管理概述 / 2

第一节　财务管理的内容与职责 / 3
第二节　财务管理目标及利益冲突与协调 / 6
第三节　金融市场环境 / 11

第二章　财务报表分析 / 19

第一节　财务报表分析概述 / 20
第二节　企业基本财务报表 / 24
第三节　财务业绩评价 / 32

第三章　货币时间价值 / 47

第一节　货币时间价值概述 / 48
第二节　终值与现值的计算 / 50
第三节　利率的决定因素 / 56
第四节　Excel时间价值函数 / 63

第四章　风险与收益 / 70

第一节　风险与收益概述 / 71
第二节　单项资产风险与收益的衡量 / 74
第三节　投资组合风险与收益的衡量 / 79
第四节　资本资产定价模型 / 88

第二篇 投资管理

第五章 证券价值评估 / 100

第一节 债券价值 / 101
第二节 股票价值 / 108

第六章 项目投资管理 / 119

第一节 项目投资管理概述 / 120
第二节 项目投资现金流量预测 / 122
第三节 项目投资财务评价指标 / 127
第四节 项目投资决策 / 133
第五节 项目投资风险管理 / 136

第三篇 融资管理

第七章 资本成本 / 146

第一节 资本成本的含义和作用 / 147
第二节 个别资本成本 / 148
第三节 加权平均资本成本 / 154

第八章 长期融资方式 / 158

第一节 融资渠道与融资方式 / 159
第二节 债务性融资 / 161
第三节 股权性融资 / 170
第四节 混合性融资 / 176

第九章 杠杆效应与资本结构 / 181

第一节 杠杆效应 / 182
第二节 资本结构理论 / 188

第十章 股利分配 / 200

第一节 股利分配理论 / 201
第二节 股利支付 / 205
第三节 股利分配政策 / 211

第四篇 营运资本管理

第十一章 营运资本管理概述 / 218

第一节 营运资本管理策略 / 219
第二节 短期融资管理 / 223

第十二章 流动资产管理 / 231

第一节 现金管理 / 232
第二节 应收账款管理 / 240
第三节 存货管理 / 249

第五篇 公司价值评估

第十三章 公司价值评估理论 / 258

第一节 公司价值评估概述 / 259
第二节 公司价值评估现金流量折现模型 / 277

第十四章 公司价值评估财务建模 / 284

第一节 资本成本估算 / 285
第二节 历史财务报表分析与财务建模假设 / 287
第三节 预计财务报表建模数据演练 / 294
第四节 公司价值评估数据演练 / 303

主要参考文献 / 307

附录 / 308

附表一 复利终值系数表 / 308
附表二 复利现值系数表 / 310
附表三 年金终值系数表 / 312
附表四 年金现值系数表 / 314

第一篇
财务管理基础

第一章

财务管理概述

【学习目标】

本章对财务管理相关内容进行了总体概述，阐述了财务管理概念、内容及财务经理的职责、不同企业组织形式的特点及有代表性财务管理目标的基本观点、利益相关者之间的利益冲突与协调，并对金融市场环境进行了详细介绍。通过对本章内容的学习，学生应完成以下目标：

1. 理解财务管理概念，掌握财务管理的内容；
2. 明晰财务经理的职责，了解企业的组织形式；
3. 领会财务管理目标的主要观点，理解利益相关者之间的利益冲突与协调；
4. 了解金融市场的内涵，掌握金融市场的分类，理解有效资本市场假说。

【本章主要内容导图】

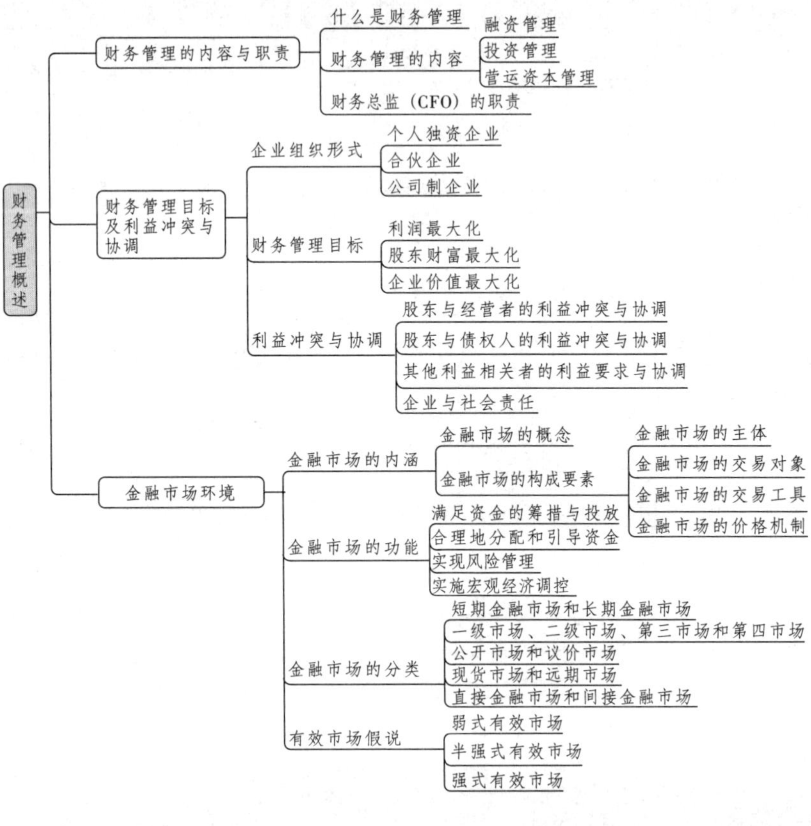

【引导案例】

假设你拥有一项有效治疗肝癌的专利，你想自己成立一家制药企业，并投资生产治疗癌症的药品，那么你首先考虑的是成立什么样的企业。假设你选择成立公司制企业，为了经营业务，公司需要拥有各种资产，比如厂房、设备、原材料、办公场所、运输工具、商标专利等，这些投资都需要花钱，公司如何为这些投资筹集资金呢？你并不是财务管理的高手，所以为了解决你所面临的问题，你聘用了一位专业的财务经理。那么财务经理的职责是什么？作为财务经理，他进行财务管理的目标是什么？如何评价他是否达到了目标？另外，财务经理也是人，他不可能时时刻刻使股东财富最大化，那么公司治理如何协调财务经理与股东之间的利益冲突呢？我们要求财务经理使股东财富最大化，那么财务经理会不会因此做出不道德或非法的行为？最后，为什么一名优秀的财务经理必须深谙金融市场体系及运行机制，才能做出正确的决策，为公司创造价值？

问题：

（1）企业组织形式有哪些？公司制这种企业组织形式的优劣势是什么？

（2）根据案例，这家刚成立的企业在财务管理上面临哪些问题？

（3）财务管理的目标是什么？如何评价财务经理为公司创造的价值？

（4）公司如何确保财务经理以股东的利益行事？

（5）实现公司价值最大化与道德规范是否冲突？

（6）金融市场有哪些功能？

第一节　财务管理的内容与职责

一、什么是财务管理

提起“财务”，很多人认为它与“会计”是一回事，实际上它们是不同的。会计是以货币为主要计量单位，对特定主体的经济活动进行确认、计量、记录和报告，为各有关方面提供会计信息，其核心是信息。“财务”一词与英语的Finance相对应，也被翻译成金融，国外将财务管理的范围限定在公司内，因此，又称公司理财或公司金融。

那么什么是财务管理？要理解这个概念，我们需要了解企业再生产过程的资金运动。首先，企业要从事生产经营，必须筹集一定数量的货币资金，用货币资金购入生产经营所需的物资，这就形成了从货币资金向储备资金的转化；在生产经营过程中企业将购入的实物资产与劳动力结合，生产出产成品，这一过程也是储备资金向生产资金、商品资金的转化；最后将生产的产品销售，取得销售收入，商品资金又转化为货币资金。由此可见，资金从货币形态开始，经过一系列的形态变化又回到货币形态，这一过程就是资金循环。由于生产经营不断地进行而引起资金不断地循环，就叫作资金周转。资金的周转运动是通过一系列财务活动来实现的，这些财务活动主要由融资、投资、运营和分配四个方面组成，如图 1-1 所示，它们驱动了资金运动，并贯穿企业再生产的全过程。

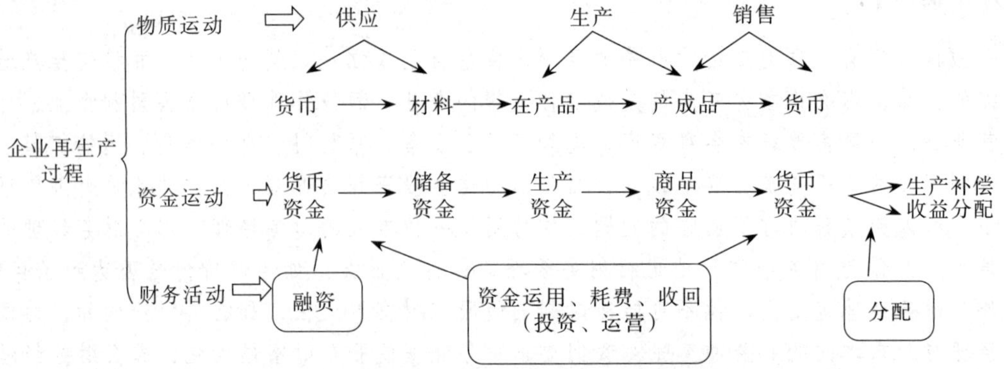

图 1-1 企业再生产过程的资金周转及财务活动

因此，财务管理就是以企业战略目标为出发点，通过对企业的融资、投资、运营和分配等财务活动进行科学决策与有效管理，以实现企业价值最大化的管理活动。财务管理的核心是资金，它通过对资金运动的管理，渗透、贯通到企业的研发、采购、生产、销售等所有的业务领域，因此财务管理对企业至关重要。党的二十大报告中也指出："实践没有止境，理论创新也没有止境……继续推进实践基础上的理论创新，首先要把握好新时代中国特色社会主义思想的世界观和方法论。"财务管理作为价值管理贯穿企业全部经营全过程，因此掌握财务管理的相关概念和理论是进行财务管理实践的基础。

二、财务管理的内容

企业基本的财务活动包括融资、投资、运营和分配四个方面，其中，投资可以分为长期投资和短期投资；融资也可以分为长期融资和短期融资，由于短期投资、短期融资与营业现金流管理密切相关，因此，通常将其合并管理，称为营运资本管理。由于分配是确定公司的利润如何在股利和留存收益这两方面进行分配的政策，如果企业不将利润作为股利分配给股东，那么利润便成为企业的一项新的资本来源，因此，分配政策可作为融资管理的一个组成部分。由此财务管理的内容可分为融资管理、投资管理和营运资本管理三个方面。财务管理的内容还可以用简易的资产负债表进行描述，如图 1-2 所示。

（一）融资管理

融资是资本进入企业形成资本运动的起点，是投放资本的前提。无论是新建企业还是成熟企业，都要筹集一定数量的资本。长期融资管理是指企业对支持其长期投资需要的长期资金的筹集与管理，即对应列示在资产负债表右方的长期负债与股东权益的管理。根据资金筹集渠道的不同，长期资本分为两种：一是权益资本，即企业通过吸收直接投资、发行股票以及留存收益等方式获取的资本；二是债务资本，即企业通过银行借款、发行债券以及长期应付款等方式获取的资本。企业在长期资本的筹集过程中，既要确定融资的规模，选择适当的筹资渠道和筹资方式，又要确定合理的融资结构与股利政策，降低融资成本、控制财务风险，以实现企业价值最大化。

（二）投资管理

投资是企业生存、发展和进一步获取利润的基本前提。企业筹得资本后就要用于提高企业价值的各项活动中。长期投资管理主要侧重于企业长期投资项目的规划与决策，即对

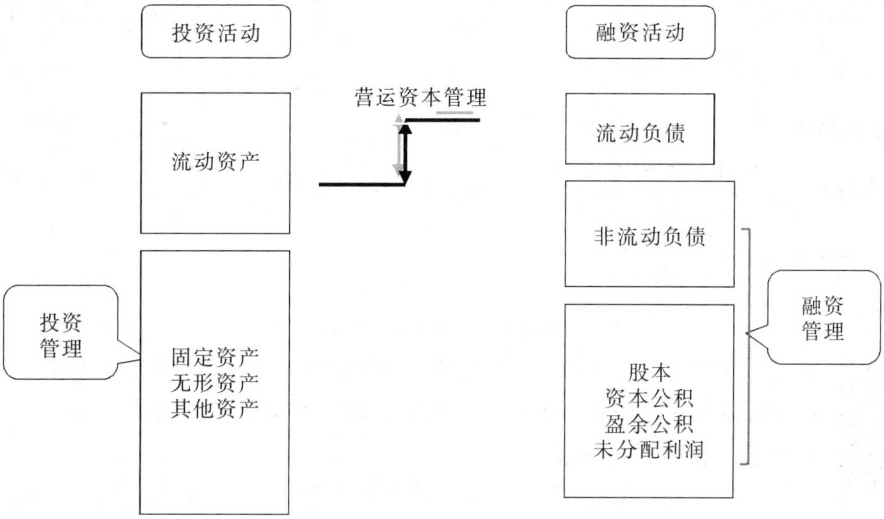

图1-2 资产负债表视角下的财务管理内容

列示在资产负债表左下方相关内容的管理，包括用于购置自身经营所需要的固定资产、无形资产等，也包括通过联合投资、购买证券资产等投资方式向企业外部其他单位的投资。企业在进行投资管理时，既要考虑投资的方向和规模，选择适当的投资对象和投资方式，又要确定合理的投资结构，控制投资风险，以提高投资收益，提升企业价值。

（三）营运资本管理

营运资本管理即对流动资产与流动负债的管理，也就是对短期投资和短期融资的管理。流动资产的本质特征是流动性，在流动资产不断周转运行的过程中，企业实现了价值的补偿与提升，因此流动资产管理在企业财务管理中占据着重要地位。由于资产的流动性越强，其盈利性就越弱，因此，企业的流动资产过多，会增加企业的财务负担，从而影响企业的利润；反之，如果企业的流动资产不足，那么资金周转不灵，也会影响企业的经营，因此，企业需要评估营运资本管理的风险与收益，合理制定流动资产的投资策略和融资策略，包括现金持有计划的确定，应收账款的信用标准、信用条件和收账政策的确定，存货数量、存货周期、订货计划的确定，短期借款安排，商业信用筹资计划的确定等。

三、财务总监（CFO）的职责

在公司制企业中，股东通过选举董事会实现对公司的控制，总经理（总裁或CEO）对公司的一切重大经营运作事项进行决策，包括对财务、经营方向、业务范围等。总经理下面设副总经理（副总裁或总监），负责不同部门的经营与管理。其中，财务总监（首席财务官CFO）的主要职责是组织协调企业财务资源与业务规划的匹配运作，根据公司战略规划和经营目标制定并实施公司的财务政策。财务总监的职责主要包括（如图1-3所示）：

①根据企业融资的需要，在金融市场向商业银行、投资机构及个人等借款或发行有价证券获取资金，即融资管理。

②根据公司的战略规划、经营需要进行投资管理。

③通过对资源的优化配置，有效经营创造现金流量，实现公司价值提升。

④公司要向政府缴纳税费，给债权人支付利息及本金，给股东支付股利，实现投资者价值

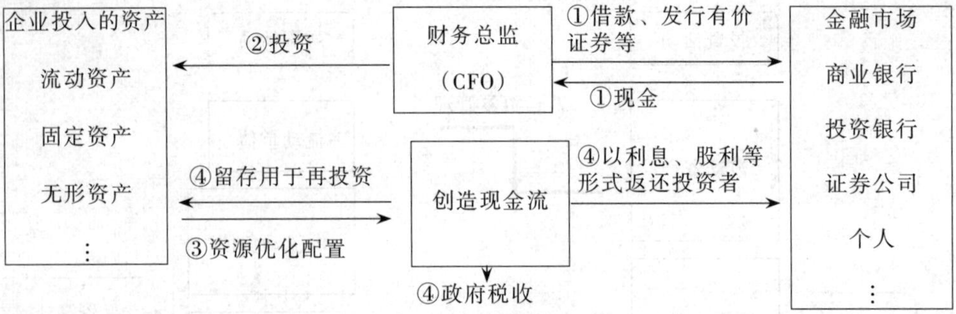

图1-3 财务总监的职责

提升。在实践中，公司并不是对所有投资回报都进行支付的，而是基于公司未来的发展留存一部分进行再投资，从而实现资本的扩张与增值，因此，财务总监还要进行股利分配决策。

世界著名首席财务官谈CFO职责

由此可见，CFO是公司价值管理的中枢，主要通过投资决策和融资决策创造价值：一方面，通过资源的流动和重组实现资源的优化配置和价值提升，为公司创造价值；另一方面，通过金融工具的创新和资本结构的调整实现资本的扩张和增值，为投资者创造价值。

随着经济全球化、金融一体化进程的加速，公司对资本市场的依赖程度不断提升，因此，对CFO也提出了更高的要求，他们在战略规划、信息流程化管理、投资者关系管理、业绩评估、风险管理、公司治理等方面也要承担重要职责。

自测题1-1

第二节 财务管理目标及利益冲突与协调

企业是市场经济活动的主体，它有不同的组织形式，了解企业不同组织形式的特点对理解财务管理目标及产生的利益冲突十分重要。

一、企业组织形式

典型的企业组织形式有个人独资企业、合伙企业和公司制企业。

（一）个人独资企业

《中华人民共和国个人独资企业法》规定，个人独资企业是由一个自然人投资，财产为投资人个人所有，投资人以其个人财产对企业债务承担无限责任的经营实体。个人独资企业的优点有：（1）企业创立容易、手续简便。（2）企业的收益即为企业所有者的收益，并以此缴纳个人所得税，不需要缴纳企业所得税。（3）企业经营管理灵活自由，决策效率高。

个人独资企业也存在无法克服的缺点：（1）风险较高。个人独资企业的所有者对企业债务承担无限责任，当企业的资产无法偿还到期债务时，需要所有者以个人财产偿债。（2）筹资困难。个人独资企业的筹资能力仅限于所有者的筹资能力，这种有限的资本供给能力会阻碍企业的增长和发展。(3) 企业生命有限。个人独资企业的存续期受制于企业所有者的生命期。当所有者死亡时，企业也就终结了。如果企业想继续维持经营，那么原所有者必须将整个企业卖给一个新的所有者。

（二）合伙企业

合伙是指两个或两个以上的人或组织为着共同目的，相互约定共同出资、共同经营、共享收益、共担风险的自愿联合。合伙企业，是指自然人、法人和其他组织依照《中华人民共和国合伙企业法》在中国境内设立的普通合伙企业和有限合伙企业。普通合伙企业由普通合伙人组成，合伙人对合伙企业债务承担无限连带责任。有限合伙企业由普通合伙人和有限合伙人组成，普通合伙人对合伙企业债务承担无限连带责任，有限合伙人以其认缴的出资额为限对合伙企业债务承担责任。

合伙企业因为有更多的所有者使其可以获得比个人独资企业更多的资本，更多的合伙人也会给企业带来更多才干和技能，但是它与个人独资企业具有共同的特点：即普通合伙人对企业债务承担无限责任，如果一个合伙人无力偿还其应承担的债务，那么其他合伙人需承担连带责任，即有责任替其偿还债务；合伙企业的生产经营所得和其他所得，由合伙人分别缴纳个人所得税；法律还规定合伙人转让其所有权时需要取得其他合伙人的同意。

（三）公司制企业

公司是指由法定人数以上的投资者（或股东）出资建立，自主经营、自负盈亏、具有法人资格的经济组织。《中华人民共和国公司法》规定，公司是依法设立的，由股东投资形成的企业法人，其形式仅为有限责任公司和股份有限公司两种。

有限责任公司与股份有限公司的区别

公司制企业的优点包括：(1) 有限债务责任。公司一经宣告成立，法律即赋予其独立的法人资格，拥有独立的法人财产，公司以其法人财产对公司的债务承担责任。有限责任公司的股东以其认缴的出资额为限对公司承担责任；股份有限公司的股东以其认购的股份为限对公司承担责任。(2) 无限存续期。公司是一个独立的法人，除非破产、解散或清算，公司不会因某一所有者死亡或撤出股份而影响公司的存在。(3) 融资渠道多元化。公司制企业的融资渠道更多，更容易筹集所需资金，例如，股份公司可以通过资本市场发行股票或发行债券等方式筹集资金来扩大经营。

相应地，公司制企业也存在一些缺点：(1) 双重纳税。公司作为独立的法人，其利润需缴纳企业所得税，企业将利润分配给股东后，股东还需缴纳个人所得税。(2) 存在代理问题。公司制企业所有权和经营权分离，所有者成为委托人，经营者成为代理人，代理人可能为了自身利益而伤害委托人的利益。

二、财务管理目标

财务管理目标是企业全部财务活动希望实现的结果，也是评价企业财务活动是否合理的基本标准，因此企业一切财务决策都以财务管理目标为出发点和归宿。根据现代企业财务管理理论和实践，具有代表性的财务管理目标主要有以下三种：

（一）利润最大化

利润最大化目标是指通过对企业财务活动进行管理，使企业的利润在一定的时间内达到最大。利润最大化起源于亚当·斯密关于“经济人”假说，时至今日，这种观点在理论界与实务界仍有较大影响。以利润最大化作为财务管理目标的原因有以下三个方面：(1) 利润是企业一定时期内收入和耗费的差额，是企业最综合的指标，能够反映企业整体经营管理和财务管理的水平；(2) 企业是以营利为目的的经济组织，创造利润是企业生存发展的基础，是企业和社会经济发展的重要动力，利润越高，企业及社会财富增加得越多；(3) 追求利润最大化有利于企业加强管理，改进技术，降低成本，提高劳动生产率，从而有利于企业资源的合理配置。

但是，利润最大化目标也存在一些缺陷：(1) 没有考虑利润实现时间和货币时间价值，如A企业今年获得利润100万元，B企业2年后获得利润100万元，虽然数量相等但实际价值并不一样，A企业今年的100万元在2年后还有时间价值的增值；(2) 利润作为一个绝对数指标，不能反映创造的利润与投入资本之间的关系，不利于不同资本规模的企业或同一企业不同期间的业绩比较，如A、B两个企业的利润都是200万元，但是A企业的投资额为1 000万元，B企业的投资额为2 000万元，显然A企业经营得更好一些，但是单纯从利润指标来看则认为二者是相同的；(3) 没有考虑风险因素，一般而言，风险与收益正相关，收益越大，风险也越高，盲目追求利润最大化，可能选择利润额高、风险也高的投资项目，这样企业就处在一种高风险的运营状态下，从而容易陷入危机甚至破产；(4) 片面追求利润最大化，可能导致企业短期行为，如企业通过减少科技开发、产品开发、人员培训、技术装备等方面的开支来提高当期利润，只顾眼前利益而忽视企业的长远发展。

(二) 股东财富最大化

以股东财富最大化作为财务管理的目标，主要源于股东作为企业的所有者，享有企业最终的财产权与收益权，同时又是企业最终风险的承担者，所以确定企业财务管理目标，要从股东的利益出发，选择股东财富最大化。上市公司的股东财富是由其所持有的股票数量和股票市场价格两方面决定的，假设资本市场是充分有效的[①]，当股票数量一定时，股东财富最大化则转化为股票价格最大化。

与利润最大化相比，股东财富最大化的优点有：(1) 如果资本市场是有效的，股票价格是其价值的体现，那么股票的价值是按照风险调整折现率折现后的现值。因此，股东财富这一指标考虑了取得收益的时间因素和风险因素。(2) 由于股票价值包含了投资者对企业未来获利的预期，因此能够在一定程度上克服企业在追求利润上的短期行为。(3) 股票价格以每股市价表示，反映了单位投入资本的市场价格。

股东财富最大化目标是否导致公司所有者与其他利益相关者的矛盾和冲突

这种观点也存在一定的缺陷：(1) 股东财富最大化较适用于上市公司，而非上市公司无法像上市公司那样随时准确地获得股价。(2) 股票价格的变动不是公司业绩的唯一反映，而是受多种因素的影响，除了受公司内部经营状况影响外，还受社会政治经济环境、公众心理等许多不可控因素的影响，因而股票价格的高低实际上不能完全反映股东财富的大小。

此外还有观点认为股东财富最大化目标只是站在投资者或股东的角度阐述企业财务活动的目标，只强调股东的利益，而忽略了政府、债权人、企业员工等其他利益相关者的利益，这样会影响股东财富最大化目标的实

① 资本市场有效假设最早是由尤金·法玛（Eugene Fama）提出的，该理论认为在有效的资本市场上，证券价格能迅速、全面地反映所有有关价格的信息。证券价格就是其价值的最好反映，此时，股东财富最大化目标可以用股票价格最大化来替代。

现。因此提出了相关者利益最大化目标。

(三) 企业价值最大化

前面讲到股东财富最大化目标相较利润最大化目标有很多优点，但是它也存在一个明显的问题，就是非上市公司没有可交易的股票，那么适合非上市公司的财务管理目标是什么？企业价值最大化目标解决了这一问题，并且它与股东财富最大化目标并不矛盾。企业价值是企业所拥有的资产或权利产生的未来现金流量按加权平均资本成本（折现率）进行折现的现值，也可以理解为企业所有者权益和债权人权益的市场价值。其实，公司股票的全部价值就是所有者权益的价值，所以最大化股东财富也是最大化所有者权益的市场价值，最大化企业价值。有了这个目标，对于任意一种企业，无论是个人独资企业、合伙企业还是公司制企业，都可以用来评价其财务决策，即好的财务决策会提升企业价值，而差的财务决策则会降低企业价值。

以企业价值最大化为目标的优点主要有：(1) 考虑了现金流量与货币时间价值因素，当计算企业价值时，需要根据货币的时间价值原理对未来现金流量进行折现。(2) 考虑了风险因素，当计算企业价值时，加权平均资本成本是企业各种收益索偿权持有者要求报酬率的一个加权平均值，企业的风险越高，持有者要求的报酬率越高，企业价值越低。(3) 符合企业可持续发展的长远利益。企业价值不同于利润，利润只是新创造价值的一部分，而企业价值不仅包含了新创造的价值，而且包含了企业潜在的或预期的获利能力。这样，企业不再只强调当前利益，而是更注重长远利益。(4) 考虑了企业相关者的利益。以企业价值最大化作为财务管理目标，不仅考虑了股东的利益，而且兼顾了债权人及其他利益相关者的要求，从而有助于企业的财务管理形成一种良性循环。

企业价值最大化目标在理论上较为完善，但其主要问题是在企业价值评估标准与评估方法上存在较大主观性，计算企业价值所涉及的许多参数，诸如未来现金流量、折现率、折现期等存在预计上的困难，因此，企业价值评估很难做到客观和准确。

三、利益冲突与协调

现代企业是多边契约关系的总和，各种利益相关者通过市场进入企业，他们的目标各不相同。受利益的驱动，各利益相关者之间会产生利益分歧和目标冲突。如何协调和解决他们之间的分歧和冲突也是财务管理目标所面临的现实问题。

(一) 股东与经营者的利益冲突与协调

个人独资企业、合伙企业的所有者直接控制企业，但公司制企业的所有者人数较多，每个股东都可以自由买卖股份，因此，公司制企业资本的所有权与经营权经常是分离的。公司不是由股东，而是由董事和高管直接控制经营的，股东作为委托人希望经营者为企业实现财富最大化，而经营者由于不具有对资本的所有权，所以其目标利益更具多元性，除了追求更高的报酬外，经营者还希望获得更多的闲暇时间和在职消费，尽量避免风险等，所以经营者在最大化自身利益的同时，可能会做出不利于股东利益的行为，即发生道德风险和逆向选择。经营者这种缺乏为股东利益效力的动机，经济学家称为委托-代理问题，解决委托-代理的常用方法是建立约束与激励机制。

1.约束

约束经营者为股东效力的一种方法是解聘，如果公司股票价格表现不佳，或者股东对经营者的绩效和表现不满，那么董事会可以做出更换CEO等高管的决定。但是，在一些公司里，由于董事会成员大多与CEO等高管关系密切，他们没有更换CEO等高管的意愿，对CEO表现不佳且不易被替换的公司（称为“管理者壁垒效应”），另一种约束方法就是企业间的收购，如果经营者管理不善，那么不满意的股东通常会选择卖掉他们所持有的公司股票，从而导致股价下跌，股价下跌就创造了套利空间，使公司成为敌意收购的对象，公司一旦被收购，CEO等高管将面临被更换的威胁，这就约束了经营者管理不善的行为，也迫使董事会做出解雇高管的决定。

2.激励

激励就是将经营者的报酬与其绩效直接挂钩，使经营者自觉采取能提升股东财富的措施，如采用股票期权方式，即授予经营者在未来一定期限内以预先确定的价格购买本公司一定数量的股票，由于买价是事先确定的，因此股价上升，经营者就可以通过行权获得市场价与行权价（事先约定的买价）之间的差额，股价越高，经营者获益越多。这种方式激励经营者努力提升公司业绩进而提高股价，从而实现了经营者与股东利益的高度一致。除此之外，企业还可以采用年薪制、业绩股等激励方式。

（二）股东与债权人的利益冲突与协调

当债权人将资本贷给企业之后，便与股东形成了一种委托代理关系。债权人的目标是到期收回本金，并获得约定的利息收入，强调的是贷款的安全性；而股东强调的是借入资本的收益性，所以股东有可能为自身利益而伤害债权人的权益，例如：股东可能要求经营者改变举债资金的用途，将其投资于高风险项目，如果投资成功，那么股东可以获得高收益，但是债权人只获得固定的利息收入；如果项目失败导致公司破产，那么债权人与股东要共同承担因此造成的损失。对债权人而言，其承担的风险与获得的报酬是不对等的。股东对公司债务承担有限责任，理论上说，有限责任使股东在极端不利情况（如公司破产）下，有不必偿付全部债务的权利，债权人有不能收回本金和利息的风险，而在极端有利情况下，债权人所获得的收益却有最高限制。这种风险与收益的“不对等契约”是股东与债权人之间矛盾与冲突的根源之一。再者，股东可能在未征得债权人同意的情况下，要求经营者举借新债，致使企业负债比率上升，偿债风险提高，债权人的负债价值下降。

对于股东通过经营者掠夺债权人财富的行为，理性的债权人一般采取的措施有：（1）通过降低债券投资的支付价格或提高资本贷放的利率，以补偿可能遭受的损失；（2）在债务契约中增加各种限制性条款进行约束，这些条款包括限制投资条款，限制股利支付条款，限制筹资条款和各种约束条款等。

（三）其他利益相关者的利益要求与协调

企业除了股东、债权人与经营者之间的委托代理关系之外，在经营活动中还要与其他关系人，如供应商、客户、政府、企业职工等发生往来，他们和企业之间存在法律关系，属于合同利益相关者，股东和合同利益相关者之间既有共同利益，又有利益冲突。因此，要通过立法调节他们之间的关系，保障双方的合法权益。一般来说，企业只要遵守合同就可以基本满足合同利益相关者的要求。

（四）企业与社会责任

企业经营的最终目标是实现企业价值最大化而不是社会利益的最大化，虽然从长远来看，两者是一致的，但从某一特定时间段来看，企业财务管理目标与社会责任之间会存在一定差异。因为社会责任的承担会在一定程度上减少股东的财富，所以某些企业为了自身利益而逃避社会责任，甚至伤害社会利益，如生产各种污染环境的产品或损害公共利益的产品，侵害职工和其他企业利益，发布各种虚假信息误导投资者等。但是从长期来看，如果企业希望从员工、客户、供应商或社会那里获得不合理的利益，那么最终都将降低企业的价值。例如，2009年三鹿集团因“问题奶粉”宣告破产，从1956年只有32头奶牛和170只奶羊的幸福乳业生产合作社，发展到品牌价值近150亿元的大型企业集团，三鹿集团用了整整50年时间。然而，从一个年销售收入亿元的企业走向破产，三鹿集团却只用了不到一年时间。因而企业要追求自身的长期稳定发展，以及企业价值的不断增长，就应当更加重视其社会责任，重视维护社会公众的利益，从而达到企业目标与社会目标的统一。

企业要有效协调自身财务管理目标与社会责任之间的关系，必须通过法律制约、行政干预、道德约束、社会舆论监督等综合手段来解决。

【学思践悟】 雷曼兄弟破产的内在原因——仅强调股东的利益而忽视其他利益相关者的利益①

雷曼兄弟公司自1984年上市以来，公司的所有权和经营权实现了分离，所有者与经营者之间形成委托代理关系。同时，公司内部形成了股东阶层（所有者）与职业经理阶层（经营者）。股东委托职业经理人代为经营企业，其财务管理目标是股东财富最大化。股东通过会计报表获取相关信息，了解受托者的受托责任履行情况以及理财目标的实现程度。上市之后的雷曼兄弟公司，实现了连续14年盈利的显著经营业绩和10年间高达1 103%的股东回报率。然而，现代企业是多种契约关系的集合体，不仅包括股东，而且包括债权人、经理层、职工、顾客、政府等利益相关者。股东财富最大化片面强调了股东利益的至上性，而忽视了其他利益相关者的利益，导致雷曼兄弟公司内部各利益主体的矛盾冲突频繁爆发，公司员工的积极性不高，虽然公司员工持股比例高达37%，但是主人翁意识淡薄。另外，雷曼兄弟公司选择股东财富最大化作为自身的财务管理目标，导致公司过多关注股东利益，而忽视了一些公司应该承担的社会责任，从而加剧了公司与社会之间的矛盾，也是雷曼兄弟公司破产的原因之一。

自测题1-2　　案例分析题　　案例分析提示

第三节 金融市场环境

融资和投资是现代企业财务活动的核心内容，它们都离不开金融市场。金融市场提供了

① 资料来源：刘胜强，卢凯，程惠峰. 雷曼兄弟破产对企业财务管理目标选择的启示［J］. 财务与会计，2009（23）：19.

各种金融工具，如股票、债券、票据等满足资金供求双方调节资金的盈余或短缺，是所有金融交易活动的总称。金融市场的发达程度、金融机构的运行方式、金融工具的丰富程度等，都会对企业的财务管理产生重大影响。可以说，金融市场是影响财务管理的最直接因素。

一、金融市场的内涵

（一）金融市场的概念

金融市场是资金融通市场，是指资金供应者和资金需求者通过金融工具进行交易而融通资金的市场。在商品经济中，由于购买和出售、收入和支出在时间和数量上的不一致，因此，企业、个人或国家在一定时点上经常出现资金盈余或短缺。资金需求者为了满足其经营活动的需要，愿意以一定代价借入一部分货币资金，以弥补其不足，用过一段时间后再归还；资金供给者则愿意将暂时闲置的货币资金贷出去，到期收回并索取一定的利息作为补偿。这样，资金需求者与资金供给者之间的资金融通就形成了金融交易活动，他们在资金融通时出具的债权债务凭证或权益凭证就是金融工具。资金供给者通过购买并持有各种金融工具拥有相应收益的索取权，资金需求者通过发行并出售各种金融工具承担相应的支付义务。各种不同的金融工具，构成了不同的融资市场，金融市场便是各种融资市场的总称。

（二）金融市场的构成要素

金融市场主要由以下四个基本要素构成：

（1）金融市场的主体

金融市场的主体即金融市场的参与者，其既可以是自然人，又可以是法人，还可以是专业性的金融机构。从在金融市场中发挥的功能来看，金融市场的参与者主要由资金的供给方和需求方、金融中介机构以及金融市场监督管理机构组成。具体来说，资金的供给方和需求方包括个人、企业、政府与非营利组织等；金融中介机构包括商业银行、信用合作社、政策性银行、投资银行、证券公司、保险公司和投资基金等；金融市场监督管理机构包括中国人民银行、中国证券监督管理委员会、中国银行保险监督管理委员会等。

（2）金融市场的交易对象

金融市场的交易对象是以金融工具为载体的货币资金，金融市场通过金融工具的买卖实现货币资金使用权或所有权的转移。在信贷市场，货币资金作为交易对象是明显的，它表现了借贷资金的交易和转让。而在证券市场，直接交易的是股票或债券，交易对象似乎转换了，但从本质上讲，所交易的仍然是货币资金，因为有价证券是虚拟资本，本身不具有价值和使用价值，而只有货币才具有价值和一般使用价值，人们通过交易取得货币才能投入再生产。

（3）金融市场的交易工具

由于货币资金具有价值，不能无偿转让，也不能空口无凭地出借。因此，需要一种契据、凭证，以其为载体，才能推动资金的安全运转。这个载体就是金融工具，金融工具是以货币资金为标的物，表明所有权或债权债务关系的各种合法金融凭证。金融工具的数量和质量是决定金融市场效率和活力的关键因素。金融工具的数量、种类越多，质量越高，就越能为不同风险偏好的投资者和筹资者提供选择机会，满足他们不同的需求，从而充分发挥金融市场的资金融通功能，对活跃经济、优化资源配置起到积极作用。

（4）金融市场的价格机制

金融市场的价格通常表现为各种金融工具的价格。一种金融工具的流动性、收益性和风险性等特点决定了其自身的内在价值，从而形成了这种金融工具的价格基础。此外，金融工具的价格还受供给、需求、其他金融工具价格及交易者的心理预期等多种因素影响，这也使得金融市场的价格形成变得更加复杂。价格机制在金融市场中发挥着极为关键的作用，是金融市场高效运行的基础。在有效金融市场中，金融工具的价格能够及时、准确、全面地体现该工具所反映的资产价值，从而引导金融市场资金的流向。

二、金融市场的功能

金融市场的功能主要表现在以下几个方面：

（一）满足资金的筹措与投放

社会资金的供给者与需求者往往在资金供求的时间、数量和供求方式之间存在不一致，因此在社会总储蓄向总投资转化的过程中，必须借助一定的中介才能顺利进行。金融市场就充当了这种转化的中介。资金供给者在为闲置资金寻求出路时，要求兼顾其安全性、流动性和盈利性；而资金需求者在筹集资金时，要求在降低成本的同时，在数量和时间上也得到满足。由于金融市场上有多种筹资、投资形式可供双方进行选择，各种金融工具的自由买卖和灵活多样的金融交易活动，使资金供应者能够灵活地调整其闲置资金的投资形式，达到既能获得盈利，又能实现安全性和流动性的目的；也使资金需求者能从众多的筹资方式中选择适当的方式，及时、灵活、有效地筹集到所需资金。所以，金融市场对于资金供求双方都具有极大的吸引力，是投资和筹资的理想场所。

（二）合理地分配和引导资金

在金融市场上，随着金融工具的流动，相应地发生了价值和财富的再分配。金融市场通过利率的差异和上下波动，通过其对有价证券价格的影响，引导资金流向那些经营管理好、产品畅销、有发展前途的经济单位，从而带动了社会物质资源的流动和再分配，使得社会资源由低效部门向高效部门转移，从而完成了社会资源的优化配置。

（三）实现风险管理

市场上不同的投资者对风险的承受能力不同，有的投资者愿意冒一定的风险，去获取较高的收益，而有的投资者只希望赚取确定的收益，不愿意承担风险，这样就产生了分离风险的客观需求。金融工具交易，可以使希望避免风险的人把风险转移给愿意承担风险的人，这样投资者可以根据各种风险的高低和自己的偏好更有效地配置资金，例如，股指期货的价格受制于现货市场的股票价格指数，影响股票价格指数的诸多因素同样左右着股指期货的价格，所以期货价格和现货价格具有平行变动性，如果套期保值者在股指期货上做与现货市场金额相同但交易方向相反的操作，那么现货市场与期货市场的盈亏就会对冲，套期保值者从而规避了价格变动的风险。相应地，风险转移给了套期保值者的交易对手——投机者，投机者没有现货需要保值，而是希望通过期货交易赚取买卖价差，他们愿意为追逐高利润而承担更高的风险。可见，金融工具使金融市场的参与者在风险管理方面更具灵活性。

（四）实施宏观经济调控

金融市场为政府进行宏观经济活动调控创造了条件。一方面，金融市场为宏观经济政策制定提供信息。金融市场被称为国民经济运行的“晴雨表”，其运行情况为政府决策提供了依据。另一方面，金融市场是中央银行推行货币政策的场所。政府通过各种货币政策对金融市场进行直接或间接的干预，如调整存款准备金、再贴现率、公开市场操作等，从而调节社会的货币供应量，进而影响公众的储蓄、消费、投资等行为，最终实现对产出、就业、物价及国际收支的有效控制，达到调节整个宏观经济运行的目的。

【学思践悟】 加快建设中国特色现代金融市场体系 提升服务实体经济质效

近年来，中国人民银行以习近平新时代中国特色社会主义思想为指导，全面深入贯彻落实中央经济工作会议、中央金融工作会议精神和党中央、国务院决策部署，持续加强金融市场建设，优化金融市场结构，深化市场功能和强化市场规则，推动金融市场高水平对外开放，防范化解金融风险，提升服务实体经济的质效。

优化融资结构，不断增强支持实体经济力度。直接融资比重显著上升。截至2024年1月末，公司信用类债券余额32万亿元，是实体企业除信贷之外的第二大融资渠道；金融机构支持实体经济能力提升。2023年，小微、绿色、“三农”金融债券分别发行2 637亿元、3 988亿元和582亿元。

加强金融市场制度建设。完善债券承销、估值、做市等规则，建立公开市场业务一级交易商与做市商联动机制，提升债券市场定价准确性和货币政策传导效率。强化重要金融基础设施统筹监管。牵头制定《金融基础设施监监督管理办法》，建立健全统一的金融基础设施监管框架和准入制度。推动健全金融市场法制。贯彻落实中央金融工作会议精神，研究起草《公司债券管理条例》，推动修订《票据法》。

促进与全球市场有序联通。推动“债券通”“互换通”落地并保持平稳高效运行，境外投资者可“一点接入”中国债券市场和金融衍生品市场。优化境外机构投资环境。推动债券市场发行交易、登记结算、评级、税收等各项规则制度与国际接轨，不断提升境外投资者入市投资便利性。

防范化解金融风险，维护金融市场稳健运行。健全市场化、法治化违约处置机制。

丰富市场投资者风险管理手段。推出标准利率互换业务，不断完善衍生品市场交易清算安排，丰富利率衍生品供给。强化金融市场监测预警和处置机制。

资料来源：金融市场司. 加快建设中国特色现代金融市场体系 提升服务实体经济质效［EB/OL］.［2024-10-30］. http://camlmac.pbc.gov.cn/redianzhuanti/118742/5256143/5256153/5267721/index.html.

三、金融市场的分类

金融市场是一个由许多具体的子市场组成的、庞大的金融市场体系。为更好地研究这一体系，人们往往从不同角度对金融市场进行分类。

（一）按金融工具的期限划分：短期金融市场和长期金融市场

短期金融市场又称货币市场，是指期限在1年或1年以内的短期金融工具交易的市场，它主要解决金融市场主体的短期性、临时性的资金需求。短期资金市场主要包括同业拆借市场、短期债券市场、票据贴现市场、大额可转让定期存单市场以及回购协议市场等。在短期金融市场上进行交易的金融工具主要是货币头寸、存单、商业票据、银行票据和国库券等。

长期金融市场又称资本市场，是指进行期限在1年以上的资金融通的市场，它的主要作用是满足中长期的投资需求和政府弥补长期财政赤字的资金需要。长期金融市场主要包括债券市场、股票市场和融资租赁市场等。在长期金融市场上进行交易的金融工具主要是股票、债券、中长期国债和不动产抵押贷款等。

（二）按金融工具的发行和流通特征划分：一级市场、二级市场、第三市场和第四市场

一级市场是指资金需求者将金融资产首次出售给资金供给者时所形成的交易市场，又称发行市场。金融资产的发行方式又分为公募发行和私募发行。公募发行的对象是社会公众，所以发行范围广，易于足额筹集资本，但是审批手续复杂严格，发行成本高；私募发行的对象是少数特定对象，发行方式弹性较大，可节省发行费用，但是发行范围小，不易筹集足额资本。

二级市场是指证券发行后在不同的投资者之间买卖、转让所形成的市场，又称流通市场。这个市场的资金在金融投资者间流动，其主要作用在于为金融工具提供良好的流动性。

第三市场是指已在证券交易所上市的证券在证券交易所之外进行交易时所形成的市场。它相对于交易所交易而言，具有限制更少、成本更低的优点。

第四市场是指投资者与证券的卖出者直接交易形成的市场。参与第四市场交易的往往是机构投资者，他们交易的数额巨大，因此对机构投资者来说，这种直接交易可以发挥规模效应从而大大节省手续费等中间费用。

（三）按价格确定机制划分：公开市场和议价市场

在公开市场上，金融资产价格的确定采用的是一种拍卖机制，即将众多的买主和卖主集中于某一固定场所，通过买卖双方公开竞价的方式确定成交价格，所遵循的规则是：价格优先，时间优先。这种定价方式的交易地点一般是有组织的证券交易所。

在议价市场上，金融资产的定价与成交是通过私下协商或面对面的讨价还价方式进行的。在发达的市场经济国家，绝大多数债券和中小企业的未上市股票都通过这种方式交易。最初，在议价市场交易的证券流通范围不大，交易也不活跃，但随着现代电讯及自动化技术的发展，该市场的交易效率已大大提高。

（四）按交割方式划分：现货市场和远期市场

现货市场又称即期市场，是指交易确立后，在若干个交易日内办理交割的金融交易市场。现货交易包括现金交易、固定方式交易及保证金交易。现金交易是指成交日和结算日在同一天发生的证券买卖；固定方式交易是指成交日和结算日之间相隔几个交易日（一般在7天以内）的证券买卖；保证金交易又称垫头交易，是指证券交易的当事人在买卖证券时，只向证券公司交付一定的保证金，或者只向证券公司交付一定的证券，而由证券公司提供融资或者融券进行交易。现货市场上的大部分交易均为固定方式交易。

远期市场是指交易双方达成协议后，并不立即进行交割，而是在较长一段时间后再进行交割的市场，具体包括远期合约、期货、期权和互换市场。远期市场具有两个显著特征：一是资产交割的未来性；二是交割价格的事先性和固定性。这是因为交易双方在交易成交之时就已经达成了交割价格协议。

（五）按中介特征划分：直接金融市场和间接金融市场

直接金融市场是指由资金供求双方直接进行融资所形成的市场。在直接金融市场上，筹资者发行债务凭证或所有权凭证，投资者出资购买这些凭证，资金就从投资者手中直接转到筹资者手中，如股票市场、债券市场等。投资银行、经纪公司、证券交易所等中介机构为直接交易提供信息、场地、设施、结算等各种服务。

间接金融市场是指以银行等金融机构作为信用中介进行融资所形成的市场。在间接金融市场上，先由资金供给者把资金以存款等形式借给银行等金融机构，二者之间形成债权债务关系；再由银行等机构把资金提供给需求者，银行等机构与需求者之间形成债权债务关系。通过商业银行、储蓄机构、保险公司等中介的介入，资金供给者的资金间接地转到需求者手中，在此过程中，不管资金的最终使用者是谁，资金所有者只拥有对银行等信用中介机构的债权而不能对资金的最终使用者有任何要求。

四、有效市场假说

有效市场假说（Efficient Markets Hypothesis，EMH）是由尤金·法玛（Eugene Fama）于1970年提出并深化的。有效市场假说认为证券资产的价格全面反映所有可获得的相关信息。衡量证券市场是否具有效率有两个标志：一是价格是否能自由地根据有关信息而变动；二是证券的有关信息能否充分地披露和均匀地分布，使每个投资者在同一时间内得到等量等质的信息。

根据不同的信息在价格中的反应程度，有效市场分为三种类型：弱式有效市场、半强式有效市场和强式有效市场。

（1）弱式有效市场

弱式有效市场是指证券价格已经完全反映了所有的历史信息，但是价格是“无记忆力的”，证券价格的调整只对新信息做出反应，即证券的价格是随机波动的，因此，投资者完全依据历史价格信息或历史交易策略不能为投资者带来超额收益。

（2）半强式有效市场

半强式有效市场是指证券价格已经完全反映了所有已公开的信息，如证券交易行情、公司年度报告及其他公开披露的财务信息等。任何投资者不能通过任何方法来分析公开信息以获取超额收益。因为在新的资料尚未公布之前，证券价格基本处于均衡状态，一旦新的信息出现，证券价格就会根据新的信息及时调整，因此投资者无法获得超额收益。但是，公司内线人物却可能得到普通投资者无法得到的未公开信息，并通过买卖证券获得超额收益。

（3）强式有效市场

强式有效市场是指证券价格完全反映了所有与价格变化有关的信息，包括公开信息和未公开信息。任何投资者都没有关于证券价格走势的信息优势，无人能获得超额收益。

从理论上讲，如果存在一个有效反映信息的金融市场，信息可以通过公司管理者及时、真实地传送到金融市场，那么证券市场价格反映其真实价值。但实际上，公司有时会压制或延缓信息，特别是延缓不利信息的发布，甚至一些公司为提高股票价格，蓄意向金融市场发布有关公司现状和前景的误导性信息，使股票市价严重偏离其真实价值。而事实上，即使公司传递的信息并没有扭曲市场价格，也不能保证市场价格就能反映其真实价值，因为市场参与者的非理性投资、金融市场对信息的过度反应等都可能使市场价格偏离实际价值。

市场效率这一概念并不要求市场价格总是等于真实价值，但它应是真实价值的“无偏”估计。为缩小价格与价值的偏离程度，各国监管机构会采取以下方法：第一，改善信息质量，如证券交易的管理机构要求公司披露额外信息，并对提供误导性信息和欺骗性信息的公司进行惩罚；第二，提高市场效率，如提高市场流动性、降低交易成本等。

【学思践悟】　深化改革：提升资本市场内在稳定性

2024年4月，国务院印发《国务院关于加强监管防范风险推动资本市场高质量发展的若干意见》(第三个“国九条”)，明确提出了未来5年、2035年和本世纪中叶的金融发展目标。即：未来5年，基本形成资本市场高质量发展的总体框架。到2035年，基本建成具有高度适应性、竞争力、普惠性的资本市场，投资者合法权益得到更加有效的保护。到本世纪中叶，资本市场治理体系和治理能力现代化水平进一步提高，建成与金融强国相匹配的高质量资本市场。

“中国证监会将坚持强本强基、严监严管，坚持以改革促发展、保稳定，不断健全投资和融资相协调的资本市场功能，更好地服务中国式现代化。”证监会主席吴清在国新办新闻发布会上表示，将重点抓好“三个突出”：一是突出增强资本市场内在稳定性。树立回报投资者的鲜明导向，提高上市公司质量和投资价值。加快投资端改革，推动构建“长钱长投”的政策体系，还将进一步完善政策工具箱，守牢风险底线。二是突出服务实体经济回升向好和经济高质量发展。聚焦服务新质生产力等重点领域，用好股票、债券、期货等多种资本市场工具，多措并举活跃并购重组市场，会同各方面畅通私募股权创投基金“募投管退”各环节循环。三是突出保护中小投资者合法权益，坚决打击财务造假、操纵市场等违法违规行为。

自测题1-3

资料来源：中国企业家. 中国资本市场：从零起步到全球第二大股市的飞跃［2024-10-29］. https：//www.financialnews.com.cn/2024-10/29/content_411001.html.

【本章小结】

▶财务管理就是以企业战略目标为出发点，通过对企业的融资、投资、运营和分配等财务活动进行科学决策与有效管理，以实现企业价值最大化的管理活动。

▶财务管理内容可以概括为融资管理、投资管理和营运资本管理三部分。

▶财务经理的职责就是要制定合理的融资决策、投资决策、营运资本管理决策及股利分配决策，以帮助公司创造价值。

▶典型的企业组织形式有个人独资企业、合伙企业和公司制企业。它们各自有其优缺点。

▶最具有代表性的财务管理目标有利润最大化、股东财富最大化和企业价值最大化。

▶受利益的驱动，各利益相关者之间会产生利益分歧和目标冲突。如何协调和解决他们之间的分歧和冲突也是财务管理目标面临的现实问题。

▶金融市场是资金融通市场，是指资金供应者和资金需求者通过信用工具进行交易而融通资金的市场。

▶金融市场的四个构成要素包括主体、交易对象、交易工具和价格机制，按照不同的分类标准，金融市场有不同的分类。

▶金融市场的功能有满足资金的筹措与投放、合理地分配和引导资金、实现分散风险的功能、有效地实施宏观经济调控。

▶如果在一个证券市场中，价格反映了所有可以获得的信息，那么就称这样的市场是有效市场。

▶根据不同的信息对证券价格的影响程度，有效市场分为三种类型：弱式有效市场、半强式有效市场和强式有效市场。

【复习思考】

1.财务管理是研究什么的？财务经理的职责有哪些？

2.企业的组织形式有哪些？各有什么利弊？

3.具有代表性的财务管理目标有哪些？它们各有什么特点？

4.股东财富最大化目标是长期目标还是短期目标？

5.股东财富最大化目标是否会导致公司所有者与其他利益相关者的矛盾和冲突？

6.什么样的机制可以影响管理者按股东的最大利益行事？

7.股东与债权人利益冲突的原因是什么？如何协调？

8.金融市场的功能有哪些？

9.公开市场与议价市场的区别是什么？上海证券交易所属于什么类型的市场？

10.什么是有效资本市场？如何根据不同信息对证券价格的影响程度进行分类？

11.如果你拥有一家公司，其发行在外的股票每股当前价格是35元，另一家公司刚刚宣布它将以每股50元的价格收购你公司所有发行在外的股票，你公司的管理层立即开始反击这种恶意的出价。此时，管理层是为股东的最大利益服务吗？为什么？

链接本章
引导案例

《财务管理》
慕课资源

第二章

财务报表分析

【学习目标】

本章阐述了财务报表分析，主要包括财务报表分析目的、含义及财务报表分析方法；基本财务报表和财务业绩评价。通过对本章内容的学习，学生应完成以下目标：

1. 了解财务报表分析的含义、分析主体及其目的，以及财务报表分析方法；
2. 熟悉基本财务报表的构成及其提供的信息；
3. 掌握财务比率的分析方法；
4. 熟练运用财务比率对企业的偿债能力、营运能力、盈利能力及市价比率进行分析与评价。

【本章主要内容导图】

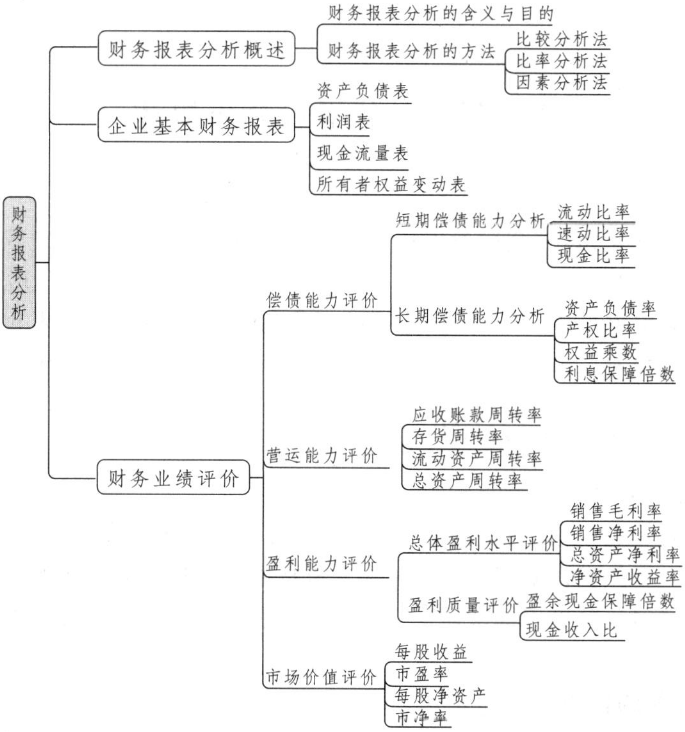

【引导案例】

假设你正在思考有关杭州老板电器股份有限公司（以下简称“老板电器”）的问题。你可能是证券分析师，正在对该公司的现状和未来业绩进行判断，对该公司的股票价值进行预测；你可能是股票基金的经理，正在考虑是否再投入500万元购买该公司的股票；你可能是该公司的大股东，正在琢磨是否将持有的股票全部出售；你可能是银行信贷员，想知道向该公司放出贷款的风险；你可能是该公司的财务总监，极为关注企业的财务活动是否能为企业创造价值，以及在价值创造过程中存在哪些问题和不足；你可能是该公司的竞争对手，希望了解该公司的财务绩效及其竞争力。你如何通过财务报表分析获得你所需要的信息呢？

问题：

（1）2023年12月31日老板电器的收盘价为21.78元，通过财务报表分析老板电器为股东创造价值的情况如何？未来是否具有投资价值？

（2）老板电器的股东投入资本收益率如何？受哪些驱动因素影响？

（3）老板电器的流动性如何？借债是否过多？是否冒着可能的财务危机和经营灵活性下降的风险？

（4）通过财务报表分析老板电器奉行何种竞争战略？在行业中的竞争地位如何？

（5）通过财务报表分析能够发现老板电器在公司管理上还存在什么问题？

第一节　财务报表分析概述

党的二十大报告指出：“我国发展进入战略机遇和风险挑战并存、不确定难预料因素增多的时期，各种‘黑天鹅’‘灰犀牛’事件随时可能发生。我们必须增强忧患意识，坚持底线思维，做到居安思危、未雨绸缪……”掌握财务报表分析的技术和方法有助于识别和评价企业的风险状况，提升应对风险与不确定性的能力，从而做出正确决策。

一、财务报表分析的含义与目的

（一）财务报表分析的含义

财务报表分析是指以财务信息和其他相关信息（如宏观经济环境与政策、行业分析、企业竞争战略等）为依据，采用科学系统的分析技术和方法，对企业的财务状况、经营成果、现金流量及风险状况做出综合评价，为财务报表使用者的经济决策提供必要信息的一种分析活动。

（二）财务报表分析的目的

为什么要进行财务报表分析？这需要从财务报表分析的主体入手。财务报表分析的主体是指企业的利益相关者，他们需要将财务报表数据转换成有用的信息，以帮助他们对企业的经营状况和财务状况进行分析与评价，并据此做出正确决策。那么如何将财务报表数据转换成有用的信息呢？比如，要分析企业的盈利能力，我们仅孤立地看利润表中的净利润是不够的，假设A、B两家企业，净利润分别是1 000万元和2 000万元，我们不能据此判断B企业的盈利能力比A企业好，因为如果A企业的资产总额是5 000万元，而B企业的资产总额是2亿元，那么显然A企业的盈利能力要优于B企业，所以我们要将净利润和资产联系起来综合分析以得到决策有用信息。因此，为了提高财务信息的有用性，需要对这些财务数据进一步分析、解释和加工，以便更全面、更深入地反映企业的财务情况及发展趋势，从而更好地为财务报表分析主体提供服务。

在财务报表分析的过程中，不同的财务报表分析主体对企业财务信息关注的侧重点也不同，具体而言：

1.投资者

这里的投资者既包括企业现有的出资者，又包括资本市场上潜在的投资者，他们是企业经营获利的最大受益者，也是企业经营风险的最大承担者，所以投资者对企业的盈利能力及投资风险极为关注。投资者期望自己投入的资金能实现保值增值，因此他们不仅关心企业当前的盈利能力，而且关注企业的支付能力、营运状况、成长前景及风险控制能力。只有投资者认为投资企业能产生价值增值，现有的投资者才会保持或增加投资，潜在的投资者才会踊跃地把大量资金投入该企业。此外，财务报表分析也有助于投资者评价企业经营者的经营业绩，发现在经营过程中存在的问题，从而通过行使股东权力，及时纠正偏差，使企业保持良性发展态势。

2.债权人

债权人是指那些给企业提供借款的金融机构以及购买企业债券的单位与个人，还包括以出售货物或劳务形式提供短期融资的单位或个人。债权人不参与企业的经营管理，不对企业承担终极风险。债权人最为关注的是企业是否能按期还本付息，是否能保证债权的安全，因此他们侧重分析企业的偿债能力。当然，债权人并不期望企业通过处置资产的方式偿还债务，所以他们同时关注企业的收益状况与风险程度是否相适应，即将偿债能力与盈利能力结合分析，从而制定是否借款以及对该企业的借款额度、付款条件、利率水平、保障条款等进行决策。

3.经营者

企业的经营者对股东投入的资本负有保值增值的责任，为履行“受托责任”，企业的经营者对财务报表信息的关注较其他分析主体更加全面。在财务报表分析中，除了关注企业的盈利能力、偿债能力、营运能力、风险控制能力之外，还要关注企业的筹资活动、投资活动等是否能为企业创造价值，及时发现在价值创造过程中存在的问题和不足，并通过原因分析，决定如何运用财务控制和财务决策解决这些问题。因此，企业经营者进行财务分析的目的不仅是全面、综合评价企业的财务状况和经营成果，而且更重要的是为贯穿财务管理始终的财务决策和财务控制提供信息支持。

4.企业的供应商和客户

在生产经营过程中，企业必然与供应商和客户发生业务往来，这些业务关联单位出于保护自身利益的需要，也关心企业的财务状况和经营状况，他们主要通过财务报表分析了解企业的信用状况。供应商需要了解企业的财务信用，判断其是否能及时结清各种款项，以便为其制定信用政策提供依据；客户需要了解企业的商业信用，据以判断企业的经营管理能力及产品服务质量，以便做出正确的决策。

5.其他财务信息使用者

除投资者、债权人、经营者、供应商和客户之外，企业财务信息的使用者还包括：(1) 中介机构，如证券公司、基金公司、资产评估机构、会计师事务所等，它们通过财务报表分析满足客户的需求；(2) 政府部门，如财政部门、税务部门、统计部门等，它们通过财务报表分析了解企业的经营运作及发展状况，为宏观经济政策及法规制定提供依据；(3) 企业的竞争对手，通过财务报表分析可以了解企业的财务信息，掌握企业的战略定位和发展方向，为制定自身未来的发展战略及竞争策略提供信息依据。

二、财务报表分析的方法

财务报表的数据是孤立的、死板的，为了让报表数据“说话”，揭示报表数据背后的秘密，我们需要掌握财务报表分析的方法。具体而言，这些方法主要包括比较分析法、比率分析法和因素分析法等。这些方法的基本内涵并不一样，但是都以企业财务报表及相关资料为基础，通过一定的指标计算，帮助信息使用者透过繁杂的财务报表数据，发掘其背后蕴含的信息，为财务报表使用者进行各种经济决策提供帮助。

（一）比较分析法

比较分析法是指对财务报表中的两期或两期以上的有关数据进行对比，从而揭示变动差异和变动趋势的一种分析方法。比较分析法又分为横向比较分析法、纵向比较分析法和趋势分析法。

1.横向比较分析法

横向比较分析法又称水平分析法，是指将企业报告期的财务信息与企业前期或历史某一时期的财务信息进行对比，以观察企业财务状况与经营成果变动情况的一种分析方法。以营业收入为例，运用横向比较分析法，表2-1列示了杭州老板电器股份有限公司2022—2023年的营业收入及其变动额和变动百分比。

表2-1　杭州老板电器股份有限公司营业收入的变动情况　金额单位：亿元

项目	2023年	2022年	变动额	变动百分比
营业收入	111.02	102.72	8.3	8.08%

当进行财务报表分析时，对于财务报表中绝对金额不大的项目，即使其变动百分比较大，报表分析者也可以不把它作为重点，而应重点关注绝对金额和变动百分比均较大的重要项目。另外，横向比较的对象也可以是一些可比性较强的同类企业或行业平均水平，通过对比分析找出企业间的差距。

2.纵向比较分析法

纵向比较分析法又称垂直分析法，是指通过计算报表中的各项目占总体的比例或结构，从而反映报表项目与总体的关系及其变动情况的一种分析方法。纵向比较分析法主要是通过编制共同比报表来进行的。共同比报表就是将财务报表中的某一关键项目金额定为100%，再分别计算出报表其余项目的金额各占关键项目金额的百分比，以反映各项目的重要程度，例如，比较共同比资产负债表，就是将资产和负债及所有者权益总额分别设定为100%，计算其他组成项目所占百分比。通过企业资产的组成比例，投资者可以观察企业资产的流动性，通过负债及所有者权益的组成比例可以观察企业的资本结构。比较共同比利润表，就是把营业收入作为关键项目定为100%，其余项目金额都与之进行比较，从而计算百分比。通过比较共同比利润表，投资者可以观察企业成本、费用、利润等占收入的比例。结合横向比较分析法，企业可以将分析期各项目的比例与前期项目的比例进行对比，从而研究各项目的比例变动情况；也可以将本企业报告期的项目比例与同类企业的可比项目比例进行对比，研究本企业与同类企业的不同，总结取得的成绩并发现存在的问题。

3.趋势分析法

趋势分析法是指将连续数期财务报表中的相同指标或比率进行比较，确定其增减变动情况及变动幅度，以观察其变动趋势，预测其发展前景的一种分析方法。趋势分析法常用的指标是定基动态比率和环比动态比率。定基动态比率是用某一时期的数值作为固定的基期指标数值，将其他各期数值与其对比来分析。环比动态比率是以每一分析期的数值与上一期数值比较计算出来的动态比率。以营业收入为例，表2-2列示了杭州老板电器股份有限公司2019—2023年连续5年的营业收入，并以2019年为基期计算定基动态比率和环比动态比率。

表2-2　**杭州老板电器股份有限公司连续5年营业收入变动情况表**　金额单位：亿元

项目	2023年	2022年	2021年	2020年	2019年
营业收入	111.02	102.72	101.50	81.29	77.61
定基动态比率	144.33%	132.35%	130.78%	104.74%	100%
环比动态比率	108.08%	101.20%	124.86%	104.74%	100%

（二）比率分析法

比率分析法是指通过计算两个相互关联指标的比值来分析评价企业财务状况和经营成果的一种分析方法。从广义上讲，比率分析法也属于比较分析法的一种形式，但由于它在财务分析中具有特殊的意义，所以把它单独作为一种分析方法来阐述。比率分析法不同于前述的比较分析法，前述方法反映的是同一指标在不同时期的差异或变动趋势，或者是同一指标在不同企业之间的对比情况等，它们显示的是指标本身的变动情况，是一种基础的、简单的比较。而比率分析法则不同，它是把相互关联的不同指标进行比较，通过指标之间的关系，解释和评价由此反映的某些情况。比如，用流动资产与流动负债相比，就可以反映企业的短期偿债能力，用负债总额与资产总额相比就可以反映企业的长期偿债能力。这远远超出了原指标本身所代表的含义，揭示原指标无从表达的、更深层次的某种情况或某种能力。因此，比率分析法在财务报表分析中占有极为重要的地位，本章第三节将详细阐述比率分析法的应用。

（三）因素分析法

运用比较分析法和比率分析法，我们可以确定财务指标的变动差异，但是差异形成的原因及各种原因对差异形成的影响程度，则需要进一步运用因素分析法进行分析。因素分析法是通过分析影响财务指标的各项因素，并计算这些因素对指标的影响程度，来说明本期实际指标与计划或基期相比，财务指标发生变动或差异的主要原因的一种分析方法，即因素分析法提供了定量解释差异成因的工具。因素分析法主要有连环替代法和差额分析法。

因素分析法的运用　　　　自测题2-1

第二节　企业基本财务报表

俗语说“巧妇难为无米之炊”，财务报表分析要以企业的财务信息为基础，而承载财务信息的主要载体就是企业的财务报表，它们传递着企业的财务状况、经营成果和现金流量等方面的历史信息。基本财务报表是财务分析的根本依据，其他的相关信息起到一个补充的作用。所以没有基本财务报表，财务分析如“无米之炊”。下面主要介绍企业的4张基本财务报表：资产负债表、利润表、现金流量表和所有者权益变动表。

一、资产负债表

资产负债表是指反映企业某特定一日期（通常为各会计期末）财务状况的一种静态报表。它根据“资产=负债+所有者权益”这一平衡公式，依照一定的分类标准和一定的次序，将某一特定日期的资产、负债、所有者权益的具体项目予以适当排列编制而成。杭州老板电器股份有限公司2023年12月31日的资产负债表见表2-3。

表2-3　　资产负债表[①]

编制单位：杭州老板电器股份有限公司　2023年12月31日　　单位：亿元

资产	期末余额	期初余额	负债和所有者权益	期末余额	期初余额
流动资产：			流动负债：		
货币资金	19.85	52.93	短期借款	0.95	0.52
交易性金融资产	27.30	25.12	交易性金融负债		
衍生金融资产			衍生金融负债		
应收票据	6.96	8.82	应付票据	10.99	8.73
应收账款	18.10	16.90	应付账款	25.49	24.19
应收款项融资			预收款项		
预付款项	1.40	1.78	合同负债	10.20	9.60
其他应收款	0.53	0.80	应付手续费及佣金		
买入返售金融资产			应付职工薪酬	1.78	1.54
存货	15.24	16.10	应交税费	1.54	1.52

① 报表中的数据因四舍五入问题与手工计算存在差异，这里不做额外调整，特此说明。

续表

资产	期末余额	期初余额	负债和所有者权益	期末余额	期初余额
合同资产			其他应付款	7.56	2.82
持有待售资产			持有待售负债		
一年内到期的非流动资产			一年内到期的非流动负债	0.04	0.06
其他流动资产	26.48	33.43	递延收益——流动负债		
流动资产合计	115.87	122.40	其他流动负债	1.18	1.20
非流动资产：			流动负债合计	59.73	50.17
发放贷款及垫款			非流动负债：		
债权投资			长期借款		
其他债权投资			应付债券		
其他权益工具投资	0.02	0.02	租赁负债	0.11	0.19
其他非流动金融资产	4.80		长期应付款		
长期应收款			长期应付职工薪酬		
长期股权投资	0.08	0.09	预计负债		
投资性房地产	0.91	0.56	递延所得税负债	0.29	0.22
固定资产	17.21	16.22	递延收益	1.37	1.24
在建工程	3.60	4.06	其他非流动负债		
无形资产	2.15	2.21	非流动负债合计	1.76	1.65
开发支出			负债合计	61.49	51.82
商誉	0.12	0.61	所有者权益（或股东权益）：		
长期待摊费用	0.05	0.06	股本	9.49	9.49
递延所得税资产	3.63	3.41	资本公积金	4.12	4.10
其他非流动资产	19.22	0.49	减：库存股	2.00	2.00
非流动资产合计	51.93	27.95	其他综合收益	-1.00	-1.00
			专项储备		
			盈余公积	4.75	4.75
			未分配利润	89.88	81.99
			归属于母公司所有者权益合计	105.23	97.32
			少数股东权益	1.08	1.26
			所有者权益合计	106.31	98.58
资产总计	167.80	150.40	负债和所有者权益总计	167.80	150.40

资产负债表是报表使用者进行财务报表分析的一张重要财务报表，它为报表使用

者提供以下信息：

（1）企业资产的构成及分布状况

资产负债表的左边列示了资产的构成，反映了企业通过负债和所有者权益筹集的资金都用在了哪里。依据流动性，企业资产分为流动资产和非流动资产。流动资产是指可以在1年或超过1年的一个营业周期内变现或运用的资产，具有占用时间短、周转快、易变现等特点。非流动资产是指不能在1年或者超过1年的一个营业周期内变现或者耗用的资产，具有占用资金多、周转速度慢、变现能力弱等特点，会对企业相互联系的多个会计期间的财务状况、经营成果产生影响。

资产负债表的左边不仅反映了资产的规模，而且反映了资产的结构，即各项资产占全部资产的比例。不同企业的资产规模与资产结构存在明显差异，一方面与企业管理层对资产的配置决策有关，另一方面则与行业特征密切相关，例如，根据Wind数据，2019—2023年房地产企业的存货占全部资产的比例均超过50%，而同期互联网企业的存货占全部资产的比例却不超过6%；2019—2023年房地产企业的固定资产占全部资产的比例不超过2%，而同期电力企业的固定资产占全部资产的比例约为60%，这种资产结构的显著差异就是由行业特征决定的。

（2）企业负债的规模及其结构

负债是指企业从债权人那里取得的资金。根据流动性，企业负债分为流动负债和非流动负债。流动负债是指需要在1年或超过一个营业周期内偿还的债务，流动负债具有成本低、偿还期短的特点。非流动负债是指偿还期在1年以上或者超过1年的一个营业周期以上的债务。与流动负债相比，非流动负债具有偿还期较长、金额较大的特点。一般而言，债务资金都有固定的到期日，到期需要偿还，债权人对企业的经营状况不承担责任，如果企业资产的流动性及收益水平下降，难以保障债务的清偿，那么企业就会陷入财务危机，甚至破产，因此，负债筹资规模越大，财务风险越高。

通过资产负债表还可以了解负债结构，负债结构是指各项负债占负债总额的比例，比如流动负债占负债总额的比例。企业的负债结构受很多因素的影响，其中行业特征也是一个重要因素，例如，根据Wind数据，2019—2023年酒类企业的非流动负债占负债总额的比例不超过10%，而同期民用航空类企业非流动负债占负债总额的比例约为50%，这是由于航空业属于资本密集型行业，需要企业投入巨额资本购置或者租赁飞机，因此需要借入大量的非流动负债。

（3）企业资本保值增值情况及对负债的保障程度

所有者权益是指所有者在企业享有的经济利益，其数额是资产总额减去负债总额后的净资产，主要包括实收资本（股本）、资本公积、盈余公积和未分配利润。其中，实收资本（股本）反映投资者投入的资本，资本公积反映直接计入所有者权益的利得或损失，盈余公积和未分配利润属于企业的留存收益。

所有者将资本投入企业，最关心的就是资本保值增值情况，为反映这一情况，通常用扣除客观因素影响后的所有者权益的期末总额与期初总额相比，比值为1说明资本保值，比值大于1说明资本增值。值得注意的是，这一指标的高低除了受企业经营成果的影响外，还受企业利润分配政策的影响。

资产负债表的右边由负债和所有者权益构成，反映企业的资本来源。从资本性质上看，所有者权益属于企业自有资本或权益资本，企业可以长期拥有，无须归还，是企业从事生产经营活动和偿还债务的基本保证，因此，企业的所有者权益占资本来源的比例越高，说明企业的偿债能力越强，对债权人越有保障。

二、利润表

利润表是指反映企业一定会计期间经营成果的报表。它是根据“收入–成本费用=利润”的基本关系而编制的。表2–4为杭州老板电器股份有限公司2023年的利润表。

表2–4　利润表①

编制单位：杭州老板电器股份有限公司　2023年度　单位：亿元

项目	本期发生额	上期发生额
营业总收入	112.02	102.72
营业收入	112.02	102.72
其他类金融业务收入		
营业总成本	92.97	84.95
营业成本	55.28	51.37
税金及附加	0.99	0.79
销售费用	30.02	26.14
管理费用	4.70	4.31
研发费用	3.87	3.92
财务费用	−1.89	−1.57
其中：利息费用	0.09	0.10
利息收入	1.99	1.62
其他业务成本（金融类）		
加：其他收益	1.74	1.49
投资收益（损失以“–”号填列）	0.83	0.99
其中：对联营企业和合营企业的投资收益		
以摊余成本计量的金融资产终止确认收益		
汇兑收益（损失以“–”号填列）		
净敞口套期收益（损失以“–”号填列）		
公允价值变动收益（损失以“–”号填列）		
信用减值损失（损失以“–”号填列）	−1.02	−2.24

① 报表中的数据因四舍五入问题与手工计算存在差异，这里不做额外调整，特此说明。

续表

项目	本期发生额	上期发生额
资产减值损失（损失以“-”号填列）	-0.71	-0.25
资产处置收益（损失以“-”号填列）		
营业利润	19.88	17.75
加：营业外收入	0.04	0.03
减：营业外支出	0.07	0.05
利润总额	19.86	17.73
减：所得税费用	2.72	2.15
净利润	17.15	15.58
减：少数股东损益	-0.18	-0.14
归属于母公司股东的净利润	17.33	15.72
加：其他综合收益		
综合收益总额	17.15	15.58
减：归属于少数股东的综合收益总额	-0.18	-0.14
归属于母公司所有者的综合收益总额	17.33	15.72

与资产负债表不同，利润表在经营业绩方面为报表使用者提供更多的信息，主要包括：

（1）展示企业利润的形成过程，反映企业的财务成果

我国企业的利润表按照多步式编制，不同步骤的数据反映利润的不同来源。第一步，以营业收入为基础，减去营业成本、税金及附加、销售费用、管理费用、研发费用、财务费用，加上投资收益、公允价值变动收益，减去资产减值损失等，计算出营业利润。第二步，以营业利润为基础，加上营业外收入，减去营业外支出，计算出利润总额。第三步，以利润总额为基础，减去所得税费用，计算出净利润。利润表在净利润下增列“其他综合收益”和“综合收益总额”。“其他综合收益”反映企业根据企业会计准则规定未在损益中确认的各项利得和损失扣除所得税影响后的净额。例如，可供出售金融资产的公允价值变动，按照准则规定计入所有者权益项目“资本公积”，未在损益中确认，但属于企业当期利得或损失，引起所有者权益的变动。“综合收益总额”则为净利润与其他综合收益的合计金额。

（2）说明企业利润的来源结构，揭示利润质量及风险

从利润的结构可以看出，企业利润总额由营业利润和营业外净收支两部分构成，其中，营业外净收支与企业的生产经营无直接关系，属于非经常性损益；在营业利润中也有部分项目，由于其性质、金额或发生频率等方面的原因，影响了公司公允地反映正常盈利能力的各项收支，因此，也属于非经常性损益，如因不可抗力因素而计提

的各项资产减值准备；以前年度已经计提各项减值准备的转回；债务重组损益；资产置换损益等。由于非经常性损益不是由公司主营业务产生的，盈余不具有持续性，因此信息使用者在分析利润规模和构成时，要重点关注经常性损益，并对企业的利润质量做出合理判断。

（3）反映企业盈利能力，预测企业未来发展趋势

利润表不仅提供了利润信息，而且提供了形成利润的收入与成本费用信息，并通过分析利润与收入的比率关系、利润与成本费用的比率关系以及利润表与资产负债表相关项目之间的关系，帮助报表使用者判断企业的盈利能力、预测净利润的持续性，从而做出正确决策。

三、现金流量表

现金流量表是指反映企业一定会计期间现金及现金等价物流入与流出的报表。根据会计准则的规定，现金是指公司库存现金以及可以随时用于支付的存款；现金等价物是指企业持有的期限短、变现能力强，易于转换为已知金额的现金或价值变动风险很小的投资，如银行理财产品、短期国债投资等。现金流量表以现金及现金等价物为基础编制，划分为经营活动现金流量、投资活动现金流量和筹资活动现金流量。表2-5为杭州老板电器股份有限公司2023年的现金流量表。

表2-5　**现金流量表**①

编制单位：杭州老板电器股份有限公司　2023年度　单位：亿元

项目	本期发生额	上期发生额
经营活动产生的现金流量：		
销售商品、提供劳务收到的现金	122.67	112.18
收到的税费返还	0.47	0.53
收到其他与经营活动有关的现金	2.72	3.03
经营活动现金流入小计	125.86	115.73
购买商品、接受劳务支付的现金	52.68	51.30
支付给职工以及为职工支付的现金	10.49	10.15
支付的各项税费	9.71	9.24
支付其他与经营活动有关的现金	29.05	25.59
经营活动现金流出小计	101.94	96.28
经营活动产生的现金流量净额	23.92	19.45
投资活动产生的现金流量：		
收回投资收到的现金	23.14	29.36

① 报表中的数据因四舍五入问题与手工计算存在差异，这里不做额外调整，特此说明。

续表

项目	本期发生额	上期发生额
取得投资收益收到的现金	0.83	1.01
处置固定资产、无形资产和其他长期资产收回的现金净额	0.01	0.01
处置子公司及其他营业单位收到的现金净额		
收到其他与投资活动有关的现金		
投资活动现金流入小计	23.98	30.38
购建固定资产、无形资产和其他长期资产支付的现金	3.27	5.03
投资支付的现金	30.12	25.80
取得子公司及其他营业单位支付的现金净额		
支付其他与投资活动有关的现金	43.33	
投资活动现金流出小计	76.73	30.82
投资活动产生的现金流量净额	−52.75	−0.44
筹资活动产生的现金流量：		
吸收投资收到的现金	0.03	0.11
其中：子公司吸收少数股东投资收到的现金	0.03	0.11
取得借款收到的现金	0.76	0.55
收到其他与筹资活动有关的现金	0.14	0.01
筹资活动现金流入小计	0.92	0.67
偿还债务支付的现金	0.46	0.04
分配股利、利润或偿付利息支付的现金	4.74	4.82
其中：子公司支付给少数股东的股利、利润		0.10
支付其他与筹资活动有关的现金	0.07	0.11
筹资活动现金流出小计	5.28	4.97
筹资活动产生的现金流量净额	−4.36	−4.30
汇率变动对现金及现金等价物的影响	0.01	0.06
现金及现金等价物净增加额	−33.18	14.76
加：期初现金及现金等价物余额	51.96	37.20
期末现金及现金等价物余额	18.78	51.96

与资产负债表、利润表不同，现金流量表是按照收付实现制编制的，反映企业真实的

现金流动情况。现金流量表在评价企业现金创造能力，揭示企业的流动性、财务弹性、收益质量以及预测公司前景等方面有着十分重要的作用。

（1）现金流量表能够揭示企业在一定期间内现金流入和流出的原因

虽然资产负债表能够提供企业财务状况的变动情况，但不能反映财务状况变动的原因，也不能表明这些资产、负债和所有者权益变动给企业带来了多少现金，为之又花费了多少现金。利润表是根据权责发生制原则编制的，核算的利润与现金流量是不同步的，所以经常出现企业有利润但没有现金的情况。现金流量表弥补了资产负债表、利润表的不足，提供一定时期现金流入和流出的动态财务信息，表明企业在报告期内通过经营活动、投资活动和筹资活动获得多少现金，现金又是如何运用的，进一步说明资产、负债、所有者权益变动的原因。

（2）现金流量表能够评价企业的偿债能力和支付能力

企业在生产经营过程中，为了弥补自有资金的不足，经常通过举债筹集所需资金，债务必须要偿还，如果企业不能按时偿还债务本息，那么企业就会陷入财务困境，甚至危及企业的生存，通过现金流量表分析，可以真实评价企业的偿债能力。企业在生产经营过程中，除了用现金偿还贷款外，还需要用现金购买货物、支付工资、对外投资、支付股利等。如果没有足够的现金来支付这些款项，那么企业正常的生产经营活动就不能顺利进行，因此，报表使用者需要通过现金流量表了解企业的支付能力。

（3）现金流量表有助于分析企业的盈利质量

现金如同企业的血液，获得足够的现金是企业创造良好经营业绩的有力支撑，一个企业的账面利润再高，如果没有相应的现金流量依然无法进行正常的经营活动。因此，能否产生持续稳定的现金流量对企业至关重要。企业产生持续的现金流量主要依赖经营活动，经营活动是企业产生持续现金流入的根本驱动因素。因此，对比企业的净利润与经营活动现金流量，可以判断企业的盈利质量。

四、所有者权益变动表

所有者权益变动表是指反映企业在一定期间内，所有者权益各组成部分当期的增减变动情况的报表。所有者权益变动表不仅可以为报表使用者提供所有者权益总量增减变动的信息，而且能为其提供所有者权益增减变动的结构性信息，特别是能够让报表使用者理解所有者权益增减变动的根源。所有者权益变动表为资产负债表和利润表提供了辅助信息，也在一定程度上提供了企业全面收益的信息。

【学思践悟】 上市公司财务造假对策[①]

国内外财务舞弊史告诉我们，只要经济利益诱惑足够大，监管等制度安排又有机可乘，就会有上市公司不惜以身试法，力图通过财务造假博取不当利益。从英国的南海泡沫事件，到安然财务丑闻，再到银广厦舞弊，直至康得新和康美药业恶性造假，都雄辩地说明造假与反造假的博弈周而复始，生生不息。

当道德不能约束上市公司的财务造假时，唯有严刑峻法，将造假者绳之以法，才能形

① 资料来源：黄世忠．上市公司财务造假的八因八策［J］．财务与会计，2019（16）：4-11.

成强大的震慑力。在这方面，外有《萨班斯-奥克斯利法案》（SOX）可供借鉴，内有酒驾入刑之良法提供启示。首先，建议借鉴SOX的做法，大幅提高财务造假者的刑期。美国安然事件曝光后，董事长Kenneth Lay因去世未被追究刑事责任，首席执行官Jeffrey Skilling和首席财务官Andrew Fastow在2003年分别获刑24年和6年，世界通信董事长兼首席执行官Bernard Ebbers除被没收全部个人财产（超过5 000万美元）外，在2005年被判处25年徒刑，首席财务官Scott D. Sullivan被没收500万美元和一栋别墅，并处5年徒刑。其次，应区分上市公司财务造假的主犯和从犯，对于以实际控制人为代表的主犯，在量刑方面应当从严、从快、从重，对于从犯虽可从轻追责，但绝对不可放纵，而应当借鉴酒驾入刑的做法，凡是参与财务造假的人员都必须入刑，而不论财务造假是否造成严重的社会后果。

自测题2-2

第三节 财务业绩评价

在了解了企业基本财务报表之后，下一步就是分析这些报表数据是如何反映财务业绩的。财务业绩评价主要是通过计算分析各种财务比率来评价企业的财务状况和经营成果，如企业的各项资产是否被有效运用，销售能创造多少利润，企业是否具有充分的流动性，企业是否为股东创造了价值等。概括起来，主要对企业偿债能力、营运能力、盈利能力和市场价值四个方面进行评价。

一、偿债能力评价

偿债能力是指企业偿还到期债务的能力。企业的债权人最关心的就是企业的偿债能力，因为债权人出借资金的基本目的是取得利息收入。如果债务人到期不能还本付息，那么债权人不仅不能从资金借贷业务中获得预期收益，反而会遭受一定的损失。偿债能力对企业的投资者和经营者同样具有十分重要的意义。对于投资者来说，企业只有保持较强的偿债能力，才可能有良好的财务弹性，才可能筹集到更多的资金用于投资，从而为投资者带来更多的利润。对于经营者来说，企业保持一定的偿债能力，一方面，可降低企业的财务风险，不会因无力还债而陷入财务困境；另一方面，也树立了企业的良好形象和信誉，增强了债权人、投资者以及政府机构等有关方面对企业的信心，使企业能够筹集到更多的资金，保持企业良好的外部环境和良好的外部形象。

按照到期时间，债务一般分为短期债务和长期债务，因此偿债能力分析也分为短期偿债能力分析和长期偿债能力分析。

1.短期偿债能力分析

短期偿债能力是指企业偿还流动负债的能力。短期偿债能力的强弱取决于企业流动资产的流动性，即流动资产转换成现金的速度。企业流动资产的流动性强，相应的短期偿债能力也强，因此，通常使用流动比率、速动比率和现金比率衡量企业的短期偿债能力。

（1）流动比率

流动比率是指流动资产对流动负债的比率，反映企业可在短期内变现的流动资产偿还到期流动负债的能力。其计算公式为：

$$流动比率=\frac{流动资产}{流动负债} \tag{2.1}$$

【例 2-1】

根据表 2-3 资产负债表数据，可计算老板电器公司 2023 年年末的流动比率：

$$流动比率 = \frac{115.87}{59.73} = 1.94$$

流动比率是衡量企业短期偿债能力的一个重要财务指标。一般而言，该比率越高，表明企业资产的流动性和短期偿债能力越强。对债权人而言，流动比率越高，短期债务的偿还越有保障；但对于企业而言，流动比率并不是越高越好，流动比率过高可能是存货积压或滞销的结果，也可能拥有过多的现金没有被充分利用。一般认为流动比率的标准值为 2，但近年来，人们逐渐摒弃了这种单凭经验的标准，而是结合行业特点和企业流动资产结构等因素，与同行业平均流动比率、本企业历史的流动比率进行比较，分析该比率的合理性。表 2-6 列示了 2019—2023 年老板电器的流动比率与行业内的竞争企业华帝股份的流动比率及行业平均流动比率的比较。老板电器的流动比率明显高于华帝股份的流动比率和行业平均流动比率，说明老板电器一直保持较强的短期偿债能力，运用纵向分析法可知，老板电器 2023 年的流动资产占总资产的比例高达 69%（115.87÷167.80×100%），这也是其流动比率较高的原因。

表 2-6 2019—2023 年老板电器流动比率与华帝股份流动比率及行业平均流动比率比较

项目	2023 年	2022 年	2021 年	2020 年	2019 年
老板电器流动比率	1.94	2.44	2.33	2.59	2.54
华帝股份流动比率	1.45	1.46	1.48	1.67	1.62
行业平均流动比率	1.56	1.73	1.64	1.69	1.59

数据来源：Wind 数据库。

（2）速动比率

速动比率是指速动资产对流动负债的比率。它是衡量企业流动资产可以立即变现用于偿还流动负债的能力。速动资产包括货币资金、交易性金融资产和各种应收款项等可在较短时间内变现的资产。其他流动项目，如存货、预付款项、一年内到期的非流动资产等，变现时间和数量具有较大的不确定性，称为非速动资产。速动比率的计算公式为：

$$速动比率=\frac{速动资产}{流动负债} \tag{2.2}$$

【例 2-2】

根据表 2-3 资产负债表数据，可计算老板电器公司 2023 年年末的速动比率：

$$速动比率 = \frac{115.87 - 15.24}{59.73} = 1.69$$

$$保守速动比率 = \frac{19.85 + 27.30 + 6.96 + 18.10}{59.73} = 1.21$$

经验表明，速动比率维持在1较为合理。它表明企业的每1元流动负债就有1元易于变现的流动资产来作为偿债保障。速动比率过低，则企业的短期偿债风险较高；速动比率过高，则企业在速动资产上占用资金过多，会增加企业投资的机会成本。但是，这个评价标准并不是绝对的，还要结合企业的行业性质和流动资产质量加以分析才能得出正确结论。表2-7列示了2019—2023年老板电器的速动比率与行业内的竞争企业华帝股份的速动比率及行业平均速动比率的比较。老板电器的速动比率明显高于华帝股份的速动比率和行业平均速动比率，从流动资产的结构来看，主要的非速动资产存货占流动资产总额的13.153%（15.24÷115.87×100%），而货币资金与交易性金融资产合计占流动资产的比例是40.69%（（19.85+27.30）÷115.87×100%），说明企业大部分的流动资产由现金及现金等价物构成，企业的即时支付能力很强，但也说明企业大量的现金没有被充分利用。

表2-7　2019—2023年老板电器速动比率与华帝股份速动比率及行业平均速动比率比较

项目	2023年	2022年	2021年	2020年	2019年
老板电器速动比率	1.69	2.08	1.94	2.23	2.03
华帝股份速动比率	1.22	1.22	1.19	1.41	1.42
行业平均速动比率	1.30	1.41	1.27	1.37	1.27

数据来源：Wind数据库。

（3）现金比率

在流动资产中，流动性最强、可直接用于偿债的资产称为现金资产，包括货币资金、交易性金融资产。现金比率是指现金资产对流动负债的比率。其计算公式为：

$$现金比率=\frac{货币资金 + 交易性金融资产}{流动负债} \tag{2.3}$$

【例2-3】

根据表2-3资产负债表数据，可计算老板电器公司2023年年末的现金比率：

$$现金比率 = \frac{19.85 + 27.30}{59.73} = 0.79$$

现金比率是以最保守的方式分析企业的流动性，通常是分析人员发现公司的应收账款和存货存在抵押现象，使用现金比率来衡量企业的短期偿债能力更为安全，如果现金比率过低，则表明公司即时支付能力有问题。

2.长期偿债能力分析

长期偿债能力是指企业偿还长期负债的能力。反映企业长期偿债能力的财务比率主要有资产负债率、产权比率、权益乘数和利息保障倍数。

（1）资产负债率

资产负债率是指负债总额除以资产总额的百分比，也就是负债总额与资产总额的比例关系。资产负债率反映在总资产中有多大比例是通过借债筹资的，也可以衡量企业在清算时保护债权人利益的程度。其计算公式为：

$$资产负债率=\frac{负债总额}{资产总额}\times 100\% \quad (2.4)$$

【例 2-4】

根据表 2-3 资产负债表数据，可计算 2023 年年末老板电器公司的资产负债率：

$$资产负债率=\frac{61.49}{167.80}\times 100\% = 36.64\%$$

资产负债率反映企业偿还债务的综合能力。一般而言，这个比率越低，企业偿还债务的能力越强；反之，偿还债务的能力越弱。

对于资产负债率，企业的债权人和股东往往从不同的角度来评价。从债权人角度来看，他们最关心的是贷出资金的安全性。如果这个比率过高，那么说明在企业的全部资产中，股东提供的资本所占比例太低，则企业的财务风险主要由债权人承担，其贷款的安全性也缺乏可靠的保障。从企业股东角度来看，他们关心的主要是投资收益的高低，企业借入的资金与股东投入的资金在生产经营中可以发挥同样的作用。如果企业负债所支付的利息率低于资产报酬率，那么股东就可以利用举债经营取得更多的投资收益。评价企业资产负债率还要与同行业进行对比。表 2-8 列示了 2019—2023 年老板电器的资产负债率与行业内的竞争企业华帝股份的资产负债率及行业平均资产负债率的比较。老板电器的资产负债率明显低于华帝股份的资产负债率和行业平均资产负债率。

表 2-8　2019—2023 年老板电器资产负债率与华帝股份资产负债率及行业平均资产负债率比较

项目	2023 年	2022 年	2021 年	2020 年	2019 年
老板电器资产负债率	36.64%	34.45%	36.96%	34.23%	34.53%
华帝股份资产负债率	48.74%	49.18%	48.92%	44.66%	47.85%
行业平均资产负债率	44.12%	41.28%	43.89%	42.18%	44.54%

数据来源：Wind 数据库。

资产负债率的高低没有一个明确的标准，不同行业、不同类型的企业存在较大差异。一般而言，产销业务稳定，经营风险较低，未来现金流量的可预测性较强或拥有大量可抵押的资产，可以较多地依赖债务融资的企业，其资产负债率较高；而经营风险高、经营现金流量具有高度波动性（如以技术研发为主）或现金流量充足的企业，则其资产负债率较低。表 2-9 列示了部分行业的资产负债率。

表 2-9　2023 年部分行业的资产负债率

行业	房地产	电力	汽车	农业	钢铁	制药	互联网	酒类	生物科技
资产负债率（%）	78.03	64.19	66.97	60.05	56.41	38.34	46.23	26.83	23.51

数据来源：Wind 数据库。

（2）产权比率

产权比率是指负债总额对股东权益的比率，反映股东权益对债权人权益的保障程度，是企业财务结构稳健与否的重要标志。其计算公式为：

$$产权比率=\frac{负债总额}{股东权益}\times 100\% \qquad (2.5)$$

【例 2-5】

根据表 2-3 资产负债表数据，可计算老板电器公司 2023 年年末的产权比率：

$$产权比率=\frac{61.49}{106.31}=0.58$$

产权比率不仅反映了由债务人提供的资本与所有者提供资本的相对关系，而且反映了企业自有资金偿还全部债务的能力，因此它也是衡量企业负债经营安全程度的重要指标。一般而言，产权比率越低，企业长期偿债能力越强，债权人权益保障程度越高，承担的风险越低。

（3）权益乘数

权益乘数是指资产总额相当于股东权益的倍数。权益乘数越大，表明所有者投入企业的资本占全部资产的比例越低，企业负债的程度越高。其计算公式为：

$$权益乘数=\frac{资产总额}{股东权益}\times 100\% \qquad (2.6)$$

【例 2-6】

根据表 2-3 资产负债表数据，可计算老板电器公司 2023 年年末的权益乘数：

$$权益乘数=\frac{167.8}{106.31}=1.58$$

权益乘数越大，代表公司借入资本的数额越大，承担的财务风险越高。权益乘数常被用于反映企业的财务杠杆水平，权益乘数越大，财务杠杆越高。

（4）利息保障倍数

利息保障倍数是指企业生产经营所获得的息税前利润（EBIT）对应付利息的比率。它反映了企业实现的利润对债务偿付的保证程度。其计算公式为：

$$利息保障倍数=\frac{息税前利润}{应付利息}=\frac{净利润+利息费用+所得税}{应付利息} \qquad (2.7)$$

公式中的“应付利息”是指本期发生的全部应付利息，不仅包括财务费用中的利息费用，而且包括计入固定资产成本的资本化利息。因为无论利息支出是费用化还是资本化，当期发生的利息支出都是必须支付的。

【例 2-7】

由于 2023 年老板电器公司的利息支出仅为 8 773 638.31 元[①]，税前利润为 1 986 110 044.26 元，则息税前利润约为 1 994 883 682.57 亿元，利息保障倍数约为 227（1 994 883 682.57÷

① 数据来源：2023 年杭州老板电器股份有限公司财务报告。

8 773 638.31）。

利息保障倍数主要用于分析公司在一定盈利水平下支付债务利息的能力。这一比率越高，说明公司的利润为支付债务利息提供的保障程度越高。因此，债权人通常利用利息保障倍数指标来衡量债权的安全程度。但是需要注意的是，利息并不是用利润支付的，而是需要用现金支付的，如果企业有利润但没有足够的现金流量，那么虽然利息保障倍数较大，但是也未必能够支付利息，因此还需要关注企业的现金流量指标。

除了上述财务比率以外，财务报表分析者还要关注长期资本负债率、现金流量利息保障倍数、现金流量债务比等指标来评价企业的长期偿债能力。当进行财务分析时，分析人员除了计算分析这些比率，还应考虑影响企业长期偿债能力的一些表外因素，如长期租赁、债务担保、未决诉讼等。

二、营运能力评价

营运能力是指资产运用、循环的效率。企业筹集的资金投资于各类资产，各类资产的周转速度是资产管理水平的重要体现。一般来说，各类资产周转速度越快，资金利用效率越高，企业可以以较少的投入获得较多的收益。因此，资产的管理效率是影响企业盈利能力的重要驱动因素。反映企业营运能力的指标主要有应收账款周转率、存货周转率、流动资产周转率和总资产周转率等。

1. 应收账款周转率

应收账款周转率（次数）是指营业收入对应收账款平均余额的比率，反映企业应收账款的周转速度和管理效率，其计算公式为：

$$\text{应收账款周转率}=\frac{\text{营业收入}}{\text{应收账款平均余额}} \tag{2.8}$$

其中：应收账款平均余额=（期初应收账款+期末应收账款）÷2　（2.9）

企业在分析应收账款周转情况时，还可以结合应收账款周转天数（即平均收现期或账龄）进行分析。应收账款周转天数是指应收账款周转一次（从销售开始到收回现金）所需要的时间，其计算公式为：

$$\text{应收账款周转天数}=\frac{\text{计算期天数}}{\text{应收账款周转次数}}=\frac{\text{计算期天数}\times\text{应收账款平均余额}}{\text{营业收入}} \tag{2.10}$$

【例 2-8】

根据表 2-3、表 2-4 的资产负债表和利润表数据，可计算老板电器公司 2023 年度的应收账款周转率和应收账款周转天数：

$$\text{应收账款周转率}=\frac{112.02}{(18.1+16.9)\div 2}=6.40$$

$$\text{应收账款周转天数}=\frac{360}{6.40}=56(\text{天})$$

一般来说，应收账款周转率越高越好，该比率越高说明企业收账速度越快，发生坏账的可能性越低，短期偿债能力越强，资金利用效率越高；而应收账款周转天数则越短越好。如果公司实际收回账款的天数超过了公司规定的应收账款周转天数，那么，一方面，说明债务人拖欠时间长，发生坏账损失的风险比较高；另一方面，说明公司催收账款不力，有过多的营运资本呆滞在应收账款上。分析应收账款周转率与周转天数还应与行业平均值及本行业其他企业进行比较。

2.存货周转率

存货周转率是指营业成本对存货平均余额的比率，用于反映存货的周转速度和管理效率，其计算公式为：

$$存货周转率=\frac{营业成本}{存货平均余额} \tag{2.11}$$

其中：存货平均余额=（期初存货+期末存货）÷2

存货周转天数是指存货周转一次所需要的时间，其计算公式为：

$$存货周转天数=\frac{计算期天数}{存货周转次数}=\frac{计算期天数\times存货平均余额}{营业成本} \tag{2.12}$$

【例2-9】

根据表2-3、表2-4的资产负债表和利润表数据，可计算老板电器公司2023年度的存货周转率和存货周转天数：

$$存货周转率=\frac{55.28}{(15.24+16.10)\div 2}=3.53$$

$$存货周转天数=\frac{360}{3.53}=102(天)$$

存货周转率是衡量和评价企业购入存货、投入生产、销售收回等各环节管理效率的综合性指标。一般来讲，存货周转速度越快，即存货周转率越高、存货周转天数越少，存货占用水平越低，流动性越强，存货转化为现金或应收账款的速度就越快，从而会提升企业的短期偿债能力及获利能力。对存货周转速度进行分析，有利于找出存货管理中存在的问题，并尽可能降低资金占用水平。但是，分析人员还应注意以下几点：①存货周转率的高低与企业的经营特点密切相关，应注意行业特点与企业战略；②该比率反映的是存货整体的周转情况，不能说明企业经营各环节的存货周转情况和管理水平；③应结合应收账款周转情况和信用政策进行分析。

3.流动资产周转率

流动资产周转率是指营业收入对流动资产平均余额的比率，反映企业流动资产的周转速度和利用效率，其计算公式为：

$$流动资产周转率=\frac{营业收入}{流动资产平均余额} \tag{2.13}$$

其中：流动资产平均余额=（期初流动资产+期末流动资产）÷2

【例2-10】

根据表2-3、表2-4的资产负债表和利润表数据，可计算老板电器公司2023年度的流动资产周转率：

$$流动资产周转率 = \frac{112.02}{(115.87 + 122.40) \div 2} = 0.94$$

在一定时期内，流动资产周转次数越多，周转天数越少，表明以相同的流动资产完成的周转额越多，从而可以节约资金，提高资金的利用效率，增强企业的盈利能力。

4.总资产周转率

总资产周转率是指营业收入对平均总资产的比率，反映企业总资产周转速度，其计算公式为：

$$总资产周转率=\frac{营业收入}{平均总资产} \tag{2.14}$$

其中：平均总资产=（期初总资产+期末总资产）÷2　　（2.15）

【例 2-11】

根据表 2-3、表 2-4 的资产负债表和利润表数据，可计算老板电器公司 2023 年度的总资产周转率：

$$总资产周转率 = \frac{112.02}{(167.80 + 150.40) \div 2} = 0.70$$

总资产周转率是综合评价企业全部资产的管理质量和利用效率的重要指标。一般来说，总资产周转次数越多、周转天数越少，表明其周转速度越快，盈利能力越强。在此基础上，可以对总资产周转率的构成要素进行分析，查明总资产周转率升降的原因，以采取相应措施积极改善，提高资产利用效率。

为了更好地评价老板电器的营运能力，表 2-10 列示了 2023 年家电行业内主要上市公司的营运能力分析指标。其中，老板电器的总资产周转率最低，主要由于存货周转率、流动资产周转率均低于其他公司。

表 2-10　　2023 年家电行业内主要上市公司的营运能力分析指标

项目	老板电器	华帝股份	苏泊尔	美的集团	海尔智家
存货周转天数（天）	102.07	79.37	54.55	67.09	82.07
应收账款周转天数（天）	56.23	56.33	40.43	29.57	24.91
存货周转率（次）	3.53	4.54	6.60	5.37	4.39
应收账款周转率（次）	6.40	6.39	8.90	12.17	14.45
总资产周转率（次）	0.70	0.90	1.64	0.82	1.07
流动资产周转率（次）	0.94	1.28	2.18	1.38	1.99

数据来源：Wind数据库。

三、盈利能力评价

盈利能力是指企业获取利润的能力，它是一个企业生存发展的最基本的能力，所以报表使用者都非常重视和关心企业的盈利能力。对盈利能力的分析可以从总体盈利水平评价及盈利质量评价两个方面入手。

1. 总体盈利水平评价

总体盈利水平评价的指标主要有销售毛利率、销售净利率、总资产净利率、净资产收益率。

（1）销售毛利率

销售毛利率是指企业的毛利对营业收入的比率。其中，毛利是营业收入与营业成本之间的差额。销售毛利率反映每1元营业收入扣除营业成本后，有多少钱可以用于各项期间费用并形成盈利，它是利润形成的基础。其计算公式为：

$$销售毛利率=\frac{营业收入-营业成本}{营业收入}\times 100\% \quad (2.16)$$

【例2-12】

根据表2-4的利润表数据，可计算老板电器公司2023年度的销售毛利率：

$$销售毛利率=\frac{112.02-55.28}{112.02}\times 100\%=50.65\%$$

销售毛利率除了反映企业营业收入创造毛利的水平外，还能够反映企业的竞争战略。因为销售毛利率受两个因素的影响：一是企业的产品或服务在市场中能得到的价格溢价；二是企业在采购和生产过程中的效率。如果企业的产品或服务具有差异化和独特性等，那么企业就可以采用差异化战略定出较高的价格，从而获得市场价格溢价。如果企业实施低成本战略，那么企业的采购成本就要比竞争对手低，生产过程效率要比竞争对手高，才能使企业的营业成本处于较低水平。由表2-11可知，老板电器的销售毛利率比行业内的竞争企业华帝股份及行业平均值高出许多，这与老板电器的竞争战略有直接关系，老板电器一直秉持高端品牌定位，给客户以高端化、轻奢化、定制化的体验，所以其产品在同类产品中定价较高，能够获得市场溢价，这也是其销售毛利率高的原因。

表2-11 2019—2023年老板电器销售毛利率与华帝股份销售毛利率及行业平均销售毛利率比较

项目	2023年	2022年	2021年	2020年	2019年
老板电器销售毛利率（%）	50.65	49.98	52.35	56.16	54.27
华帝股份销售毛利率（%）	42.18	39.52	40.77	43.12	48.26
行业平均销售毛利率（%）	32.57	31.50	29.70	33.05	34.57

数据来源：Wind数据库。

另外，销售毛利率也具有行业特点，不同行业产品的附加价值不同，毛利率也不同，表2-12列示了2023年部分行业的销售毛利率。

表2-12 2023年部分行业的销售毛利率

行业	房地产	电力	汽车	海运	钢铁	制药	互联网	酒类	生物科技
销售毛利率（%）	27.02	24.90	11.95	16.79	10.67	47.88	24.21	70.57	64.31

数据来源：Wind数据库。

（2）销售净利率

销售净利率是指企业的净利润对营业收入的比率。它反映每1元营业收入创造的净利润。其计算公式为：

$$销售净利率=\frac{净利润}{营业收入}\times100\% \tag{2.17}$$

该比率越高，说明企业的获利水平越高，盈利能力越强。销售净利率中的营业收入是企业经营活动所得，而净利润则受非经营性因素及投资收益和所得税的影响，因此还需要结合其他指标评价企业的盈利能力。

【例2-13】

根据表2-4的利润表数据，可计算老板电器公司2023年度的销售净利率：

$$销售净利率=\frac{17.15}{112.02}\times100\%=15.31\%$$

（3）总资产净利率

总资产净利率是指企业净利润对平均总资产的比率。该指标反映的是企业运用全部资产所获得净利润的水平，即企业每投入1元的资产平均能获得多少元的净利润。该指标越高，表明公司投入产出水平越高，资产运营越有效，成本费用控制得越好。其计算公式为：

$$总资产净利率=\frac{净利润}{平均总资产}\times100\% \tag{2.18}$$

其中：平均总资产=（期初总资产+期末总资产）÷2

【例2-14】

根据表2-4的利润表数据，可计算老板电器公司2023年度的总资产净利率：

$$总资产净利率=\frac{17.15}{(167.80+150.40)\div2}\times100\%=10.78\%$$

一个企业的总资产净利率受两个因素的影响：一是企业是否有效地利用了资产；二是在每次资产周转中企业获利的水平。要了解这两个因素的影响，可以将总资产净利率分解为销售净利率和总资产周转率。

$$总资产净利率=\frac{净利润}{平均总资产}=\frac{净利润}{营业收入}\times\frac{营业收入}{平均总资产}=销售净利率\times总资产周转率 \tag{2.19}$$

总资产净利率越高，表明企业经营者运用全部资产获取收益的水平越高，投入产出的水平越高，企业的资产运营越有效。该指标是一个综合性指标，它的高低与企业的资产结构、经营管理水平具有密切关系。

虽然总资产净利率是评价资产投入产出关系的常用指标，但是它也存在问题，即分母是包括股东和债权人投入的全部资产，而分子仅是属于股东的收益，没有包括债权人的收益，所以总资产收益率的另一种计算方法是将净利润用息税前利润代替，表示在扣除所得税之前，企业运用全部资产给所有投资者创造收益的水平，从而更加合理地评价企业资产的获利能力，具体计算公式为：

$$总资产收益率=\frac{净利润+所得税+利息}{平均总资产}\times100\% \tag{2.20}$$

（4）净资产收益率

净资产收益率又称股东权益报酬率，是指净利润对平均所有者权益的比率。该指标反映股东权益的收益水平，其计算公式为：

$$净资产收益率=\frac{净利润}{平均所有者权益}\times 100\% \tag{2.21}$$

【例 2-15】

根据表 2-4 的利润表数据，可计算老板电器公司 2023 年度的净资产收益率：

$$净资产收益率 = \frac{17.15}{(106.31 + 98.58) \div 2} \times 100\% = 16.74\%$$

该指标是衡量企业盈利能力的核心指标，因为财务管理的目标是股东财富最大化，而净资产收益率直接反映企业股东投入资本的盈利能力。同时，它也是综合性最强的财务分析指标，它是企业筹资、投资、资产营运等各项财务活动的综合结果。净资产收益率可以进一步分解为销售净利率、总资产周转率和权益乘数。

$$\begin{aligned}净资产收益率&=\frac{净利润}{平均所有者权益}\times 100\%\\&=\frac{净利润}{营业收入}\times\frac{营业收入}{平均总资产}\times\frac{平均总资产}{平均所有者权益}\\&=销售净利率\times总资产周转率\times权益乘数\end{aligned} \tag{2.22}$$

其中，销售净利率和总资产周转率的乘积是总资产净利率，这两个比率综合反映了企业投资和经营决策对总体盈利能力的影响；权益乘数反映企业的筹资决策，权益乘数越大，说明企业负债程度越高，财务杠杆作用越大。通过公式（2.22）可以看到，驱动净资产收益率的两大因素是资产的盈利能力和企业的负债水平。如果企业资产的盈利水平不变，单纯依靠加大举债，提高权益乘数，进而提高净资产收益率的做法，就大大提高了企业的财务风险。表 2-13 对比了 2023 年家电行业内主要上市公司的净资产收益率及其驱动因素。其中，老板电器的销售净利率最高（15.31%），但是其净资产收益率（16.74%）不是最高的，因为另外两个驱动因素——总资产周转率与权益乘数较低。总资产周转率与销售净利率通常存在此消彼长的关系，由于老板电器定位高端产品，产品价格高，势必影响资产的周转率。另外，老板电器的货币资金充足，负债率较低，因此财务杠杆水平较低。而格力电器、美的集团和海尔智家之所以能有较高的净资产收益率，主要是资产负债率高，使用较高的财务杠杆；苏泊尔的净资产收益则是由较高的总资产周转率驱动的。由此可见，企业的净资产收益率是由三个因素共同作用的结果。如果一个企业的盈利能力没有显著提高，仅靠不断加大权益乘数从而提高净资产收益率，那么企业的财务风险也会提升。

表 2-13　　2023 年家电行业内主要上市公司的净资产收益率及其驱动因素

项目	老板电器	华帝股份	苏泊尔	格力电器	美的集团	海尔智家
净资产收益率（%）	16.74	12.90	34.62	26.53	22.23	16.85
销售净利率（%）	15.31	7.20	10.23	13.59	9.07	6.40
总资产周转率（次）	0.70	0.90	1.64	0.56	0.82	1.07
权益乘数	1.58	1.95	2.05	3.05	2.79	2.39

数据来源：Wind 数据库。

2. 盈利质量评价

盈利质量评价是多方面的，包括盈利的真实性、可靠性、可持续性、收现性及成长性等，限于篇幅，在此仅就盈利的收现性进行评价，具体包括盈余现金保障倍数与现金收入比。

（1）盈余现金保障倍数

盈余现金保障倍数是经营活动现金净流量对净利润的比率，反映企业当期净利润在经营活动中的收现能力，其计算公式为：

$$盈余现金保障倍数=\frac{经营活动现金净流量}{净利润} \tag{2.23}$$

【例2-16】

根据表2-4利润表、表2-5现金流量表的数据，可计算老板电器公司2023年的盈余现金保障倍数：

$$盈余现金保障倍数=\frac{23.92}{17.15}=1.39$$

由于按照权责发生制核算的净利润不代表企业实际赚到的真金白银，因此，即使企业有利润，也可能发生现金短缺的现象。盈余现金保障倍数就是衡量1元账面净利润的背后是多少实实在在的现金。长期来看，该比率越接近1越好。需要注意的是，该比率的分子分母范围不够匹配，分母中的净利润包括非经营活动产生的收益，所以对该指标的分析需要结合其他指标并进行连续多年比较分析。

（2）现金收入比

现金收入比是指销售商品、提供劳务收到的现金对营业收入的比率，反映企业当期主营业务的收现能力，其计算公式为：

$$现金收入比=\frac{销售商品、提供劳务收到的现金}{营业收入} \tag{2.24}$$

【例2-17】

根据表2-4利润表、表2-5现金流量表的数据，可计算老板电器公司2023年的现金收入比：

$$现金收入比=\frac{122.67}{112.02}=1.10$$

该比率大于1，说明不仅当期的营业收入全部收到现金，而且还收回以前期间的应收账款，盈利质量较高。通常，企业为了扩大销量、占有市场，会给客户提供赊销政策，使得企业的当期收入有一部分不能及时收回，该比率小于1，这是否代表企业的盈利质量较低，还需要结合应收账款的周转情况及坏账损失等指标具体分析。

四、市场价值评价

对于上市公司，还可以将财务报表提供的数据和市场数据结合起来，衡量公司的业绩及市场价值，主要的评价指标有每股收益、市盈率、每股净资产与市净率等。

1.每股收益

每股收益即每股盈利，又称每股税后利润、每股盈余，具体分为基本每股收益和稀释每股收益。

（1）基本每股收益

基本每股收益的计算公式为：

$$基本每股收益=\frac{净利润-优先股股利}{流通在外的普通股加权平均数} \tag{2.25}$$

其中：

$$\begin{aligned}\text{流通在外的普通股加权平均数} &= \text{期初流通在外的普通股股数} + \text{当期新发行普通股股数} \times \frac{\text{已发行时间}}{\text{报告期时间}} - \\ &\quad \text{当期回购普通股股数} \times \frac{\text{已回购时间}}{\text{报告期时间}}\end{aligned} \tag{2.26}$$

（2）稀释每股收益

稀释每股收益是以基本每股收益为基础，假设企业所有发行在外的稀释性潜在普通股均已转换为普通股，从而分别调整归属于普通股股东的当期净利润以及流通在外的普通股加权平均数计算而得的每股收益。潜在的普通股主要包括：可转换公司债券、认股权证和股份期权。稀释每股收益用来评价潜在普通股对每股收益的影响，以避免该指标虚增可能带来的信息误导。其计算公式为：

$$稀释每股收益=\frac{归属于普通股股东的当期净利润(调整后)}{流通在外的普通股加权平均数(调整后)} \tag{2.27}$$

【例2-18】

老板电器2023年归属于母公司所有者的净利润为17.33亿元，报告期期末总股本944 094 916股，其基本每股收益为：

$$基本每股收益=\frac{17.33}{9.44}=1.84(元)$$

每股收益反映企业的经营成果，普通股的获利水平，是股东据以判断企业盈利能力、评价管理层经营水平进而做出相关经济决策的重要财务指标之一。分析人员可以将该指标在不同企业之间进行比较，评价企业相对的盈利能力；也可以进行不同时期的比较，了解企业盈利能力的变化趋势。但是需要注意的是，不同股票的“每股”在经济上不等量，它们所含有的净资产和市价不同，即获得每股收益的投入量不同，因此，在企业间进行比较时要结合相关指标进行分析。另外每股收益越大，并不意味着分红越多，还要看企业的股利分配政策。

2.市盈率

市盈率是指普通股每股市价对每股收益的比率，反映普通股股东愿意为每1元净利润支付的价格，其计算公式为：

$$市盈率=\frac{每股市价}{每股收益} \tag{2.28}$$

市盈率指标将股票价格与上市公司当前的盈利状况直观地联系在一起，而且能作为上市公司一些其他特征（包括风险性与成长性）的代表，因而在股票投资中，市盈率成为分析股票价值的重要指标之一。从投资者角度而言，市盈率表明投资者愿意用高于盈利多少倍的价格来购买某种股票，一方面反映了投资者对该公司未来业绩增长的预期，另一方面也反映了股票投资成本的高低。报表使用者在运用该指标时要注意，市盈率在不同行业间存在较大差别，充满扩张机会的新兴行业市盈率普遍较高，而成熟企业的市盈率普遍较低，这并不说明后者没有投资价值。市盈率还可以用于股票估值，每当引入一个标准的市盈率，再乘以公司预计的每股收益就可以得到该股票市价的估值。

3.每股净资产

每股净资产是指期末普通股权益总额对流通在外的普通股股数的比值，其计算公式为：

$$每股净资产=\frac{所有者权益总额-优先股权益}{流通在外的普通股股数} \tag{2.29}$$

【例2-19】

老板电器2023年归属于母公司的所有者权益为105.23亿元，报告期的普通股股数为944 094 916股，所以其每股净资产为：

$$每股净资产=\frac{105.23}{9.44}=11.15(元)$$

每股净资产反映每股股票代表的公司净资产价值，是支撑股票价格的重要基础，每股净资产越高，表明股东拥有的每股资产价值越大，说明上市公司的规模、财务资源和盈利能力越强，从而发展潜力和抵御风险的能力越强。需要注意的是，对于每股净资产需要进行动态分析，比如企业去年盈利增加每股净资产，但是今年亏损就会减少每股净资产；再如，在每股净资产中有大量应收账款，一旦发生坏账，也会使每股净资产大幅下降。

4.市净率

将每股净资产与每股市价联系起来的财务指标是市净率，是指每股市价对每股净资产的比率，其计算公式为：

$$市净率=\frac{每股市价}{每股净资产} \tag{2.30}$$

市净率可以用于投资分析，每股净资产是股票的账面价值，主要以历史成本计量，所以市净率表明企业股票价格按高于每股账面价值的几倍出售。一般来说，市价高于账面价值，表明企业资产的质量较高，有发展潜力。而市价低于账面价值，意味着企业股票价格低迷，市场对未来产生高额利润的预期也很低。市净率还可以用于股票估值，即引入一个标准的市净率，再乘以公司每股净资产就可以得到股票市价的估值。由于短期内净资产的波动通常小于盈利的波动，因此，市净率较市盈率能更稳定地反映股票估值水平；另外，当企业亏损时，无法使用市盈率估值，这时就可以使用市净率估值。

自测题2-3　　案例分析题　　案例分析提示

【本章小结】

▶财务报表分析是指以财务报表和其他相关信息（如宏观经济环境与政策、行业分析、企业竞争战略等）为依据，采用科学系统的分析技术和方法，对企业的财务状况、经营成果、现金流量及风险状况做出综合评价，为财务报表使用者的经济决策提供必要信息的一种分析活动。

▶财务报表分析的主体包括投资者、债权人、经营者、企业的供应商和客户，以及其他财务信息使用者。

▶财务报表分析方法主要有比较分析法、比率分析法和因素分析法。

▶企业基本的财务报表包括资产负债表、利润表、现金流量表和所有者权益变动表。

▶财务业绩评价主要是通过计算分析各种财务比率来评价企业的财务状况和经营成果的，主要从企业偿债能力、营运能力、盈利能力和市场价值四个方面进行评价。

▶偿债能力是指企业偿还到期债务的能力，包括短期偿债能力和长期偿债能力。其中，短期偿债能力的分析指标有流动比率、速动比率和现金比率。长期偿债能力的分析指标有资产负债率、产权比率、权益乘数和利息保障倍数。

▶营运能力是指企业资产管理效率的能力，反映企业营运能力的指标主要有应收账款周转率、存货周转率、流动资产周转率和总资产周转率。

▶盈利能力是指企业获取利润的能力。衡量总体盈利能力的指标有销售毛利率、销售净利率、总资产净利率、净资产收益率。衡量盈利质量的指标有盈余现金保障倍数、现金收入比。

▶对于上市公司，还可以根据财务报表提供的数据和市场数据结合起来，衡量公司的业绩及市场价值，主要的评价指标有每股收益、市盈率、每股净资产与市净率等。

【复习思考】

1.进行财务报表分析的目标有哪些？试从不同分析主体角度分别加以说明。

2.企业基本的财务报表有哪些？它们能为报表使用者提供哪些信息？

3.财务报表分析的方法有哪些？它们各有什么特点？

4.企业财务业绩评价包括哪些内容？

5.如何评价企业的偿债能力？资产负债率是否越低越好？

6.如何评价企业的营运能力？

7.为什么说净资产收益率是衡量企业盈利能力的核心指标？驱动净资产收益率的因素有哪些？

8.市盈率与市净率的区别是什么？为什么计算市盈率指标还要再计算市净率？

链接本章
引导案例

《财务管理》
慕课资源

第三章

货币时间价值

【学习目标】

本章主要阐述了货币的时间价值，主要包括货币时间价值的基本概念及各因素的含义；终值和现值的计算；利率的决定因素以及如何通过Excel计算货币时间价值。通过对本章内容的学习，学生应完成以下目标：

1. 了解货币时间价值的基本含义，了解利率的期限结构；
2. 熟悉货币时间价值的表示方法；
3. 掌握利用Excel计算货币时间价值的财务函数，掌握利率的构成；
4. 熟练运用货币时间价值。

【本章主要内容导图】

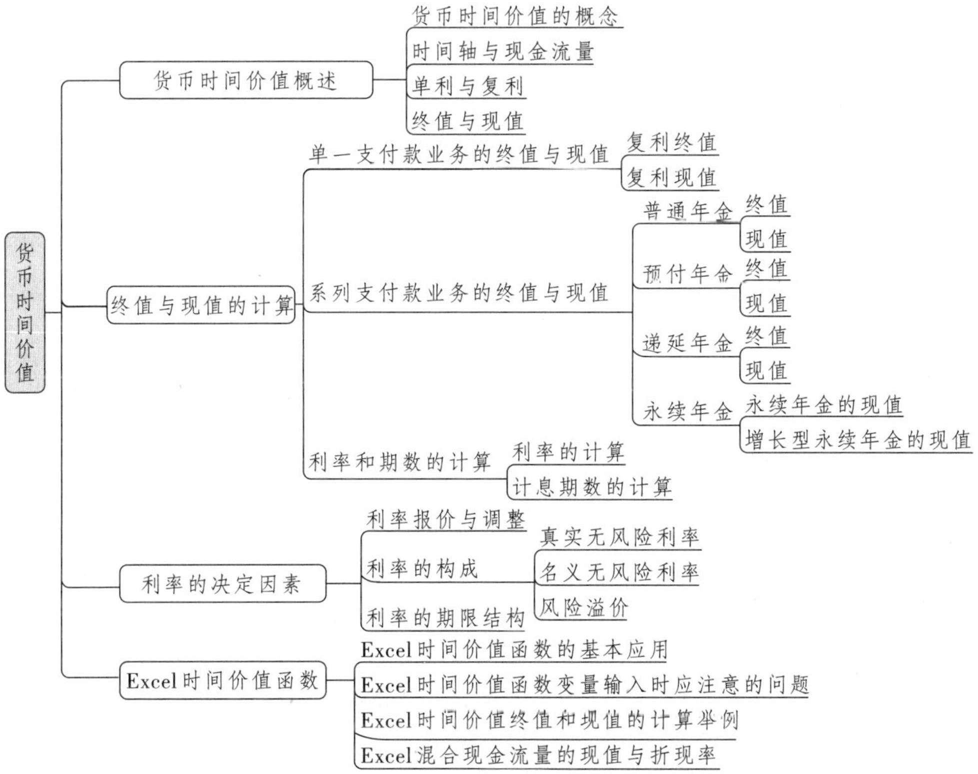

【引导案例】

近日，广东省新会法院对一起涉年息高达2 800%的高利贷[①]案做出判决，以非法经营罪判处被告人李某有期徒刑一年二个月，缓刑一年三个月，并处罚金48万余元。2020年2月至2023年2月期间，李某违反国家规定，未经监管部门批准，以营利为目的，先后多次以超过36%的实际年利率向社会不特定对象发放贷款。经审计，李某累计向廖某等17人发放贷款227万余元，廖某等人实际已还总额255万余元，其中还本金额207万余元（部分本金尚未归还），利息48万余元，计算得出的实际发放年利率为40.53%至2 800%[②]。

问题：

（1）高利贷，为什么叫"高利"贷？最主要的原因是什么？

（2）在贷款中，计算利息的方式有哪两种？二者有什么区别？

（3）货币时间价值涉及哪些基本概念？在筹资和投资中有什么作用？

（4）在考虑货币时间价值的前提下，不同时点上的金额是否可以直接进行比较？

第一节　货币时间价值概述

一、货币时间价值的概念

顾名思义，货币时间价值就是货币在流通的过程中由于时间的推移而产生的价值，一般是指不存在通货膨胀和风险情况下的社会平均利润率。由于货币具有时间价值，即使两笔金额相等的资金，如果发生在不同的时点，其实际价值量也是不相等的，比如今年年初的1元钱和今年年末的1元钱不相等。简单来说，如果将今年年初的1元钱存进银行，1年中会得到存款利息，那么到今年年末其本利和必将大于1元钱。

因此，在考虑货币时间价值的前提下，一定金额的发生必须注明其发生的具体时间点，才能确切地表达其准确的价值。

二、时间轴与现金流量

时间轴就是能够表示各个时间点的数轴。严格来讲，时间轴并不是货币时间价值的基本概念，而是货币时间价值中非常有用的一种工具。在解决货币时间价值的问题，甚至在解决整个财务管理中遇到的各种财务问题时，时间轴总是第一个步骤。

由于不同时间点上发生的现金流量不能直接进行比较，因此在比较现金流量的时候，就必须同时强调现金发生的时点。如图3-1所示，时间轴上的各个数字代表的就是各个不

① 高利贷是违法的，请大家远离高利贷，以及具有高利贷性质的"校园贷""求职贷""培训贷""创业贷""美丽贷"等。

② 资料来源：新会区人民法院．放高利贷年息高达2 800%，真"刑"！新会首个判例来了【小案件 · 大道理】［EB/OL］．［2024-03-19］．.https://m.thepaper.cn/baijiahao_26740965.

同的时点，一般用字母t表示。

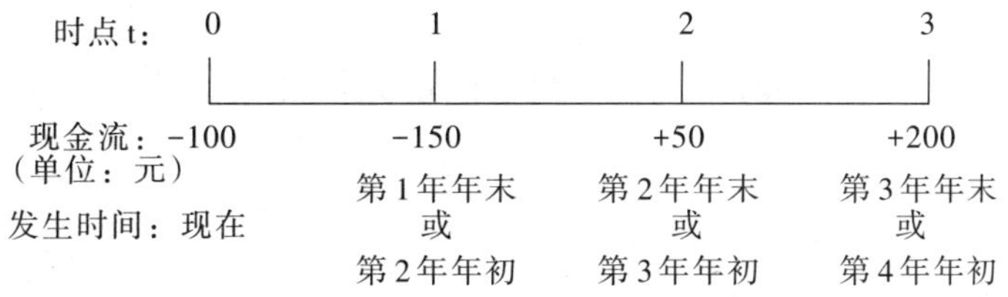

图3-1　货币时间价值时间轴

这里需要注意两点：（1）除0点以外，每个时点数字代表的都是两个含义，即当期的期末或下一期的期初，如时点t=1就表示第1期期末和第2期期初。（2）现金流数字前面的正负号表示的是现金流入还是现金流出，其中正号表示的数值是指从公司外部流入到公司内部的现金，如收回的销售收入、固定资产的残值收入等；而负号表示的数值则是指从公司内部流出到公司外部的现金，如初始投资或其他现金投资等。

为简化，本章中的现金流量都做如下假设，即现金流入量均发生在每期期末，现金流出量均发生在每期期初。除非特别说明，决策所处的时点均为t=0，即“现在”。

三、单利与复利

单利和复利是两种不同的利息计算体系。在单利（simple interest）情况下，只有本金计算利息，利息不计算利息；而在复利（compound interest）情况下，除本金计算利息之外，每经过一个计息期得到的利息也要计算利息，逐期滚算，俗称“利滚利”。

如果期限较短，那么单利和复利差别不大。但期限越长，二者之间的差别就越大。以100元人民币进行单利投资和复利投资为例，假设利率为10%，投资1年，二者终值完全相同；投资2年，单利终值为120元（100+100×10%×2），复利终值为121元（100×1.1^{2}），二者差别为1元；而投资100年，单利终值为1 100元（100+100×10%×100），复利终值为1 378 061元（100×1.1^{100}），二者差别为1 376 961元。除非特别说明，本书中货币的时间价值一般都按复利计算。

四、终值与现值

由于货币时间价值的存在，因此，不同时点的货币不能简单地相加、相减、相比较，需要将不同时点的货币放到同一个时点进行计算和比较。通常我们在时间轴的起点或终点进行决策，因此需要计算不同时点货币的现值和终值。

现值即现在（t=0）的价值，是一个或多个发生在未来的现金流相当于现在时刻的价值，用PV（present value）表示。终值即未来值（如t=n时的价值），是一个或多个现在发生或未来发生的现金流相当于未来时刻的价值，用FV（future value）表示。

自测题3-1

第二节 终值与现值的计算

一、单一支付款业务的终值与现值

单一支付款项是指在某一特定时间内只发生一次的现金流入量或流出量，如投资于到期一次偿还本息的公司债券就是单一支付款项的问题。

单一支付款项的终值和现值一般简称为复利终值和复利现值。在以下计算中，我们以r表示利率或折现率（计算终值时一般称为利率，而在计算现值时常被称为折现率，二者并没有本质上的差别），以n表示计算期间。

1.复利终值（已知现值PV，求终值FV）

复利终值是指一项现金流量按复利计算一段时期后的价值，其计算公式为：

$$FV = PV(1 + r)^n \tag{3.1}$$

式中，$(1+r)^n$通常称为“复利终值系数”，记作（F/P，r，n），可直接查阅书后的附表“复利终值系数表”。

【例3-1】

假设某公司向银行借款100万元，年利率为10%，借款期5年，那么5年后该公司应向银行偿还的本利和是多少？

5年后该公司应向银行偿还的本利和为：

$FV=PV(1+r)^n=100\times(1+10\%)^5=100\times(F/P, 10\%, 5)$

$=100\times1.6105=161.05$（万元）

复利终值与时间和利率正相关。在其他条件一定的情况下，现金流量的终值与时间和利率呈同方向变动，现金流量时间间隔期越长，利率越高，终值就越大。

2.复利现值（已知终值FV，求现值PV）

计算现值的过程通常称为折现，是指将未来预期发生的现金流量按折现率调整为现在的现金流量的过程。对于单一支付款项来说，现值和终值是互为逆运算的。现值的计算公式为：

$$PV = FV(1 + r)^{-n} \tag{3.2}$$

式中，$(1+r)^{-n}$通常称为“复利现值系数”，记作（P/F，r，n），可直接查阅书后的附表“复利现值系数表”。

【例3-2】

假设某投资项目预计5年后可获得收益800万元，按年折现率12%计算，问这笔收益的现值是多少？

该笔收益的现值计算如下：

$PV=FV(1+r)^{-n}=800\times(1+12\%)^{-5}=800\times(P/F, 12\%, 5)$

$=800\times0.5674=453.92$（万元）

上述计算表明，在折现率为12%的条件下，5年后的800万元与现在的453.92万元在价值量上是相等的。

复利现值与时间和利率负相关。在其他条件不变的情况下，现金流量的现值与时间和折现率呈反向变动，现金流量间隔的时间越长，折现率越高，现值就越小。

二、系列支付款业务的终值与现值

系列支付款是指在n期内多次发生现金流入或现金流出。年金是系列支付款的特殊形式，是在一定时期内每隔相同时间（如一年）发生相同金额的现金流量，如折旧、租金、利息、保险金等通常都采用年金的形式。年金（用A表示，即annuity的简写）可以分为普通年金、预付年金、递延年金和永续年金等形式。

1.普通年金

普通年金又称为后付年金，是指在一定时期内，每期期末发生的等额现金流量，例如从每年支付一次利息、到期一次还本的公司债券中每年得到的利息就是普通年金的形式。普通年金既可以求现值，又可以求终值。

（1）普通年金的终值（已知普通年金A，求普通年金终值FV）

年金[①]终值犹如零存整取的本利和，它是一定时期内每期期末现金流量的复利终值之和。

设每年的支付金额为A，利率为r，期数为n，则普通年金终值的计算公式为：

$$FV = A + A(1+r) + A(1+r)^2 + A(1+r)^3 + \cdots + A(1+r)^{n-1} \tag{3.3}$$

等式两边同乘（1+r），则：

$$FV(1+r) = A(1+r) + A(1+r)^2 + A(1+r)^3 + \cdots + A(1+r)^n \tag{3.4}$$

用公式（3.4）减公式（3.3），可得：

$$FV(1+r) - FV = A(1+r)^n - A$$

即：

$$FV = A\left[\frac{(1+r)^n - 1}{r}\right] \tag{3.5}$$

式中，方括号中的数值通常称作“年金终值系数”，记作（F/A，r，n），可以直接查阅书后的附表“年金终值系数表”。

因此，该公式也可以写成：

$$FV = A(F/A,\ r,\ n) \tag{3.6}$$

【例3-3】

假设某项目在3年建设期内每年年末向银行借款100万元，借款年利率为10%，问项目竣工（即第3年年末）时应该支付给银行的本利和总额是多少？

$$FV = A\left[\frac{(1+r)^n - 1}{r}\right] = A(F/A,\ r,\ n)$$

$$= 100 \times \left[\frac{(1+10\%)^3 - 1}{10\%}\right] = 100 \times (F/A,\ 10\%,\ 3)$$

$$= 100 \times 3.3100 = 331(\text{万元})$$

① 本书中凡涉及年金问题，如不作特殊说明均指普通年金。

在实际工作中，公司可根据要求在贷款期内建立偿债基金，以保证在期满时有足够的现金偿还贷款的本金或兑现债券。此时的债务实际上等于年金终值FV，每年提取的偿债基金等于分次付款的年金A。也可以说，年偿债基金的计算实际上是年金终值的逆运算。其计算公式为：

$$A = FV\left[\frac{r}{(1+r)^n - 1}\right] \tag{3.7}$$

式中，方括号中的数值称作“偿债基金系数”，记作（A/F，r，n），可通过年金终值系数的倒数推算出来。

【例3-4】

假设某公司有一笔4年后到期的借款，数额为1 000万元，为此要设置偿债基金，年利率为10%，到期一次还清借款，问每年年末应存入的金额是多少？

$$A = 1\,000 \times \left[\frac{10\%}{(1+10\%)^4 - 1}\right] = 1\,000 \times \left[\frac{1}{(F/A,\ 10\%,\ 4)}\right]$$
$$= 1\,000 \times 0.215 = 215(\text{万元})$$

（2）普通年金的现值（已知普通年金A，求普通年金现值PV）

普通年金现值是指在一定时期内每期期末现金流量的现值之和。年金现值计算的一般公式为：

$$PV = A(1+r)^{-1} + A(1+r)^{-2} + \cdots + A(1+r)^{-n} \tag{3.8}$$

等式两边同乘（1+r）可得到公式（3.9）：

$$PV(1+r) = A + A(1+r)^{-1} + A(1+r)^{-2} + \cdots + A(1+r)^{-(n-1)} \tag{3.9}$$

公式（3.9）减公式（3.8），可得到：

$$PV(1+r) - PV = A - A(1+r)^{-n}$$

$$PV = A\left[\frac{1-(1+r)^{-n}}{r}\right] \tag{3.10}$$

式中，方括号内的数值称作“年金现值系数”，记作（P/A，r，n），可直接查阅书后的附表“年金现值系数表”。

因此公式（3.10）也可以写作：$PV = A(P/A,\ r,\ n)$。

【例3-5】

假设某公司租入A设备，租期3年，要求每年年末支付租金100元，在年折现率为10%的情况下，该公司3年内的租金现值是多少？

$$PV = 100 \times \left[\frac{1-(1+10\%)^{-3}}{10\%}\right] = 100 \times (P/A,\ 10\%,\ 3)$$
$$= 100 \times 2.4869 = 248.69(\text{元})$$

年金现值的逆运算是年资本回收额的计算。资本回收额是指在给定的年限内等额回收或清偿初始投入的资本或所欠的债务。年资本回收额的计算公式为：

$$A = PV\left[\frac{r}{1-(1+r)^{-n}}\right] \tag{3.11}$$

式中，方括号内的数值称作“资本回收系数”，记作（A/P，r，n），可利用年金现值系数的倒数求得。

【例3-6】

假设某公司现在借到1 000万元的贷款，要按年利率12%在10年内均匀偿还，那么该公司每年应支付的金额是多少？

$$A = 1\,000 \times \left[\frac{12\%}{1-(1+12\%)^{-10}}\right] = 1\,000 \times \left[\frac{1}{(P/A,\ 12\%,\ 10)}\right]$$
$$= 1\,000 \times 0.177 = 177(\text{万元})$$

2.预付年金

预付年金又称为先付年金，是指在一定时期内每期期初发生的等额现金流量，例如对租入的设备，如果要求每年年初支付相等的租金额，那么该租金就属于预付年金的形式。与普通年金相同，预付年金既可以求现值，又可以求终值。

（1）预付年金的终值（已知预付年金A，求预付年金终值FV）

预付年金与普通年金的差别仅在于现金流量的发生时点不同。由于“年金终值系数表”和“年金现值系数表”是按常见的普通年金编制的，因此，当利用普通年金系数表计算预付年金的终值和现值时，可在计算普通年金的基础上加以适当调整。

预付年金终值的一般计算公式为：

$$FV = A\left[\frac{(1+r)^{n+1}-1}{r}-1\right] \tag{3.12}$$

式中，方括号内的数值称作“预付年金终值系数”，它和普通年金终值系数$\left[\frac{(1+r)^{n}-1}{r}\right]$相比，期数加1，系数减1，可记作[（F/A，r，n+1）−1]。

因此公式（3.12）也可以写成：

$$FV = A[(F/A,\ r,\ n+1)-1]$$

或 $$FV = A(F/A,\ r,\ n)(1+r)$$

（2）预付年金的现值（已知预付年金A，求预付年金现值PV）

预付年金的现值可以在普通年金现值的基础上加以调整，其计算公式为：

$$PV = A\left[\frac{1-(1+r)^{-(n-1)}}{r}+1\right] \tag{3.13}$$

式中，方括号内的数值称作“预付年金现值系数”，它和普通年金现值系数$\left[\frac{1-(1+r)^{-n}}{r}\right]$相比，期数减1，系数加1，可记作[（P/A，r，n−1）+1]。

因此公式（3.13）也可以写成：

$$PV = A[(P/A,\ r,\ n-1)+1]$$

或 $$PV = A(P/A,\ r,\ n)(1+r)$$

3.递延年金

递延年金又称延期年金，是指第一笔现金流量发生在第2期、第3期或第4期及以后的等额现金流量。在一般情况下，假设递延年金也是发生在每期期末的年金，因此也可以简单归纳为：第一笔现金流量不是发生在第1期的普通年金，都属于递延年金。对于递延年金，既可以求现值，又可以求终值。

（1）递延年金的终值（已知递延年金A，求递延年金终值FV）

递延年金的第一笔现金流量并不是发生在第1期的，但如果将发生递延年金的第1期设为时点1，那么用时间轴表示的递延年金与普通年金完全相同，因此递延年金终值的计算方法与普通年金终值的计算基本相同，只是发生的期间n是发生递延年金的实际期限。

（2）递延年金的现值（已知递延年金A，求递延年金现值PV）

递延年金现值的计算有两种方法：

第一，分段法。分段法的基本思路是将递延年金分段计算，先求出正常发生普通年金期间的递延期末的现值，然后再将该现值按单一支付款项的复利现值计算方法，折算为第1期期初的现值。

假设递延期为m（m<n），分段法就是先求出m期后的（n-m）期普通年金现值，然后再将此现值折算到第1期期初的现值。其计算公式为：

$$PV = A(P/A,\ r,\ n-m)(P/F,\ r,\ m) \tag{3.14}$$

第二，扣除法。扣除法的基本思路是假定递延期中也进行收付，先将递延年金视为正常的普通年金，计算普通年金现值，然后再扣除递延期内未发生的普通年金，其结果即为递延年金的现值。其计算公式为：

$$PV = A\left[(P/A,\ r,\ n) - (P/A,\ r,\ m)\right] \tag{3.15}$$

【例3-7】

假设某公司打算在年初存入一笔资本，从第4年起每年年末取出100元，至第9年年末取完。在年利率为10%的情况下，问该公司最初一次应该存入多少钱？

该递延年金现值计算如下：

$$PV = 100 \times (P/A,\ 10\%,\ 9-3) \times (P/F,\ 10\%,\ 3)$$
$$= 100 \times 4.3553 \times 0.7513 = 327(元)$$

或 $$PV=100 \times \left[(P/A,\ 10\%,\ 9) - (P/A,\ 10\%,\ 3)\right]$$
$$= 100 \times (5.7590 - 2.4869) = 327(元)$$

4.永续年金

永续年金是指无限期支付的年金，即永续年金的支付期n趋近于无穷大。由于永续年金没有终止的时间，因此只能计算现值，不能计算终值。

（1）永续年金的现值（已知永续年金A，求永续年金现值PV）

永续年金的现值可以通过普通年金现值的计算公式推导得出。由公式（3.10）可知：

$$PV = A\left[\frac{1-(1+r)^{-n}}{r}\right]$$

当n→∞时，$(1+r)^{-n}$的极限为零，故上式可写成：

$$PV = A \cdot \frac{1}{r} \tag{3.16}$$

【例 3-8】

假设某公司拟建立一项永久性的奖学金，每年计划颁发10 000元奖金资助某大学学生。如果利率为10%，那么公司现在应该存入多少钱？

$$PV = \frac{10\,000}{10\%} = 100\,000(\text{元})$$

（2）增长型永续年金的现值

增长型永续年金是指无限期支付的，每年呈固定比率增长的各期现金流量。它与永续年金的区别在于，永续年金每期发生的金额都是固定的，而增长型永续年金的各期现金流量是以固定比率每期增长的。在现实生活中，增长型永续年金的典型例子是普通股股利，因此在普通股估价中经常会使用增长型永续年金的现值计算公式。

设C_0为第0期的现金流量，g表示现金流量每年预计增长率，则第1期至第n期及以后的增长型永续年金发生额分别为：$C_1=C_0（1+g）$，$C_2=C_0(1+g)^2$，$C_3=C_0(1+g)^3$，…，$C_n=C_0(1+g)^n$，…，其现值计算公式可表示为：

$$PV = \frac{C_1}{1+r} + \frac{C_2}{(1+r)^2} + \frac{C_3}{(1+r)^3} + \cdots + \frac{C_n}{(1+r)^n} + \cdots$$
$$= \frac{C_0(1+g)}{1+r} + \frac{C_0(1+g)^2}{(1+r)^2} + \frac{C_0(1+g)^3}{(1+r)^3} + \cdots + \frac{C_0(1+g)^n}{(1+r)^n} + \cdots$$

上式是对几何级数求和，对此我们有一个简单的公式[①]。当增长率$g<$折现率r时，该增长型永续年金现值可简化为：

$$PV = \frac{C_0(1+g)}{r-g} = \frac{C_1}{r-g} \tag{3.17}$$

三、利率和期数的计算

影响现金流量时间价值的因素有四个：现值、终值、利率（折现率）和计息期数，只要知道其中任意三个因素就可求出第四个因素。在以上计算中都是假定利率（折现率）、计息期数、现值（或终值）是已知的，求解终值（或现值）。但在某些情况下，也可以根据计息期数、终值和现值求解利率（折现率），或根据利率（折现率）、终值和现值求解计息期数。

（一）利率的计算

计算利率r时，可以首先列出终值和现值的计算公式，然后通过求解方程式的方法将未知数r求出来。首先根据已知条件计算出终值或现值的换算系数：

$$(F/P,\ r,\ n) = \frac{FV}{PV};\ (P/F,\ r,\ n) = \frac{PV}{FV}$$

$$(F/A,\ r,\ n) = \frac{FV}{A};\ (P/A,\ r,\ n) = \frac{PV}{A}$$

求出换算系数后，可从有关系数表中的n期各系数中找到最接近的系数。这个最接近的系数所属的r，就是要求的利率或折现率的近似值。

---

① 该公式为推导后得出的结果，推导过程略。

如果要使利率或折现率计算得相对准确，可采用插值法或利用Excel软件进行计算。

【例3-9】

假设你现在向银行存入10 000元，问当折现率为多少时，才能保证在以后的10年中每年年末都能够从银行取出2 000元？

$$(P/A,\ r,\ 10)=\frac{10\,000}{2\,000}=5.000$$

从年金现值系数表中可以看出，在n=10的各系数中，r=14%时，系数是5.2161；r=16%时，系数是4.8332，可见利率应在14%~16%之间。

设X为超过14%的百分数，则可用插值法计算X值如下：

$$\frac{X}{2\%}=\frac{0.2161}{0.3829}$$

$$r=14\%+X=14\%+2\%\cdot\frac{0.2161}{0.3829}$$

$$=15.13\%$$

（二）计息期数的计算

在已知终值、现值、利率的情况下，即可求出计息期数n，其基本方法同利率（折现率）的确定方法相同。在实务中，通常利用Excel软件进行计算。

自测题3-2

第三节　利率的决定因素

党的二十大报告指出："加强和完善现代金融监管，强化金融稳定保障体系，依法将各类金融活动全部纳入监管，守住不发生系统性风险底线。"金融的本质是处理好信用、杠杆与风险三者之间的关系，更好地为实体经济服务。而金融市场利率就是资金使用权的价格，即借贷资金的价格，因此我们必须掌握金融市场利率的相关理论及内容。

一、利率报价与调整

到目前为止我们一直假设现金流量是发生在每年年末的，且每年计息一次。在实务中，法国和德国大多数公司的债券都是每年付息一次的。但在美国和英国，其债券大多是半年付息一次。而在我国，每年付息一次和半年付息一次的债券都比较常见。如果是半年付息一次，那么这些债券的投资者获得的第一笔利息就能获得额外6个月期的利息，也就是说，利率10%、半年复利一次的100元的债券投资，6个月后将变成105元，到年底就是110.25元（$1.05^2\times100$）。换句话说，利率10%、半年复利一次就等同于每年复利一次的年利率10.25%。

在实务中，金融机构提供的利率报价为名义年利率，通常记作APR（annual percentage rate）。如果年复利期数大于1，如每半年、每季度或每月复利一次，那么按不同计息期计算的现值或终值就会产生很大差别。通常将以年为基础计算的利率称为名义年利率APR，将名义年利率按不同计息期调整后的利率称为有效年利率（effective annual rate，EAR）。

设1年复利次数为m次，名义年利率APR为r_{nom}，则有效年利率EAR的调整公式为：

$$EAR = \left(1 + \frac{r_{nom}}{m}\right)^m - 1 \tag{3.18}$$

以APR为8%为例，不同复利次数的EAR见表3-1。

表3-1　不同复利次数的EAR

频率	m	r_{nom}/m(%)	EAR(%)
按年计算	1	8.000	8.00
按半年计算	2	4.000	8.16
按季计算	4	2.000	8.24
按月计算	12	0.667	8.30
按周计算	52	0.154	8.33
按日计算	365	0.022	8.36
连续计算	∞	0	8.33

表3-1表明，如果每年复利一次，那么APR和EAR相等；随着复利次数的增加，EAR逐渐趋于一个定值。从理论上说，复利次数可以为无限大的值，当复利间隔趋于零时即为连续复利（continuous compounding），此时可按公式（3.19）计算：

$$EAR = \lim_{m \to \infty}\left[\left(1 + \frac{r_{nom}}{m}\right)^m - 1\right] = e^{r_{nom}} - 1 \tag{3.19}$$

【例3-10】

假设你刚刚从银行取得了250 000元的房屋抵押贷款，年利率12%，贷款期为30年。银行给你提供了两种还款建议：（1）在未来30年内按年利率12%等额偿还；（2）在未来30年内按月利率1%等额偿还。

银行工作人员建议你选择第二种还款方式，理由是薪金按月支付，这样贷款偿还额可以每月直接从银行账户中扣除，而且第二种还款方式成本更低。

（1）如果按年偿还，则每年偿还额×（P/A，12%，30）=250 000=PV，其中，$(P/A,\ 12\%,\ 30) = \frac{1-(1+12\%)^{-30}}{12\%} = 8.0552$，因此每年偿还额为31 036元（250 000÷8.0552）。

（2）如果按月偿还，月利率为1%，共有30×12=360（月），那么每月偿还额×（P/A，1%，360）=250 000=PV，其中，$(P/A,\ 1\%,\ 360) = \frac{1-(1+1\%)^{-360}}{1\%} = 97.2183$，即每月偿还额为2 572元（250 000÷97.2183）。

也就是说，使用第二种偿还方式可使每年偿还额降低172元（31 036−12×2 572）。

但是，上述分析忽略了货币时间价值。尽管按月偿还的总金额是减少的，但支付的时间提前了。将货币时间价值因素纳入考虑范围，则按月偿还的本利总额就会高于按年偿还的本利总额。

从有效年利率的调整计算中也可以得出相同的结论，根据公式（3.18）：

$$EAR = \left(1 + \frac{r_{nom}}{m}\right)^m - 1 = \left[\left(1 + \frac{12\%}{12}\right)^{12} - 1\right] \times 100\% = 12.68\%$$

即如果选择按月支付1%，那么有效利率不是12%，而是12.68%，每年的利息支出高出了0.68个百分点。

在货币时间价值的现值或终值计算中，可以首先将APR调整为计息期（如月或半年）的利率，然后按实际计息期数计算；也可以首先将APR调整为EAR，然后按每年计息计算。二者将得到相同的结果。

在上例中，如果按月计息，本利和应为：$250\,000 \times (1 + 1\%)^{360} = 8\,987\,410$（元）；如果按年计息，本利和应为：$250\,000 \times (1 + 12.68\%)^{30} = 8\,981\,423$（元）[①]。而如果采用第一种还款方式，则到期本利和仅为：$250\,000 \times (1 + 12\%)^{30} = 7\,489\,981$（元），比按月偿还少很多。

【学思践悟】 诚信在金融交易中的重要性

在金融交易的广袤领域中，诚信宛如基石，支撑着整个市场的稳定与发展。

诚信对于金融交易的重要性不言而喻。首先，它是建立市场信任的关键要素。在金融市场中，投资者、交易方之间的信任关系至关重要。一个以诚信为本的交易环境，能够吸引更多的参与者，促进资金的流动和资源的优化配置。当各方都相信交易对手会遵守承诺、提供准确信息时，市场的活跃度和规模会不断扩大。

其次，诚信能够显著提高交易效率。在缺乏诚信的情况下，交易双方需要花费大量的时间和精力去核实对方的信息、评估风险，导致交易过程烦琐、冗长。而在诚信的氛围中，交易流程得以简化，各方能够迅速达成共识，降低交易成本，提高资金的周转速度。

最后，诚信有助于维护金融市场的稳定。当市场参与者都秉持诚信原则进行交易时，市场价格能够更真实地反映资产的价值，减少泡沫和过度波动。相反，若存在欺诈、违约等不诚信行为，市场可能会出现恐慌性抛售或过度投机，引发金融动荡。

此外，从长期来看，诚信的金融机构和个人能够树立良好的声誉，获得更多的商业机会和合作伙伴。而那些不重视诚信的，即便可能在短期内获得一些利益，但最终会被市场淘汰。

总之，诚信在金融交易中是不可或缺的品质。它不仅关乎个体的利益，更关系到整个金融市场的繁荣与可持续发展。只有在诚信的护航下，金融交易才能更加公平、高效、稳定，从而为经济的增长和社会的进步提供有力的支持。

资料来源：佚名. 诚信在金融交易中的重要性是什么？这种品质如何影响市场信任和交易效率？[EB/OL]. [2024-10-11]. https://funds.hexun.com/2024-10-11/214913825.html.

二、利率的构成

在一般情况下，利率由以下三大主要因素构成，即真实无风险利率（real risk-free

① 理论上二者应该是相等的，但此处相差了5 987元（8 987 410-8 981 423），原因是12.68%是四舍五入后的数值，因此出现了5 987元的累计误差。

rate，RRFR）、预期通货膨胀率（inflation，I）及风险溢价（risk premium，RP），用公式可以表示为：

利率r=真实无风险利率+预期通货膨胀率+风险溢价 (3.20)

公式（3.20）中真实无风险利率和预期通货膨胀率构成基准利率（benchmark interest rate，BIR）。因此，公式（3.20）还可以写成：

利率=基准利率+风险溢价 (3.21)

（一）真实无风险利率与名义无风险利率

真实无风险利率是指无通货膨胀、无风险时的均衡利率，即货币的时间价值，反映了投资者延期消费要求的补偿。影响这一利率的主观因素是个人对其收入进行消费的时间偏好。影响真实无风险利率的客观因素是经济中存在的投资机会，这种投资机会取决于经济的长期真实增长率。经济的快速增长使资本有更多和更好的投资机会，并使投资产生正的收益率。通常，经济的真实增长率和RRFR之间存在一种正向关系。

名义无风险利率（nominal risk-free rate，NRFR）是指无违约风险、无再投资风险的收益率。在实务中，名义无风险利率就是与所分析的现金流量期限相同的零息政府债券利率。影响名义无风险利率的因素主要是资本市场条件和预期通货膨胀率。在投资中，如果投资者预期在其投资期内价格水平升高，那么他们就会要求收益率包含对预期通货膨胀率的补偿。假设你对一项无风险投资要求4%的真实收益率，但预期在投资期内价格会上升3%。在这种情况下，投资的必要收益率应达到7%（（1.04×1.03−1）×100%）左右的水平。如果不增加必要收益率，那么年末你只能获得1%的真实收益率。因此，对一项无风险投资而言，一个投资者的名义无风险利率为：

名义无风险利率=（1+真实无风险利率）×（1+预期通货膨胀率）−1 (3.22)

根据公式（3.22），一项投资的真实无风险利率如下：

$$真实无风险利率 = \frac{1 + 名义无风险利率}{1 + 预期通货膨胀率} - 1 \tag{3.23}$$

假设在一个特定年份短期国库券的名义收益率为9%，该年预期通货膨胀率为5%，则短期国库券的真实无风险利率为3.8%。

（二）风险溢价

基准利率与有效利率之间的利差不是由经济因素造成的，而是由产生不同风险溢价的不同资产的基本特征引起的。以债券为例，风险溢价可从五个方面进行分析：债券信用质量、流动性风险、期限风险、税收和债券契约条款，以及外国债券特别风险。在这五个因素中，债券信用质量和期限风险对公司债券风险溢价的影响最大。

1.债券信用质量

债券信用质量反映了发行者偿付未清偿债务的能力。在实务中，它一般根据公司的信用等级来确定，且可以根据财务比率度量债券发行主体的违约风险。常用的财务比率包括利息保障倍数、经营现金净流量与负债总额比及投资收益率等。

2.流动性风险

流动性风险（liquidity risk）是指某项资产迅速转化为现金的可能性。衡量流动性的标准有两个：资产出售时可实现的价格和变现时所需要的时间长短。其判断基础是，在价格没有明显损失的条件下，在短期内大量出售的能力。资产的流动性越低，为吸引投资者所需要的收益率就越高。

3.期限风险

期限风险是指因到期时间长短不同而形成的利率变化的风险。例如，在流动性和违约风险相同的情况下，5年期国库券利率比3年期国库券利率要高，差别在于到期时间不同。一般来说，证券期限越长，其市场价值波动的风险越高。因此，为鼓励对长期证券的投资，必须给予投资者必要的风险补偿。

4.税收和债券契约条款

税收和债券契约条款也会影响债券利率的高低。通常，对债券和银行存款投资获得的债息和利息，政府要征收一定的所得税，但对国库券利息则免征所得税。因此，国库券比其他由公司或银行发行的债务工具更有优势。

5.外国债券特别风险

外国债券特别风险，如汇率风险和国家风险等。汇率风险（exchange rate risk）是指投资者购买不以本国货币标价的证券而产生的收益的不确定性。国家风险（country risk）又称政治风险，是指由一个国家的政治环境或经济环境发生重大变化的可能性所导致的收益不确定性。由于汇率波动或政治因素导致的风险越高，因此，投资者要求的风险溢价也就越高。

三、利率的期限结构

不同期限债券与利率之间的关系，称为利率期限结构（the term structure of interest rate）。在市场均衡的情况下，借款者的利率与贷款者的收益率是一致的，因此，利率期限结构也可以说是收益率的期限结构[①]。

（一）即期利率

假设有一笔在时点1支付1元钱的简单贷款，则这笔贷款的现值为：

$$PV = \frac{1}{1 + r_1}$$

上式使用1年期贷款的适当利率水平 r_1 来对现金流进行折现，这一利率通常被称为当前的1年期即期利率（spot rate）。

再假设有一笔贷款，要求必须在时点1和时点2分别支付1元，则其现值应为：

$$PV = \frac{1}{1 + r_1} + \frac{1}{(1 + r_2)^2}$$

即第一个期间的现金流是用当前的1年期即期利率折现，而第二个期间的现金流要用当前的2年期即期利率折现。而一系列的即期利率 r_1、r_2 等正是利率期限结构的一种表示方法。

给定期限的零息债券（zero coupon bond）的收益率就是该期限内的即期利率。由于一个期限的即期利率是单一的，因此即期利率可以准确地反映货币的时间价值。在任何一个时点，资本需求和资本供给共同决定了每个期限的即期利率，这个即期利率可以用来为各种未来现金流量定价。

---

① 利率期限结构有两个限制条件：一是它只同债务性证券有关，因为只有债务性证券才有固定的偿还期限；二是利率期限结构仅指其他条件（如风险、税收、变现力等）相同而期限不同的债务利率之间的关系。

理解这一问题的方法是把附息债券（国库券）看作一组零息债券[①]的组合，各期收到的利息就是到期价值与所付价值间的差额。例如，面值为1 000元、息票率为5%、5年期的附息国库券，可以看成5张零息债券：第一张的到期价值为50元，1年后到期；第二张的到期价值为50元，2年后到期……最后一张的到期价值为1 050元，5年后到期。显然，对于每种有息债券，它的价值等于其组成的零息债券的价值之和。假设有一张不能提前赎回的2年期债券，面值为1 000元，息票率为5%，目前市场报价为914.06元，则债券的现值可表示为：

$$PV_d = \frac{50}{1 + r_1} + \frac{1\,050}{(1 + r_2)^2} = 914.06\text{（元）}$$

上述计算结果可以看作两张零息债券的现值之和，式中的r_1、r_2分别是零息债券的当前的1年期即期利率和当前的2年期即期利率。当前的1年期即期利率可从市场上观察到，然后依次计算各期的即期利率。假设r_1=8%，则r_2为：

$$PV_d = \frac{50}{1 + 8\%} + \frac{1\,050}{(1 + r_2)^2} = 914.06\text{（元）}$$

这个方程解出的r_2为10%，高于第一期的即期利率。在这种情况下，用横轴代表期限、纵轴代表利率水平画出的收益率曲线是向上倾斜的，即期限越长，收益率越高。这一方式连续进行，就可以求出各期零息债券利率或不同期限的即期利率。

（二）远期利率

即期利率适用于贷款等现在投资而在以后偿还的债务合约，而远期利率则是现在签订合约在未来借贷一定期限资金时使用的利率。因此，在任何一个时点上可以有一个1年后发放1年期贷款的远期利率，有另一个2年后发放1年期贷款的远期利率，也可以有一个1年或1年后发放的2年期贷款的远期利率。即期利率与远期利率之间的关系如下：

$$f_n = \frac{(1 + r_n)^n}{(1 + r_{n-1})^{n-1}} - 1 \tag{3.24}$$

式中，f_n表示n年后的远期利率；r_n表示n年期即期利率；r_{n-1}表示n−1年期即期利率。

假设投资者面临两种可选择的投资策略：（1）投资于一张面值为100元、年利率（折现率）为10%的2年期零息债券；（2）投资于一张面值为100元、年利率为8%的1年期债券，同时签订一个远期合约，以远期利率f_1在1年后再投资于一张1年期的零息债券。

对于第一种选择，面值为100元的2年期零息债券的现值为82.64元，也就是说，将82.64元投资2年，每年利率为10%，2年后可得到100元。事实上，一个2年期债券的支付可以看成是以两个潜在的不同利率投资2年的结果。这样，在第二种选择中，开始投入的82.64元在第1年年末为82.64×（$1+r_1$），在第2年年末为82.64×（$1+r_1$）（$1+f_2$）。如果第1年的利率为8%，2年后的投资所得是100元，那么远期利率f_2：

$$82.64 \times (1 + 0.08) \times (1 + f_2) = 100$$

或 $(1 + 0.1)^2 = (1 + 0.08) \times (1 + f_2)$

① 零息债券是指不支付利息但以低于面值的价格出售给投资者的一种债券，它提供给持有者的报酬不是利息收入，而是资本增值。

$f_2 = 12.04\%$

上式计算结果表明，1年后再进行一个1年期的投资，其隐含的利率是12.04%。如果远期利率f_1高于12.04%，那么投资者可以选择第二种方案；如果远期利率f_1低于12.04%，那么投资者可以借入1年期现金，同时卖出一个1年期远期利率合约，并以2年期即期利率进行投资，以获得无风险收益。

即期利率与远期利率的关系可用公式（3.25）描述：

$$(1+r_n)^n=(1+f_1)\times(1+f_2)\times\cdots\times(1+f_n) \tag{3.25}$$

公式（3.25）表明，即期利率是远期利率的几何平均数，而远期利率可以看成是未来某一时期借款或贷款的边际成本。

（三）利率期限结构的具体分析

利率的期限结构可根据收益率曲线进行分析，图3-2描绘了4种假设国库券收益率曲线的形状。

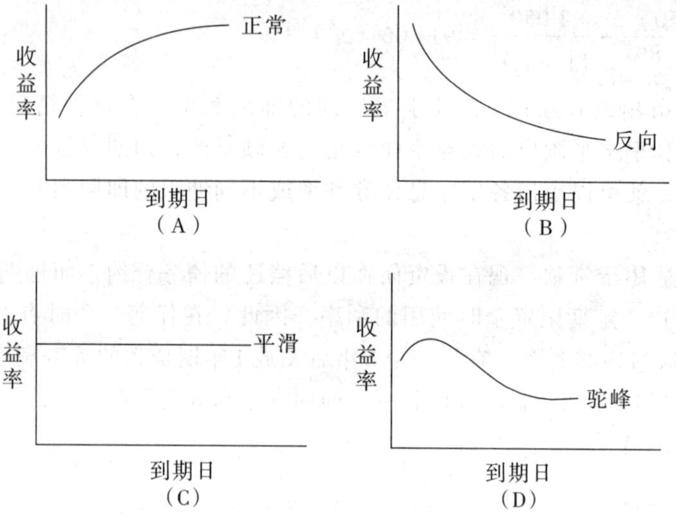

图3-2 国库券收益率曲线图

图3-2（A）中的收益率曲线自左下方向右上方延伸，这种形状的收益率曲线称作正收益率曲线（positive yield curve）。债券的正收益率曲线是在整个经济运行正常、不存在通货膨胀压力和经济衰退条件下出现的。它表示在其他条件一定的情况下，长期债券的即期利率高于短期债券的即期利率。或者说，未来债务合约的开始时间越远，远期利率越高。

图3-2（B）中的收益率曲线从左上方向右下方延伸，这种形状的收益率曲线称作反收益率曲线（inverted yield curve）。负斜率的收益率曲线意味着未来债务合约的开始日越远，远期利率越低。在市场供求关系支配下，当人们过多追求长期债券的高收益时，必然造成长期资本供大于求，引起长期债券利率下降而短期利率上升，最后导致短期利率高于长期利率的反收益率曲线现象。反收益率曲线通常不会仅靠资本的供求关系影响而自动调整为正收益率曲线。在投资人对长期债券的信心和兴趣恢复以前，中央银行必须首先采取有效的货币政策措施来消除利率混乱，从而修正收益率曲线。

当人们过分追求短期利率而把资本投入较短期限的债券时，短期利率因资本供应过多而下降，长期利率却因资本供应不足而上升，反收益率曲线又开始向正收益率曲线回复。在正反收益率曲线相互替代的利率变化过程中，经常出现一种长、短期收益率趋于一致的过渡阶段。这时，债券的收益率曲线同坐标系中的横坐标趋于平行，这种形状的收益率曲线称作平滑收益率曲线（flat yield curve），如图3-2（C）所示。

收益率曲线还存在另一种形状，即在某期限之前债券的利率期限结构是正收益率曲线，而在该期限之后却变成了反收益率曲线，如图3-2（D）所示。这种形状的收益率曲线称作驼峰收益率曲线（humped yield curve），表示在某一时间限度内债券的期限越长，收益率越高；超过这一限度，期限越长，收益率越低。驼峰收益率曲线是短期利率急剧上升阶段所特有的利率期限结构现象。在西方经济极不稳定、市场利率起伏剧烈的20世纪70年代，驼峰收益率曲线成为美国债券市场和货币市场上一种最为常见的利率期限结构。

自测题3-3

第四节　Excel时间价值函数

当前，小型财务计算器和一些办公软件的广泛应用，不仅能方便快捷地检查和计算各种复杂形态的现金流量的价值，而且能相当有效地进行敏感性分析。以下就以Microsoft Excel™为例，介绍货币时间价值的计算方法。

一、Excel时间价值函数的基本应用

当采用公式计算货币的时间价值时，每个公式都包含4个变量，如简单现金流量的4个变量：PV、FV、r、n；系列现金流量的变量：PV或FV、A、r、n。只要知道其中3个变量，就可以求出第4个变量。

Excel电子表格程序通常包含5个变量：PV、FV、PMT（A）、RATE（r）、NPER（n），这是因为计算机程序中被设计成：如果输入PMT（等额款项），PV或FV的值有 个为零时默认解决年金问题；输入PMT值为零时处理的是简单现金流量问题。在这5个变量中，只要输入4个变量值，就可以计算第5个变量。各个变量的求解公式见表3-2。

表3-2　电子表格程序输入公式

求解变量	输入函数
计算终值:FV	=FV(RATE,NPER,PMT,PV,TYPE)
计算现值:PV	=PV(RATE,NPER,PMT,FV,TYPE)
计算每期等额现金流量:PMT	=PMT(RATE,NPER,PV,FV,TYPE)
计算期数:n	=NPER(RATE,PMT,PV,FV,TYPE)
计算利率或折现率:r	=RATE(NPER,PMT,PV,FV,TYPE)

利用电子表格程序求解任何一个变量值，可按照表3-2中“输入函数”括号中的顺序输入3个已知变量的值，将第4个变量值设为0（求简单现金流量的现值或终值，将PMT设为0；求年金终值，将PV设为0；求年金现值，将FV设为0）。如果现金流量发生在每期期

末，那么“TYPE”项为0或忽略；如果现金流量发生在每期期初，那么“TYPE”项为1。

二、Excel时间价值函数变量输入时应注意的问题

在变量输入过程中，需要注意以下5个问题：

第一，现金流量的符号问题，在FV、PV和PMT 3个变量中，至少有一个是异号现金流量。在Excel内置函数中，PV函数认定年金PMT和终值FV现金流量的方向与计算出的现金流量现值的方向相反，即如果年金PMT和终值FV为付款，那么计算出的现值为收款，反之亦然。为了使计算出的现值显示为正数，应在输入PMT和FV参数时加上负号。计算复利现值或终值时亦然。

第二，如果某一变量值为0，那么可直接输入“0”或省略。

第三，如果某一变量值（在输入公式两个变量之间）为0，那么也可以用“,”代替。

第四，当使用函数时，函数名与其后的括号“（”之间不能有空格；当有多个参数时，参数之间要用逗号“,”分隔；参数可以是数值、文本、逻辑值、单元格地址或单元格区域地址，也可以是各种表达式或函数；函数中的逗号、括号等都是半角字符，而不是全角字符。

第五，如果对表3-2中列示的各种输入公式不熟悉，可在Microsoft Excel电子表格中，点击菜单栏中的“fx”项，在“搜索函数”对话框中点击“财务”或在“选择类别”中选择“财务”，在“选择函数”中点击需要计算的变量，如FV（终值）、PV（现值）等，点击“确定”后，即可根据对话框中的提示进行操作，求解变量值。

三、Excel时间价值终值和现值的计算举例

【例3-11】

承【例3-1】，假设某公司向银行借款100万元，年利率为10%，借款期5年，那么5年后该公司应向银行偿还的本利和是多少？

用Excel计算过程及结果见表3-3：

表3-3 复利终值的计算

	A	B	C	D	E	F	G	H
1		RATE	NPER	PMT	PV	TYPE	FV	
2	已知	0.1	5	0	-100	0		
3	求FV						=FV(B2,C2,D2,E2,F2)	=161.05

【例3-12】

承【例3-2】，假设某投资项目预计5年后可获得收益800万元，按年折现率12%计算，问这笔收益的现值是多少？

用Excel计算过程及结果见表3-4：

表 3-4　复利现值的计算

	A	B	C	D	E	F	G	H
1		RATE	NPER	PMT	FV	TYPE	PV	
2	已知	0.12	5	0	-800	0		
3	求 PV						=PV(B2,C2,D2,E2,F2)	=453.94

【例 3-13】

承【例 3-3】，假设某项目在 3 年建设期内每年年末向银行借款 100 万元，借款年利率为 10%，问项目竣工（即第 3 年年末）时应该支付给银行的本利和总额是多少？

用 Excel 计算过程及结果见表 3-5：

表 3-5　年金终值的计算

	A	B	C	D	E	F	G	H
1		RATE	NPER	PMT	PV	TYPE	FV	
2	已知	0.1	3	-100	0	0		
3	求 FV						=FV(B2,C2,D2,E2,F2)	=331

【例 3-14】

承【例 3-4】，假设某公司有一笔 4 年后到期的借款，数额为 1 000 万元，为此要设置偿债基金，年利率为 10%，到期一次还清借款，问每年年末应存入的金额是多少？

用 Excel 计算过程及结果见表 3-6：

表 3-6　偿债基金的计算

	A	B	C	D	E	F	G	H
1		RATE	NPER	FV	PV	TYPE	PMT	
2	已知	0.1	4	-1 000	0	0		
3	求 PMT						=PMT(B2,C2,E2,D2,F2)	=215.47

【例 3-15】

承【例 3-5】，假设某公司租入 A 设备，租期 3 年，要求每年年末支付租金 100 元，在年折现率为 10% 的情况下，该公司 3 年内租金的现值是多少？

用 Excel 计算过程及结果见表 3-7：

表 3-7　　年金现值的计算

	A	B	C	D	E	F	G	H
1		RATE	NPER	PMT	FV	TYPE	PV	
2	已知	0.1	3	-100	0	0		
3	求 PV						=PV(B2,C2,D2,E2,F2)	=248.69

【例 3-16】

承【例 3-6】，假设某公司现在借到 1 000 万元的贷款，要按年利率 12% 在 10 年内均匀偿还，那么该公司每年应支付的金额是多少？

用 Excel 计算过程及结果见表 3-8：

表 3-8　　资本回收的计算

	A	B	C	D	E	F	G	H
1		RATE	NPER	FV	PV	TYPE	PMT	
2	已知	0.12	10	0	-1 000	0		
3	求 PMT						=PMT(B2,C2,E2,D2,F2)	=176.98

【例 3-17】

承【例 3-9】，假设你现在向银行存入 10 000 元，问当折现率为多少时，才能保证在以后的 10 年中每年年末都能够从银行取出 2 000 元？

用 Excel 计算过程及结果见表 3-9：

表 3-9　　利率的计算

	A	B	C	D	E	F	G	H
1		NPER	PMT	PV	FV	TYPE	RATE	
2	已知	10	2 000	-10 000	0	0		
3	求 RATE						=RATE(B2,C2,D2,E2,F2)	=15.1%

四、Excel中的混合现金流量的现值与折现率

Excel 中的函数符号与财务教材通用的符号所代表的含义不完全相同。NPV 在财务中表示净现值（现金流入量现值-现金流出量现值），在 Excel 中表示现值[①]，因此，当计算净现值时，应将项目未来现金流量用 NPV 函数求出的现值再减去该项目的初始投资的现值，NPV 函数输入方式为：

① 在 Excel 中，函数 NPV 假定投资现金流量（初始投资）发生在第 1 期期末（VALUE 1），而在我们的分析中，通常假设投资发生在第 0 期。

=NPV（RATE，VALUE 1，VALUE 2，…）

式中，VALUE 1，VALUE 2，…分别表示1～29笔支出或收入参数值，时间均匀分布并出现在每期期末。

【例3-18】

某投资项目将在未来4年年末分别产生90元、100元、110元、80元的现金流量，初始投资300元，折现率为8%。求该项目的净现值NPV。采用Excel财务函数计算见表3-10：

表3-10　**混合现金流量现值计算举例**

	RATE	VALUE 1	VALUE 2	VALUE 3	VALUE 4	NPV	Excel函数公式
已知	0.08	90	100	110	80		
求NPV						15.19	=NPV(0.08,90,100,110,80)-300

当各期现金流量不相等时，可使用IRR函数计算折现率。IRR函数的功能是计算由数值代表的一组现金流量的内部收益率，这些现金流量不一定是均衡的，但它们必须按固定的间隔发生（按月或年），其输入方式为：

=IRR（VALUE，GUESS）

式中，VALUE表示数组或单元格，包含用来计算内部收益率的数字。VALUE必须包含至少一个正值和一个负值。函数IRR根据数值的顺序来解释现金流量的顺序，因此应按需要的顺序输入数值。GUESS表示对函数IRR计算结果的估计值，在大多数情况下，并不需要为函数IRR的计算提供GUESS值，如果省略GUESS，那么默认其值为0.1。

【例3-19】

某公司支付200万元购买一台设备，预计使用5年。设备投入使用后每年预计现金净流量分别为30万元、50万元、60万元、80万元、60万元。请计算该公司购买这一设备的内部收益率IRR。采用Excel财务函数计算见表3-11：

表3-11　**混合现金流量折现率计算举例**

	A	B	C	D	E	F	G	H	I
1		VALUE 1	VALUE 2	VALUE 3	VALUE 4	VALUE 5	VALUE 6	IRR	
2	已知	-200	30	50	60	80	60		
3	求IRR							=IRR(B2:G2)	10.96%

自测题3-4

【本章小结】

▶ 货币时间价值就是货币在流通的过程中由于时间的推移而产生的价值，一般是指不存在通货膨胀和风险情况下的社会平均利润率。在考虑货币时间价值的前提下，一定金额的发生必须注明其发生的具体时间点，才能确切地表达其准确的价值。

▶单利和复利是两种不同的利息计算体系。在单利情况下，只有本金计算利息，利息不计算利息；而在复利情况下，除本金计算利息之外，每经过一个计息期得到的利息也要计算利息，逐期滚算，俗称“利滚利”。除非特别说明，本书中货币的时间价值一般都按复利计算。

▶现值即现在（t=0）的价值，是一个或多个发生在未来的现金流相当于现在时刻的价值，用PV表示。终值即未来值（如当t=n时的价值），是一个或多个现在发生或未来发生的现金流相当于未来时刻的价值，用FV表示。

▶单一支付款项是指在某一特定时间内只发生一次的简单现金流量，可以计算复利终值和复利现值。

▶系列支付款是指在n期内多次发生的现金流入或现金流出。年金是系列支付款的特殊形式，是在一定时期内每隔相同时间（如一年）发生相同金额的现金流量。普通年金、预付年金和递延年金都可以既计算现值，又计算终值；永续年金只能计算现值。

▶通常将以年为基础计算的利率称为名义年利率APR，将名义年利率按不同计息期调整后的利率称为有效利率EAR。

▶在一般情况下，利率由以下三大主要因素构成，即真实无风险利率、预期通货膨胀率及风险溢价，其中风险溢价可从5个方面进行分析：债券信用质量、流动性风险、期限风险、税收和债券契约条款，以及外国债券特别风险。

▶不同期限债券与利率之间的关系，称为利率的期限结构。在市场均衡情况下，借款者的利率与贷款者的收益率是一致的，因此，利率的期限结构也可以说是收益率的期限结构，根据收益率曲线进行分析，可以有四种形状：正收益率曲线、反收益率曲线、平收益率曲线和驼峰收益率曲线。

▶利用Excel不仅能方便快捷地检查和计算各种复杂形态的现金流量的价值，而且能有效地进行敏感性分析。但当变量输入时，需要注意几个问题，包括现金流量的符号问题、变量的输入问题、变量输入的格式问题及使用说明等。另外还要注意，Excel中的函数符号与财务教材通用的符号所代表的含义不完全相同，使用时需要进行调整。

【复习思考】

1.什么是货币时间价值？货币时间价值在公司理财中有何作用？

2.单利和复利有什么区别？

3.什么是年金？年金有哪些分类？

4.年偿债基金计算和年资本回收额计算有何异同点？

5.预付年金现值系数与普通年金现值系数的关系是什么？

6.什么是递延年金现值？其如何计算？

7.增长型永续年金现值的计算公式是什么？

8.影响现金流量时间价值的因素有哪些？当已知其中3个因素时，如何求出第4个？

9.什么是名义利率和有效利率？为什么名义利率和有效利率会有差别？如何将名义利率调整为有效利率？

10.利率的构成因素有哪些？真实无风险利率和名义无风险利率的含义及转换公式各

是什么？它们之间的差别有哪些？

11.债券的风险溢价包括哪些？

12.什么是利率的期限结构？如何根据收益率曲线图进行分析？出现不同形状收益率曲线的原因是什么？

13.随着折现率的增加，现值是以不变的速度减少、以递减的速度减少，还是以递增的速度减少？为什么？随着未来款项收到的时间点往后推移，现值是以不变的速度减少、以递减的速度减少，还是以递增的速度减少？为什么？

链接本章
引导案例

《财务管理》
慕课资源

第四章

风险与收益

【学习目标】

本章阐述了风险与收益的内涵，单项资产、投资组合的风险和收益的度量，以及风险和收益的数量关系。通过对本章内容的学习，学生应完成以下目标：

1. 掌握并理解收益与风险的概念和种类；
2. 掌握历史收益率与风险的衡量方法；
3. 掌握预期收益率与风险的衡量方法；
4. 熟悉投资组合收益与风险的衡量方法、投资组合风险分散效应；
5. 了解资本市场线、证券市场线的特点；
6. 熟悉资本资产定价模型的影响因素与确定方法。

【本章主要内容导图】

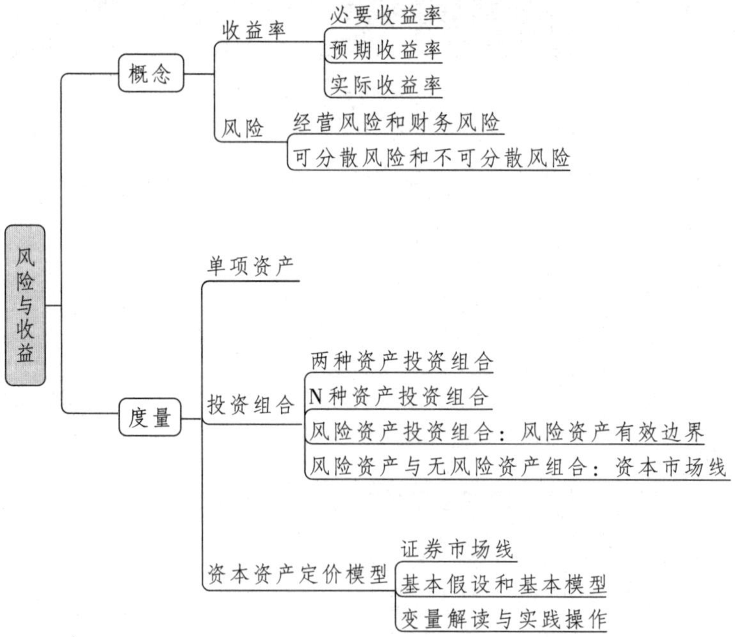

【引导案例】

“股神”巴菲特在哥伦比亚大学的演讲中曾经提到过收益与风险之间的关系：“我想提出有关报酬与风险之间的关系。在某些情况下，报酬与风险之间存在着正向关系。如果有人告诉我：‘我有一支六发弹装的左轮枪，并且填装一发子弹，你可以任意拨动转轮，然后朝自己扣一次扳机。如果你能够逃过一劫，那么我就赏你100万美元。’那么我将会拒绝这项提议，因为我的理由是100万美元太少了。然后他可能建议将奖金提高到500万美元，但必须扣两次扳机。这便是报酬与风险之间的正向关系。”

很多人认为股市投资是一个容易暴富的行业，因而越来越多的人陆续进入这一行业，但是绝大多数人对于这一特殊行业相当陌生。即便听说过“股市有风险，入市需谨慎”也只是当作耳边风，就像对吸烟的人说“吸烟有害健康”一样，已经没有任何警醒作用了。

当某一只股票价格暴涨时，听得最多的就是一夜暴富的神话：什么卖羊肉汤的都赚了几十万元，拉三轮车的也买了高档轿车等传闻不绝于耳。不少好事者更是推波助澜，对这种传闻津津乐道，从而“激励”了不少投资者前赴后继进入股市。但从“奴隶”到“将军”的投资者很少，多数投资者成了“烈士”。那么风险和收益到底是什么关系呢？

资料来源：价值与量化研究．“高风险高收益”后面应该加上“高亏本”．[EB/OL]．[2019-06-27]．https://baijiahao.baidu.com/s? id=1637499312411337580&wfr=spider&for=pc.

问题：

（1）如何度量风险？如何利用风险和收益来进行投资决策？

（2）如何分散投资风险？投资组合如何能够分散风险？

（3）如何在众多资产中进行有效投资？有效投资的标准是什么？

（4）风险和收益的数量关系是怎样的？

第一节 风险与收益概述

一、财务决策中的收益

收益一般是指初始投资的价值增量，一般用相对数来表示，即收益率。财务决策包含三种非常重要的收益率：必要收益率、预期收益率和实际收益率。投资者能够清晰地认识它们之间的联系和区别对于自身进行财务决策是非常重要的。

1.必要收益率

必要收益率是指投资者进行投资要求得到的最低收益率。为了能够更好地理解必要收益率，需要抓住它的特征：第一，现时的。当投资决策的时间点发生变化时，投资者要求的收益率也会发生变化，即必要收益率是投资者当面向未来投资时要求的最低收益率。第二，要求的。必要收益率是投资者自己要求的收益率，不是别人强加于投资者的，更不是别人给投资者的报价。第三，最低的。必要收益率是投资者对该项目收益的最低要求，只有项目收益率大于必要收益率，投资者才会进行投资。第四，主观的。必要收益率是投资者内心要求的收益率，不同的投资者对于同一个投资项目要求的收益率是存在差异的，因此必要收益率是投资者主观的收益要求，会随着人的意志的转移而转移。第五，决策的。必要收益率是投资者判断是否投资该项目的决策性变量，不需要对外披露。

因为投资者在投资中让渡了资本使用权，并且承担了风险，所以必要收益率通常由无风险利率和风险溢价两部分构成，前者反映了货币时间价值，其大小取决于零息政府债券利率；后者反映了投资者因为承担风险而要求的补偿，其大小取决于投资者的风险偏好程度和风险大小。投资者越厌恶风险，其在承担一定的风险时所要求的风险溢价越高。

在财务决策中，必要收益率如何取值呢？我们可以从情景模拟中去理解这个问题。第一，如果某个投资者有一笔资金拟投资一个项目，当他没有其他投资项目可选，而且项目也不具有可复制性的时候，若不投资这个项目，他会将资金用来进行银行理财产品投资，那么他要求的必要收益率的参考值可以用市场利率来衡量。第二，如果该投资者想要用一笔资金投资某只股票，可供选择的投资目标股票有M和N，那么投资M股票的必要报酬率的参考值就是N股票能够给投资者带来的收益率。第三，如果投资者需要通过融资来投资一个项目，而融资又需要付出代价，从而产生资本成本，比如贷款利息，假如项目的收益率小于融资的资本成本，那么投资该项目不会给投资者带来剩余收益，此时，投资者的必要收益率可以用资本成本作为参考值。通过上面的情景分析我们可以得出，必要收益率的取值可以是市场利率、备选方案的收益率、资本成本，从经济学角度看，它们都是投资者的机会成本，只是所处的场景不同导致其表现形式不同罢了。

2.预期收益率

预期收益率是指在不确定的条件下，投资者根据现有信息预测的某项资产未来可能实现的平均收益率。为了能够更好地理解预期收益率，投资者需要抓住它的特征：第一，未来的。预期收益率反映的是未来能够实现的收益水平。第二，预测的。预期收益率是基于未来可能出现的情景状况预测的收益率，不是真实收益率。第三，平均的。预期收益率是投资项目在未来不同经营情境下收益水平的平均值，由于未来实现的收益率只能是一种经营情境下的结果，因此未来实现的收益率可能高于也可能低于预期收益率。第四，客观的。预期收益率不会随着人的意志的转移而转移，同一个投资项目对所有投资者未来能够带来的平均收益率都是一样的，因为大家购买该项资产的当前市场价格水平是一样的。第五，报价的。预期收益率往往是资产出售方对外报价的收益率，比如银行理财产品对外报价的收益率就是预期收益率，所以需要对外披露。

3.实际收益率

实际收益率或历史收益率是指在特定时期实际获得的收益率，它是已经发生的、不能通过投资决策改变的收益率。它的特征有：第一，历史的。实际收益率是过去已经发生的投资期间实现的收益率。第二，实际的。由于是过去发生的收益率，所以该收益率是实际发生的。第三，可计算的。实际收益率是根据历史数据计算出来的，所以实际收益率是可计算的。第四，真实的。如果在投资过程中产生的现金流都能够按照实际收益率进行再投资，那么实际收益率是可以实现的真实收益率。

从必要收益率、预期收益率和实际收益率的概念来看，在财务决策中，三者存在必然联系（如图4-1所示）。首先，必要收益率和预期收益率的大小关系为投资决策提供了依据，如果预期收益率大于必要收益率，那么该项投资可行；如果预期收益率小于必要收益率，那么该项投资不可行。这个结论适用于证券投资、项目投资等所有投资决策。其次，预期收益率与未来实际收益率的一致程度是判断投资是否存在风险的依据，如果预期收益率等于未来实际收益率，那么这项投资没有风险；如果预期收益率与未来实际收益率会产生偏差，那么该项投资存在风险。

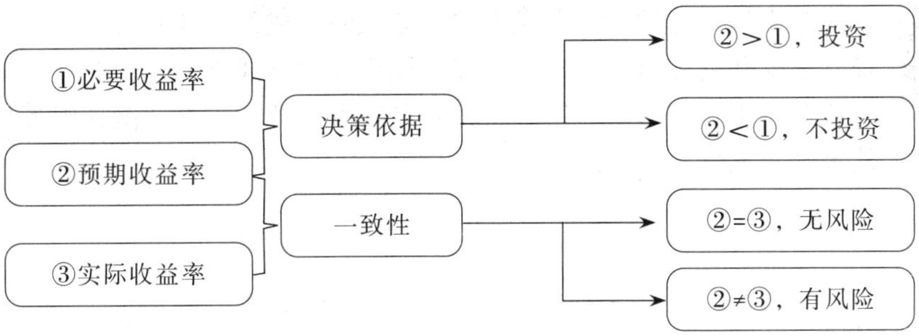

图4-1　不同收益率之间的关系

二、财务决策中的风险

从财务学的角度来说，风险是指资产未来实际收益相对于预期收益变动的可能性和变动幅度，变动的可能性越大，风险越高；变动的幅度越大，风险越高。未来实际收益率可能高于预期收益率，也可能低于预期收益率，所以风险既可能给投资者带来额外的收益，又可能给投资者带来意想不到的损失。风险是客观存在的，是不随人的主观意志的转移而转移的。风险能够体现出未来实际收益的不确定性，但风险不等于不确定性，因为风险是可以识别和度量的。

在风险管理中，一般根据风险的不同特征对风险进行分类。按风险能否被分散，风险可分为系统风险和非系统风险；按风险形成的来源，风险可分为经营风险和财务风险。

党的二十大报告指出："深化金融体制改革……依法将各类金融活动全部纳入监管，守住不发生系统性风险底线。"那么，什么是系统性风险？系统风险（市场风险、不可分散风险）是指由于政治、经济及社会环境等公司外部因素的不确定性产生的风险，如通货膨胀、利率和汇率的波动、国家宏观经济政策变化、战争、政权更迭、所有制改造等。系统风险是由综合因素导致的，这些因素是个别公司或投资者无法通过多样化投资予以分散的。

非系统风险（公司特有风险、可分散风险）是指由于经营失误、劳资纠纷、新产品试制失败等因素影响所产生的个别公司的风险。非系统风险是由单个的特殊因素引起的，由于这些因素的发生是随机的，因此非系统风险可以通过多样化投资来分散。

经营风险是指经营行为（生产经营和投资活动）给公司收益带来的不确定性，通常采用息税前利润的变动程度描述经营风险的大小。这种风险是公司商业活动中的固有风险，主要来自客观经济环境的不确定性，如经济形势和经营环境的变化、市场供求和价格的变化、税收政策和金融政策的调整等外部因素，以及公司自身技术装备、产品结构、成本水平、研发能力等因素的变化等。

财务风险是指举债经营给股东收益带来的不确定性，通常用净资产收益率（ROE）或每股收益（EPS）的变动描述财务风险的大小。这种风险主要来源于利率、汇率变化的不确定性以及公司负债比例的大小。如果公司的经营收入不足以偿付到期利息和本金，那么就会使公司陷入财务危机，甚至导致公司破产。

自测题4-1

不同种类的风险不是相互独立的，它们之间是相互影响的。第一，系统风险是由不可分散的经营风险和财务风险构成的，非系统风险是由可分散的经营风险和财务风险构成的。经营风险和财务风险有一部分是可分散的，有一部分是不可分散的。第二，经营风险可以放大财务风险，财务风险也可以放大经营风险。

第二节　单项资产风险与收益的衡量

一、历史收益率与风险

（一）历史收益率的衡量

历史收益率（或实际收益率）是投资者在一定期间实现的收益率，其大小取决于持有期间投资者获得的现金流量。历史收益率（或实际收益率）的计算需要使用历史数据，基于历史数据的可获得性，我们以股票为例，讲授历史收益率（或实际收益率）的计算。

假设投资者在第t-1期期末购买股票，在第t期期末出售该股票，第t期支付股利为D_t，则第t期股票投资的收益由两部分构成：一部分是持有期间获得的股利现金流入；另一部分是买卖价差的净现金流量。因此股票投资收益率可按下列公式计算：

$$r_t = \frac{D_t + (P_t - P_{t-1})}{P_{t-1}} = \frac{D_t}{P_{t-1}} + \frac{P_t - P_{t-1}}{P_{t-1}} \tag{4.1}$$

式中，r_t表示第t期的股票投资收益率；P_t和P_{t-1}分别表示第t期的股票收盘价格和第t-1期的股票收盘价格；D_t表示第t期的股利；$\frac{D_t}{P_{t-1}}$表示股利收益率；$\frac{P_t - P_{t-1}}{P_{t-1}}$表示资本利得率。

公式（4.1）是计算单项投资在t期的持有期收益率（holding period return，HPR），在一个多期的个别投资中，还需要计算一个年度指标，集中反映该项投资的年度业绩。给定某单项投资各期的持有期收益率，可以采用两个指标来衡量收益率：算术平均收益率和几何平均收益率，其计算公式分别为：

$$\bar{r}_{AM} = \sum_{i=1}^{n} r_i / n \tag{4.2}$$

$$\bar{r}_{GM} = [(1 + r_1)(1 + r_2)\cdots(1 + r_n)]^{1/n} - 1 \tag{4.3}$$

式中，$\bar{r}_{AM}$，$\bar{r}_{GM}$分别表示算术平均收益率和几何平均收益率；r_i表示收益率数据系列r_1，r_2，…，r_n（其中n是序列观测值的数目）。

假设股票X第1季度至第4季度的收益率分别为20%、-10%、10%、4%，持有4期的收益率为24%，按算术平均数计算的季度收益率为：

$$\bar{r}_{AM}=\frac{20\%-10\%+10\%+4\%}{4}=6\%$$

几何平均数是指n期观察值连乘积的n次方根。当比较不同投资工具时，几何平均数是一个相对较好的衡量长期收益率的指标。在上例中，计算几何平均收益率如下：

$$\bar{r}_{GM}=[(1+r_1)(1+r_2)\cdots(1+r_n)]^{1/n}-1$$
$$=\sqrt[4]{(1+20\%)\times(1-10\%)\times(1+10\%)\times(1+4\%)}-1=5.43\%$$

采用算术平均数衡量一项资产的长期收益，其结果总是高于几何平均数。对于波动性大的资产，这一点更为明显。例如，某证券价格第一年从50元上升到100元，第二年又跌回到50元，按算术平均数计算，持有期间的收益率为：$\bar{r}_{AM}=(100\%-50\%)\div 2=25\%$。其实，这项投资没有带来任何财富的变化，收益应当为零。如果按几何平均数计算，持有期的收益率为：$\bar{r}_{GM}=\sqrt{(1+100\%)\times(1-50\%)}-1=0$，这个结果准确地反映了该项投资没产生任何财富收益的事实。

利用算术平均数计算的平均收益率换算成年收益率遵循单利的思想，比如r_i为月收益率，那么年收益率等于月平均收益率r_i乘以12。几何平均数计算的平均收益率换算成年收益率遵循复利思想，比如r_i为月收益率，那么年收益率等于$(1+r_i)^{12}$。

从搜狐股票（https://q.stock.sohu.com/）下载美的集团（000333）2018年12月至2024年1月各月股票收盘价和现金股利，计算月实际收益率、平均收益率和年度收益率（见表4-1）。

收益率Excel演示

根据表4-1的数据，计算美的集团在此期间的算术平均收益率、几何平均收益率和年化收益率。

表4-1中的收益率可根据Excel内置函数计算。如果不熟悉可扫描二维码，可以查看Excel关于基本统计的内置函数。

表4-1 **美的集团实际收益率计算**

日期	收盘p	股利D	收益率r_i
2018/12/28	36.86		
2019/1/31	43.53		0.180955
2019/2/28	47.78		0.097634
2019/3/29	48.73		0.019883
2019/4/30	52.4		0.075313
2019/5/31	49.6	1.303962	-0.02855
2019/6/28	51.86		0.045565
…	…		…

续表

日期	收盘p	股利D	收益率 r_i
2023/6/30	58.92	2.5	0.196571
2023/7/31	59.32		0.006789
2023/8/31	56.51		−0.04737
2023/9/28	55.48		−0.01823
2023/10/31	52.92		−0.04614
2023/11/30	51.67		−0.02362
2023/12/29	54.63		0.057287
合计			0.752612
月平均收益率			
算术平均			0.012544
年化收益率	15.05%		
几何平均			0.008996
年化收益率	11.35%		

（二）历史收益率的方差和标准差

收益率的方差和标准差是描述风险或不确定性的两种统计量。方差（variance，Var）是收益率与其均值之差的平方的平均值，标准差（standard deviation，Std）是方差的平方根。方差或标准差越大，表明收益率围绕其均值变化的幅度越大，收益率的风险越高。

根据股票历史收盘价计算出收益率后，收益率方差和标准差的计算公式为：

$$\mathrm{Var}(r) = \frac{1}{N-1}\sum_{i=1}^{N}\left[r_i - \bar{r}\right]^2 \tag{4.4}$$

$$\mathrm{Std}(r) = \sqrt{\mathrm{Var}(r)} \tag{4.5}$$

需要说明的是，如果历史数据来源于总体样本中的一部分样本，公式（4.4）中的“$\frac{1}{N-1}$”表示剔除自由度，从而保持了总体方差的无偏性。如果历史数据来源于总体样本，那么，公式（4.4）应除以N而非(N−1)。方差的计算也可以用Excel表格中的统计函数Var来解决，如果是总样本方差，则使用函数VAR.P，如果是给定样本的方差，则使用函数VAR.S。

【例4-1】

利用美的集团（000333）2018年1月至2023年12月各月收益率，计算方差和标准差见表 4-2。①

表 4-2②

美的集团股票收益率、方差和标准差

（2019 年 1 月至 2023 年 12 月）

金额单位：元

日期	收益率 r	$r-\bar{r}_{AM}$	$(r-\bar{r}_{AM})^2$
2019/1/31	0.180955	0.168411	0.028362
2019/2/28	0.097634	0.08509	0.00724
2019/3/29	0.019883	0.007339	0.00001
2019/4/30	0.075313	0.062769	0.00394
2019/5/31	−0.02855	−0.04109	0.001689
2019/6/28	0.045565	0.033021	0.00109
…	…	…	…
2023/6/30	0.196571	0.184028	0.033866
2023/7/31	0.006789	−0.00575	0.00000
2023/8/31	−0.04737	−0.05991	0.00359
2023/9/28	−0.01823	−0.03077	0.000947
2023/10/31	−0.04614	−0.05869	0.003444
2023/11/30	−0.02362	−0.03616	0.001308
2023/12/29	0.057287	0.044743	0.002002
合计	0.752612		0.433451
月方差	0.7347%	0.7347%	
年方差	8.8159%		
月标准差	8.5712%	8.5712%	
年标准差	29.6917%		

根据表 4-2 的数据，计算美的集团在此期间的方差、标准差如下：

$$Var(r_{月}) = 0.433451 \div (60 - 1) \times 100\% = 0.7347\%$$

$$Var(r_{年}) = 0.7347\% \times 12 = 8.8159\%$$

$$Std(r_{月}) = \sqrt{0.7347\%} = 8.5712\%$$

$$Std(r_{年}) = \sqrt{8.8159\%} = 29.6917\%$$

方差、标准差计算函数 Excel 演示

表 4-2 中的方差和标准差可根据 Excel 内置函数计算。如果不熟悉可扫描二维码，查看 Excel 关于基本统计的内置函数。

① 在这里，选取了 13 个月的数据，仅仅是为了计算方便，并不能充分反映该只股票的收益和风险，也不能说明这只股票是否值得投资。

② 表 4-2 的计算是利用 Excel 表格计算后保留两位小数或四位小数的结果，与手工计算存在一定差异，特此说明。

二、预期收益率与风险

(一) 预期收益率的估算

预期收益率是某种资产所有可能的未来收益水平的平均值。当资产未来收益的变化与历史上实际收益的概率分布大致相同时，可以某项资产收益率历史数据的样本均值作为估计数。使用这种方法估算预期收益率的优点是计算简单，但缺点也很明显，即前提条件要求苛刻，因此，这种方法很少用。在通常情况下，投资者利用情景分析法，并根据未来影响收益的各种可能结果及其概率分布大小来估计预期收益率。

表4-3展示了情景分析法的描述状况，首先需要对未来经济环境进行分类并预测不同经济环境发生的概率，然后预测在不同经济环境下每种资产的投资收益率。政府债券的投资收益率是确定的，即不论经济环境如何，它都有4%的收益率，因此，政府债券具有零风险。但其他三种投资方案的收益率在不同经济环境下各不相同，因而被定为风险投资。

表4-3 四种证券收益率均值及标准差

经济环境	发生概率	投资收益率			
		政府债券	公司债券B	股票X	股票Y
萧条	0.3	4%	9%	-2%	3%
一般	0.5	4%	7%	11%	12%
繁荣	0.2	4%	5%	16%	15%
合计	1				
预期收益率		4%	7.20%	8.10%	9.90%
方差		0	0.0196%	0.47%	21.69%
标准差		0	1.40%	6.88%	46.57%
标准离差率		0	0.19	0.85	4.70

在这里，每种证券收益水平的概率分布都是投资者主观评价的产物。根据证券未来收益水平的概率分布确定其预期收益率，是一种最基本的衡量方法。对于单项投资来说，预期收益率就是在各种可能的情况下收益率的加权平均数，权数为各种可能结果出现的概率。其计算公式为：

$$E(r) = \sum_{i=1}^{n} r_i P_i \tag{4.6}$$

式中，E(r)表示预期收益率；r_i表示在第i种情景下的收益率；P_i表示第i种情景出现的概率；n表示情况分类的个数。

表4-3中列示了各种证券预期收益率和标准差等的计算结果，以股票X为例，其预期收益率计算如下：

$$E(r) = (-2\%) \times 0.3 + 11\% \times 0.5 + 16\% \times 0.2 = 8.10\%$$

(二) 预期收益率的方差和标准差

预期收益率的计算过程说明了投资风险的存在，但并没有说明这种风险有多高。从数学的角度分析，投资风险可以用未来可能收益水平的离散程度表示，即采用方差和标准差衡量预期收益率的风险，其计算公式分别为：

$$Var(r)=\sum_{i=1}^{n}[r_i-E(r)]^2P_i \tag{4.7}$$

$$Std(r)=\sqrt{\sum_{i=1}^{n}[r_i-E(r)]^2P_i} \tag{4.8}$$

根据表4-3的资料，投资于股票X的预期收益率方差和标准差计算如下：

$$Var(r)=(-2\%-8.10\%)^2\times0.3+(11\%-8.10\%)^2\times0.5+(16\%-8.10\%)^2\times0.2$$
$$=0.4729\%$$

$$Std(r)=\sqrt{0.4729\%}=6.88\%$$

表4-3中的四个备选方案，基本上反映了证券投资风险与收益的关系，随着收益率的提高，反映收益风险的标准差也在提高。那么，投资者如何根据风险和收益进行投资方案决策呢？为了说明标准差在度量预期收益率不同的投资项目风险时的确切含义，应将标准差标准化，以度量单位收益的风险，这一目的可借助于标准离差率（CV）来实现。标准离差率是指标准差与预期收益率之比，其计算公式为：

$$CV=\frac{Std(r)}{E(r)} \tag{4.9}$$

表4-2中股票X的标准离差率为：

$CV=6.88\%\div8.10\%=0.85$

从表4-3的标准离差率可以看出，股票Y的标准离差率最高，获得一个单位收益时承担的风险最高，因此可以将投资股票Y的方案淘汰。其他方案如何取舍，还应当以投资者对风险的态度为标准，例如，如果投资者不愿出现任何亏损，那么可以选择投资政府债券和公司债券，因为投资股票X有可能出现亏损；如果投资者连一点风险都不想承担，那么投资政府债券是比较稳健的选择。

自测题4-2

第三节　投资组合风险与收益的衡量

一、投资组合的收益

投资者将资本投资于两种或两种以上单项资产，就构成了一个投资组合。投资组合能够通过资产多样化效应降低投资风险。对于投资组合来说，预期收益率是投资组合中的单项资产预期收益率的加权平均数，权数是单项资产在总投资价值中所占的比例。

$$E(r_p)=\sum_{i=1}^{n}w_iE(r_i) \tag{4.10}$$

式中，$E(r_p)$ 表示投资组合的预期收益率；w_i 表示第i种资产在投资组合总价值中所占的比例；$E(r_i)$ 表示第i种资产的预期收益率；n表示投资组合中单项资产的个数。

二、两种资产投资组合的风险

投资组合含有至少两种资产，两种资产的投资组合是最简单的投资组合，因此，我们先从简单的投资组合来讲解投资组合的风险。投资组合的风险也需要用方差和标准差来衡量。

（一）两种资产投资组合的方差

两种资产投资组合收益率的方差是指两种资产收益率方差的加权平均数，再加上两种资产收益率的协方差。两种资产投资组合收益率的方差可按下式计算：

$$Var(r_p) = w_1^2 Var(r_1) + w_2^2 Var(r_2) + 2w_1 w_2 Cov(r_1, r_2) \tag{4.11}$$

式中，w_1、w_2分别表示资产1和资产2在投资组合中所占的比例；$Var(r_1)$、$Var(r_2)$分别表示在投资组合中两种资产各自的预期收益率的方差；$Cov(r_1, r_2)$表示两种资产预期收益率的协方差。

（二）两种资产投资组合的协方差

协方差是指两个变量（资产收益率）离差之积的预期值，资产1的收益率和资产2的收益率的协方差$Cov(r_1, r_2)$可按下式计算：

$$Cov(r_1, r_2) = \sum_{i=1}^{n} [r_{1i} - E(r_1)][r_{2i} - E(r_2)]P_i \tag{4.12}$$

式中，$[r_{1i} - E(r_1)]$表示资产1的收益率在第i种经济状态下对其预期值的离差；$[r_{2i} - E(r_2)]$表示资产2的收益率在第i种经济状态下对其预期值的离差；P_i表示第i种经济状态发生的概率。

协方差反映了两种资产受同一因素影响时，收益率发生偏离的协同效应。如果两个变量（资产1收益率和资产2收益率）的变化趋势一致，或者说如果其中一个大于（或小于）自身的期望值，另外一个也大于（或小于）自身的期望值，那么两个变量之间的协方差为正值；如果两个变量的变化趋势相反，即一个大于自身的期望值，另一个小于自身的期望值，那么两个变量之间的协方差为负值；如果两个变量在统计上是独立的，那么两者之间的协方差等于零。一般来说，两种资产的不确定性越大，其标准差和协方差也越大，反之亦然。

采用历史数据预测两种资产的协方差时，协方差计算如下：

$$Cov(r_1, r_2) = \frac{1}{N-1} \sum_{i=1}^{n} [r_{1i} - E(r_1)][r_{2i} - E(r_2)] \tag{4.13}$$

同样的，公式（4.13）中的历史数据如果来源于总体样本，那么公式（4.13）中的“$\frac{1}{N-1}$”应替换为“$\frac{1}{N}$”。

根据表4-3中的各项资产收益率数据，公司债券B与股票X的协方差如下：

$$\begin{aligned} Cov(r_B, r_X) &= (9\% - 7.20\%) \times (-2\% - 8.10\%) \times 0.3 + (7\% - 7.20\%) \times (11\% - 8.10\%) \times \\ &\quad 0.5 + (5\% - 7.20\%) \times (16\% - 8.10\%) \times 0.2 \\ &= -0.00092 \end{aligned}$$

同理，可以算出其他两种资产的协方差为：

$\text{Cov}\left(r_B,r_Y\right) = -0.00062$, $\text{Cov}\left(r_X,r_Y\right) = 0.00320$

由于政府债券的收益率恒为4%，标准差为0，因此，它与其他任何证券之间的协方差必定为零，这表明无风险证券与风险证券之间的收益不存在相关关系，彼此独立。公司债券B与股票X的协方差为负数，表明这两种证券的收益率变动方向相反。公司债券B与股票Y的协方差为负数，表明这两种证券的收益率变动方向相反。股票X与股票Y的协方差为正数，表明这两种证券的收益率变动方向相同。上述结论与表4-3的收益率描述状况相同。

（三）两种资产收益的相关系数

协方差能够反映两种资产收益率相对变动的方向，但不能衡量两种资产收益率的相关程度。衡量资产收益率相关程度的另一个指标是相关系数，通常以Corr表示。两种资产（资产1和资产2）收益率的相关系数计算如下：

$$\text{Corr}\left(r_1,r_2\right) = \frac{\text{Cov}(r_1,r_2)}{\text{Std}(r_1)\text{Std}(r_2)} \tag{4.14}$$

相关系数与协方差的关系计算如下：

$$\text{Cov}(r_1,r_2) = \text{Corr}\left(r_1,r_2\right) \times \text{Std}(r_1) \times \text{Std}(r_2) \tag{4.15}$$

根据表4-3的资料，公司债券B和股票X的相关系数计算如下：

$$\text{Corr}\left(r_B,r_X\right) = \frac{-0.00092}{1.4\% \times 6.88\%} = -0.9551$$

这说明公司债券B和股票X之间为负相关。由此可以计算三种风险证券之间的相关系数分别为：

$$\text{Corr}\left(r_B,r_Y\right) = -0.9478$$

$$\text{Corr}\left(r_X,r_Y\right) = 0.9995$$

协方差给出的是两个变量相互关系的绝对值，而相关系数是衡量两个变量相互关系的相对数。相关系数是标准化的协方差，其取值范围为（-1，+1）。

如果资产A收益率和资产B收益率的相关系数等于+1，那么说明它们之间完全正相关，即这两种资产收益率的变动方向相同，进而说明资产A收益率每变动一个单位，资产B收益率同方向也变动一个单位。

如果资产A收益率和资产B收益率的相关系数等于-1，那么说明它们之间完全负相关，即这两种资产收益率的变动方向相反，进而说明资产A收益率每变动一个单位，资产B收益率反方向也变动一个单位。

如果资产A收益率和资产B收益率的相关系数等于零，那么说明它们之间线性零相关或相互独立，进而说明资产A收益率不随着资产B收益率的变动而变动。

【例4-2】

根据美的集团（000333）和深证成指（399001）两只股票在2019年1月至2023年12月各月（12个月末）股票价格，计算月平均收益率、方差、标准差、协方差和相关系数（见表4-4）。

表 4-4 美的集团与深证成指收益率的协方差和相关系数

日期	收益率		收益率-均值		乘积
	美的 r_d	深证成指 r_m	美的	深证成指	
2019/1/31	0.180955	0.033071	0.168411	0.026735	0.004502
2019/2/28	0.097634	0.207603	0.085090	0.201266	0.017126
2019/3/29	0.019883	0.096871	0.007339	0.090534	0.000665
2019/4/30	0.075313	−0.023450	0.062769	−0.029787	−0.001870
2019/5/31	−0.028550	−0.077713	−0.041094	−0.084050	0.003454
2019/6/28	0.045565	0.028647	0.033021	0.022310	0.000737
…	…	…	…	…	…
2023/5/31	−0.095985	−0.048050	−0.108528	−0.054387	0.005903
2023/6/30	0.196571	0.021562	0.184028	0.015225	0.002802
2023/7/31	0.006789	0.014267	−0.005755	0.007930	−0.000046
2023/8/31	−0.047370	−0.068464	−0.059914	−0.074801	0.004482
2023/9/28	−0.018227	−0.029629	−0.030770	−0.035966	0.001107
2023/10/31	−0.046143	−0.024307	−0.058686	−0.030644	0.001798
2023/11/30	−0.023621	−0.013877	−0.036164	−0.020214	0.000731
2023/12/29	0.057287	−0.020791	0.044743	−0.027128	−0.001214
合计					0.178097
均值	0.012544	0.006337			
标准差	0.085712	0.060541			
协方差	公式法	0.003019	函数法	0.003019	
相关系数	公式法	0.581715	函数法	0.581715	

数据来源：收益率是根据搜狐股票（https://q.stock.sohu.com/）下载的美的集团和深证成指收盘价计算[①]。

表 4-4 中的协方差、相关系数均是根据公式计算，协方差计算如下：

$$Cov(r_d, r_m) = \frac{0.178097}{60-1} = 0.003019$$

$$Corr\left(r_d, r_m\right) = \frac{0.003019}{0.085712 \times 0.060541} = 0.5817$$

协方差、相关系数计算函数Excel演示

两种资产收益率的协方差和相关系数也可以根据Excel内置的数组函数COVAR（array1，array2）、CORREL（array1，array2）计算。[②]

（四）两种资产投资组合的风险分散效应

在讲解了协方差、相关系数后，结合两种资产投资组合的方差计算公式，我们来理解一下投资组合的风险分散效应。如何理解风险分散效应呢？如果投资组合的风险小于各单项资产风险的加权平均数，那么投资组合具有风险分散效应。如果投资组合的风险等于各单项资产风险的加权平均数，那么投资组合不

① 表格里的计算数值均是在Excel表格中计算得到，与手工计算有差异，是因为手工计算有小数点后保留4位的缘故。

② 需要注意的是，Excel采用Varp表示总体方差（除以N），采用Var表示样本方差（除以N−1），以及总体和样本的标准差（分别为Stdevp和Stdev），但Excel并没有在协方差函数（COVAR）中作此区分，不论总体或样本，Excel数组函数的程序设定都是除以N，而不是N−1。

具有风险分散效应。按照这个依据，将公式（4.15）代入公式（4.11）中可以得到：

$$Var(r_p) = w_1^2 Std(r_1)^2 + w_2^2 Std(r_2)^2 + 2w_1 w_2 Corr(r_1,r_2) \times Std(r_1) \times Std(r_2)$$

当 $Corr(r_1,r_2)=1$ 时，上式可以写成：

$$Var(r_p) = [w_1 Std(r_1) + w_2 Std(r_2)]^2$$

两边开平方可以得到：

$$Std(r_p) = w_1 Std(r_1) + w_2 Std(r_2)$$

可以得出，当 $Corr(r_1,r_2)=1$ 时，两种资产投资组合不具有风险分散效应。当 $Corr(r_1,r_2)<1$ 时，$Std(r_p) < w_1 Std(r_1) + w_2 Std(r_2)$，此时的两种资产投资组合具有风险分散效应，而且 $Corr(r_1,r_2)$ 越小，投资组合风险分散效应越大。当 $Corr(r_1,r_2)=-1$ 时，此时的两种资产投资组合的风险分散效应最大，因此，此时的两种资产投资组合的风险最小，可以由下式表示：

$$Std(r_p) = \left| w_1 Std(r_1) - w_2 Std(r_2) \right|$$

在现实中很难找到相关系数完全正相关和完全负相关的两种资产，所以，两种资产的组合都可以部分分散非系统风险，但不能完全分散非系统风险。因此，投资组合风险分散理论说明，只要是投资于两种或两种以上资产，就能起到风险分散效应，其风险分散程度取决于资产收益的相关程度，相关系数越小，风险分散效应越明显。

三、N种资产投资组合的风险

（一）N种资产投资组合预期收益率的方差

两种资产投资组合是最简单的投资组合，N种资产投资组合是更为普遍意义的投资组合，N种资产投资组合预期收益率的方差的计算原理与两种资产方差的计算类似，也受到各单项资产收益率方差和每两种资产的协方差的影响。N种资产投资组合预期收益率的方差计算如下：

$$Var(r_p) = \sum_{i=1}^{n} w_i^2 Var(r_i) + \sum_{i=1}^{n}\sum_{j=1}^{n} w_i w_j Cov(r_i,r_j) \quad (i \neq j) \tag{4.16}$$

式中，$\sum_{i=1}^{n} w_i^2 Var(r_i)$ 表示各种资产的方差，反映了它们各自的风险状况；$\sum_{i=1}^{n}\sum_{j=1}^{n} w_i w_j Cov(r_i,r_j)$ 表示各种资产之间的协方差，反映了每两种资产收益的风险状况。由公式（4.16）可知，当投资组合由N种资产组成时，投资组合总体的方差由N个方差和N（N-1）个协方差组成。例如，当投资组合包含3种资产时，投资组合总体的方差由9项构成，其中包含3个方差和6个协方差。

【学思践悟】 理性投资要谨记

老廖是一位新股民，他最近听闻股市形势一片大好，股票的股价都上涨，多位老友已赚得盆满钵满，不由“眼红心热”地去开了股票账户，并将原来的理财赎回，全部投入了股市。

过了不久，股市行情一路走跌。在股市全线飘绿的情况下，老廖急了，向亲朋好友借钱继续加仓抄底。

然而，买进的股票却开始了漫长的下跌之路，导致老廖的钱被长时间套牢。考虑到一边流动现金紧缺，一边担心股票退市，老廖最终还是选择“割肉”离场，但本金已大部分“缩水”。

“投资有风险，入市需谨慎”，这句话已经是投资领域耳熟能详的名言警句了。

然而，知易行难，不少股民依然抱着投机的心理，追涨杀跌，缺乏理性的投资观念，盲目从众，从而成为了名副其实的“接盘侠”，悔不当初。

老廖的案例告诉我们，股市行情时时变动，股民财富亦增亦减，应理性投资、量力而为，不可跟风投资，应注重资产的风险，并合理配置资产。高收益的同时意味着高风险，投资者对于价格非理性变化的股票不要盲目追涨，要全面考察公司的经营业绩、发展前景及行业情况，进行投资前应多一份谨慎，理性投资。

（二）N种资产投资组合风险的性质

随着投资组合包含资产个数的增加，单项资产的方差对投资组合总体方差形成的影响会越来越小；而资产与资产之间的协方差形成的影响将越来越大。当投资组合中包含的资产数目非常大时，单项资产的方差对投资组合总体方差造成的影响几乎可以忽略不计。那么，随着投资组合包含资产个数的增加，对投资者产生影响的主要风险是系统风险还是非系统风险？

假设一个投资组合包含了N种资产，每种资产在投资组合总体中所占的份额都相等（$w_i = 1/N$）。假设每种资产的方差都等于Var（r），并以$\mathrm{Cov}\left(r_i,r_j\right)$代表平均协方差，则公式（4.16）可用下列简化公式表示：

$$\mathrm{Var}(r_p) = \sum_{i=1}^{n}\left(\frac{1}{N}\right)^2 \mathrm{Var}(r) + \sum_{i=1}^{n}\sum_{j=1}^{n}\left(\frac{1}{N}\right)^2 \mathrm{Cov}(r_i,r_j) \quad (i \neq j)$$

$$= \left(\frac{1}{N^2}\right)N\cdot \mathrm{Var}(r) + \left(\frac{1}{N^2}\right)N(N-1)\ \mathrm{Cov}(r_i,r_j)$$

$$= \frac{1}{N}\mathrm{Var}(r) + \left(1-\frac{1}{N}\right)\mathrm{Cov}(r_i,r_j)$$

当N→∞时，$\frac{1}{N}\mathrm{Var}(r) \to 0$，这表明当投资组合中的资产个数增加时，公式中的第一项将逐渐消失；而$\left(1-\frac{1}{N}\right)\mathrm{Cov}\left(r_i,r_j\right)$趋近于$\mathrm{Cov}\left(r_i,r_j\right)$，即当投资资产个数增加时协方差并不完全消失，而是趋于平均值，即投资组合风险将趋于各种资产之间的平均协方差。这个平均值是所有投资活动的共同运动趋势，反映了系统风险。

四、风险资产组合有效边界

按照是否存在风险，资产可以分为风险资产和无风险资产，风险资产的标准差大于0。根据风险投资组合理论，在两种资产投资组合的情况下，投资的可行集是一条直线或曲线，当资产种类增多时，可行集为一个平面。那么这些风险资产投资都是有效投资吗？如何判断风险资产投资是否有效？

（一）风险资产组合有效边界

假设资本市场上有A、B、C、D、E 5种投资组合（如图4-2所示），$Std(r_A) = Std(r_C)$，$r_A > r_C$，投资者会选择投资A而放弃C，因此投资C就是无效投资。那么，投资A就是有效投资吗？如果在资本市场上能够找到与A风险相同但收益更高的资产（或组合），显然投资A也不是有效投资。按照这个思路，如果在资本市场上存在F投资组合，且$Std(r_B) = Std(r_F)$，$r_F > r_B$，同时，在资本市场上如果找不到比F收益率更高的资产，那么，投资F为有效投资。

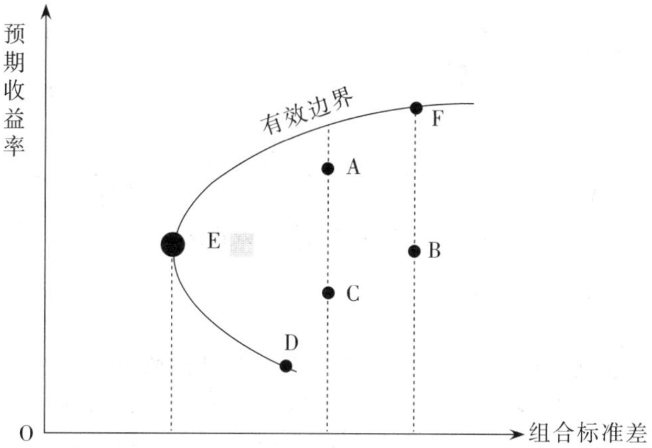

图4-2 风险资产构成的投资组合集

根据上述分析，我们可以总结出，有效投资组合是指风险相同时收益最高，或收益相同时风险最小的投资组合。我们把有效投资组合的点连接起来，就会描绘出一条曲线，如图4-2所示，E点的风险最小，是最小标准差点。E点下方曲线上的点不满足有效投资组合的界定，因此，有效投资边界是指在有效投资组合曲线中，最小标准差点到最大收益率部分的曲线。曲线下方的投资组合均为无效率投资组合。

（二）最佳投资组合

即使在有效投资边界上也包括无数个可能的投资组合，其范围从最小风险和最小预期收益的投资组合到最大风险和最大预期收益的投资组合，每一点都代表一种不同的风险与收益的选择：预期收益越高，承担的风险也越大，没有一种投资组合比其他组合优越。每一个投资者的最佳投资组合都可由有效组合曲线与该投资者的无差异曲线[①]图中的任一曲线的切点求得，该点表示投资者可获得的最大效用，如图4-3所示。

在图4-3中，投资者的效用程度以X、Y和Z三条无差异曲线表示，投资组合有效边界线为EF。其中，Z的效用期望值最大，但未能与有效边界线相切，因此不能形成任何投资组合；无差异曲线X、Y都与投资有效边界线相接触，接触点是E、E_1和E_2三点，但在E、E_2点上，X线与有效边界线相交叉，只有E_1点是两线相切之点，它代表的证券组合为最佳证券组合。也就是说，只有当有效边界线与一条无差异曲线相切时，该点才表示投资

① 无差异曲线是对一个特定的投资者而言，任意给定一个资产组合，根据他对预期收益率和风险的偏好态度，按照预期收益率对风险补偿的要求，可以得到的一系列效用程度相同的（无差异）资产组合。所有这些组合在均值方差（或标准差）坐标系中形成一条曲线，这条曲线就称为该投资者的一条无差异曲线。同一条无差异曲线上的资产组合的效用程度相同；无差异曲线位置越高，该曲线上的资产组合的效用程度越高。有效边界上位于最靠上的无差异曲线上的资产组合便是所有有效组合中该投资者认为最满意的组合，即在该投资者看来最优的组合，这一资产组合事实上就是无差异曲线族与有效边界相切的切点所对应的资产组合。

者在既定条件下可选择的最佳投资组合。

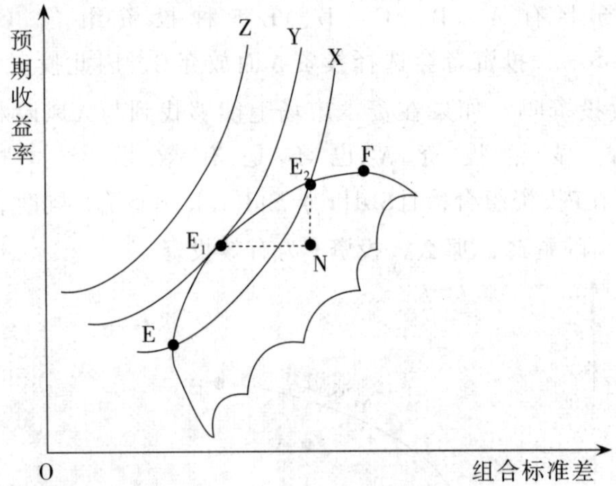

图4-3 无差异曲线与有效投资组合

五、风险资产与无风险资产组合：资本市场线

资本市场的资产包括风险资产和无风险资产，如果把风险资产组合看作一种资产，把无风险资产组合看作另一种资产，那么资本市场的资产可以被看作风险资产和无风险资产两种资产的投资组合。那么，风险资产和无风险资产组合的风险和收益体现什么特征呢？

（一）风险资产与无风险资产组合的收益率

假设将无风险资产f与风险资产组合i进行组合，无风险资产f的预期收益率为r_f，方差为Var（r_f）；风险资产组合i的预期收益率为r_i，方差为Var（r_i）。投资比例分别为w_f和w_i，且$w_f + w_i = 1$，则投资组合预期收益率$E(r_p)$为：

$$\begin{aligned} E(r_p) &= w_f r_f + w_i r_i = (1 - w_i) r_f + w_i r_i \\ &= r_f + w_i (r_i - r_f) \end{aligned} \tag{4.17}$$

公式（4.17）表示投资组合的预期收益率等于无风险收益率与风险资产组合的预期收益率的加权平均数，或者说，投资组合的预期收益率等于无风险收益率加上按投资风险资产组合比例计算的风险溢价（$r_i - r_f$）。

（二）风险资产与无风险资产组合的风险

投资组合的风险Var（r_p）为：

$$Var(r_p) = w_f^2 Var(r_f) + w_i^2 Var(r_i) + 2 w_f w_i Cov(r_f, r_i) \tag{4.18}$$

由于证券f为无风险资产，因此，Var（r_f）=0，则：

$$SD(r_p) = w_i SD(r_i) \tag{4.19}$$

公式（4.19）表明，投资组合（由无风险资产和风险资产构成的组合）的风险SD（r_p）是风险资产组合SD（r_i）的简单线性函数。因此，无论风险资产组合的风险有多大，由无风险资产和风险资产构成的组合风险与收益对应的集合，总会形成一条直线，从无风险资产伸向所选定的风险资产组合，这条直线的斜率是（$r_p - r_f$）/ SD(r_p)，如图4-4所示。直线的斜率越大，说明投资组合承担一定风险获得的风险溢价越大，投资效率越大。当直线与风险有效边界相切时，直线斜率最大。此时，资本会因为追逐高收益从无风险资产向风险资产转移，M点是资本市场的最佳投资组合，即市场组合。切线上的点反映了风险资产和无风险资产的比例关系，r_f点表示资本全部投资于无风险资产，直线越向右上方延伸，表示风险资产投资比例越高；M点表示全部资本投资于风险资产，那么还能超过M点向右上方延伸吗，即在资本市场上还有比投资市场组合收益更高、风险更高的投资组合吗？下面的资本市场线可以解释这个问题。

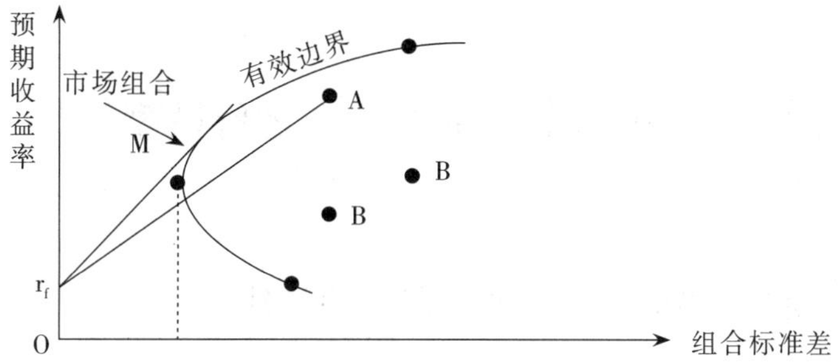

图4-4　风险资产与无风险资产构成的投资组合

（三）资本市场线模型

假设投资者是用自己的资本进行投资。如果市场是完善的，那么投资者可以用相同的利率自由借入或贷出资本（不考虑借贷交易成本），因此投资者可通过无风险利率借入资本，再加上投资者的自有资本，从而增加对M点这个组合的投资。这时，所有可能投资组合的连线会超过M，并以相同的斜率继续上升，如图4-5所示。

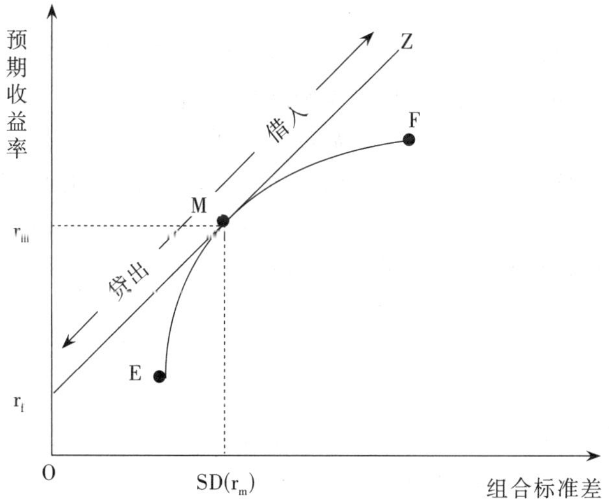

图4-5　资本市场线

在图4-5中，r_f点和M点之间的直线表示投资者的自有资本一部分用于投资无风险资产，另一部分用于投资风险资产，r_f点与M点之间的投资组合称为“贷出投资组合”，表示风险回避程度较高的投资者通过资本市场将拥有的部分自有资本贷给风险回避程度较低的投资者。M点表示全部进行风险资产投资。M点与Z点之间的投资组合称为“借入投资组合”，表示风险回避程度较低的投资者除将自己的全部自有资本投资于M点外，还以r_f的成本借入一定量的资本再投资于M点。实际上，直线r_fMZ上的任意一点，都可以看成是r_f点与M点的一种投资组合。

直线 r_fMZ 就是资本市场线，它反映了在完美资本市场上，所有资本从无风险资产向风险资产有效组合转移或从风险资产有效组合向无风险资产转移所带来的风险和收益的关系。比如，当股票市场活跃的时候，资本会从银行存款转向股票市场进行投资，资本的风险和收益会沿着资本市场线由左下方向右上方滑动，反之亦然。

自测题4-3

第四节　资本资产定价模型

一、资本资产定价模型的推导解析：证券市场线

资本市场线反映了资本市场所有投资组合的风险和收益之间的关系，那么，资本市场中的单项资产（或资产组合）的风险和收益存在着什么关系呢？美国学者威廉·夏普（William Sharp）等提出的资本资产定价模型（capital assets pricing model，CAPM），揭示了在市场均衡的条件下，单项资产或资产组合（无论是否有效）的预期收益率与风险之间所存在的关系。资本资产定价模型是基于证券市场线推导出来的，因此先了解证券市场线有利于深入了解资本资产定价模型。

（一）基本假设

证券市场线的提出基于以下假设：（1）所有的投资者都追求单期最终财富的效用最大化，他们根据投资组合预期收益率和标准差来选择优化投资组合；（2）所有的投资者都能以给定的无风险利率借入或贷出资本，其数额不受任何限制，市场上对卖空行为无任何约束；（3）所有的投资者对每一项资产收益的均值、方差的估计相同，即投资者对未来的展望相同；（4）所有的资产都可完全细分，并可完全变现（即可按市价卖出，且不发生任何交易费用）；（5）无任何税收；（6）所有投资者都是价格的接受者，即所有投资者各自的买卖活动不会影响市场价格。

（二）证券市场线

根据假设条件，在投资者只持有无风险资产和市场投资组合的情况下，任何一项资产的风险就是它进入资本市场后使市场组合风险增加的部分，这一增加的风险通常用这项资产与市场组合之间的协方差加以衡量。

假设 $Var(r_m)$ 是未加入该项新资产时的市场组合方差，即将加入到市场组合的单项新资产的方差为 $Var(r_j)$，该项资产占市场组合的比例为 w_j，该项资产与市场组合的协方差为 $Cov(r_j,r_m)$，则加入新资产（j）后的市场组合方差 $Var(r_{m'})$ 为：

$$Var(r_{m'}) = w_j^2 Var(r_j) + (1 - w_j)^2 Var(r_m) + 2w_j(1 - w_j)\,Cov(r_j,r_m)$$

由于市场组合包含市场中所有交易的资产，因此，任何单项资产在市场组合的市场价值中的比例都是很低的，w_j 趋近于0，因而上式等号右方的第一项接近0，第二项接近 $Var(r_m)$，剩下的第三项（协方差）可用于度量因资产 j 而增加的风险，即单项资产风险的衡量应是该资产与市场组合的协方差 $Cov(r_j,r_m)$。

确定了单项资产的风险后，就可以描述出单项资产或单项资产组合的风险与收益的关系，如图4-6所示，图中的直线称为证券市场线（the security market line，SML），描述了第j种资产风险与收益的关系，其中协方差$Cov(r_j,r_m)$是第j种资产风险的衡量值。

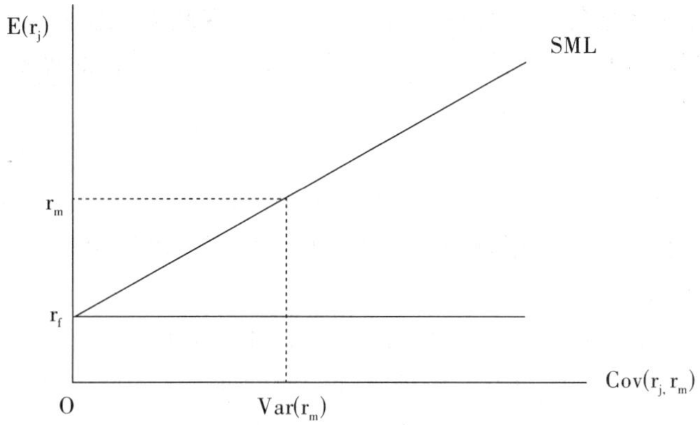

图4-6　证券市场线

市场组合也是单项资产组合的一种，因此在SML线上可以找到市场组合的收益率r_m与其自身的风险对应的点，市场组合与自身的协方差等于市场组合收益率的方差：$Cov(r_m,r_m)=Var(r_m)$，因此，可以得出SML的斜率为$\frac{r_m-r_f}{Var(r_m)}$，SML线的方程为：

$$\begin{aligned}E(r_j)&=r_f+\frac{r_m-r_f}{Var(r_m)}Cov\left(r_j,r_m\right)\\&=r_f+\frac{Cov(r_j,r_m)}{Var(r_m)}\left(r_m-r_f\right)\end{aligned}$$

（三）资本资产定价模型

将单项资产与市场组合的协方差除以市场组合方差，用β系数表示，就导出了资本资产定价模型，即：

$$E(r_j)=r_f+\beta_j\left(r_m-r_f\right) \tag{4.20}$$

式中，$E(r_j)$表示第j种资产或组合的必要收益率或根据系统风险评估的预期收益率；r_f表示无风险利率；β_j表示第j种资产的β系数，用于衡量系统风险；r_m表示市场投资组合收益率；$\left(r_m-r_f\right)$表示市场风险溢价；$\beta_j\left(r_m-r_f\right)$表示第j种资产或投资组合的风险溢价。

资本市场线与证券市场线的联系与区别

二、资本资产定价模型解读与应用

根据资本资产定价模型，影响第j种股票预期收益率$\left(r_j\right)$的因素主要是无风险收益率$\left(r_f\right)$、市场风险溢价$\left(r_m-r_f\right)$，以及β系数，现简要说明各参数和确定方法。

（一）无风险收益率

无风险资产是指实际收益率等于预期收益率的资产，无风险投资必须满足以下两个条件：第一，不存在违约风险；第二，不存在再投资风险。从证券投资看，前者意味着该证券必须是政府债券；后者意味着该证券必须是零息债券。在短期投资分析中，可采用短期国债利率作为无风险收益率；在长期投资分析中，采用与分析期限相同的长期政府债券利率作为无风险收益率。在实践中，如果为公司或长期项目进行估价，通常采用流动性较强的长期政府债券作为无风险收益率。

确定无风险收益率时需要注意两个问题：第一，以国债利率作为无风险收益率是假设政府没有违约风险，但在一些新兴的市场，曾经出现政府无法偿付到期债务的现象，因此，需要根据实际情况进行调整。第二，如果存在以外币计量的投资活动或筹资活动，还需要计算外汇风险对一国国债利率的影响。

（二）风险溢价

风险溢价是指投资者将资本从无风险投资转移到风险投资时要求得到的"额外收益"。在实务中，投资者主要根据历史风险溢价和国家风险溢价来估计风险溢价的大小。

1.历史风险溢价

在资本资产定价模型中，预测风险溢价最常用的方法就是历史数据分析法，其基本步骤为：第一，确定代表市场指数的市场组合，如标准普尔500指数、上证综指（000001）、深证成指（399001）等；第二，确定抽样期间，实务中的抽样期间往往为5年、10年或更长；第三，计算这个期间市场组合或股票指数（如标准普尔500指数、上证综指）的平均收益率r_m，以及无风险资产的平均收益率r_f；第四，确定风险溢价，即市场组合收益率与无风险资产收益率之间的差额$(r_m - r_f)$。①

风险溢价的历史数据会因所选择的方法（算术平均或几何平均）不同而不同，也会因时间起算点的不同而不同，还会因无风险收益率的选择（是短期政府债券利率还是长期政府债券利率）而变化。在公司或项目估价中，如果无风险利率采用长期政府债券利率，那么与之相匹配的市场风险溢价应采用股票收益率与长期政府债券利率之差。

2.国家风险溢价

国家风险溢价是指一个国家的市场风险不仅受股票市场发育程度的影响，而且受这个国家的宏观经济波动程度、政治风险和市场结构等国家风险的影响。艾斯沃斯·达摩达兰（Aswath Damodaran）利用长期债券违约率来评估国家风险。因此，可以以无国家风险的市场风险溢价为基础加上该国国家风险溢价来计算市场风险溢价。

市场风险溢价=无国家风险的市场风险溢价+该国国家风险溢价

艾斯沃斯·达摩达兰每年都会对部分国家或地区进行风险评估，可以利用达摩达兰网站的数据来获取我国的市场风险溢价。部分国家或地区风险溢价见表4-5。

表4-5 部分国家或地区风险溢价（2024年1月）

国家或地区	Moody's 评级	长期债券违约率	市场风险溢价	国家风险溢价
澳大利亚	Aaa	0	4.60%	0
巴西	Ba2	3.28%	9.00%	4.40%
加拿大	Aaa	0	4.60%	0
中国	A1	0.77%	5.63%%	1.03%%

① 采用历史数据分析法，实际上假设：(1) 投资者的风险偏好在这段期间内没有系统性变化（风险偏好可能会逐年变化，但始终没有偏离历史平均水平）。(2) 在这段期间内，"风险性"市场投资组合的平均风险程度没有系统性变化。

续表

国家或地区	Moody's 评级	长期债券违约率	市场风险溢价	国家风险溢价
法国	Aa2	0.54%	5.32%	0.72%
德国	Aaa	0	4.60%	0
中国香港	Aa3	0.65%	5.48%	0.88%
印度	Baa3	2.39%	7.81%	3.21%
意大利	Baa3	2.39%	7.81%	3.21%
日本	A1	0.77%	5.63%	1.03%
韩国	Aa2	0.54%	5.32%	0.72%
英国	Aa3	0.65%	5.48%	0.88%
美国	Aaa	0	4.60%	0

资料来源：达摩达兰网站（http://pages.stern.nyu.edu/~adamodar/），数据截止时间：2024年1月。为简化，表4-5只列示了部分国家或地区的风险溢价。

（三）β系数

1. β系数的含义

根据资本资产定价模型的推导过程，我们可以得到第j种证券的β系数是该证券与市场组合的协方差与市场组合方差的比值，证券与市场组合协方差衡量的是单个证券的系统风险，所以β系数反映了单项资产系统风险相当于整个市场系统风险的倍数，也就是说，当系统性风险因素出现时，单项资产收益率波动相当于市场组合收益率波动的倍数。

根据协方差和相关系数的关系，β系数可以写成：

$$\beta_j = \frac{Cov\left(r_j, r_m\right)}{Var\left(r_m\right)} = \frac{Corr\left(r_j, r_m\right) \times Std\left(r_j\right) \times Std\left(r_m\right)}{Var\left(r_m\right)} = \frac{Std\left(r_j\right) \times Corr\left(r_j, r_m\right)}{Std\left(r_m\right)} \tag{4.21}$$

据此可以得出市场组合的β系数等于1，即：

$$\beta_m = \frac{Std\left(r_m\right) \times Corr\left(r_m, r_m\right)}{Std\left(r_m\right)} = 1$$

由于无风险投资的收益率是确定性收益，波动率等于零，与市场组合不相关，因此，$Corr\left(r_f, r_m\right) = 0$，根据公式（4.21），无风险资产的β系数=0，即：

$$\beta_f = \frac{Std\left(r_f\right) \times Corr\left(r_f, r_m\right)}{Std\left(r_m\right)} = 0$$

假设当前无风险收益率为6%，市场投资组合收益率为15%，市场投资组合收益的标准差为16%；ABC公司股票收益率的标准差为48%，ABC股票收益率与市场投资组合收益率的相关系数为0.665，则ABC股票的β系数和预期收益率计算如下：

标准证券市场线

$$\beta_{ABC} = \frac{Std\left(r_j\right) \times Corr\left(r_j, r_m\right)}{Std\left(r_m\right)} = \frac{48\% \times 0.665}{16\%} = 2.0$$

$r_{ABC} = 6\% + 2.0 \times (15\% - 6\%) = 24\%$

上述计算结果表明，市场投资组合的预期收益率每变动1%，ABC股票的收益率会相应变动2%。由于ABC股票的系统风险高于市场风险，因此要求的收益率为24%，即无风险收益率6%加上股票的风险溢价18%$(2.0 \times (15\% - 6\%))$。

如果某项风险资产的β系数等于0，那么说明该项资产的风险完全由非系统风险组成，其风险可通过分散化投资加以消除，因而此项投资只能获得无风险收益率。

如果某项风险资产的β系数等于1，那么说明在该项资产的总风险中，系统风险与市场组合风险在量上完全相等，此时投资者对该风险资产投资要求的收益率等于市场组合可以提供的预期收益率。

如果风险资产的β系数大于1，那么表明该项资产的系统风险高于市场组合的风险，因此投资者对该项风险性投资要求的收益率大于市场组合提供的预期收益率。

如果风险资产的β系数小于0，那么表明在该项资产的总风险中，相应的系统风险与市场组合风险呈反向变化，此时投资者要求该项风险性投资所提供的预期收益率小于无风险收益率。

2.β系数的计算

在资本资产定价模型中，无风险利率和市场风险溢价对所有的公司都是相同的，只有β_j随公司不同而变化。β_j一般是根据第j种股票的收益率r_j和市场组合收益率r_m之间的线性关系确定的，以反映第j种股票的市场风险。

（1）单个股票β系数的计算

根据β系数计算公式（4.21），由表4-4的计算结果可以进一步计算出美的集团（000333）的β系数，计算如下：

$$\beta_j = \frac{Cov(r_j, r_m)}{Var(r_m)} = \frac{0.003019}{0.060541^2} = 0.8237$$

利用公式法计算β系数实现的是静态计量，无法体现计算结果的动态变化以及可靠性，因此，在实务中，一般是根据第j种股票和市场组合收益的历史相关系数和标准差估计的，如果第j种股票的β系数在一段时间内相对稳定，那么这一方法就是合理的。对资本资产定价模型进行变型，可以得到下面的公式：

$$E(r_j) = r_f + \beta_j(r_m - r_f) = (1 - \beta_j)r_f + \beta_j r_m \tag{4.22}$$

由公式（4.22）可见，第j种股票和市场组合收益率之间呈线性关系，可以采用历史数据利用回归模型计算β_j。首先，建立回归模型：

$$r_j = \alpha_j + \beta_j \times r_m + \varepsilon_j \tag{4.23}$$

式中，r_j表示股票j的收益率；α_j表示回归截距；β_j表示回归线斜率；r_m表示市场组合收益率；ε_j表示随机误差，反映某给定期间实际收益率与回归预测收益率之间的差异，误差项的均值为零，在资本资产定价模型中，误差项对应的是可分散风险，与市场风险无关。

公式（4.23）中的参数α_j和β_j可通过Excel或回归分析软件确定。

回归过程的斜率为β系数，反映某种股票或投资组合的市场风险。

在回归过程中输出的数据R^2，测量了由一个或几个自变量解释的因变量的变异性比率，其统计意义在于它提供了回归适宜度的衡量指标，R^2的财务意义就在于它提供了一家公司的风险（方差）中市场风险所占比例的估计，（$1-R^2$）则表示公司特有风险。

【例 4-3】

表4-6列示了美的集团和深证成指各月收益率数据。以深证成指（399001）代表市场组合，以同一时期和深证成指收盘点位作为基础，采用Excel内置函数计算两种股票的β系数。

表4-6 美的集团和深证成指各月收益率数据（2019年1月—2023年12月）

日期	收益率	
	美的 r_d	深证成指 r_m
2019/1/31	0.180955	0.033071
2019/2/28	0.097634	0.207603
2019/3/29	0.019883	0.096871
2019/4/30	0.075313	−0.023450
2019/5/31	−0.028550	−0.077713
2019/6/28	0.045565	0.028647
…	…	…
2023/5/31	−0.095985	−0.048050
2023/6/30	0.196571	0.021562
2023/7/31	0.006789	0.014267
2023/8/31	−0.047370	−0.068464
2023/9/28	−0.018227	−0.029629
2023/10/31	−0.046143	−0.024307
2023/11/30	−0.023621	−0.013877
2023/12/29	0.057287	−0.020791
标准差	0.085712	0.060541
协方差		0.003019
β系数	公式法	0.8237

资料来源：按各月收盘价计算收益率（为简化，中间部分数据未列示）。

在Excel表格中利用回归方式计算β系数，在计算过程中，美的电器的收益率是“Y值”，深证指数收益率是“X值”，回归结果如图4-7所示。

SUMMARY OUTPUT

回归统计	
Multiple R	0.581715
R Square	0.338392
Adjusted R	0.326985
标准误差	0.070316
观测值	60

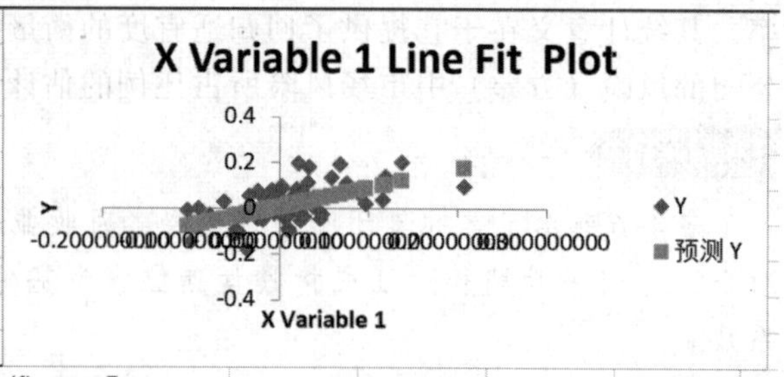

方差分析

	df	SS	MS	F	ignificance F
回归分析	1	0.146676	0.146676	29.6652	1.09×10^{-6}
残差	58	0.286774	0.004944		
总计	59	0.433451			

	Coefficients	标准误差	t Stat	P-value	Lower 95%	Upper 95%	下限 95.0%	上限 95.0%
Intercept	0.007325	0.009128	0.802409	0.425592	-0.01095	0.025597	-0.01095	0.025597
X Variable	0.823577	0.15121	5.446577	1.09×10^{-6}	0.520898	1.126257	0.520898	1.126257

图4-7 回归结果和散点图

从回归结果可以看出，X的系数为0.0.823577，P值为1.09×10^{-6}，说明回归结果具有可信性，此时β系数为0.823577。回归结果与用公式法计算结果基本相同，但是回归的方法得到的结果不仅能够体现β系数的结果，而且能从统计上判断计算结果的可靠性，更具有科学性。

美的集团β系数回归Excel演示

根据历史数据回归计算某种股票的β系数，需要注意以下问题：

第一，估计期的期限。大部分数据提供商使用5年的数据估计β系数，也有的采用2年的数据。较长的估计期可以提供更多的数据，但公司的风险特征在这一期间也会发生变化。

第二，估计收益时间间隔期距。对不同时段的数据进行回归或对同一时段但以不同的间隔（每年、每月、每周或每天）进行回归，就会得到不同的β系数。

第三，估计中采用的市场指数。大多数β系数估计机构都使用该股票的市场指数估计该公司的β系数。例如，估计中国上市公司股票的β系数一般使用上海证券交易所股价指数或深圳证券交易所股价指数等。

（2）投资组合β系数的计算

投资组合的β_p系数，是每种股票β_j系数的加权平均数，权数w_j为各种证券在投资组合中所占的比例，其计算公式为：

$$\beta_p = \sum_{j=1}^{n} w_j \beta_j \tag{4.24}$$

（3）非上市公司β系数的计算

上市公司股票有历史交易数据，能够通过回归模型计算β系数。而非上市公司没有股票交易的历史数据，那么应该如何计算β系数呢？无负债公司的β系数是由公司经营的业务类型和经营风险水平决定的；负债公司的β系数是由经营风险和财务风险共同决定的。

非上市公司β系数可以用可比公司法来计算。

第一，选择非上市公司的可比公司，可比公司具有以下两个特征：其一，与非上市公司属于同一行业，而且是上市公司；其二，与非上市公司的经营风险相同。一个公司的β

系数不但与经营风险有关，而且与公司的财务风险有关。那么，非上市公司与可比公司唯一的差别是财务风险不同，财务杠杆可以反映财务风险的大小。

如果公司所有的风险来源于股东（债务β系数为零），并存在税收优惠，那么，负债公司β系数β_L和无负债公司β系数β_U之间的关系可用下式表示：

$$\beta_L = \beta_U[1 + (1 - T)(D/E)] \quad (4.25)$$

式中，β_L、β_U分别表示负债公司β系数和无负债公司的β系数；T表示所得税税率；D/E表示负债资本与股权资本的比率（或称财务杠杆）。

第二，利用历史数据回归计算可比公司的负债公司β系数（β_L），根据公式（4.25）计算可比公司的无负债公司β系数(β_U)。如果可比公司不止一个，那么可以用可比公司的无负债公司β系数(β_U)的平均值作为无负债公司β系数的经验值。

第三，以可比公司的无负债公司β系数(β_U)为基础，根据非上市公司的财务杠杆（D/E）和所得税税率（T），利用公式（4.25），计算非上市公司的β_L。

【例 4-4】

【例 4-4】假设M是一家从事食品加工制造的非上市公司，该公司的财务杠杆为0.3，所得税税率为20%。与该公司生产同样类型食品的上市公司有3家，这3家上市公司的β系数见表4-7，各上市公司的所得税税率平均为25%。要求计算M公司的负债公司β系数。

表 4-7　**非上市公司的无负债分司β系数计算**

公司	β系数	负债总额(B)（万元）	股权市场价值(S)（万元）	负债/股权(D/E)	无负债公司β系数
A	1.4	2 500	4 000	0.625	0.9532
B	1.2	500	2 000	0.250	1.0105
C	1.3	540	2 500	0.216	1.1188
平均无杠杆β系数					1.0275

表4-7中最后一列无负债公司β系数计算是根据公式（4.25）得来的，以A公司为例：

$$\beta_U = \frac{\beta_L}{1 + (1 - T)(D/E)} = \frac{1.4}{1 + (1 - 25\%) \times 0.625} = 0.9532$$

按照同样的计算方法，能够得到B和C的无负债公司β系数分别为1.0105和1.1188，然后计算这3家公司的无负债公司β系数的平均值：

（0.9532+1.0105+1.1188）÷3=1.0275

以3家公司的无负债公司β系数的平均值作为M公司的无负债公司β系数的替代变量，然后根据M公司的财务杠杆，计算M公司的负债公司β系数：

$$\beta_L = \beta_U\left[1 + (1 - T)(D/E)\right] = 1.0275 \times \left[1 + (1 - 20\%) \times 0.3)\right] = 1.2741$$

所以，M公司的负债公司β系数为1.2741。

【学思践悟】 高风险意味着高收益，超额收益风险预警

中国人民银行原党委书记、中国银行保险监督管理委员会主席郭树清出席第十届陆家嘴论坛（2018）并发表演讲。当谈到如何化解金融风险时，郭树清提到，“防范化解金融风险必须坚持党中央的集中统一领导，确保金融改革发展正确方向，并服从服务于人民群众的根本利益。党的十九大报告强调要把党的群众路线贯彻到治国理政全部活动之中。人民群众既是金融监管的保护对象，更是防范化解金融风险的重要参与者和依靠力量。在实际工作中，我们注重发动群众，让群众在防范化解金融风险的过程中实现自我教育，提升自身免疫力，同时成长为金融治乱象的生力军。在打击非法集资过程中，努力通过多种方式让人民群众认识到高收益意味着高风险，收益率超过6%的就要打问号，超过8%的就很危险，10%以上的就要准备损失全部本金。一旦发现承诺高回报的理财产品和投资公司，就要相互提醒、积极举报，让各种金融诈骗和不断变异的庞氏骗局无所遁形”。

自测题4-4　　案例分析题　　案例分析提示

【本章小结】

▶财务决策包含三种非常重要的收益率：必要收益率、预期收益率和实际收益率。必要收益率是指投资者进行投资要求得到的最低收益率。预期收益率是指在不确定的条件下，投资者根据现有信息预测的某项资产未来可能实现的平均收益率。实际收益率或历史收益率是指在特定时期实际获得的收益率，它是已经发生的、不能通过投资决策改变的收益率。

▶风险是指资产未来实际收益相对预期收益变动的可能性和变动幅度，变动的可能性越大，风险越高；变动的幅度越大，风险越高。按风险能否被分散，将风险分为系统风险和非系统风险；按风险形成的来源，将风险分为经营风险和财务风险。

▶投资组合的收益率是指单项资产预期收益率的加权平均数，权数为投资组合价值中投资于每种资产的比例。投资组合的风险（收益率标准差）主要取决于任意两种资产收益率的协方差或相关系数，投资组合的风险并不是各种资产标准差的简单加权平均数。

▶投资组合风险分散理论说明，只要是投资于两种或两种以上资产就能发挥风险分散效应，其风险分散程度取决于资产收益的相关程度，相关系数越小，风险分散效应越明显。

▶有效投资组合是指风险相同时收益最高，或收益相同时风险最低的投资组合。有效投资边界是指在有效投资组合曲线中，最小标准差点到最大收益率部分的曲线。曲线下方的投资组合均为无效率投资组合。

▶资本市场线是指有效投资组合预期收益率和风险之间的一种简单的线性关系射线。它是沿着投资组合的有效边界，由风险资产和无风险资产构成的投资组合，位于资本市场线上的每一点都代表有效投资组合。证券市场线是资本资产定价模型的图示形式，用以反映证券收益率与系统风险（β系数）之间的关系，说明相对于市场组合而言特定资产的系统风险是多少。一定时期内单项资产与市场投资组合收益率分布点的回归线称为证券特征线。

▶资本市场线反映了在完美资本市场上，所有资本从无风险资产向风险资产有效组合转移或从风险资产有效组合向无风险资产转移所带来的风险和收益的关系。市场投资组合的左下方是“贷出投资组合”，右上方是“借入投资组合”。

▶资本资产定价模型从本质上揭示了投资收益率的内涵。这一模型认为，市场投资组合的预期收益率减去无风险收益率$(r_m - r_f)$就是市场对投资者承担的每一单位的风险而支付给他的必要（额外）收益率。

▶第j种证券的β系数是该证券与市场投资组合的协方差与市场投资组合方差的比值，证券与市场投资组合的协方差衡量的是单项证券的系统风险，所以β系数反映了单项资产系统风险相当于整个市场系统风险的倍数，也就是说，当系统风险因素出现时，单项资产收益率波动相当于市场投资组合收益率波动的倍数。

▶投资组合的β_p系数，是每种股票β_j系数的加权平均数，权数w_j为各种证券在投资组合中所占的比例。非上市公司β系数可以用可比公司法来计算。

【复习思考】

1.财务管理中的收益率指标有哪些？它们各自有什么特征？它们之间是什么关系？

2.什么是风险？风险有哪些种类？不同分类标准下的风险分类有什么关系？

3.历史收益率和风险如何度量？预期收益率和风险如何度量？

4.投资组合的收益和风险如何度量？什么叫作分散风险？两种资产投资组合风险分散效应大小与什么有关？

5.风险资产有效边界如何界定？有什么特征？什么是最佳投资组合？

6.什么是资本市场线？资本市场线和证券市场线有什么差别？

7.资本资产定价模型反映了什么理论？β系数有什么含义？

链接本章
引导案例

《财务管理》
慕课资源

第二篇

投资管理

第五章

证券价值评估

【学习目标】

本章主要阐述了证券价值的评估，包括评估债券的内在价值和股票的内在价值。通过对本章内容的学习，学生应完成以下目标：

1. 了解债券和股票的含义，了解债券的基本要素；
2. 熟悉债券和股票的基本特征，熟悉债券和股票的分类，熟悉债券价值的敏感性分析；
3. 掌握债券和股票价值的含义，掌握债券价值与到期收益率的关系；
4. 熟练运用债券价值的基本模型和评估股票价值的股利折现模型。

【本章主要内容导图】

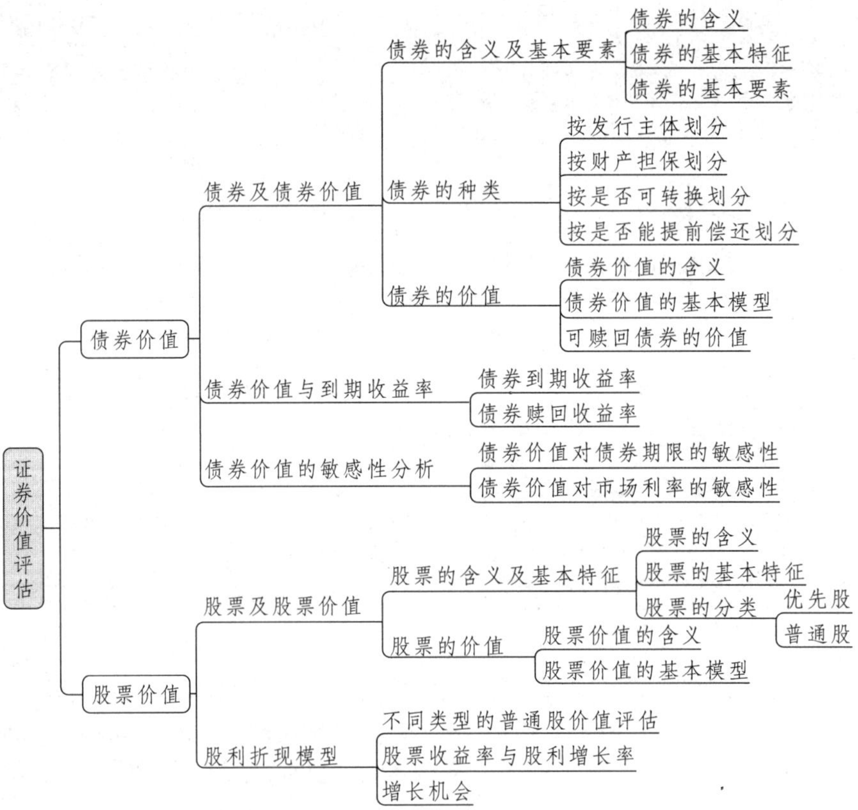

【引导案例】

2024年10月18日股票市场收盘时，黑龙江北大荒农业股份有限公司（主营项目有耕地发包，粮食作物生产，房地产开发与销售等；公司简称：北大荒；股票代码：600598）的股票收盘价为每股14.18元。而在同一天，中电科芯片技术股份有限公司（主营硅基模拟半导体芯片及其应用产品设计、生产等；公司简称：电科芯片；股票代码：600877）的股票收盘价为每股14.38元；晋拓科技股份有限公司（系铝合金精密压铸件研发、生产和销售公司；公司简称：晋拓股份；股票代码：603211）的股票收盘价为每股14.45元。由于这3家公司的股票收盘价非常接近，因此我们可能会预想到这3家公司发放给股东的股利应该也是非常接近的。但实际上，这3家公司派发2024年股利的情况却是：北大荒每10股派4.4元；电科芯片不分配不转增；晋拓股份每10股派0.60元。

资料来源：根据巨潮资讯网有关内容整理。

问题：

（1）股利水平是否会对股票估价产生影响？

（2）如何对股票进行估价？

（3）如何对债券进行估价？

（4）什么是证券的内在价值？

（5）如何确定证券的内在价值？

第一节 债券价值

一、债券及债券价值

（一）债券的含义及基本要素

1.债券的含义

债券（bond）是一种金融契约，是政府、金融机构、企业、银行等债务人为筹集资金，按照法定程序向投资者发行，同时承诺于指定日期偿还本金和利息的一种有价证券。

债券的本质是债务的证明书，因此具有法律效力。债券的发行者和购买者（投资者）之间是一种债权债务的关系。债券发行者是债务人，债券购买者是债权人。

2.债券的基本特征

作为一种重要的融资手段和金融工具，债券一般具有以下特征：

（1）偿还性

债券有规定的偿还期限，无论是长期债券还是短期债券，到期时债务人务必要向债权人偿还本金，并支付利息。

（2）安全性

对于债券发行者来说，债券的还本付息是法定义务，且大部分债券的利息率都是固定的，因此对于债券投资者来说，债券投资的安全性较强，其收益不随发行者经营收益的变动而变动，并且可按期收回本金。

（3）流动性

公司债券在满足一定的条件后，可以上市交易，因此债券持有者可灵活地转让债券，以提前收回本金并实现投资收益。

（4）非参与性

债券是一种债权性证券，债券持有者只是公司的债权人，无权参与企业的生产经营管理。

3.债券的基本要素

债券的基本要素是指在发行的债券上必须载明的基本内容，是明确债权人和债务人权利与义务的主要约定，具体包括：

（1）面值

面值即债券的票面价值，是指在债券到期后债券发行者应偿还给债券持有者的本金数额，也是债券发行者向债券持有者按期支付利息的计算依据。

债券的面值与实际发行时的价格不一定是一致的：以大于面值的价格发行称为溢价发行；以小于面值的价格发行称为折价发行；以等于面值的价格发行称为平价发行。

（2）偿还期

偿还期又称债券有效期限，是指债券上载明的偿还债券本金的期限，即债券发行日至到期日之间的时间间隔。

（3）付息期

付息期是指债券发行者支付利息的时间，可以到期一次支付，也可以每年、每半年或每3个月支付一次。

（4）票面利率

票面利率又称息票率，是债券利息与债券面值的比率，是指债券发行者承诺以后一定时期支付给债券持有者报酬的计算标准。债券票面利率的确定主要受银行利率、发行者的资信状况、偿还期限和利息计算方法以及当时资金市场上资金的供求情况等因素的影响。

（5）发行者名称

发行者名称即债券的债务主体，为债权人到期追回本金和利息提供依据。

要注意的是，上述5个方面都是债券的基本要素，但债券发行时，不一定是要全部印制在票面上的。比如在很多情况下，债券发行者会以公告或条例的形式向社会公布债券的期限和利率。

（二）债券的种类

按照不同的标准，债券可以有不同的分类，主要包括以下几种：

1.按发行主体划分

按照不同的发行主体，债券可以分为政府债券、金融债券和公司（企业）债券。

政府债券是指以政府为发行主体的债券，是政府为筹集资金发行的，主要包括国债和地方政府债券等。国库券就是典型的政府债券。

金融债券是指以银行和非银行金融机构为发行主体的债券。在我国，金融债券主要是由国家开发银行、中国进出口银行等政策性银行发行的。金融机构一般拥有雄厚的资金实力，且信用度较高，因此金融债券往往具有良好的信誉。

公司（企业）债券是指公司或企业为筹集资金而发行的债券。在国外，公司债券和企业债券是不做区分的，但在我国，二者存在着一定的区别①。但从债券发行者对债券持有者的责任和义务方面看，二者没有区别，因此本书对二者也不进行区分。

除非特殊指明，本教材中的债券均指公司（企业）债券。

2.按财产担保划分

按照是否有财产作为担保，债券可以分为抵押债券和信用债券。

抵押债券是指以企业财产作为担保的债券。抵押债券按照抵押品的不同还可以进一步细分，比如以不动产（如房屋等）作为担保品的，称为不动产抵押债券；以动产（如一般商品）作为担保品的，称为动产抵押债券；以有价证券（如股票）作为担保品的，称为证券信托债券。

信用债券是指没有任何财产作为担保，完全凭发行主体的信用发行的债券。政府债券就属于信用债券。另外，一些公司也可以发行这种债券，称为信用公司债券。与抵押债券相比，信用债券的持有者承担的风险较高，因而债券持有者往往要求较高的利率。为了保护投资者的利益，发行这种债券的公司往往受到种种限制，只有那些信誉卓著的大公司才有资格发行信用公司债券。为保护债权人的权益，监管机构还会要求发行者在债券契约中加入相关保护性条款，如不能兼并其他企业等。

3.按是否可转换划分

按照是否可以转换为普通股，债券可以分为可转换债券和不可转换债券。

可转换债券是指在特定时期内可以按固定的比例转换成普通股的债券，它具有债务与权益的双重属性，属于混合性证券。可转换债券对债券持有者和债券发行者都有好处：对于债券持有者，可转换债券赋予了其将来成为公司股东的权利，因此可转换债券的利率通常低于不可转换债券的利率；对于债券发行者，可转换债券的利率低于不可转换债券的利率给予了企业较低的筹资成本，而且若将来转换成功，转换后又可节省股票的发行成本。因此《中华人民共和国公司法》规定："上市公司发行可转换为股票的公司债券，应当报国务院证券监督管理机构核准。"

不可转换债券是指不能转换为普通股的债券，又称普通债券。由于这种债券没有赋予债券持有者将来成为公司股东的权利，因此其利率一般高于可转换债券。

4.按是否能提前偿还划分

按照是否能够提前偿还，债券可以分为可赎回债券和不可赎回债券。

可赎回债券是指在债券到期前，发行者可以以事先约定的赎回价格赎回的债券。公司发行可赎回债券主要是考虑到公司未来的投资机会和回避利率风险等问题，以增加公司资本结构调整的灵活性。发行可赎回债券最关键的问题是赎回期限和赎回价格的确定。

不可赎回债券是指发行者不能在债券到期前赎回的债券，只能在债券到期时才能偿还。

（三）债券的价值

党的二十大报告指出："健全资本市场功能，提高直接融资比重。"其中，债券融资和股票融资是两种最典型的直接融资方式。而随着企业在资本市场上利用这两种融资方式越来越

① 在我国，公司债券和企业债券是不同的，从发行主体、发债资金用途、信用基础、管制程序和市场功能等方面均存在着差别。

多，对于投资者而言，作为投资对象的证券就越来越多，因此证券价值评估也愈发重要。

1.债券价值的含义

债券价值是指按照投资者要求的必要收益率计算的进行债券投资时投资者预期可获得的现金流入量的现值，又称债券的内在价值。债券的现金流入量主要包括利息和到期收回的本金或出售时获得的现金两部分。当债券的购买价格低于债券价值时，债券才值得购买。

评估证券价值的步骤为：（1）估计预期现金流量；（2）确定每期现金流量的必要收益率或投资者要求的收益率；（3）将每期现金流量按必要收益率折现，然后将折现后得出的现值相加求得证券的总价值。

2.债券价值的基本模型

评估债券价值的基本模型为：

$$P_d = \sum_{t=1}^{n} \frac{CF_t}{(1 + r_d)^t} \tag{5.1}$$

式中，P_d表示债券价值；CF_t表示第t期债券的现金流入量，主要是指利息I和到期本金F；r_d表示投资者要求的收益率或债券资本成本。

假设债券每年付息一次，投资者要求的收益率各期不变，债券现值的计算公式为：

$$P_d = \frac{I_1}{1 + r_d} + \frac{I_2}{(1 + r_d)^2} + \cdots + \frac{I_n}{(1 + r_d)^n} + \frac{F}{(1 + r_d)^n} \tag{5.2}$$

一般来说，债券内在价值既是发行者的发行价值，又是投资者的认购价值。如果市场是有效的，那么债券的内在价值与票面价值应该是一致的，即债券的票面价值可以客观地反映债券的真实价值。但债券的价值不是一成不变的，债券发行后，虽然债券的面值、息票率和债券期限一般会依据债券契约保持不变，但必要收益率会随市场状况的变化而变化，由此引起债券的价值（未来现金流量序列的现值）也会随之变化。

【例5-1】

2024年7月，某国政府发行了面值为100欧元、利率为5%、于2030年7月到期的长期国债。如果投资者要求的收益率为3.8%，那么根据债券现值计算公式（5.2），该国国债的价值应为：

$$\begin{aligned} P_d &= \frac{5}{1 + 3.8\%} + \frac{5}{(1 + 3.8\%)^2} + \frac{5}{(1 + 3.8\%)^3} + \frac{5}{(1 + 3.8\%)^4} + \frac{5}{(1 + 3.8\%)^5} + \frac{105}{(1 + 3.8\%)^6} \\ &= 106.33(\text{欧元}) \end{aligned}$$

这里需要注意的是，上述例子中的债券利息是按复利计算的。其他国家的债券大多也采用复利计算，如美国（但美国通常为半年付息一次）等。而在我国，债券的利息通常是按单利计算的，此时计算债券现值要对公式稍作调整。例如计算我国于2024年9月10日发行的3年期电子式国债的现值。该国债的面值为100元、票面年利率为2.18%，从购买之日开始计息，到期一次还本付息，不计复利，逾期兑付不加计利息。如果市场平均收益率为3.5%，那么根据公式（5.2），3年期电子式国债的现值（内在价值）可以计算如下：

$$P_d = \frac{100 \times 2.18\% \times 3 + 100}{(1 + 3.5\%)^3} = 96.09(\text{元})$$

上述计算表明，由于该国债提供的息票率2.18%小于市场收益率3.5%，使得其现值

（内在价值）96.09元小于其面值100元。

3.可赎回债券的价值

如果债券契约载明允许发行公司在到期日前将债券从持有者手中赎回的条款，那么当市场利率下降时，公司会发行利率较低的新债券，并以所筹措的资金赎回高利率的旧债券。在这种情况下，可赎回债券持有者的现金流量包括两部分：赎回前正常的利息收入和赎回价格（面值+赎回溢价）。

【例5-2】

某公司拟发行可赎回债券筹资，债券面值为1 000元，息票率为12%，期限为20年，每年付息一次，到期偿还本金。债券契约规定，5年后公司可以1 120元的价格赎回该债券。目前同类债券的利率为10%，分别计算债券被赎回和没有被赎回的价值。

第一，如果债券被提前赎回，那么债券现值计算如下：

P_d=1 000×12%×（P/A，10%，5）+1 120×（P/F，10%，5）

=120×3.7908+1 120×0.6209

=1 150.3（元）

第二，如果债券没有赎回条款，那么持有该债券至到期日时的现值为：

P_d=1 000×12%×（P/A，10%，20）+1 000×（P/F，10%，20）

=120×8.5136+1 000×0.1486

=1 170.23（元）

在上述计算结果中，1 150.3元表示如果债券被提前赎回，那么公司承诺的现金流量的现值；1 170.23元表示如果债券不被提前赎回，那么公司承诺的现金流量的现值。这两者之间的差额表示如果债券被提前赎回该公司将节约的资金数额。如果5年后利率下跌，那么债券被提前赎回的可能性很大，因此该债券与投资者相关的最可能价格是1 150.3元。

二、债券价值与到期收益率

投资者采用上述基本模型计算债券价值的前提条件是已知折现率，进而通过对债券的现金流量进行折现来计算债券价值。另外债券的价值也可以用相对数表示，即采用收益率的形式。在收益率模型中，假设折现率未知，用债券当前的市场价格代替公式（5.1）中的债券内在价值（P_d），从而计算折现率或预期收益率。其决策标准是，如果计算出来的收益率等于或大于必要收益率，那么购买该债券；反之，放弃购买。

收益率模型中的收益率可以分为两大类：债券到期收益率和债券赎回收益率。

（一）债券到期收益率

债券到期收益率（yield to maturity，YTM）是指债券按当前市场价格购买并持有至到期日所产生的预期收益率。如果同时满足以下两个假设条件，债券到期收益率就等于投资者实现的收益率：第一，假设投资者持有债券至到期日；第二，假设所有期间的现金流量（利息支付额）都以计算出的债券到期收益率进行再投资。

具体来说，到期收益率是指债券预期利息和到期本金（面值）的现值与债券现行市场价格相等时的折现率。其计算公式为：

$$P_d = \sum_{t=1}^{n} \frac{CF_t}{(1 + YTM)^t} \tag{5.3}$$

到期收益率一般根据Excel的内置函数“RATE”来完成。

【例5-3】

假设你可以1 050元的价格购买15年后到期、票面利率为12%、面值为1 000元、每年付息1次、到期1次还本的某公司债券。如果你购买后一直持有该债券至到期日，那么债券到期收益率的计算方法如下：

P_d=1 000×12%×（P/A，YTM，15）+1 000×（P/F，YTM，15）=1 050（元）

根据Excel内置函数“RATE”求解债券到期收益率YTM，可得11.29%。

（二）债券赎回收益率

如果债券被赎回，那么投资者应根据债券赎回收益率（yield to call，YTC）而不是到期收益率来估算债券的预期收益率。在【例5-2】中，假设债券按面值发行，如果5年后市场利率下降到8%，债券一定会被赎回，那么赎回债券时的债券赎回收益率计算如下：

P_d=1 000×12%×（P/A，YTC，5）+1 120×（P/F，YTC，5）=1 000（元）

根据Excel内置函数“RATE”求解债券赎回收益率YTC，可得13.82%。

上式计算得出的债券赎回收益率为13.82%，表面上看投资者似乎从债券赎回中得到了好处，其实不然。每年从每张债券中收到120元的投资者，现在将收到一笔1 120元的新款项，假设将这笔款项按目前市场利率（8%）进行15期的债券投资，则每年的现金流量就会从120元降到89.6元（1 120×8%），即投资者在以后15年中每年收入减少了30.4元（120-89.6）。尽管现在投资者可以在赎回日收到1 120元，但由于投资者减少的收入现值约为260元（30.4×（P/A，8%，15）），超出了赎回溢价120元（1 120-1 000）的现值38元（120×（P/F，8%，15）），因此债券赎回会使投资者蒙受损失。

从投资收益率看，虽然债券赎回可使投资者得到13.82%的高收益率，但仅是在5年期间，在其后的几年里，收益率就会下降到8%。20年期、利率为12%的债券收益率将优于前5年收益率为13.82%后15年收益率为8%的债券。假设债券在5年后被赎回，并且投资者把从债券赎回得到的1 120元再按8%的利率进行投资，则此时20年债券的预期收益率为：

$$1\,000 = \sum_{t=1}^{5} \frac{120}{(1 + YTC)^t} + \sum_{t=1}^{15} \frac{89.6}{(1 + YTC)^t} \times \frac{1}{(1 + YTC)^5} + \frac{1\,120}{(1 + YTC)^{20}}$$

利用Excel中“RATE”函数求出预期收益率为10.54%。这表明，如果债券被赎回，那么投资者的债券投资收益率就会由原来的13.82%下降到10.54%，下降了3.28%。

三、债券价值的敏感性分析

债券价值主要由息票率、期限和收益率（市场利率）3个因素决定。它们对债券价值的影响主要表现在：（1）对于给定的到期时间和市场收益率，息票率越低，债券价值变动的幅度就越大；（2）对于给定的息票率和市场收益率，期限越长，债券价值变动的幅度就越大，但价值变动的相对幅度随期限的延长而缩小；（3）对同一债券，市场收益率下降一定幅度引起的债券价值上升的幅度要高于由于市场收益率上升相同幅度引起的债券价值下跌的幅度。

（一）债券价值对债券期限的敏感性

假设债券面值为1 000元，息票率为9%，债券的期限分别为5年、10年和15年，如果以9%的债券收益率作为定价基础，那么收益率变动对不同期限债券价值的影响见表5-1。

表5-1 收益率变动对不同期限债券价值的影响 金额单位：元

收益率（%）	收益率变动（%）	5年	10年	15年
6	-33.33	1 126.37	1 220.80	1 291.37
7	-22.22	1 082.00	1 140.47	1 182.16
8	-11.11	1 039.93	1 067.10	1 085.59
9	0	1 000.00	1 000.00	1 000.00
10	11.11	962.09	938.55	923.94
11	22.22	926.08	882.22	856.18
12	33.33	891.86	830.49	795.67
债券价值变动百分比（%）				
收益率	收益率变动	5年	10年	15年
6	-33.33	12.64	22.08	29.14
7	-22.22	8.20	14.05	18.22
8	-11.11	3.99	6.71	8.56
9	0	0	0	0
10	11.11	-3.79	-6.14	-7.61
11	22.22	-7.39	-11.78	-14.38
12	33.33	-10.81	-16.95	-20.43

从表5-1可以看出，债券期限越长，价值变动的幅度就越大。如果收益率从9%下降到6%，则5年期、10年期和15年期债券价值分别上升了12.64%、22.08%和29.14%；10年期和5年期债券的价值变动率相差9.44%，15年期和10年期债券的价值变动率相差7.06%。如果收益率从9%上升到12%，则不同期限债券价值分别下降了10.81%、16.95%和20.43%；10年期和5年期债券价值的变动率相差6.14%，15年期和10年期债券价值变动率相差3.48%。

（二）债务价值对市场利率的敏感性

假设有X和Y两种债券，面值均为1 000元，期限为5年，息票率分别为5%和9%，如果初始收益率均为9%，则收益率变化对两种债券价值的影响见表5-2。

表5-2　　　　收益率变动对不同息票率债券价值的影响　　　　金额单位：元

收益率（%）	收益率变动（%）	X（5年期，5%）	Y（5年期，9%）
6	-33.33	957.88	1 126.37
7	-22.22	918.00	1 082.00
8	-11.11	880.22	1 039.93
9	0	844.41	1 000.00
10	11.11	810.46	962.09
11	22.22	778.25	926.08
12	33.33	747.67	891.86
债券价值变动百分比（%）			
收益率	收益率变动	X（5年期，5%）	Y（5年期，9%）
6	-33.33	13.44	12.64
7	-22.22	8.71	8.20
8	-11.11	4.24	3.99
9	0	0	0
10	11.11	-4.02	-3.79
11	22.22	-7.84	-7.39
12	33.33	-11.46	-10.81

从表5-2可以看出，当债券收益率为9%时，X、Y债券的价值分别为844.41元和1 000.00元。如果收益率下降至6%，X债券的市场价值为957.88元，上升了13.44%；Y债券价值为1 126.37元，上升了12.64%。如果收益率上升至12%，X债券的市场价值为747.67元，下降了11.46%；Y债券价值为891.86元，下降了10.81%。这表明息票率为5%的债券价值变动幅度大于息票率为9%的债券价值变动幅度；而且对于同一债券，收益率下降一定幅度引起的债券价值上升的幅度要大于收益率上升相同幅度引起的债券价值下降的幅度。

自测题5-1

第二节　股票价值

一、股票及股票价值

（一）股票的含义及基本特征

1.股票的含义

股票是指股份公司发给股东证明其投入股份的一种有价证券，它可以作为买卖对象和抵押品，是资金市场主要的长期信用工具之一[①]。

① 中国证券监督管理委员会网站。

股票作为股东向公司入股、获取收益的所有者凭证，持有它就拥有公司的一份资本所有权，成为公司的所有者之一。股东不仅有权按公司章程从公司领取股利并分享公司的经营红利，而且有权出席公司股东大会，选举董事会，并参与公司经营管理的决策。从而，股东的投资意愿通过其行使股东参与权而得到实现，同时股东也要承担相应的责任和风险。

股票作为一种所有权证书，最初是采取有纸化印刷方式的，如上海的老八股。在这种有纸化方式中，股票纸面通常记载着股票面值、发行公司名称、股票编号、发行公司成立登记的日期、股票发行日期、董事长及董事签名、股票性质等事项。随着现代电子技术的发展，电子化股票应运而生，这种股票没有纸面凭证，它一般将有关事项储存于电脑中，股东只持有一个股东账户，通过电脑终端股东可查到所持股票的品种和数量。这种电子化股票又称无纸化股票。目前，我国在上海证券交易所和深圳证券交易所上市的股票采取电子化方式。

2.股票的基本特征

虽然与债券同属有价证券，但股票的基本特征与债券有所不同。股票的基本特征包括：

（1）非偿还性

股票是一种永不偿还的有价证券，股份公司不会对股票的持有者偿还本金。一旦购入股票，就无权向股份公司要求退股，股东的资金只能通过转让股票的方式来收回。

（2）风险性

作为交易市场上的交易对象，股票同其他商品一样，有自己的市场行情和市场价格。由于股票价格要受到诸如公司经营状况、供求关系、银行利率、大众心理等多种因素的影响，因此股票价格波动有很大的不确定性。正是这种价格波动的不确定性，有可能使股票投资者遭受损失。价格波动的不确定性越大，投资风险也越高。因此，股票是一种高风险的金融产品。

（3）流通性

股票的流通性是指股票在不同投资者之间的可交易性，通常以可流通的股票数量、股票成交量以及股价对交易量的敏感程度来衡量。可流通的股票数量越多，成交量越大，价格对成交量越不敏感（价格不会随着成交量一同变化），股票的流通性就越好；反之，就越差。

（4）参与性

股票是股权性证券，股票持有者（即股东），是企业的所有者，有权出席股东大会，选举董事会，并参与公司的重大决策。股票持有者的投资意志和享有的经济利益，通常是通过出席股东大会来行使的。股东参与公司决策的权利大小，取决于其所持有的股份的多少。从实践中看，只要当股东持有的股票数量达到能左右公司决策结果所需的实际数量时，就能掌握公司的决策控制权。

（5）收益性

股东凭其持有的股票，有权从公司领取股利或红利，并获取投资收益。股利或红利的多少，主要取决于公司的盈利水平以及公司的盈利分配政策。股票的收益性，还表现在股票投资者可以获得价差收入或实现资产保值增值等方面。通过低价买入股票和高价卖出股票，投资者可以赚取股票的价差收入。

3.股票的分类

按照股东所享有的权利，股票可以分为优先股和普通股。优先股是指享有优先权的股票。在一般情况下，优先股和普通股的区别是：

第一，普通股股东可以全面参与公司的经营管理，享有资产收益、参与重大决策和选择管理者等权利，而优先股股东一般不参与公司的日常经营管理，在一般情况下不参与股东大会投票，但在某些特殊情况下，例如，公司决定发行新的优先股，优先股股东才可以行使投票权。同时，为了保护优先股股东的利益，如果公司在约定的时间内未按规定支付股利，那么优先股股东按约定恢复表决权；如果公司支付了所欠股利，那么已恢复的优先股股东表决权则被终止。

第二，相对于普通股股东，优先股股东在公司利润和剩余财产的分配上享有优先权。

第三，普通股股东的股利收益并不固定，既取决于公司当年的盈利状况，又要看公司当年的分配政策（很有可能该公司决定当年不分配股利）。而优先股的股利收益一般是固定的，尤其对于具有强制分红条款的优先股而言，只要公司有利润可以分配，就应当按照约定的数额向优先股股东支付股利。

第四，除了获取股利收益外，来源于普通股二级市场的股价上涨所创造的价差收入也是普通股股东一项非常重要的收益；而优先股二级市场的股价波动相对较小，因此优先股股东依靠优先股买卖价差获利的空间也较小。

第五，普通股股东不能要求退股，只能在二级市场上变现退出；而优先股如有约定，优先股股东可依据约定将优先股股票出售给股票发行公司。

本章中的股票，除非特殊指明，均指普通股股票。

另外，按股票票面是否标明持有者姓名，股票可分为记名股票和不记名股票；按股票票面是否标明入股金额，股票可分为有面值股票和无面值股票；按投资者能否向股票发行公司出售自己的股票，股票可分为可赎回股票和不可赎回股票等。

（二）股票的价值

1.股票价值的含义

股票价值又称股票的内在价值或股票的价格，是指投资者在分析公司的财务状况、盈利前景以及其他影响公司生产经营等因素后认为股票所真正代表的价值。与债券价值一样，只有当股票的购买价格低于股票价值时，该股票才值得购买。

2.股票价值的基本模型

与债券价值评估类似，普通股价值评估一般可以采用现金流量折现法（discounted cash flow，DCF），其一般模型为：

$$P_0 = \sum_{t=1}^{\infty} \frac{CF_t}{\left(1 + r_e\right)^t} \tag{5.4}$$

式中，P_0表示股票价值；r_e表示折现率（投资者的必要收益率或股权资本成本）；CF_t表示第t期的预计现金流量。

由于模型（5.4）中的预计现金流量可以分为两种：股利或股权自由现金流量，因此，普通股价值评估模型也可以分为两大类：股利折现模型和自由现金流量折现模型。

本章主要介绍股利折现模型，自由现金流量折现模型将在第十三章、十四章做详细介绍。

二、股利折现模型

股利折现模型中的现金流量包括两部分：（1）每期的预期股利；（2）股票出售时的预期价格。因此，利用股利折现模型对普通股进行价值评估的一般模型为：

$$P_0 = \frac{Div_1}{1 + r_e} + \frac{Div_2}{(1 + r_e)^2} + \cdots + \frac{Div_n}{(1 + r_e)^n} + \frac{P_n}{(1 + r_n)^n} \tag{5.5}$$

式中，Div_n表示未来各期的普通股股利或红利（t=1，2，…，n）；r_e表示普通股投资的必要收益率；P_n表示普通股在第n期的预期售价；P_0表示普通股未来预期现金流量的现值。

从表面上看，公式（5.5）与债券价值评估模型相似，因为它们都遵循了相同的估值概念：证券的价值等于期望未来现金流量的现值。但普通股价值评估比债券价值评估要难得多，原因主要有两个方面：一是普通股投资期限是无限的，公司永远不用将其收回。因此，从理论上说，普通股的价值取决于持续到永远的未来期望现金流量。二是普通股未来现金流量不像债券那样可以明确约定，未来现金流量必须以对公司未来的盈利和股利政策的预期为基础进行估计。

公式（5.5）假设在第n期期末卖出股票。对于在第n期期末买入，其后再持有m期的第二个持有者来说，这一股票价值可以用同样的方式确定。第n期股票的价值P_n可以表示成：

$$P_n = \frac{Div_{n+1}}{1 + r_e} + \frac{Div_{n+2}}{(1 + r_e)^2} + \cdots + \frac{Div_{n+m}}{(1 + r_e)^m} + \frac{P_{n+m}}{(1 + r_e)^m}$$

把P_n的这一表达式代入公式（5.5），P_0可以写成：

$$P_0 = \frac{Div_1}{1 + r_e} + \frac{Div_2}{(1 + r_e)^2} + \cdots + \frac{Div_{n+m}}{(1 + r_e)^{n+m}} + \frac{P_{n+m}}{(1 + r_e)^{n+m}}$$

当然，这仅是比在第一种情况更长的时间段（第n+m期）出售股票。如果将上述代入过程一直进行下去，即将这一概念用于所有的未来股票持有者，当持有期限趋于无穷大时（n→∞），其结果是：股票的公平价格可以被表示成用期望未来现金股利付款的无限流量的现值，因此公式（5.5）可写成：

$$P_0 = \frac{Div_1}{1 + r_e} + \frac{Div_2}{(1 + r_e)^2} + \cdots = \sum_{t=1}^{\infty} \frac{Div_t}{(1 + r_e)^t} \tag{5.6}$$

根据公式（5.6），股票价值可根据未来预期股利和必要收益率求得。那么如何评价从未支付股利的股票的价值呢？在实务中，许多盈利公司很少支付现金股利，而是将所有的收益都用于再投资。公司股东虽然未得到股利，但可通过出售股票（当股价上涨时）获得资本利得。当有利的投资机会减少，公司持有的资本超过投资需要时，公司就会支付股利（或回购其股份）。通常，公司通过扩大投资所赢得的收益，至少和持股人接受股利所获得的收益相等。因此，用公式（5.6）评估股票价值，通常假设公司会在未来某一时刻支付股利，或者说，当公司清算或被并购时会支付清算性股利或回购股票而发生现金支付。

（一）不同类型的普通股价值评估

当针对普通股进行价值评估时，投资者根据股利的变化情况，一般可以将股票分为三类：零增长股、固定增长股和非固定增长股。

1.零增长股

如果公司每年均发放固定的股利给股东，即预期股利增长率为零，那么这种股票称为零增长股。此时，各年股利Div均为一固定常数，其股票价值可按永续年金折现公式计算，如公式（5.7）所示：

$$P_0 = \frac{Div}{r_e} \tag{5.7}$$

2.固定增长股

如果某种股票的股利按照一个常数g增长，那么未来第t期的预期股利为：

$$Div_t = Div_0(1+g)^t$$

如果必要收益率r_e大于股利增长率g，那么可按增长型永续年金折现公式计算：

$$P_0 = \sum_{t=1}^{\infty}\frac{Div_0(1+g)^t}{(1+r_e)^t} = \frac{Div_1}{r_e - g} \tag{5.8}$$

尽管公式（5.8）中假设g和r_e是常数（且$r_e > g$），然而这与现实不符，但是它通常可以提供用于价值预测的近似值。从公式（5.8）中可以看出，股票价值与预期股利、必要收益率和股利增长率3个因素的关系如下：每股股票的预期股利越大，股票价值越大；必要收益率越小，股票价值越大；股利增长率越高，股票价值越大。

【例5-4】

假设一个投资者正考虑购买X公司的股票。该股票从今天起的1年内将按每股3元支付股利，该股利预计在可预见的将来以每年8%的比例增长。投资者基于对该公司的风险评估，认为应得的收益率为12%，那么，该公司每股股票价格计算如下：

$$P_0 = \frac{3}{12\% - 8\%} = 75(元)$$

3.非固定增长股

根据公司未来的增长情况，对非固定增长股进行价值评估可采用两阶段模型或三阶段模型，现以两阶段模型加以说明。两阶段模型将增长分为两个阶段：股利高速增长阶段和随后的稳定增长阶段。在这种情况下，股票价值由两部分构成：高速增长阶段（n）股利现值和固定增长阶段股票价值的现值。其计算公式为：

$$P_0 = \sum_{t=1}^{n}\frac{Div_t}{(1+r_e)^t} + \frac{P_n}{(1+r_e)^n} \tag{5.9}$$

其中，$P_n = \frac{Div_{n+1}}{r_{en} - g_n}$

式中，P_n表示第n期期末股票价值；r_{en}表示第n期以后股票投资的必要收益率；g_n表示第n期以后的股利稳定增长率。

【例 5-5】

假设Y公司目前拥有一种市场前景非常好的新产品，预计在未来3年内，销售量以每年50%的速度增长，其股利将以每年13%的速度增长，此后预计股利增长率为7%。如果股东投资的必要收益率为15%，公司最近发放的现金股利为每股1.4元，那么Y公司的股票价值是多少？

根据资料，我们可以将该公司前3年作为高速增长阶段，第4年以后作为固定增长阶段。两个阶段股票价值计算如下：

$$P_{高速增长} = \frac{1.4 \times 1.13}{1 + 15\%} + \frac{1.4 \times (1.13)^2}{(1 + 15\%)^2} + \frac{1.4 \times (1.13)^3}{(1 + 15\%)^3} = 4.06(元)$$

$$P_{固定增长} = \frac{1.4 \times (1.13)^3 \times 1.07}{15\% - 7\%} \times \frac{1}{(1 + 15\%)^3} = 17.76(元)$$

因此，Y公司普通股价值为21.82元（4.06+17.76）。

如果股利增长不限于以上两阶段的情况，还可以继续划分为三阶段甚至多阶段，只要最后将各个阶段的现值相加即可。

（二）股票收益率与股利增长率

从以上论述中可以看出，在普通股价值评估中，普通股投资的必要收益率是非常重要的。那么，如何确定普通股投资的必要收益率呢？在学术界有两种方法：一种是根据资本资产定价模型确定必要收益率；另一种是根据预期收益率确定必要收益率。第一种方法在第四章已经介绍，本章只介绍第二种方法。

对于公开交易的股票来说，最近支付的价格是最易获得的价值估计。与债券价值评估模型一样，普通股价值评估模型提供了估计必要收益率的最好方法。如果已知股票市场价格、预期股利及股利增长率，根据公式（5.8）即可计算股票预期收益率，如公式（5.10）所示：

$$r_e = \frac{Div_1}{P_0} + g \tag{5.10}$$

如果资本市场是有效的，那么必要收益率与期望收益率相等，因此，可以将按公式（5.10）估计的股票期望收益率作为必要收益率，这是估计必要收益率的一个较好的方法。在公式（5.10）中，股票收益率来源于两个因素：一是预期股利收益率$\frac{Div_1}{P_0}$；二是资本利得收益率（capital gains yield），它是预期的股票价格的年变化率。

假设在【例5-4】中，X公司股票的现时售价为每股75元，下一年的股利为每股3元，股利增长率为8%，则投资者的预期收益率或必要收益率为：

$$r_e = \frac{3}{75} + 8\% - 4\% + 8\% - 12\%$$

这一预期收益率包括4%的股利收益率和8%的资本利得收益率。如果下一年的预期股利为3.24元（3×1.08），那么将导致P_1的预期价值为：

$$P_1 = \frac{Div_2}{r_e - g} = \frac{3.24}{12\% - 8\%} = 81(元)$$

此时，资本利得收益率为8%（（81-75）÷75×100%）。这一例证说明了一个重要原理：在股利按常数增长的情况下，股票价格和股利可以预期按相同比率增加。

股利增长率是影响股票价值的重要因素，如果没有外来资本，那么股利增长的来源是留存收益和由该留存收益带来的报酬。对于公司的收益，公司可以将其用于投资，以获得比上一年更多的收益，进而可以支付更多的股利。如果公司将收益全部用于支付股利，那么留存收益为零，或再投资等于零。在这种情况下，通常假设用金额等于折旧的一笔资本投资来维持公司的收益（公司收益不变）。再投资中大于折旧的部分只能来自留存收益。在股利固定增长情况下，股利增长率可分解为两个部分，如公式（5.11）所示：

股利增长率=（1-股利支付率）×净资产收益率=留存收益比率×净资产收益率　（5.11）

【例5-6】

假设Z公司近5年共获利1 000万元，同期共支付400万元的股利，股利支付率为40%。该公司预期明年的每股收益为4.5元，每股支付股利1.8元。当前，Z公司股票每股售价为36元。如果Z公司预期净资产收益率为15%，那么Z公司股票的必要收益率为多少？

根据公式（5.11）和公式（5.10）计算Z公司股利增长率和必要收益率分别为：

$$g = (1 - 40\%) \times 15\% = 9\%$$

$$r_e = \frac{1.8}{36} + 9\% = 14\%$$

计算结果表明，投资必要收益率为14%，小于Z公司未来投资机会的预期净资产收益率15%，因此，该项投资会增加公司的价值。如果Z公司未来投资机会的预期收益率不是15%，而是10%，在其他资料相同的条件下，该公司投资的必要收益率为11%，超过了10%的预期投资收益率，这表明Z公司未来有净现值为负的投资项目。如果Z公司未来投资机会的预期收益率不是15%，而是12.5%，那么在其他资料相同的条件下，该公司投资必要收益率与期望投资收益率相同，这表明Z公司未来有净现值等于零的投资项目。以上是从三个方面分析了未来投资期望收益率的各种假设对股票估计必要收益率的影响，实际上，股票只有一个必要收益率。

（三）增长机会

如果公司的收益不是全部用于支付股利，而是将其中的一部分转化为新的净投资，追加新的净投资会创造新的收益。因此，可以把现在股票的价值分解为两部分：公司现有资产预期创造的收益（EPS_1）的现值和公司未来投资机会创造的收益的现值，后一种价值可称作“增长机会的现值”（present value of growth opportunities，PVGO）①。在这种情况下，公司股票价格可表示为公式（5.12）：

$$P_0 = \frac{EPS_1}{r_e} + PVGO \tag{5.12}$$

式中，$\frac{EPS_1}{r_e}$表示现存资产预期创造的收益的现值，即公司把所有的收益都分配给投

① MYERS S C. Determinants of corporate borrowing［J］. Journal of Financial Economics，1977，(5)：147-175.

资者时的股票价格；PVGO表示增长机会的现值，即公司留存收益用于再投资所带来的新增价值。

【例5-7】

为分析方便，假设根据股利支付率和新增投资收益率的不同将【例5-4】中的X公司分为三种不同情况：

第一，假设X公司为增长型公司，相关资料与【例5-4】相同，公司目前股票价格为75元。

第二，假设X公司为维持型公司，每年的投资仅用来更新已损耗的设备，即维持原有的生产能力不变，这样公司未来净投资为零，未来增长机会的净现值也为零。如果该公司以后各期股票的每股收益均为5元，且全部用于股利发放，假设投资必要收益率为12%，那么公司目前的每股股票价格为：

$$P_0 = \frac{EPS_1}{r_e} = \frac{5}{12\%} = 41.67(\text{元})$$

第三，假设X公司为收益型公司，虽然收益中的40%用于再投资，但新投资的预期收益率与原来公司必要收益率（12%）相同，其他因素与前述相同。按照固定股利增长模型来估值，这时X公司的收益增长率（即股利增长率）为4.8%（40%×12%），则公司目前的每股股票价格为：

$$P_0 = \frac{3}{12\% - 4.8\%} = 41.67(\text{元})$$

上述分析结果表明，增长型公司每股股票价格为75元，维持型公司与收益型公司每股股票价格为41.67元，其间的差异（33.33元）即为未来增长机会的现值PVGO。

通常我们可以利用PVGO来区分成长股股票和绩优股股票。以万马科技公司（股票代码：300698）为例，该公司自2018年7月份发放了每10股派0.33元的股利以来，一直到2024年8月，才又发放了每10股派2.3元的股利，中间没有发放任何股利。2024年10月18日，其股票收盘价格为每股42.73元，根据2024年中报，该公司的市盈率为88.84，EPS为0.1192元/股。

假设万马科技是维持型公司，预计未来EPS将稳定在0.1192元/股的水平。在这种情况下，万马科技可以支付每股0.1192元的固定股利。假设权益资本成本为10%，其市场价值PV则为每股1.192元（0.1192÷10%），比其实际市场价格每股42.73元少了41.538元。因此可以得出，投资者对万马科技未来投资机会的估价为每股41.538元，超过其市场价值的一半。这是万马科技被视为成长股股票的真正原因。

【学思践悟】四部门联合印发意见打击证券期货违法犯罪活动①

《最高人民法院 最高人民检察院 公安部 中国证券监督管理委员会关于办理证券期货违法犯罪案件工作若干问题的意见》于2024年5月17日对外发布，该意见明确提出坚持零容忍要求，依法从严打击证券期货违法犯罪活动。

该意见要求，证券期货监管机构发现涉嫌犯罪依法需要追究刑事责任的，应当及时向公安机关移送。公安机关对证券期货监管机构移送的案件，认为有犯罪事实需要追究刑事

① 时间：2024年05月18日，来源：人民公安报。转引自中华人民共和国公安部网站。

责任的，应当及时立案。

该意见明确，证券期货违法犯罪行为具有专业、隐蔽的特征，为揭露证实违法犯罪行为，对可以用于证明案件事实的证据应当做到“应收集尽收集、尽早收集”。注重收集提取物证、书证、电子数据等客观证据。

该意见提出，深刻认识证券期货犯罪对金融管理秩序和金融安全的严重危害，坚持依法从严惩处，充分发挥刑罚的惩治和预防功能。对具有不如实供述罪行或者以各种方式阻碍办案工作，拒不退缴赃款赃物或者将赃款赃物用于非法活动，非法获利特别巨大，多次实施证券期货违法犯罪，造成上市公司退市、投资人遭受重大损失、可能引发金融风险、严重危害金融安全等恶劣社会影响或者严重危害后果等情形的犯罪嫌疑人、被告人，一般不适用相对不起诉、免予刑事处罚和缓刑。

该意见同时明确，依法从严从快从重查处财务造假、侵占上市公司资产、内幕交易、操纵市场和证券欺诈等违法犯罪案件。证券发行人、控股股东、实际控制人、董事、监事、高级管理人员、金融从业人员等实施证券期货违法犯罪的，应当依法从严惩处。全链条打击为财务造假行为提供虚假证明文件、金融票证等的中介组织、金融机构，为内幕交易、操纵证券期货市场犯罪实施配资、操盘、荐股等配合行为的职业团伙，与上市公司内外勾结掏空公司资产的外部人员，构成犯罪的，应当依法追究刑事责任。

自测题 5-2

【本章小结】

▶债券是一种金融契约，是政府、金融机构、企业、银行等债务人为筹集资金，按照法定程序向投资者发行，同时承诺于指定日期偿还本金和利息的一种有价证券。债券具有偿还性、安全性、流动性、非参与性等特征。

▶债券的基本要素是指发行的债券上必须载明的基本内容，是明确债权人和债务人权利与义务的主要约定，具体包括：面值、偿还期、付息期、票面利率、发行者名称等。按照不同的标准，债券可以有不同的分类。

▶债券价值是指按照投资者要求的必要收益率计算的进行债券投资时投资者预期可获得的现金流入量的现值，又称债券的内在价值。债券的现金流入量主要包括利息和到期收回的本金或出售时获得的现金两部分。当债券的购买价格低于债券价值时，债券才值得购买。

▶评估证券价值的步骤为：(1) 估计预期现金流量；(2) 确定每期现金流量的必要收益率或投资者要求的收益率；(3) 将每期现金流量按必要收益率折现，然后将折现后得出的现值相加求得证券的总价值。

▶如果债券契约中载明允许发行公司在到期日前将债券从持有者手中赎回的条款，那么当市场利率下降时，公司会发行利率较低的新债券，并以所筹措的资金赎回高利率的旧债券。在这种情况下，可赎回债券持有者的现金流量包括两部分：赎回前正常的利息收入和赎回价格，即面值+赎回溢价。

▶债券的价值也可以用相对数表示，即采用收益率的形式，其中收益率可以分为两大类：债券到期收益率和债券赎回收益率。

▶债券价值主要由息票率、期限和收益率（市场利率）三个因素决定。它们对债券价值的影响主要表现在：（1）对于给定的到期时间和市场收益率，息票率越低，债券价值变动的幅度就越大；（2）对于给定的息票率和市场收益率，期限越长，债券价值变动的幅度就越大，但价值变动的相对幅度随期限的延长而缩小；（3）对同一债券，市场收益率下降一定幅度引起的债券价值上升的幅度要高于由于市场收益率上升相同幅度引起的债券价值下跌的幅度。

▶股票是股份公司发给股东证明其投入股份的一种有价证券，它可以作为买卖对象和抵押品，是资金市场主要的长期信用工具之一。股票具有非偿还性、风险性、流通性、参与性及收益性的特征。按照股东所享有的权利，股票可以分为优先股和普通股。

▶股票的价值又称股票的内在价值或股票的价格，是指投资者在分析公司的财务状况、盈利前景以及其他影响公司生产经营等因素后认为股票所真正代表的价值。只有当股票的购买价格低于股票价值时，股票才值得购买。

▶股利折现模型中的现金流量包括两部分：（1）每期的预期股利；（2）股票出售时的预期价格。对普通股进行价值评估，投资者根据股利的变化情况，一般可以将股票分为三类：零增长股、固定增长股和非固定增长股。

▶确定普通股投资的必要收益率有两种方法：一种是根据资本资产定价模型确定必要收益率；另一种是根据预期收益率确定必要收益率。在第二种方法中，股票收益率来源于两个因素：一是预期股利收益率；二是资本利得收益率，即预期的股票价格的年变化率。

▶如果公司的收益不是全部用于股利支付，而是将其中的一部分转化为新的净投资，追加新的净投资就会创造新的收益。因此，可以把现在股票的价值分解为两部分：公司现有资产预期创造的收益的现值和公司未来投资机会创造的收益的现值，后一种价值可称作“增长机会的现值”。

【复习思考】

1.什么是债券？什么是债券的内在价值？

2.债券价值评估有几种模型？它们的区别是什么？其决策标准是怎样的？

3.为什么公司要发行可赎回债券？可赎回债券的现金流量有什么特点？

4.债券价值的影响因素有哪些？

5.债券到期收益率和债券赎回收益率的确定方法是什么？

6.收益率变动对不同息票率债券价值的影响的确定方法是什么？

7.收益率变动对不同期限债券价值的影响的确定方法是什么？

8.股票价值的股利折现评估模型分为几类？分别是什么？

9.在现金流量折现法下，决定股票价值的主要因素是什么？

10.在普通股估价中，如何确定普通股投资的必要收益率？

11.在股利固定增长的情况下，且当没有外来资本时，股利增长率是如何确定的？

12.采用固定增长模型、二阶段增长模型评估股票价值时的假设条件是什么？应注意哪些问题？

13.PVGO是什么？如何计算PVGO？计算PVGO的意义是什么？

14.试用一些简单的例子，说明你对以下问题的回答：（1）如果利率升高，那么债券价格是上升还是下降？（2）如果债券收益率高于息票率，那么债券价格应该比面值高还是低？（3）如果债券价格超过面值，那么收益率应该比息票率高还是低？（4）与低息票率债券相比，高息票率债券的出售价格应该更高还是更低？（5）如果利率发生变化，那么与低息票率债券相比，高息票率债券价格变化的比例会更高吗？

15.你认为债券价格评估和股票价值评估有什么共同点？哪种证券的价值评估会更复杂一些？

链接本章
引导案例

《财务管理》
慕课资源

第六章

项目投资管理

【学习目标】

本章主要阐述了项目投资管理的含义、意义和程序，项目现金流量预测的原则和方法，项目投资财务评价指标及其在特定的项目投资决策中的应用，以及投资项目的风险管理。通过对本章内容的学习，学生应完成以下目标：

1. 了解投资决策的意义和基本程序；

2. 熟悉投资项目现金流量预测的原则，掌握初始现金流量、经营现金流量和终结现金流量的特征，熟练掌握净现值、获利指数、内部收益率、投资回收期、会计收益率等项目财务评价指标的计算和决策规则；

3. 熟悉固定资产更新决策和投资限额投资决策的基本方法；

4. 熟悉项目风险敏感性分析和风险调整的基本方法。

【本章主要内容导图】

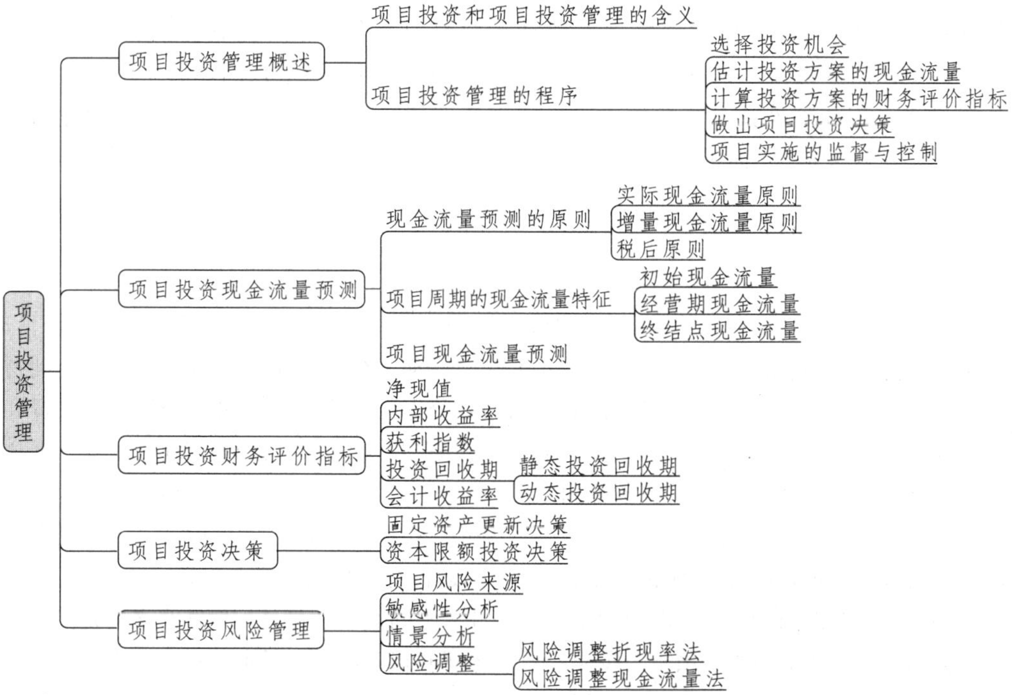

【引导案例】

某公司为提高自身的生产能力，花费了100 000元的研究费请专家进行研究和论证。最后专家提出，为提高生产能力和生产效率，公司应该引进一套价值100 000元的先进电脑生产系统。这一电脑生产系统不仅可取代现行繁杂的人工程序，降低人工成本，而且可以大大提高产品质量。专家指出，如果购入该系统，那么需垫支流动资金50 000元。该系统的预期寿命为5年，在这5年中，估计每年由于质量提高而带来的销售增长为80 000元，每年的材料、人工等付现成本会增加50 000元，前4年每年的设备维修费为2 000元。假定该项目的投资报酬率为9%，不考虑所得税。该公司采用直线法计提折旧，该系统5年后设备的残值为10 000元。

问题：

（1）预计该项目各年的现金净流量是多少？

（2）预计该项目的净现值是多少？

（3）预计该项目的内部收益率是多少？

（4）假设你是财务经理，你是否接受专家建议购置该生产系统？

第一节　项目投资管理概述

党的二十大报告指出："坚持把发展经济的着力点放在实体经济上，推进新型工业化，加快建设制造强国、质量强国、航天强国、交通强国、网络强国、数字中国。实施产业基础再造工程和重大技术装备攻关工程，支持专精特新企业发展，推动制造业高端化、智能化、绿色化发展。"而推动实体经济高质量发展的关键是要进行有效的投资。

一、项目投资和项目投资管理的含义

（一）项目投资

投资是经济主体为获得未来收益而在现时投入的生产要素，以形成资产的一种经济活动。项目是指具有明确目标的一系列复杂并相互关联的活动。公司为了实现价值增长，达到财务管理目标，往往需要进行项目投资。按照不同的划分标准，企业投资可以分为直接投资和间接投资、长期投资和短期投资、对内投资和对外投资等。其中，长期投资是指1年以上才能回收的投资，主要是指对厂房、设备等固定资产的投资，也包括无形资产和长期有价证券的投资，由于长期资产中的固定资产占比较高，因此，长期投资也常常是指固定资产投资。企业的项目投资以固定资产投资为主，当然，项目的运行有时也离不开无形资产投资。

按照具体投资对象的不同，项目投资可以划分为不同类型，最具一般性意义的是固定资产新增项目和固定资产更新改造项目。按投资项目之间的相互关系，投资项目可分为独立项目和互斥项目。独立项目中的各投资项目之间互不关联、互不影响，可以同时并存。独立项目投资决策考虑的是方案本身是否满足某种决策标准。互斥项目中的各投资项目之间相互关联、相互替代，不能同时并存。因此，互斥项目投资决策需要从每个可行方案中选择最优方案。

（二）项目投资管理

项目投资一般具有资金量大、周期长、风险大、收益高等特点。在市场经济条件下，公司能否把筹集到的资金投放到提高公司价值的项目上去，投资决策的正确与否，对公司的生存发展十分重要。为了保证项目建设的合理性和财务可行性，企业有必要做出详细预算。资本预算又称投资预算，是指企业为了今后发展得更好，获取更大的报酬而做出的资本支出计划，该预算与项目投资决策密切相关，系统地反映了投资的时间、规模、收益以及资金的筹措方式。通过资本预算或项目投资管理，一方面可以使投资方案更加科学和可行；另一方面可以运用预算控制资本支出，检查投资方案实施后的收入和投资报酬的实现情况。

二、项目投资管理的程序

项目投资决策过程是提出长期资本投资方案，并进行分析、选择的过程。从做好投资项目的论证到进行项目的实施与控制，投资决策的程序可包括以下五个方面：

（一）选择投资机会

选择投资机会是论证投资项目的第一步，收集和整理投资项目的资料是评价投资项目的前提。这些资料包括的内容应当尽可能广泛，主要包括：（1）技术资料；（2）市场调查资料；（3）资源和环境状况资料；（4）财务资料；（5）法律政策资料。选择投资机会应当考虑的因素主要有市场需求、现有条件和投资方式（合资建设、独资建设等）。在激烈的市场竞争环境中，企业为了生存和发展，需要谨慎选择投资机会。投资项目的提出可以由企业的高级管理人员根据企业的长远战略发展需要提出，也可以由中层或基层人员根据实际市场需要提出，比如更新设备的投资。

（二）估计投资方案的现金流量

由于投资项目涉及项目的投资建设、生产经营、终止三个过程，因此，企业需要对项目不同时期所引发的现金流量进行预测，并选择适当的折现率将不同时点的现金流量调整到同一时点上进行比较、判断、分析，以此权衡该项目的收益与风险。投资项目现金流量必须以预测的不同时期收到和付出的现金流量来计算数据。与投资项目有关的现金收入或现金支出节约额为现金流入；与投资项目有关的现金支出为现金流出。

（三）计算投资方案的财务评价指标

投资项目的财务评价是企业投资决策的关键环节。本章阐述的主要评价指标包括净现值、获利指数、内部收益率、投资回收期和会计收益率。影响项目折现的现金流量主要取决于两个因素：各期预计的现金流量和采用的折现率。本章将对现金流量这一因素做出详尽说明。投资者要学会对上述主要财务评价指标进行计算和分析。

（四）做出项目投资决策

项目投资决策的目的在于选择能够创造企业价值的投资项目。项目评价指标形成后，由企业的决策层进行决策，财务部分要根据选定的投资项目，编制好资本预算。财务经理的工作职责之一是根据项目的财务评估，预测选定投资方案分年度的现金需要量额度，并提前筹措相应的资金以满足各期的资金需要。

（五）项目实施的监督与控制

开始实施投资项目后，企业就要同时对该项目进行监督与控制。投资项目一经批准成立，即提交预算拨款申请，进入投资预算的执行程序。在这一过程中，企业应建立一套预算执行情况的跟踪控制系统，及时、准确地反映预算执行过程中的各种信息，并将实际指标与预算指标进行对比，从而找出差异，分析原因，以便及时调整预算。同时，企业应根据出现的新情况，修正或调整资本预算，从而确保资本预算的可行性。在投资项目的实施过程中，企业除了对施工成本进行监督外，还要对施工进度、工程质量等进行监督与控制。投资项目完成后，企业还需要对该项目进行事后审计与评价。投资项目的事后审计一般由企业内部审计机构执行。

【学思践悟】　固定资产投资对稳定国民经济具有重要意义

2024年1—4月份，全国固定资产投资（不含农户）143 401亿元，同比增长4.2%，其中，民间固定资产投资7 3913亿元，同比增长0.3%。分产业看，第一产业投资2 636亿元，同比增长1.9%；第二产业投资47 634亿元，同比增长13.0%；第三产业投资93 131亿元，同比增长0.3%。在第二产业中，工业投资同比增长13.1%。其中，采矿业投资同比增长21.3%，制造业投资同比增长9.7%，电力、热力、燃气及水生产和供应业投资同比增长26.2%。在第三产业中，基础设施投资（不含电力、热力、燃气及水生产和供应业）同比增长6.0%。其中，航空运输业投资同比增长24.6%，铁路运输业投资同比增长19.5%，水利管理业投资同比增长16.1%。分地区看，东部地区投资同比增长4.8%，中部地区投资同比增长4.0%，西部地区投资同比增长0.6%，东北地区投资同比增长6.4%。分登记注册类型看，内资企业投资同比增长4.2%，港澳台企业投资同比增长6.4%，外商企业投资同比下降15.2%。

2024年1至8月份，国家发展和改革委员会共审批核准固定资产投资项目83个，总投资6 731亿元，其中审批53个，核准30个，主要集中在高技术、能源、交通运输等行业。2024年前三季度，全国铁路完成固定资产投资5 612亿元、同比增长10.3%，投产铁路新线1 820千米，其中高铁1 210千米，为推动经济持续回升向好提供了有力支撑。

自测题6-1

资料来源：陈筱亦.国家统计局：2024年1—4月份全国固定资产投资增长4.2%[EB/OL].[2024-5-17].https://www.stats.gov.cn/sj/zxfb/202405/t20240520_1950419.html.

第二节　项目投资现金流量预测

一、现金流量预测的原则

在投资决策中，需要用特定的投资评价准则对投资项目进行可行性分析，现金流量是评价项目可行性的一个基础性数据。企业估算项目的现金流量时，需要把握以下几个原则：

（一）实际现金流量原则

一方面，实际现金流量原则是指当预期投资项目的成本和收益时，采用现金流量而不是会计收益。坚持实际现金流量原则的主要目的是避免会计收益对项目评价的影响。因为在会计收益的计算中包含了一些非现金因素，如折旧费等，这在会计上作为一种费用抵减了当期的收益，但这种费用并没有发生实际的现金支出，因此在现金流量分析中，不予以考量。

另一方面，实际现金流量原则是指项目未来的现金流量必须用预计未来的价格和成本来计算，而不是用现在的价格和成本计算，如在通货膨胀比较严重的时期，企业应注意调整通货膨胀对项目现金流量的影响。

（二）增量现金流量原则

预测现金流量要建立在增量的概念基础上，只有增量现金流量才是与项目相关的现金流量。增量现金流量是指企业接受或拒绝某个投资项目之后，企业的现金流量总额因此发生的变动。只有那些由于采纳某个投资项目而引起的现金流出量的增加额，才是该投资项目的现金流出量；只有那些由于采纳某个投资项目而引起的现金流入量的增加额，才是该投资项目的现金流入量。判断增量现金流量，决策者会面临以下四个问题：

1.不考虑沉没成本

沉没成本是指过去已经发生、无法由现在或将来的任何决策所能改变的成本。在投资决策中，沉没成本属于决策无关成本，例如，某公司2017年计划新建一个车间，并出资20万元请一家会计师事务所做了前期可行性研究。此项目由于其他原因被搁置下来。2021年此项目又被重新提起，当初花掉的20万元是否是相关成本呢？当然不是。这20万元属于沉没成本。不管公司是否新建这个车间，该成本都与该公司未来的现金流量总额无关。如果决策者将沉没成本纳入投资成本总额中，则会使一个有利的项目变得利少甚至无利可图，从而造成决策失误。一般来说，大多数沉没成本是与研究开发以及投资决策前进行市场调查有关的成本。

2.考虑对原有部门或者业务的附加效应

公司投资一个新的项目后，该投资项目可能对公司的其他部门造成影响：这种影响可能是积极的，即新项目实施后将增加原有项目的收入；这种影响也可能是消极的，即新项目实施后会冲击原有项目的收入或获利水平。例如，一种新产品问世后，客户对公司现有产品的需求可能会减少，当估计新项目现金流量时，必须从中扣除这部分减少的现金流量。这主要看新投资项目与原有投资项目生产的产品是竞争关系还是互补关系。当然，诸如此类的交互影响，事实上很难准确度量。

3.考虑机会成本

尽管投资项目应以实际的现金流量作为分析评价的基础，但在项目投资分析中必须按机会成本的分析思想把某些没有现金流量的因素也考虑在投资决策的现金流分析中。机会成本是指在投资决策中，企业从多种方案中选取最优方案而放弃次优方案所丧失的收益，例如，某投资项目需在企业所有的一块土地上建设厂房，目前土地的市场价格为100万元。如果将这块土地用于项目投资，那么企业将损失土地出售收入100万元，这部分丧失的收入即为投资的机会成本。虽然机会成本并未发生现金实体的交割或转让行为，但是作为一种潜在的成本，企业必须加以认真对待，以便为既定资源寻求最佳使用途径。需要注意的是，无论该企业当初是以80万元还是以120万元购进土地，都以现行的市场价格作为这块土地的机会成本。当存在多种投资机会，而可供使用的资源又很有限的时候，机会成本就一定存在。当考虑机会成本时，某些看上去有利可图的投资实际上变得无利可图，甚至亏本。

4.考虑对营运资金净额的影响

营运资金净额的需求量是指项目增加的流动资产与增加的流动负债之间的差额。在一般情况下，如果实施新项目并使销售额扩大之后，那么企业对于存货和应收账款等流动资产的需求量也会随之增加。企业必须筹措新的资金，以满足这种额外的需求。当投资项目的寿命期快要结束时，企业将与该投资项目有关的存货出售，应收账款变为现金，应付账款和应付费用也随之偿付，营运资金净额恢复到原有的水平。在投资项目评估过程中，通常假定于投资项目开始时投入的营运资金净额在投资项目结束时予以收回。

（三）税后原则

在存在企业所得税的环境下，投资项目现金流量应当为税后现金流量，从而将现金流量计算与投资者的利益完全联系起来。

二、项目周期的现金流量特征

一个投资项目的周期包括建设期、经营期和终结期，相应地，周期内项目的现金流量一般包括初始现金流量、经营期现金流量和终结点现金流量三部分。

（一）初始现金流量

初始现金流量是指投资项目在建设过程中发生的现金流量，主要包括：

（1）固定资产、无形资产的投资支出，如厂房设备的建造费、购置费、安装工程费、土地使用费、技术转让费、商标权和商誉等。

（2）垫支的营运资本，项目建设期结束，必须垫支一定的营运资本才能投入运营，待项目终结时，垫支的营运资本才能收回。

本年营运资本增加额=本年营运资本需用额-上年营运资本总额 （6.1）

其中：本年营运资本需用额=该年流动资产需用额-该年流动负债筹资额 （6.2）

（3）原有固定资产的变价收入及其所得税效应。原有固定资产的变价收入即在进行固定资产更新改造工程中，出售旧设备所发生的净现金流量。出售旧设备变价收入还会产生税负损益，例如，旧设备的出售价如果高于设备账面净值，需要缴纳所得税，那么多缴的所得税构成项目现金流出量；旧设备的出售价如果低于设备账面净值，形成损失，可以抵减应纳税所得额，少缴所得税，那么少缴的所得税构成项目现金流入量。

（4）其他费用，如投资项目的筹建费、员工培训费等。

（二）经营期现金流量

经营期现金流量是指投资项目建成后，在生产经营过程中发生的现金流量，这种现金流量需要按年度计算。经营现金流量一般根据利润表资料计算分析得出。基本计算公式为：

净现金流量=收现营业收入-经营付现成本-所得税 （6.3）

由于这一公式中的经营付现成本是成本费用扣除折旧费的余额，折旧费的变化影响到净现金流量的计算，因此，简化的净现金流量计算公式可以是：

净现金流量=税后利润+折旧

简化计算公式的推导过程如下：

净现金流量=收现营业收入-经营付现成本-所得税

=收现营业收入-（经营总成本-折旧）-所得税

=收现营业收入-经营总成本-所得税+折旧

=税后利润+折旧　（6.4）

为反映折旧变化对现金流量的影响，净现金流量的公式也可变为：

净现金流量=（收现营业收入-经营付现成本）×（1-所得税税率）+折旧×所得税税率　（6.5）

公式（6.5）中的“折旧×所得税税率”称为税负节约，是指由于折旧计入成本，冲减利润而少缴的所得税税额，这部分少缴的所得税形成了投资项目的现金流入量。

（三）终结点现金流量

终结点现金流量是指投资项目终结时发生的现金流量，这种现金流量包括两部分：经营性现金流量和非经营性现金流量。

经营性现金流量的计算方法与上面经营期现金流量的计算方法相同。非经营性现金流量主要包括：①固定资产、无形资产残值变价收入。②固定资产、无形资产出售的税负损益，如果预计固定资产报废时残值收入大于税法规定的数额，那么应缴纳所得税，从而形成一项现金流出量；反之，则可抵减所得税，从而形成一项现金流入量。③收回的垫支营运资本，这部分资本不受税收因素的影响，因此，收回的营运资本仅仅是现金流量的增加。另外，某些特殊设备还可能会涉及弃置义务等现金支出。

通常当预测项目现金流量时，分析人员会站在企业投资者的立场上，假设投资项目的资本全部来自股权资本，即使实际存在借入资金也将其作为自有资金对待。如果从项目的现金流量中扣除利息费用，然后再按此折现率进行折现，那么就等于双重计算了筹资费用。因此，这种方法将筹资费用对项目决策的影响归于现金流量的资本成本（折现率），不影响现金流量的计算，这种做法在实务中被广泛采用。

三、项目现金流量预测

【例6 1】

卓越公司正在研发一种新产品，为了解潜在的市场销路，公司支付了20 000元，聘请某咨询机构进行市场调查，其调查结果表明：新产品大约有10%以上的市场份额，有待开发。卓越公司的管理层就新项目展开讨论，财务团队综合了相关资料，提供的财务预测资料如下：

（1）市场调研费20 000元属于沉没成本，属于与项目投资无关的成本。

（2）新产品的生产车间可利用公司一处闲置厂房（该厂房已经提足折旧），如果将厂房出售，那么该厂房当前的市场价格为60 000元，公司管理层认为这60 000元属于机会成本，与该项目现金流量计算相关。

（3）通过对生产设备进行分析，公司管理层知悉：生产新产品的设备购置费（买价、运费、安装费等）为120 000元，使用年限为5年，税法规定的设备残值为20 000元，按直线法计提折旧，每年折旧费为20 000元；预计5年后可将设备出售，其售价为

30 000元。

（4）销售团队根据市场分析，提出了未来5年新产品销售量的预测，依次为：600件、900件、1 200件、1 000件、700件；单位产品销售价格为300元/件；单位产品付现成本为200元/件。

（5）生产过程需要在期初垫支营运资本，假设按下期销售收入的10%估计本期营运资本需要量。

（6）公司所得税税率为25%，在整个经营期保持不变。

根据上述相关数据，首先编制经营收入与成本预测表（见表6-1），然后编制项目现金流量预测表（见表6-2）。

表6-1　**经营收入与成本预测表**　金额单位：元

年份	销售量（件）	单价（元/件）	营业收入	单位成本（元/件）	成本总额
1	600	300	180 000	200	120 000
2	900	300	270 000	200	180 000
3	1 200	300	360 000	200	240 000
4	1 000	300	300 000	200	200 000
5	700	300	210 000	200	140 000

表6-2　**项目现金流量预测表**　金额单位：元

项目	0	1	2	3	4	5
投资现金流量						
（1）设备投资	-120 000					27 500
（2）厂房机会成本	-60 000					
（3）营运资本						
（4）营运资本（年末）		18 000	27 000	36 000	30 000	21 000
（5）营运资本追加支出	-18 000	-9 000	-9 000	6 000	9 000	21 000
（6）投资现金净流量	-198 000	-9 000	-9 000	6 000	9 000	48 500
经营现金流量						
（7）收现营业收入		180 000	270 000	360 000	300 000	210 000
（8）经营付现成本		120 000	180 000	240 000	200 000	140 000
（9）折旧		20 000	20 000	20 000	20 000	20 000
（10）税前利润		40 000	70 000	100 000	80 000	50 000
（11）所得税（25%）		10 000	17 500	25 000	20 000	12 500
（12）净利润		30 000	52 500	75 000	60 000	37 500
（13）经营现金净流量		50 000	72 500	95 000	80 000	57 500
现金净流量	-198 000	41 000	63 500	101 000	89 000	106 000

*设备投资中的第5年为设备残值出售时的资本利得，根据预测设备5年后的出售价为30 000元，而账面价值仅为20 000元，出售价超过账面价值的差额应缴纳所得税2 500元（（30 000−20 000）×25%），出售设备税后净收入为27 500元（30 000−2 500）。

自测题6-2

第三节　项目投资财务评价指标

一、净现值

净现值（net present value，NPV）是反映投资项目在建设和生产服务年限内获利能力的指标。一个项目的净现值是指在整个建设和生产服务年限内各年现金净流量按一定的折现率计算的现值之和，也可以表示为未来现金流量的总现值减去初始投资之后的价值。其计算公式为：

$$NPV = \sum_{t=0}^{n} \frac{NCF_t}{(1+r)^t} \tag{6.6}$$

式中，NCF_t表示第t期的净现金流量；r表示折现率；n表示项目周期。

在公式（6.6）中，折现率是指项目投资要求的必要收益率或资本成本。如果拟进行的投资项目与公司历史上的投资项目具有相同的风险，公司的财务政策不会因为新的投资活动而受到影响，那么可以公司的资本成本作为该投资项目的资本成本。如果拟投资项目的风险与公司当前所有现存资产的风险不相同，那么就必须确定该投资项目的资本成本。项目周期包括项目建设期和经营期，一般可根据下列标准确定：（1）投资项目所使用的主要设备的平均物理寿命，但由于难以预测物理寿命期限内各期的现金流量，因此这一标准的经济意义不大。（2）项目产品的市场寿命（项目的经济寿命）。由于存在产品技术含量、实用性、市场竞争以及各方面的经验等因素，项目市场寿命的长短不易准确地确定。（3）现金流量预测期限，即估计销售量以及各类支出的期限，并假设在期限终了时投资项目的所有未来价值将包括在该项目的残值内。

假设有A、B两个投资项目，各期现金流量均发生在每期期末，项目的折现率均为10%，有关数据和计算结果见表6-3。

表6-3　A、B两个投资项目的预期现金流量　金额单位：万元

A	B	C	D	E	F	G	H
项目	NCF_0	NCF_1	NCF_2	NCF_3	NPV（10%）	IRR	PI
A	−10 000	7 000	4 000	2 000	1 172	18.2%	1.12
B	−10 000	4 000	4 000	4 000	−53	9.7%	0.99

根据表6-3的数据，项目A的净现值计算如下：

$$NPV=-10\,000+\frac{7\,000}{1+10\%}+\frac{4\,000}{(1+10\%)^2}+\frac{2\,000}{(1+10\%)^3}$$

$$=-10\,000+11\,172$$

$$=1\,172\text{（万元）}$$

采用净现值准则进行项目决策的标准是：在无融资约束的情况下，接受净现值大于零的项目，放弃净现值小于零的项目。当一个投资项目有多种方案可供选择时，应该选择净现值为正且值最大的方案。在上例中，如果A和B是互斥项目，那么选择项目A可以为投资者带来更多价值。

在项目评价过程中，如果项目的净现值大于零，那么表明该项目产生的现金流量可以向投资者提供超过他们要求之外的收益，此时，进行项目投资可以提高公司当前的市场价值，从而增加股东财富。如果项目的净现值小于零，那么意味着项目实施后会降低公司当前的市场价值，从而减少股东财富。如果项目的净现值等于零，那么表明该项目产生的现金流量刚好满足投资者要求的收益率，公司当前的市场价值不变，股东财富不变。

二、内部收益率

内部收益率（internal rate of return，IRR）是指当项目的净现值为零时的折现率或现金流入量现值与现金流出量现值相等时的折现率。内部收益率满足公式：

$$NPV=\sum_{t=0}^{n}NCF_t(1+IRR)^{-t}=0 \tag{6.7}$$

根据表6-3的数据，项目A的内部收益率可按下式计算：

$$NPV=-10\,000+\frac{7\,000}{1+IRR}+\frac{4\,000}{(1+IRR)^2}+\frac{2\,000}{(1+IRR)^3}=0$$

内部收益率的计算公式是一个n次方程，可采用试错法（trial and error）确定IRR。首先估计一个IRR代入公式（6.7），来计算项目的净现值。如果代入后的净现值大于零，那么说明项目本身的收益率大于折现率，就需要提高折现率进一步测试；如果代入后的净现值小于零，那么说明项目本身的收益率小于折现率，就需要降低折现率进一步测试。反复测试，找到净现值由正到负并且比较接近零的两个折现率，再运用插值法计算出该项目的内部收益率。

应用插值法求解IRR的步骤：

步骤1：任取一个R_1，计算对应的NPV_1。

步骤2：若$NPV_1<0$，则取$R_2<R_1$；若$NPV_1>0$，则取$R_2>R_1$。

步骤3：计算R_2对应的NPV_2，若$NPV_2<0$，则取$R_1<R_2$；若$NPV_2>0$，则取$R_1>R_2$。

步骤4：继续步骤2，直到R_1和R_2分别对应的NPV_1和NPV_2出现一正一负。

步骤5：检验$|R_2-R_1|\le5\%$是否成立，若成立，进行下一步；否则，继续步骤2。

步骤6：用下面的线性插值公式计算IRR：

$$IRR=R_1+\frac{NPV_1}{NPV_1-NPV_2}\cdot(R_2-R_1) \tag{6.8}$$

还可以采用Excel函数进行计算，即在表6-3中的Excel电子表格单元格G2中输入“=IRR（B2：E2）”，回车后即可得到项目A的内部收益率为18.2%。

利用IRR准则评价投资项目的标准：如果项目的IRR大于（或等于）项目的资本成本（或投资最低收益率），则接受该项目；反之，则放弃该项目。当进行互斥项目决策时，应该选择内部收益率最高的项目。内部收益率准则可直接根据投资项目本身的现金流量计算其投资收益率，从而能够正确反映该项目本身的获利能力。

如果投资项目的现金流量为传统型，即在投资有效期内只改变一次符号，且项目各期采用相同的折现率，并以资本成本作为比较基础，那么采用内部收益率准则和净现值准则，对项目投资评价的结论是一致的。

在多数情况下，净现值指标与内部收益率指标是一致的，但是，在某些情况下，两者也存在差异，具体表现为以下三个方面：

第一，IRR指标假设再投资利率等于项目本身的IRR，相对而言，NPV指标假设的再投资利率是资本成本，例如，在上例中，假设项目A各年产生的现金流量按18.2%进行再投资。这种假设是以所要考虑的各个项目的现金流量为基础的，投资项目的IRR高，假设的再投资利率也高；反之亦然。这一假设的结果是，由于各项目的IRR不同，因此，各项目的再投资利率也不同，这不仅影响评价标准的客观性，而且不利于各项目间的比较。相对而言，NPV准则假设的再投资利率是资本成本，在市场均衡的条件下，它表明项目投资者要求的最低收益率。这种设想隐含在净现值中，且对所有的投资项目来说再投资利率都是相同的。当没有其他更确切的信息时，净现值关于再投资利率的假设是一种较为客观、合理的预期。

第二，当项目的现金流出现非传统型的情况时，项目可能存在多个内部收益率或无收益率。如果一个投资项目的现金流量是交错型的，如现金流量为-，-，+，+，+，…，-，+，+，即非传统型现金流量，那么该投资项目可能会有几个IRR，其个数要视现金流量序列中的正负号变动的次数而定，在这种情况下，采用IRR进行项目评价，很难选择哪一个用于评价最合适。

假设项目投资要求的最低收益率为12%，而项目现金流情况比较特别，其内部收益率有两个计算结果，分别是6%和20%。如果以6%作为内部收益率，那么该项目是不可行的；如果以20%作为内部收益率，那么该项目是可行的，这样会出现两个相互矛盾的结果。如果采用NPV指标，那么在折现率为12%的条件下，只要项目的净现值大于零，就可以从财务角度判断这个项目是可行的。与出现多个内部收益率的情况不同，某个投资项目也可能会出现没有任何折现率能满足净现值等于零的条件的情况，即内部收益率无解，在这种情况下，无法找到评价该投资项目的标准。

第三，互斥项目排序矛盾。在互斥项目的比较分析中，如果两个项目的投资规模不同，或两个项目的现金流量时间分布不同，采用NPV指标或IRR指标进行项目排序，有时会得出相反的结论。表6-4描述了两个规模不同的项目的净现值和内部收益率。

表6-4　**M、N两个投资项目的预期现金流量**　金额单位：万元

项目	NCF_0	NCF_1	NCF_2	NCF_3	NCF_4	NPV（10%）	IRR（%）	PI
M	-28 000	10 000	10 000	10 000	10 000	3 699	16%	1.13
N	-58 000	20 000	20 000	20 000	20 000	5 397	14%	1.09

根据表6-4中的数据，M、N两个投资项目的内部收益率均大于资本成本（10%），净现值均大于零，如果可能两个项目都应接受。如果两个项目是互斥项目，那么按内部收益率准则应选择项目M，而按净现值准则应选择项目N，这两种标准的结论是矛盾的。在本例中，在资本成本为10%的条件下，项目N可以为公司创造更多价值。

此外，如果两个投资项目的投资额相同，但现金流量时间分布不同，那么也会引起两种标准在互斥项目选择上的不一致性。

当NPV指标和IRR指标出现排序矛盾时，决策者究竟应该选择哪种准则作为项目评价标准，取决于公司是否存在资本限额约束。如果公司有能力获得足够的资本进行项目投资，那么显然决策者将选择更多的财富增长，净现值准则提供了正确的标准。如果公司存在资本限额约束，那么内部收益率准则是一种较好的标准。

三、获利指数

获利指数（profitability index，PI）又称现值指数，是指投资项目未来现金净流量（NCF）现值与初始投资额（I_0）的比率。解决投资额不同的项目之间的比较问题，可以使用获利指数法。其计算公式为：

$$PI=\frac{PV(NCF)}{I_0} \tag{6.9}$$

根据表6-3的资料，项目A的获利指数计算如下：

$$PI=\frac{11\,172}{10\,000}=1.12$$

根据获利指数准则进行项目选择的标准是：当获利指数大于1时，选择该项目；当获利指数小于1时，放弃该项目。获利指数是相对数，反映投资的效率；净现值是绝对数，反映投资的效果。当存在资本限额约束，只能选择一个项目时，选择PI最大的项目。由于NPV与PI使用相同的信息评价投资项目，得出的结论常常是一致的，但在投资规模不同的互斥项目的选择中，则有可能得出不同的结论，例如在表6-4中，按净现值准则，项目N优于项目M；按内部收益率准则，项目M优于项目N。在这种情况下，项目选择的标准取决于公司是否存在资本限额约束，如果公司有能力获得足够的资本进行项目投资，那么净现值准则提供了正确的标准。如果公司存在资本限额约束，那么获利指数准则是一种较好的选择标准。

尽管从理论上说，NPV指标优于IRR指标或PI指标，但项目经理对IRR指标或PI指标有着强烈偏好，主要原因是：（1）IRR指标不需事先确定资本成本，反映的是项目本身的获利能力；（2）IRR指标和PI指标属于相对数指标，进行不同投资规模的比较和评价更为直观。NPV指标虽然属于绝对数指标，但是在分析时已考虑到投资的机会成本，只要NPV为正数，就可以为公司多创造价值。因此，净现值标准与公司价值最大化这一目标一致。综上所述，我们可以得出结论，若评估项目相互独立，净现值标准、内部收益率标准、获利指数标准可做出完全一致的接受或舍弃的决策，但当评估互斥项目时，则应以净现值标准为基准。

四、投资回收期

投资回收期（payback period，PP）是指通过项目投产后的现金净流量收回初始投资所需要的时间。投资回收期按照是否考虑货币时间价值分为静态投资回收期和动态投资回收期。

假设T为项目各年累计现金净流量首次出现正值的年份，投资回收期可按下式计算：

$$PP = T - 1 + \frac{\text{第}T-1\text{年累计现金净流量的绝对值}}{\text{第}T\text{年的现金净流量}} \tag{6.10}$$

（一）静态投资回收期

静态投资回收期是指从项目投建之日起，用项目各年的未折现的现金流将全部投资收回所需要的时间。静态投资回收期的计算，因每年的经营现金净流量是否相等而有所不同。如果每年的净现金流量（NCF）相等，那么静态投资回收期可按下式计算：

静态投资回收期=初始投资额÷每年净现金流量

如果经营期各年的净现金流量不相等，那么可以利用项目经营净现金流量抵偿初始投资，以抵偿初始投资的年度，作为静态投资回收期。

根据表6-3的数据，项目A累计现金净流量（见表6-5）计算的静态投资回收期如下：

$$PP = (2-1) + \frac{3\,000}{4\,000} = 1.75(\text{年})$$

表6-5　　项目A累计现金净流量　　单位：万元

年份	0	1	2	3
现金净流量	-10 000	7 000	4 000	2 000
累计现金净流量	-10 000	-3 000	1 000	3 000
现金净流量现值（10%）	-10 000	6 364	3 306	1 503
累计折现现金净流量	-10 000	-3 636	330	1 173

采用投资回收期准则进行项目决策的标准：如果投资回收期小于基准回收期（通常由企业自行确定或根据行业标准确定），那么接受该项目；反之，则放弃该项目。当进行互斥项目比较分析时，企业应以回收期最短的方案作为优选方案。

投资回收期是以收回初始投资所需时间的长短作为判断是否接受某投资项目的依据，方法简单，反映直观，被企业广泛采用。但这种方法也存在一定缺陷，主要表现在：（1）静态投资回收期指标没有考虑货币时间价值和投资风险价值，这显然是不科学的。（2）投资回收期准则只考虑回收期以前各期现金流量的贡献，而不予考虑回收期以后的现金流量，从而完全忽略了回收期以后的现金流量的经济效益，进而忽略了不同投资方案的实际差异。投资回收期准则会促使企业接受短期项目，而放弃有战略意义的长期项目，例如，在表6-6中，如果按净现值准则，那么决策者应选择项目D，拒绝项目C；如果按投资回收期准则，那么得出的结论与净现值准则相反。从企业价值的角度分析，实施项目D可以增加企业的财富，而实施项目C将减少企业的财富。

表6-6　　C、D两个投资项目的净现值与投资回收期　　金额单位：万元

年份	0	1	2	3	4	5	NPV（15%）	PP（年）
项目C	-1 000	500	500	150	80	50	-17.92	2
项目D	-1 000	500	300	400	300	150	170.73	2.5

（二）动态投资回收期

动态投资回收期是指以投资项目各期已折现的现金流量将全部投资收回所需的时间，即以投资项目所产生的未来现金流量的现值足以抵补初始投资所需要的时间，又称折现的投资回收期。

动态投资回收期的计算，也因每年的经营现金净流量是否相等而有所不同。如果每年的净现金流量（NCF）相等，那么在这种年金形式下计算年金现值系数：

年金现值系数=初始投资额现值÷每年净现金流量　　(6.11)

计算出年金现值系数后，可通过查年金现值系数表，再运用内插法来推算该项目的动态投资回收期。

如果投资项目经营期各年的净现金流量不相等，那么应该把每年的净现金流量逐一折现并加总，再根据累计净现金流量现值来确定动态投资回收期，见表6-5。

根据表6-5的数据，该项目的动态投资回收期计算如下：

$$\text{动态投资回收期}=2+\frac{330}{1\ 503}=2.22\text{（年）}$$

动态投资回收期准则弥补了静态投资回收期准则未考虑货币时间价值和投资风险价值这一缺陷，但动态投资回收期准则仍未考虑投资项目回收以后各期现金流量的影响。因此，当评价投资项目时，投资回收期指标只能作为一个辅助指标，必须和其他指标相结合，才能评价该项目的可行性。

尽管投资回收期在项目评价中存在一些缺陷，但它确实向决策者表明了投入的资本被该项目占用的时长。在其他因素不变的情况下，项目的投资回收期越短，该项目的资金流动性就越大，而且由于远期现金流量的风险高于近期现金流量的风险，因此，投资回收期通常作为衡量项目风险的一项指标。

五、会计收益率

会计收益率（accounting rate of return，ARR）是指投资项目年平均会计净收益与初始投资额的比率，利用会计收益率衡量投资项目的标准是：如果会计收益率大于基准会计收益率（通常由企业自行确定或根据行业标准确定），那么应接受该项目；反之，放弃该项目。在有多个方案的互斥选择中，决策者应选择会计收益率最高的项目。会计收益率的计算公式为：

$$ARR=\frac{\text{经营年度平均净收益}}{\text{初始投资额}\div 2}\qquad(6.12)$$

假设某公司预测在项目期内各年的会计净收益分别是300 000元、525 000元、750 000元、600 000元和375 000元，项目的初始投资额为1 800 000元，则该投资项目的会计收益率为：

$$会计收益率=\frac{(300\,000+525\,000+750\,000+600\,000+375\,000)\div 5}{1\,800\,000\div 2}\times 100\%=56.67\%$$

会计收益率指标的优点是计算简单、容易理解，采用这种方法评价投资方案，可以促使投资人重视收益和投资额的变化情况。这种方法也存在明显缺陷，主要表现为：第一，会计收益率准则没有考虑货币的时间价值和投资的风险价值；第二，会计收益率准则是按投资项目的账面价值计算的，当投资项目存在机会成本时，其判断结果与净现值等准则差异很大，有时甚至会得出相反的结论，从而影响投资决策的正确性；第三，会计收益率指标用来做对比的基准会计收益率指标的确定具有主观任意性；第四，会计收益率基于会计收益和初始投资额，而非现金流量和市场价值，这往往使决策缺乏说服力。因此会计收益率指标只能作为一种衡量投资项目的辅助指标。

自测题6-3

第四节　项目投资决策

一、固定资产更新决策

对于公司而言，最大的挑战是购买大型设备等固定资产投资决策，这类决策资金量巨大且周期很长，一旦投入很难变更，因此决策十分重要且需格外谨慎。在固定资产投资决策中新建项目决策可以运用前文阐述的财务评价指标进行决策，而固定资产的更新决策则更为复杂，往往需要特殊的方法，本节将重点阐述这一问题。

旧设备继续使用时的生产成本会提高，而其生产效率低下，因此，不符合成本效益原则，此时企业需要更新固定资产设备。固定资产更新只会影响未来的生产成本和生产效率，并不会改变产品性能，也不改变产品售价，因此，更新改造固定资产不会影响营业收入的变化，只会影响生产成本，可以使用年均成本法。年均成本法适用于比较收入相同但计算期不同的项目，一般来说，新旧设备的使用年限不同，因此年均成本法比较适合固定资产更新决策。年均成本法把继续使用旧设备和重新购置新设备看成是两个互斥方案，决策者必须站在"局外人"的角度分析各项目的现金流量，而不应根据实际现金流量计算各项目的成本现值。

【例6-2】

卓越公司目前使用的A型设备是5年前购置的，原始购价20 000元，使用年限11年，预计尚可使用6年，年付现成本4 800元，期末残值800元。目前市场上有一种较为先进的B型设备，价值23 000元，预计使用10年，年付现成本3 200元，期末无残值。此时，A型设备的现时价值为6 000元，公司要求的最低投资收益率为14%，那么，该公司是继续使用A型设备，还是以B型设备代替A型设备？（假设不考虑所得税因素）

由于新旧设备的使用年限不同，因此，决策者必须从"局外人"的角度进行分析。假设公司或者继续使用A型设备，或者支付23 000元购置B型设备，则各项目的年均成本现值为：

$$AC_A=\frac{6\,000+4\,800\times(P/A,14\%,6)-800\times(P/F,14\%,6)}{(P/A,14\%,6)}=6\,249\text{（元）}$$

$$AC_B=\frac{23\,000+3\,200\times(P/A,14\%,10)}{(P/A,14\%,10)}=7\,609\text{（元）}$$

上述计算表明，使用A型设备的年均成本现值低于使用B型设备的年均成本现值1 360元（7 609-6 249），因此，卓越公司应继续使用A型设备。

如果按实际现金流量计算，那么各项目的年均成本现值为：

$$AC_A=\frac{4\,800\times(P/A,14\%,6)-800\times(P/F,14\%,6)}{(P/A,14\%,6)}=4\,706\text{（元）}$$

$$AC_B=\frac{(23\,000-6\,000)+3\,200\times(P/A,14\%,10)}{(P/A,14\%,10)}=6\,459\text{（元）}$$

上述计算表明，按实际现金流量计算，A型设备与B型设备相比，其年均成本现值节约了1 753元（6 459-4 706），这一结果与从“局外人”的角度计算的结果存在一定差异，即每年节约额多了393元（1 753-1 360）。这两种方法计算的结果之所以不一样，是因为当按实际现金流量计算时，A型设备的现时价值6 000元从B型设备的原始成本23 000元中扣除，这意味着两者都是按B型设备的使用年限（10年）进行摊销的，以确定其年均成本现值。而实际上，A型设备的现时价值6 000元应按其尚可使用年限（6年）进行摊销。因此，当旧设备和新设备的使用年限不同时，决策者应从“局外人”的角度来分析投资项目的现金流量。

【学思践悟】 推动产业链供应链优化升级

2024年政府工作报告部署全年十大任务，将“大力推进现代化产业体系建设，加快发展新质生产力”放到首位，有三项重点布局：一是推动产业链供应链优化升级；二是积极培育新兴产业和未来产业；三是深入推进数字经济创新发展。

推动产业链供应链优化升级是加快发展新质生产力的重要布局之一。首先要不断增强产业链供应链韧性和竞争力。2023年12月21日，工业和信息化部在京召开全国工业和信息化工作会议，明确全面实施制造业重点产业链高质量发展行动，提升产业科技创新能力。2023年12月中央经济工作会议再次强调：“完善新型举国体制，实施制造业重点产业链高质量发展行动，加强质量支撑和标准引领，提升产业链供应链韧性和安全水平。”其次是推动传统产业高端化、智能化、绿色化转型。2022年4月15日，国家发展改革委员会举行的专题新闻发布会，对“高端化、智能化、绿色化”做出详细解释：高端化，重点是引导企业围绕增品种、提品质、创品牌扩大有效投资，不断提升产品、服务的质量水平和层次，着力打造知名品牌，推动自主品牌向价值链中高端跃升；智能化，重点是鼓励企业积极应用人工智能、大数据、5G等新一代信息技术，加快数字化转型、网络化协同、智能化变革，提升生产效率、产品质量、能源资源利用效率；绿色化，重点是推动钢铁、石化、化工、有色、建材等重点行业企业实现节能降碳和绿色转型。国家发展改革委员会鼓励标杆水平以上重大示范项目建设，推动基准水平以下企业改造升级，引导各类企业提高能效水平，实现转型发展。最后，加强产业链关键核心技术国产替代能力。要充分发挥我国在产业链完整、市场规模庞大、与全球产业链和供应链体系深度嵌入等方面优势，不断加强标准引领和质量支撑，打造更多有国际影响力的"中国制造"品牌。

资料来源：1.新华社.国务院：2024年政府工作报告[EB/OL].[2024-3-5].https://www.gov.cn/gongbao/2024/issue_11246/202403/content_6941846.html.

2.佚名.工业和信息化部：全国工业和信息化工作会议在京召开[EB/OL].[2023-12-21].https://www.miit.gov.cn/xwdt/gxdt/ldhd/art/2023/art_bfa8bab733374d2a9a79f5c86935aead.html.

二、资本限额投资决策

资本限额是指企业可以用于投资的资本有限，不能投资于所有可接受的项目，即企业的投资项目有资本的约束。在现实中，会出现许多总量资本受到限制的情况，这时企业需要考虑将有限的资本分配给哪些项目，从而就涉及在资本受限的情况下应该如何进行投资决策的问题。在有资本限额的情况下，企业为了获得最大利益，应该选择那些能使投资项目的净现值合计数达到最大的投资项目组合。一般的做法是：第一，将全部投资项目排列出不同的组合，每个组合的投资要不超过资本总量；第二，计算各投资项目的净现值以及各投资项目组合的净现值合计数；第三，选择净现值合计数最大的投资项目组合。计算步骤如下：

（1）计算所有项目的净现值，并列出每个项目的初始投资额。

（2）如果资本限额能够满足所有NPV≥0的项目，那么决策过程完成。

（3）如果资本限额不能满足所有NPV≥0的项目，那么在资本限额内对所有项目进行各种可能的组合，然后计算出各种投资项目组合的净现值合计数。

（4）选择净现值合计数最大的投资项目组合。

【例6-3】

甲公司可以投资的资本总量为1 000万元，资本成本为10%。现有A、B、C 3个投资项目，有关数据见表6-7。

表6-7　**A、B、C 3个投资项目的有关数据**　金额单位：万元

投资项目	投资额	未来现金流量现值	净现值	PI
A	400	565	165	1.41
B	500	670	170	1.34
C	300	488	188	1.63

计算下列各投资项目组合的净现值，见表6-8。

表6-8　**3个投资项目组合的有关数据**　单位：万元

投资项目组合	投资额	未来现金流量现值	净现值
A和B	900	1 235	335
A和C	700	1 053	353
B和C	800	1 158	358

根据净现值分析：3个投资项目的净现值都是正数，表明这3个投资项目都可以增加

股东财富。由于甲公司可用于投资的资本总量只有1 000万元，因此，这3个项目不能同时进行投资。从表6-8中的数据可以看出B项目和C项目的投资项目组合的净现值合计数最大，所以该投资项目组合被采用。这里有个前提条件，A、B、C 3个投资项目是相互独立的且单个投资项目的投资是不可分的。如果单个投资项目的投资额是可分的，那么要采用PI排序的方法进行分析，例如项目B可以只投资300万元，则此时的投资顺序如下：第一，先投资项目C，因为项目C的PI值（1.63）最高；第二，再投资项目A，因为项目A的PI值（1.41）次之；第三，最后用剩余的300万元投资额来投资项目B，因为项目B的PI值（1.34）最低。

当然，当公司有很多投资机会时，财务经理的责任是到资本市场去进行筹资（根据资本市场的资金流动偏好，好的投资项目是可以筹到所需资金的），因此，发掘好的投资项目至关重要。

自测题6-4

第五节　项目投资风险管理

一、项目风险来源

项目风险是指某一投资项目本身特有的风险，即不考虑与公司其他项目的组合风险效应，单纯反映特定项目未来收益（净现值或内部收益率）相对于预期值的离散程度。投资项目风险一方面来源于项目的特有因素或估计误差，另一方面来源于各种外部因素，其中具有普遍性且比较重要的因素如下：

（1）项目收益风险。项目收益风险是指影响项目收入的不确定性因素，如产品价格波动、市场状况、消费者偏好、意外事故等。项目收入比任何其他的经济分析所采用的参数都具有更大的不确定性，这种不确定性将给公司带来更高的投资风险。

（2）投资与经营成本风险。投资与经营成本风险是指决策者对各项费用估计不足的风险，例如，对厂房及机器设备的类型与数量、土地征用和拆迁安置费、机械使用费等建设投资估计不足，对材料费、工资费、各种管理费等经营成本估计不足，以及建设期的延长等对费用的影响估计不足等。

（3）融资风险。融资风险是指项目的资本来源、供应量与供应时间、利率、汇率变化对融资成本的影响。

（4）其他风险。其他风险主要是指社会、政治、经济的稳定程度，项目施工与经营管理的水平，技术进步与经济发展的状况，国家的投资及产业政策，投资决策部门的预测能力，项目设计质量和可靠性，通货膨胀和汇率等。

风险性投资分析包括两类基本方法：一类方法是对项目的基础状态的不确定性进行分析，包括敏感性分析、情景分析等，这类方法通过研究投资基础状态变动对投资分析结果的影响力，来分析该项投资的适用性；另一类方法是对项目的风险因素进行调整，包括风险调整折现率法和风险调整现金流量法。

二、敏感性分析

敏感性分析是投资项目评价中常用的一种研究不确定性的方法。该方法可以用来衡量不确定性因素对投资项目的最终经济效果指标的影响及影响程度。不确定因素主要包括销售收入、经营成本、生产能力、初始投资、寿命期、建设期、达产期等。如果某因素参数的小幅度变化能导致经济效果指标的较大幅度变化，即表明该因素的敏感性强，那么称其为敏感因素；如果某因素参数在较大幅度内变动，才会影响项目的经济效果指标，即表明该因素的敏感性弱，那么称其为非敏感因素。敏感性分析的目的是找出经济效果指标对哪些因素最敏感，从而为决策者提供重要的决策信息。

敏感性分析主要解决一系列“如果……会怎样”的问题，例如，如果销售量比预期值下降10%会怎样，如果投资额增加20%会怎样。这种方法在一定程度上就多种不确定因素的变化对项目评价标准的影响进行定量分析，从而有助于决策者了解当进行该项目决策时需重点分析与控制的因素。

投资项目敏感性分析是一项分析技术，通常是在假定其他变量不变的情况下，测定某一特定变量发生变化时对净现值（或内部收益率）等指标的影响，具体步骤如下：

第一，确定敏感性分析对象。首先，根据投资项目现金流量中的收入、成本等基本数据，分别计算出该项目或几个对比项目的净现值、内部收益率等评价指标；再根据不同投资项目的特点，挑选出最能反映该项目效益的评价指标作为分析对象，并进行敏感性分析。

第二，选择不确定因素。投资项目不确定因素的选择，依项目的规模、类型的不同而不同，例如，销售收入、经营成本、初始投资等。此外，决策者还需要关注有关折现率和项目寿命期的信息。显然，这一过程中产生的各种评估数据都会受到不确定因素的影响。在评估过程中，决策者通常不需要对全部可能出现的不确定因素逐个进行分析，而只是分析那些在成本收益构成中占比例较高、对盈利能力有重大影响并且在经济寿命周期中最有可能发生的不确定因素。

第三，计算各种因素允许变动的临界值。这里的临界值是指在不改变某一评价指标决策结论的前提下，该因素所能变动的上限或下限。

在分析计算的过程中，先假定一个因素变化而其他因素不变，算出该项目效益对这个变化的敏感程度；再假定第二个因素变化而其他因素不变，算出该项目效益对这个变化的敏感程度；这样一个因素一个因素往下计算，直到将对投资项目的经济效益有影响的主要因素以及这些因素相应的敏感度都算完为止。

【例6-4】

假设某公司正在考虑一项投资，初始投资额为5 000万元，第1—5年每年的营业收入为32 000万元，变动成本总额为21 000万元，固定成本总额为9 000万元，其中折旧费为800万元，假设所得税税率为25%，折现率为10%，则该项投资各年的经营现金净流量和净现值计算如下：

$NCF_{1\text{-}5}$=（32 000−21 000−9 000）×（1−25%）+800=2 300（万元）

NPV=−5 000+2 300（P/A，10%，5）=3 719（万元）

从净现值评价指标看，该项目值得投资。问题在于计算净现值所用的数据仅仅是预计值，而实际现金流量可能与预计值大不相同。通过敏感性分析，决策者可依次检验在净现值计算中使用的每一个数据，从而确定预计值的变动对净现值的影响。根据【例6-4】中的数据，利用Excel软件中的单变量求解，依次检验每一项预计值并确定该项目的净现值由正变为零之时的变动程度，具体见表6-9。

表6-9　净现值为零时的各因素变动上下限　金额单位：万元

项目	原预计现金流量	NPV=0的现金流量	现金流量变动上下限（%）
初始投资额	5 000	8 719	74.38
营业收入	32 000	30 692	-4.09
变动成本总额	21 000	22 308	6.23
固定成本总额	9 000	10 308	14.53
项目年限（年）	5	2.58	-48.40
折现率（%）	10	36	260

在表6-9中，如果初始投资额由预计的5 000万元升至8 719万元，即比原预计值上升了74.38%（假设所有其他预计值保持不变），净现值将会由3 719万元降至零，因此，74.38%的升幅是实际投资额超过预计投资额的最大限度。类似地，在其他因素不变的情况下，如果营业收入的下降幅度超过4.09%，变动成本总额的上升幅度超过6.23%，固定成本总额的上升幅度超过14.53%等，那么项目的净现值将变为负数。表6-9中的数据表明，对该项目净现值变动最敏感的因素是营业收入，当净现值为零时的营业收入（30 692万元）恰好是项目各年盈亏平衡点的营业收入。其后，敏感性从强到弱依次是变动成本总额（6.23%）、固定成本总额（14.53%）、项目年限（-48.40%）、初始投资额（74.38%）、折现率（260%）。

当进行敏感性分析时，有可能出现一个敏感性因素的变化会使其他条件发生相应变化的情况。因此，当调整现金流量时，需注意以下几个问题：(1) 在调整时不要忽略与销售收入有关的税金的变化；(2) 原材料、燃料价格的变化，要调整变动成本总额；(3) 项目投产后，产量发生了变化，在相关范围内，只调整变动成本总额，固定成本总额不变。

敏感性分析的另外一个角度是可按不确定因素发生变化时增加（减少）一定的百分比（±5%、±10%、±20%等）分别计算出这些因素变化对项目的净现值等评价指标的影响。

营业收入变动时净现值变动的上下限见表6-10。

然而，敏感性分析也存在一定的局限性：敏感性分析采取固定其他变量、改变某一变量的方法，往往与实际情况相脱离，当进行敏感性分析时，只允许一个变量发生变化，假设其他变量不变，这与实际情况有差别，而事实上，许多变量都是相互联系的，只不过发生变化的幅度不同而已，再者，敏感性分析没有考虑各种不确定因素在未来发生变动的概率分布状况，因而会影响风险分析的正确性。在实际过程中可能会出现这样的情况：决策

表6-10　**营业收入变动时净现值变动的上下限**　金额单位：万元

	基准值	5%	-5%	10%	-10%
营业收入	32 000	33 600	30 400	35 200	28 800
变动成本总额	21 000	21 000	21 000	21 000	21 000
固定成本总额	9 000	9 000	9 000	9 000	9 000
税后净利润	1 500	2 700	300	3 900	-900
折旧	800	800	800	800	800
净现金流量	2 300	3 500	1 100	4 700	-100
年限	5	5	5	5	5
折现率	10%	10%	10%	10%	10%
折现系数	(P/A，10%，5)	(P/A，10%，5)	(P/A，10%，5)	(P/A，10%，5)	(P/A，10%，5)
未来现金流量现值	8 719	13 268	4 170	17 817	-379
初始投资额	5 000	5 000	5 000	5 000	5 000
净现值	3 719	8 268	-830	12 817	-5 379

者通过敏感性分析找出的某一敏感因素未来发生不利变化的概率很低，所引起的风险也很低；而另一个相对不太敏感的因素未来发生不利变化的概率却很高，从而不敏感因素实际所带来的风险也比该敏感因素带来的风险高。

三、情景分析

投资项目风险不仅取决于各种主要因素变动的敏感性，而且取决于各种因素变化的概率分布状况。敏感性分析只考虑了第一种情况，而情景分析可以同时考虑这两种情况。

在情景分析中，分析人员在各因素基数值的基础上，分别确定一组“差”的情况（销售量低、售价低、成本高等）和一组“好”的情况，然后计算在“差”和“好”两种情况下的净现值，并将计算结果与基数净现值进行比较。

在【例6-4】中，预期项目的净现值为3 719万元。在决定是否接受该项目之前，分析人员可将影响该项目的关键因素，如初始投资额、营业收入、变动成本总额、固定成本总额等方面的变化，分为最佳、最差和正常（预期值）3种情况，并分别计算不同情况的净现值。为分析方便，假设分析人员确信，除营业收入和变动成本总额以外，影响现金流量的其他因素都是确定的。据预测，营业收入最低为28 000万元，最高为73 600万元；变动成本总额则在38 640万元至45 360万元之间变动。不同情景下的项目净现值计算见表6-11。

表6-11　**情景分析**　金额单位：万元

方案	概率	营业收入	变动成本总额	净现值
最差情况	0.3	28 000	38 640	-57 806
正常情况	0.4	32 000	21 000	3 719
最佳情况	0.3	73 600	45 360	52 734

表6-11表明，该项目的净现值在-57 806万元至52 734万元之间波动，为了解该项目的风险情况，还可以计算该项目的期望净现值，以及在不同情景下该项目的净现值与期望净现值的离差。情景分析可以为决策者提供项目特有风险的有用信息，但这种方法只考虑了项目的几种离散情况，其分析结果有时不能全面反映项目的风险状况。

四、风险调整

以净现值准则为基础进行风险调整，主要包括风险调整折现率法和风险调整现金流量法。前者调整净现值公式的分母，后者调整净现值公式的分子。

（一）风险调整折现率法

风险调整折现率法是指将与特定投资项目有关的风险报酬加入到资本成本或公司必要报酬率中，从而构成按风险调整的折现率，并据以进行投资决策分析的方法。

在风险调整折现率法下，净现值公式可写成：

$$NPV=\sum_{t=0}^{n}\frac{NCF_t}{(1+r)^t}=\sum_{t=0}^{n}\frac{NCF_t}{(1+i+\theta)^t} \tag{6.13}$$

式中，i表示无风险利率；θ表示风险溢价。

当采用风险调整折现率法时，分析人员通常根据同类项目风险收益系数与反映特定项目风险程度的特定项目标准离差率估计风险溢价，然后加上无风险利率，即为该项目的风险调整折现率，其计算公式为：

$$\text{风险调整折现率}=\text{无风险利率}+\text{同类项目风险收益系数}\times\text{特定项目标准离差率} \tag{6.14}$$

当采用风险调整折现率法时，分析人员对风险高的项目采用较高的折现率，对风险低的项目采用较低的折现率，从而可以调整项目在不同经济状态下的折现率，并及时反映市场风险。这种方法简单明了，符合逻辑，在实际中运用较为普遍。但是这种方法把风险价值与时间价值混在一起，人为地假定风险一年比一年高，不论第n年为哪一年，第n+1年的复利现值系数总是小于第n年的复利现值系数，从而夸大了远期风险。在实际中经常存在这样的情况，有的投资项目往往对前几年市场开拓期的现金流量没有把握，而一旦项目占领了市场，对后期的现金流量就较有把握，如果按风险调整折现率法，那么将不能正确地反映这一类项目的风险程度。

（二）风险调整现金流量法

在投资决策中，各年的现金流量往往具有不确定性，分析人员通常采用风险调整现金流量法将未来不确定的现金流量调整为确定的现金流量。风险调整现金流量法又称确定等值法或肯定当量法，是根据投资项目或方案风险的高低，采用适当的方法，将未来不确定的现金流量调整为确定的现金流量；然后利用无风险利率进行折现，计算项目的净现值，并以此作为决策的基础。在风险调整现金流量法下，风险项目的净现值计算公式为：

$$NPV=\sum_{t=0}^{n}\frac{\alpha_t NCF_t}{(1+i)^t} \tag{6.15}$$

式中，各年的α_t表示无风险现金流量和风险现金流量之间的肯定当量系数，其计算公式为：

$$\alpha_t = \frac{确定现金流量}{风险现金流量} \quad (0 \leqslant \alpha_t \leqslant 1) \qquad (6.16)$$

式中，各年的α_t值反映了决策者对风险的态度，决策者的风险规避程度越高，肯定当量系数就越小。对公司而言，如果项目的风险处于正常水平，且资本成本和无风险利率已知，那么可以确定肯定当量系数。

在实践中，α_t值可由经验丰富的财务人员凭主观判断确定，也可以根据各年现金流量不同的离散程度，即现金流量标准离差率确定。现金流量标准离差率如何分档，各档的确定肯定当量系数如何规定，均取决于投资决策者对风险的规避程度。如果将现金流量标准离差率划分为若干档次，并为每一档次规定一个相应的α_t值，那么现金流量标准离差率越低，风险越小，α_t值越大；反之，α_t值越小。当现金流量确定时，α_t取值1；当现金流量风险较低时，α_t可在0.8～1范围内取值；当现金流量的风险一般时，α_t可在0.4～0.8范围内取值；当现金流量风险较高时，α_t可在0～0.4范围内取值。现金流量风险越高，α_t值越接近0；现金流量风险越低，α_t值越接近1。

假设某项目的寿命周期为1年，年末预期现金流量为5 500万元，投资者要求的收益率为10%，无风险利率为4%，不考虑项目的初始投资成本，则该项目的现值为：

$$PV = \frac{5\,500}{1+10\%} = 5\,000(万元)$$

根据上述计算结果，采用无风险利率取代资本成本，就可以得到肯定当量系数：

$$\frac{5\,500\alpha}{1+4\%} = 5\,000$$

$$\alpha = 0.9455$$

计算结果表明，投资项目1年后收到的不确定现金流量为5 500万元，还是确定现金流量5 200万元（5 500×0.9455），对该项目投资价值的影响是一样的，即都可得到等值的项目现值。

风险调整现金流量法的优点是克服了风险调整折现率法夸大远期风险的缺点，可以根据各年不同的风险程度分别采用不同的肯定当量系数，通过对现金流量的调整来反映各年的投资风险，并将风险因素与时间因素分开讨论，从而在理论上是成立的。但是，肯定当量系数α_t很难确定，因为每个人都会有不同的估算，所以α_t数值差别很大。在更为复杂的情况下，肯定当量系数反映的是股票持有者对风险的偏好，而不是公司决策者的风险观。准确地确定肯定当量系数是一个非常困难的问题，因此，风险调整现金流量法在实际决策应用中较少采用。

自测题6-5

【本章小结】

▶项目投资一般具有资金量大、周期长、风险高、收益高等特点。资本预算又称投资预算，是指企业为了今后发展得更好，获取更大的报酬而做出的资本支出计划，该预算与项目投资决策密切相关，系统地反映了投资的时间、规模、收益以及资金的筹措方式。

▶投资项目现金流量必须以预测的不同时期收到和付出的现金流量来计算数据。与投资项目有关的现金收入或现金支出节约额为现金流入；与投资项目有关的现金支出为现金流出。

▶实际现金流量原则是指当预期投资项目的成本和收益时，采用现金流量而不是会计收益。坚持实际现金流量原则的主要目的是避免会计收益对项目评价的影响。

▶增量现金流量是指企业接受或拒绝某个投资项目之后，企业的现金流量总额因此发生的变动。

▶沉没成本是指过去已经发生、无法由现在或将来的任何决策所能改变的成本。在投资决策中，沉没成本属于决策无关成本。

▶一个投资项目的周期包括初始期、经营期和终结期，相应地，周期内项目的现金流量一般包括初始现金流量、经营期现金流量和终结点现金流量三部分。

▶项目建设期结束，必须垫支一定的营运资本才能投入运营，待项目终结时，垫支的营运资本才能收回。

▶净现金流量=收现营业收入-经营付现成本-所得税

=税后利润+折旧

▶终结点现金流量是指投资项目终结时发生的现金流量，这种现金流量包括两部分：经营性现金流量和非经营性现金流量。经营性现金流量主要包括：①固定资产、无形资产残值变价收入；②固定资产、无形资产出售的税负损益；③收回的垫支营运资本。

▶净现值（NPV）是指在整个建设和生产服务年限内各年现金净流量按一定的折现率计算的现值之和，也可以表示为未来现金流量的总现值减去初始投资之后的价值。如果项目的净现值大于零，那么接受该项目。如果项目的净现值小于零，那么放弃该项目。

▶内部收益率（IRR）是指当项目净现值为零时的折现率或现金流入量现值与现金流出量现值相等时的折现率。如果IRR大于或等于项目的资本成本或投资最低收益率，那么接受该项目；反之，放弃该项目。

▶获利指数（PI）又称现值指数，是指投资项目未来现金净流量（NCF）现值与初始投资额（I_0）的比率。解决投资额不同的项目之间的比较问题，可以使用获利指数法。

▶投资回收期（PP）是指通过项目投产后的现金净流量收回初始投资所需要的时间。投资回收期按照是否考虑货币时间价值分为静态投资回收期和动态投资回收期。

▶会计收益率（ARR）是指投资项目年平均会计净收益与初始投资额的比率，利用会计收益率衡量投资项目的标准是：如果会计收益率大于基准会计收益率，那么接受该项目；反之，放弃该项目。

▶年均成本法适用于收入相同但计算期不同的项目比选，一般来说，由于新旧设备的使用年限不同，因此年均成本法比较适合固定资产更新决策。

▶在有资本限额的情况下，企业为了获得最大利益，应该选择那些能使投资项目的净现值合计数达到最大的投资项目组合。

▶项目风险是指某一投资项目本身特有的风险，即不考虑与公司其他项目的组合风险效应，单纯反映特定项目未来收益（净现值或内部收益率）可能结果相对于预期值的离散程度。

▶敏感性分析可以用来衡量不确定性因素对投资项目的最终经济效果指标的影响及影响程度。如果某因素参数的小幅度变化能导致经济效果指标的较大幅度变化，即表明该因素的敏感性强，那么称其为敏感因素。

▶以净现值准则为基础进行风险调整，主要有风险调整折现率法和风险调整现金流量法。风险调整折现率法是指将与特定投资项目有关的风险报酬加入到资本成本或公司必要报酬率中，从而构成按风险调整的折现率，并据以进行投资决策分析的方法。风险调整现金流量法又称确定等值法或肯定当量法，是根据投资项目或方案风险的高低，采用适当的方法，将未来不确定的现金流量调整为确定的现金流量，然后再利用无风险利率进行折现，计算项目的净现值，以此作为决策的基础。

【复习思考】

1.项目投资决策的程序包括哪些步骤？

2.预测投资项目现金流量应坚持哪几条原则？

3.为什么沉没成本不应该包括在项目投资决策分析中，而机会成本应该包括在内？

4.净现值指标的决策标准是什么？内部收益率法的决策标准是什么？

5.比较非折现评价标准与折现评价标准。

6.净现值法和内部收益率法在何种情况下可能得到不同的结论？为什么？

7.投资回收期指标的优缺点分别是什么？

8.项目投资所考虑的风险类型有哪些？你认为资本决策中的哪个风险最重要，为什么？

9.如何为投资项目进行敏感性分析？

10.风险调整折现率法与风险调整现金流量法有什么区别？二者的优缺点分别是什么？

链接本章
引导案例

《财务管理》
慕课资源

第三篇

融资管理

第七章

资本成本

【学习目标】

本章主要阐述了有关资本成本的内容，具体包括资本成本的含义和作用、债务资本成本、股权资本成本的计算，以及加权平均资本成本的含义和计算方法。通过对本章内容的学习，学生应完成以下目标：

1.理解资本成本的含义和作用；

2.掌握债务资本成本、优先股资本成本、普通股资本成本和留存收益资本成本的计算方法；

3.掌握加权平均资本成本的计算方法，以及不同权数的确定方法。

【本章主要内容导图】

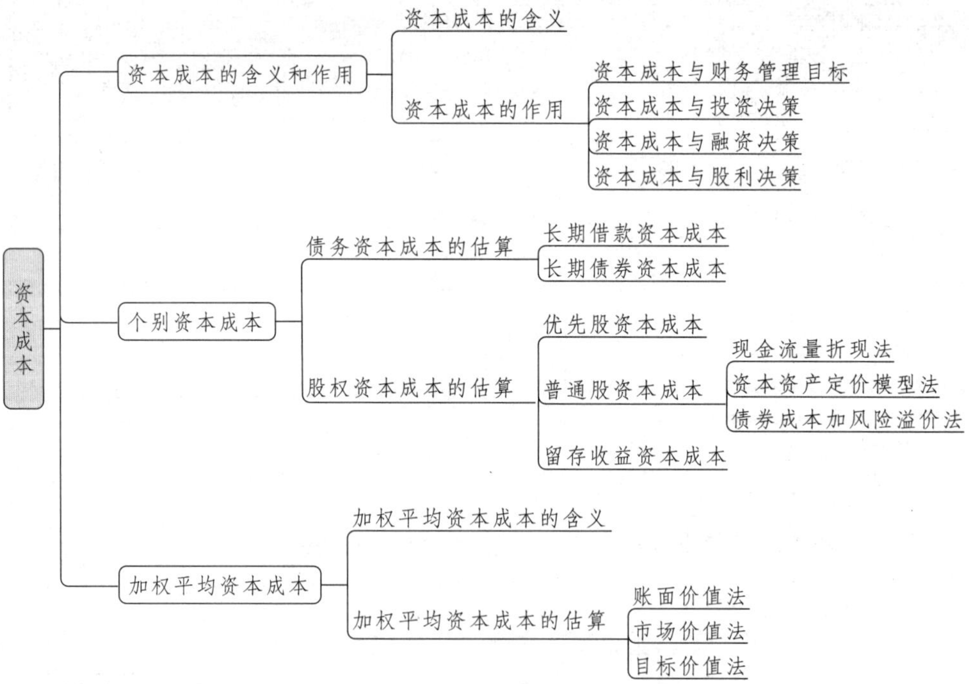

【引导案例】

在中国的资本市场中，很多上市公司倾向于采用出让部分股权的方式进行融资，而并不采用举借债务或者发行债券的方式，从而形成了非常有趣的“股权融资偏好”现象。针对这个现象，很多人认为这是因为采用出让部分股权的方式取得的资金，其融资成本更为低廉。在债务关系中，作为债务人的企业需要定期向债权人支付利息，并在债务到期时偿还本金；如果不能按时支付利息，或者偿还本金，那么将导致严重的后果。而在股权关系中，作为发行方的企业并没有支付现金股利的强制性约束，即使长期不发放现金股利也不会产生法律后果。同时，股票并没有到期日，因此也没有偿还本金的压力。因此，与债务融资相比，股权融资的成本更为低廉。企业的所有者权益还包括留存收益，这是企业经营活动形成的剩余，可以由企业自由支配，因此，留存收益不存在任何成本。

问题：

（1）债务性质的资金来源，其成本应该包括哪些？

（2）权益性质的资金来源，其成本应该包括哪些？

（3）作为所有者权益的组成部分，企业使用留存收益作为资金来源不会产生任何成本吗？

（4）与债务融资相比，采用权益方式融资并使用资金的成本更低吗？如果是，为什么？如果不是，“股权融资偏好”的现象如何加以解释？

第一节 资本成本的含义和作用

一、资本成本的含义

资本是指为购置资产并进行生产而筹集的全部资金。资本成本是指在资本的所有权和使用权分离的条件下，资本使用者为了获得资本的使用权，而支付给资本所有者的费用，即资本取得和使用的成本。在财务活动中，资本成本扮演着重要的角色：既是资本的需求者为了获得资本所必须支付的最低价格；又是资本的提供者要求获得的最低收益率。因此，了解影响资本成本的因素，掌握资本成本的计算方法，是企业管理者做出正确决策的前提条件。

从资本所有者来看，资本成本是让渡资本使用权、对资本使用者进行投资时所要求的最低收益率。因此，资本成本通常由无风险收益率和风险收益率两部分组成。无风险收益率反映资本的时间价值（包含通货膨胀因素），通常可以采用国债利率作为计算基准。风险收益率反映资本使用者承担经营风险和财务风险所要求的补偿。

资本成本按照其发生的阶段，可以分为资本的取得成本和资本的使用成本。资本的取得成本是指在获取资本使用权的过程中，形成的各种费用和成本，如各种手续费、评估费、代理发行费；资本的使用成本是指在资本日后的使用过程中支付的成本，如各种利息、股利和红利。在实务中，资本成本通常以相对数形式表现，即资本使用成本与融资净额相等时的折现率。

二、资本成本的作用

（一）资本成本与财务管理目标

财务管理以价值最大化作为目标，而价值的计算离不开资本成本。从价值计算公式来看，价值的计算需要将未来现金流量按照对应的资本成本进行折现。资本成本是价值计算过程中的折现率。在其他条件相同的情况下，资本成本水平的高低直接决定着价值量的大小。在现金流量保持不变的情况下，降低资本成本是实现财务管理目标的重要途径。

（二）资本成本与投资决策

在投资决策中，资本成本是决定投资项目能否被接受的重要标准。在投资决策过程中，资本成本扮演着“门槛”的角色，需要将项目的预期收益率与资本成本相比。当预期收益率大于资本成本时，项目风险得到了充分补偿，并会增加额外价值，此时，该项目应当被接受。当预期收益率小于资本成本时，项目风险没并未得到应有补偿，从而会导致价值下降，此时，该项目应当被拒绝。

（三）资本成本与融资决策

在融资决策中，资本成本是确定合理资本结构的标准。融资决策通过调整债务和权益之间的比例关系，实现尽可能低的资本成本。资本成本水平越低，企业能够接受的投资项目越多，价值也会越大。融资决策过程中的有关资本结构的决策，其核心是降低资本成本。

（四）资本成本与股利决策

自测题 7-1

股利政策直接影响企业的留存收益水平，从而影响权益资金在全部资金来源中的比例，进而影响资本成本。因此，在影响股利政策的诸多因素之中，资本成本至关重要。从理论上看，股利政策和融资决策的出发点几乎相同。能够实现最低资本成本水平的股利政策，才是最佳的选择。

第二节　个别资本成本

一、债务资本成本的估算

（一）长期借款资本成本

根据风险和收益的权衡关系，长期借款资本成本由无风险收益率和风险收益率两部分组成。长期借款的风险主要是指不能偿还到期利息和本金的违约风险，可以根据信用评级来确定。公司的信用等级越高，长期借款的违约风险越低，风险收益率越低；公司的信用等级越低，长期借款的违约风险越高，风险收益率越高。

如果公司信用评级难以取得，那么可以采用实际发生的成本近似计算长期借款的资本成本。在长期借款的资本成本中，利息占主要部分。因此，公司取得长期借款所支付的利息是计算其资本成本的基础。借款利息可以作为费用计入成本，并且在税前扣除，从而少缴纳一部分所得税，进而降低了债务资本成本。在实际工作中，当公司向银行申请长期借款时，银行通常不会将贷款足额发放给借款人，而是将其中一部分以无息的方式保留在银行作为担保，这将导致公司不能实际足额使用贷款资金，因此，这部分担保的资金应当作为融资费用予以扣除。长期借款资本成本的计算公式如下：

$$D_0(1-f)=\sum_{t=1}^{n}\left[\frac{I_t(1-\tau)}{(1+r_d)^t}+\frac{D_t}{(1+r_d)^t}\right] \tag{7.1}$$

式中，I_t表示每年支付的利息；τ表示所得税税率；f表示融资费用率；r_d表示银行借款资本成本；D_t表示第t年年末银行借款本金；D_0表示银行借款总额。

如果长期借款的本金是在到期日一次性偿还，那么公式（7.1）也可以表达为：

$$D_0(1-f)=\sum_{t=1}^{n}\frac{I_t(1-\tau)}{(1+r_d)^t}+\frac{D_t}{(1+r_d)^n}$$

【例 7-1】

某公司取得5年期长期借款800万元，年利率为7%，每年付息一次，借款手续费率为0.2%，公司适用的所得税税率为25%。

根据公式（7.1），该公司长期借款的资本成本计算如下：

$$800\times(1-0.2\%)=\sum_{t=1}^{5}\frac{800\times 7\%\times(1-25\%)}{(1+r_d)^t}+\frac{800}{(1+r_d)^5}$$

r_d=5.30%

（二）长期债券资本成本

公司采用发行债券的方式进行融资，从债券购买者的角度来看，资本成本就是投资债券的到期收益率。因此，债券资本成本是指使发行债券筹集到的资本与预期未来现金流量的现值相等时的折现率，其公式为：

$$B_0(1-f)=\sum_{t=1}^{n}\frac{I_t(1-\tau)}{(1+r_b)^t}+\frac{B_t}{(1+r_b)^t} \tag{7.2}$$

式中，B_0表示债券的票面价值；B_t表示第t年年末偿还债券的本金；I_t表示第t年年末支付的债券利息；r_b表示债券的资本成本；τ表示所得税税率；f表示融资费用率。

【例 7-2】

某公司发行总额500万元的5年期长期债券，票面利率为8%，每年付息一次，到期还本，发行费率为5%，企业所得税率25%。债券按面值等价发行，求该债券的资本成本。

根据长期债券的资本成本计算公式，公司债券的资本成本计算如下：

$$500\times(1-5\%)=\sum_{t=1}^{5}\frac{500\times 8\%\times(1-25\%)}{(1+r_b)^t}+\frac{500}{(1+r_b)^5}$$

r_b=7.23%

上式计算表明公司债券的资本成本为7.23%。

有“砍头息”的高利贷不一定是“套路贷”

在债务资本成本的计算过程中，如果债券期限很长，并且每年债券利息相同，那么可以将债券视为永续年金，利用更为简单的方法（公式（7.3））来近似计算：

$$r_b=\frac{I\times(1-\tau)}{B_0\times(1-f)} \tag{7.3}$$

【学思践悟】 央行定向降准支持实体经济①

2017年9月30日，中国人民银行网站发布消息："根据国务院部署，为支持金融机构发展普惠金融业务，聚焦单户授信500万元以下的小微企业贷款、个体工商户和小微企业主经营性贷款，以及农户生产经营、创业担保、建档立卡贫困人口、助学等贷款，人民银行决定统一对上述贷款增量或余额占全部贷款增量或余额达到一定比例的商业银行实施定向降准政策。凡前一年上述贷款余额或增量占比达到1.5%的商业银行，存款准备金率可在人民银行公布的基准档基础上下调0.5个百分点；前一年上述贷款余额或增量占比达到10%的商业银行，存款准备金率可按累进原则在第一档基础上再下调1个百分点。上述措施将从2018年起实施。"

中国人民银行自2014年即开始对小微企业和"三农"领域实施定向降准政策。特别是县域农村金融机构信贷投放集中在小微企业和"三农"领域，从而较早享受了较大幅度的定向降准政策，其存款准备金率大幅低于全部存款类金融机构的平均水平，且满足新增存款一定比例用于当地贷款的达标县域农村金融机构，还可享受一个百分点的存款准备金率优惠。

此次对普惠金融实施定向降准政策，是中国人民银行根据国务院的部署对原有定向降准政策的拓展和优化，以更好地引导金融机构发展普惠金融业务。一方面，原有定向降准主要针对小微企业和"三农"领域，而此次对普惠金融实施定向降准政策不仅覆盖了上述贷款，而且将政策延伸到脱贫攻坚和"双创"等其他普惠金融领域贷款，政策外延更加完整和丰富。另一方面，对普惠金融实施定向降准政策还对原有政策标准进行了优化，聚焦"真小微""真普惠"，指向单户授信500万元以下的小微企业贷款、个体工商户和小微企业主经营性贷款，以及农户生产经营、创业担保、建档立卡贫困人口、助学等贷款，政策的精准性和有效性显著提高。

二、股权资本成本的估算

（一）优先股资本成本

优先股是介于股票与债券之间的一种证券。优先股股东的股利从公司税后利润中支付，并且支付次序优先于公司普通股股利。一般情况而言，优先股股利固定不变，不受公司经营情况波动和股利政策的影响。因此，优先股的性质与债券更为相似，区别在于：优先股只是没有到期日；优先股的股利用税后利润支付，不能获得税收上的利益。因此，优先股可以被视为一种无期限的债券。如果优先股股利每年相等，那么可视为永续年金而采用公式（7.4）计算其资本成本：

① 佚名．中国人民银行决定对普惠金融实施定向降准政策［EB/OL］．［2017-09-30］．http：//www.pbc.gov.cn/goutongjiaoliu/113456/113469/3393332/index.html.

$$r_p=\frac{Div_p}{P_0(1-f)} \tag{7.4}$$

式中，r_p表示优先股资本成本；f表示融资费用率；Div_p表示优先股股利；P_0表示优先股的发行价格。

【例 7-3】

某公司溢价发行优先股，面值总额为1 000万元，发行总价为1 200万元，发行费率为5%，股利率为8%，则优先股的资本成本为：

$$r_p=\frac{1\,000\times 8\%}{1\,200\times(1-5\%)}\times 100\%=7.02\%$$

在本例中，优先股的发行价格与票面价值并不相等，这与现实中的实际情况相符。当优先股发行价格变动时，并不会影响优先股股利，只需要调整公式（7.4）分母的发行价格即可。

【学思践悟】 北交所为优先股票面利率设定上限①

2021年10月30日，北京证券交易所对外发布公告，《北京证券交易所上市公司向特定对象发行优先股业务细则》经证监会批准，自2021年11月15日起施行。根据细则第十五条，优先股的计价单位为“每股价格”，每股票面金额为100元人民币。优先股发行价格和票面股息率应当公允、合理，不得损害股东或其他利益相关方的合法利益，发行价格不得低于优先股票面金额。向特定对象发行优先股的票面股息率不得高于最近2个会计年度的年均加权平均净资产收益率。由于优先股的风险溢价较高，其票面股息率较高，如限制过严，部分发行者约定的票面股息难以满足市场需求，从而可能导致发行失败；同时，如果优先股票面利率过高可能会出现利益输送问题，进而侵害中小普通股股东的利益。监管部门以加权平均净资产收益率作为基础，为优先股票面利率设定上限，有助于权衡两类投资者的合法权益，更好地保护中小普通投资者。

（二）普通股资本成本

与优先股不同，普通股的股利不是确定的，而是由公司的经营状况和股利政策共同决定的。由于股东所得收益是在支付利息和税款之后，因此其承担的风险最高，相应地要求得到的补偿也最高。因此，在理论上，普通股资本成本应当高于债务资本成本。通常用于计算普通股资本成本的方法有三种：

1.现金流量折现法

现金流量折现法的原理与债务资本成本的确定相似。从内在价值上来看，普通股具有价值的原因在于普通股持有者能够获得股利。因此，普通股的价值应当等于公司未来发放股利的现值。当确定普通股价值时，投资者需要将预计的公司未来股利进行折现，其所使用的折现率是其对购买普通股所要求的最低收益率。从公司的角度来看，如果想要成功发行股票筹集资本，那么支付给投资者的成本至少要达到其要求的最低收益率。换言之，投

① 北京证券交易所．关于发布《北京证券交易所上市公司向特定对象发行优先股业务细则》的公告［EB/OL］．［2021-10-30］．http：//www.bse.cn/important_news/200010911.html.

资者要求的最低收益率与普通股的资本成本相等。据此，投资者可以通过普通股股东要求的最低收益率来计算普通股资本成本，见公式（7.5）：

$$P_0\times(1-f)=\frac{Div_1}{1+r_s}+\frac{Div_2}{(1+r_s)^2}+\cdots+\frac{Div_t}{(1+r_s)^t}+\cdots+\frac{Div_n+P_n}{(1+r_s)^n} \tag{7.5}$$

式中，r_s表示普通股资本成本；Div_1表示预计的下期股利；P_0表示普通股的发行价格；P_n表示普通股的第n期价格；f表示融资费用率。

只要掌握公司未来普通股股利的情况以及公司普通股的发行价格，就可以通过公式（7.5）计算出公司的普通股资本成本。按照上面的思路进一步分析，公司普通股第n期的价格也是此后各期发放普通股股利的现值，因此只要掌握公司未来普通股股利的情况和普通股的发行价格，就可以确定公司普通股资本成本。由于公司的股利政策会受各种因素的影响，而且由于普通股没有到期日，因此，投资者很难预计所有各期的股利情况。从整体来看，股利会保持稳定或者稳定增长的情况，为了计算方便，实务中通常会假定股利按照固定的比例（通常较低的增长速度）稳定增长。为此，人们通常假设股利预计增长率，例如，如果假设此后每年股利按照固定增长率g持续增长，那么普通股资本成本可以按公式（7.6）进行计算：

$$r_s=\frac{Div_1}{P_0(1-f)}+g \tag{7.6}$$

式中，r_s表示普通股资本成本；Div_1表示预计的下期股利；P_0表示普通股的发行价格；f表示融资费用率；g表示每年的股利预计增长率。

从公式（7.6）中，我们不难发现，普通股资本成本主要由两部分构成：一部分是公司的预计股票收益率；另一部分是公司的股利预计增长率。

【例7-4】

某公司发行普通股50 000股，每股发行价格为60元，支付发行费占发行价格的比例为5%，预计明年每股分配现金股利5元，且每年的股利预计增长为2.5%。那么，普通股资本成本为：

$$\frac{5}{60\times(1-5\%)}\times100\%+2.5\%=11.27\%$$

在实务中，公司的股利政策受诸多因素的影响，即便是采用股利预计增长率的方法也很难准确预计未来各期的股利情况，因为按照现金流量模型，增长速度将永远延续下去，但公司的股利很少会按照预计的增长率持续稳定增长。更何况普通股没有到期日，随着时间的推移，预期未来股利的难度越来越大，据此计算出的普通股资本成本的准确度也会受到影响。因此，出于操作的便利，当计算普通股资本成本时，投资者通常会假定股利固定不变。这种方法对于股利稳定的公司较为适用。

2.资本资产定价模型法

在市场均衡的条件下，普通股资本成本在数值上与普通股股东要求的最低收益率相等。因此，除了采用现金流量折现法之外，投资者还可以根据风险和收益之间的权衡关系来确定普通股资本成本。资本资产定价模型是最常用的衡量风险和收益之间关系的方法。根据风险和收益权衡的关系，投资者要求的最低收益率等于无风险收益率和风险补偿收益率之和。风险补偿收益率，又称风险溢酬，是指普通股股东因购买股票承担风险而要求的额外补偿。根据资本资产定价模型，公司普通股资本成本可以用公式（7.7）表示：

$$r_s=r_f+\beta\left(r_m-r_f\right) \tag{7.7}$$

式中，r_m表示市场投资组合的收益率；r_f表示无风险利率；β表示单项资产相对于市场投资组合的风险水平。

公式（7.7）表明，普通股资本成本与公司的风险正相关。公司的风险越高，购买该公司普通股的股东承担的风险越高，因此投资者会要求更高的收益率来弥补自身承担的风险；对于公司而言，只有支付更高的成本才能获得使用股东资金的权力。

【例 7-5】

某公司普通股的β系数为1.3，无风险利率为4%，市场投资组合的收益率为10%，求该公司普通股资本成本，根据资本资产定价模型计算如下：

4%+1.3×（10%−4%）=11.8%

自测题 7-2

采用资本资产定价模型来计算公司普通股资本成本，需要确定无风险利率、市场投资组合收益率和β系数等数据。β系数计算过程复杂，需要大量的数据演算才能取得。对于上市公司而言，有专门的市场中介机构计算β系数，但是对于非上市公司而言，β系数则难以取得。

3.债券成本加风险溢价法

为了避免数据获取的困难和计算过程的烦琐，在不适合使用资本资产定价模型法的条件下，债券成本加风险溢价法也可以用于普通股资本成本的确定。债券成本加风险溢价法的思路与资本资产定价模型法相类似，都是通过计算普通股股东承担的风险及相应的要求收益率来确定普通股资本成本。两种方法的区别在于计算的基础不同：债券成本加风险溢价法是以公司债券作为基础，比较公司发行的股票与相同公司发行的债券，再根据股票的额外风险来对普通股股东加以补偿，并据此确定普通股资本成本；而资本资产定价模型法是从投资组合理论出发，将风险区分为系统风险和非系统风险。其计算公式为：

普通股资本成本=长期债券资本成本+风险溢价

与公司发行的长期债券收益相比，普通股的收益次序排在其后：股利的支付从净利润中支出，而在计算净利润的过程中，作为债务资本成本的利息已经支付给债权人了；当公司进行清算时，也是先偿还债权人的本金之后才可以将剩余的财产用于股东分配。因此，与债权人相比，普通股股东承担的风险更高，因此也会要求更高的收益率。除了风险之外，同公司的长期债券与普通股在其他各方面均比较相似，将其作为比较基础最为恰当。债券成本加风险溢价法的难点在于风险溢价的确定。通常的做法是依据历史平均风险溢价来估算现在的风险溢价和未来的风险溢价。

（三）留存收益资本成本

从表面上来看，留存收益似乎并不存在资本成本：公司动用留存收益，既不需要支付股利，又不需要支付利息。其实留存收益同样存在资本成本，只不过与前面几种资本成本不同，留存收益的资本成本并没有真实发生，而是一种潜在的机会成本。留存收益属于股东权益的一部分，是股东放弃股利的结果，对股东而言，放弃当前的股利意味着期望在将来获得更多的股利。因此，留存收益与普通股在根本性质上是一致的，其最低成本应当和普通股资本成本相同，唯一的差别在于留存收益不必考虑发行费用。留存收益资本成本的计算公式如下：

$$r_e=\frac{Div_1}{P_0}+g \tag{7.8}$$

式中，r_e表示普通股资本成本；Div_1表示预计的下期股利；P_0表示股票的发行价格：g表示每年的股利预计增长率。

【例 7-6】

某公司平价发行普通股500万元，融资费用率为5%，最近一期的股利支付率为8%，预计股利每年增长2%，那么留存收益的资本成本为：

$$r_e=\frac{500\times 8\%\times(1+2\%)}{500}+2\%=10.16\%$$

值得注意的是，与债务资本不同，股权资本的使用成本，比如优先股股利和普通股股利，都是从公司扣除所得税后的净利润中支付的。从会计账务处理来看，这部分资本使用成本无法作为费用在公司税前扣除，因此无法享受税收上的利益。这也是造成公司股权资本成本高于公司债务资本成本的原因之一。

第三节　加权平均资本成本

一、加权平均资本成本的含义

公司的资金有不同的来源可供选择，既可以选择单一来源获得全部资本，又可以通过不同渠道获取资金。从理论上来看，公司可以选定某一特定来源获取全部资本，但是从实践来看，出于种种考虑，绝大部分公司会选择从多种渠道来筹集资金。根据上节的内容，我们知道不同来源的资本，其资本成本也不同。从公司理财角度来看，在其他因素不变的条件下，公司整体的资本成本水平越低，公司价值越大。只有多种资本来源渠道有效组合，才能实现公司整体资本成本水平最低。因此，一旦确定个别资本成本之后，就需要从公司整体的角度出发，计算加权平均资本成本。加权平均资本成本是指以公司的个别资本成本为基数，以各类资本在资本总额中所占的比例为权重形成的各类资本的总成本。

二、加权平均资本成本的估算

加权平均资本成本的计算公式为：

$$r_w=\sum_{j=1}^{n}w_j r_j \tag{7.9}$$

式中，w_j表示第j种资本来源占资本总额的权重；r_j表示第j种资本来源的个别资本成本；n表示公司融资方式的种类数。

根据加权平均资本成本的公式（7.9），投资者计算加权平均资本成本不但需要确定个别资本成本，而且需要确定各种资本来源的资本占全部资本的比例，即权重。如何确定各种资本来源的资本在资本总额中所占的比例是正确计算加权平均资本成本的关键。权重的确定方法主要有3种：账面价值法、市场价值法和目标价值法。

（一）账面价值法

账面价值法是指以公司期末编制的资产负债表作为确定权重依据的加权平均资本成本确定方法。公司编制的资产负债表，列示各种资本来源的账面价值，将不同资本来源占总资本的比例作为权重，数据容易获得。资产负债表反映公司过去财务活动形成的最终财务状况，如果从事后评价的角度来看，账面价值法比较适用，因为确定权重的依据与公司报表的账面价值一致。

【例7-7】

在某公司的期末资产负债表中，长期借款1 000万元，长期债券3 000万元，优先股1 000万元，普通股5 000万元，留存收益2 000万元。长期借款、长期债券、优先股、普通股和留存收益的资本成本分别来自【例7-1】、【例7-2】、【例7-3】、【例7-4】和【例7-6】。根据账面价值法，公司加权平均资本成本见表7-1。

表7-1 加权平均资本成本计算表（账面价值法）

资本来源	个别资本成本	账面价值（万元）	各类资本权重	综合资本成本
长期借款	5.30%	1 000	8.33%	0.44%
长期债券	7.23%	3 000	25.00%	1.81%
优先股	7.02%	1 000	8.33%	0.58%
普通股	11.27%	5 000	41.67%	4.70%
留存收益	10.16%	2 000	16.67%	1.69%
合计		12 000	100.00%	9.22%

虽然采用账面价值法比较容易获得不同资本来源的权重，但是由于公司的资产负债表只能反映公司在某一时点上的财务状况，并不能实时进行调整，因此，如果公司的各种证券在证券市场上进行公开交易，那么其市场价值与其在资产负债表上所列示的账面价值相去甚远。此时，继续使用账面价值法计算得出的加权平均资本成本的准确度不高，据此做出的决策缺乏科学性。

（二）市场价值法

市场价值法采用各项资本来源的市场价值作为计算权重的依据。当计算个别资本成本时，我们曾分析过，公司的资本成本在数值上与资本提供方要求的最低收益率相等，其中隐含着证券的市场价格与内在价值相等的假设。在证券的账面价值与市场价格相背离的情况下，分析人员继续采用账面价值计算权重显然不恰当。特别是以普通股为代表的股权资本来源，账面价值只反映其历史成本，而无法反映现时因素对股权资本产生的影响。以市场价值作为基础计算不同资本来源的权重，反映了当前实际的资本成本水平，从而更有利于财务决策的制定。

【例 7-8】

沿用【例 7-7】的数据，如果该公司长期债券的市场价格比账面价值上涨了10%，普通股的市场价格比账面价值上涨了8%，那么按照市场价值计算公司加权平均资本成本见表 7-2。

表 7-2 加权平均资本成本计算表（市场价值法）

资本来源	个别资本成本	市场价值（万元）	各类资本权重	综合资本成本
长期借款	5.30%	1 000	7.87%	0.42%
长期债券	7.23%	3 300	25.99%	1.88%
优先股	7.02%	1 000	7.87%	0.55%
普通股	11.27%	5 400	42.52%	4.79%
留存收益	10.16%	2 000	15.75%	1.60%
合计		12 700	100.00%	9.24%

（三）目标价值法

每个公司都会为自己量身定做一个协调风险与收益的资本来源组合，这就是公司的目标资本结构。目标资本结构的确定也是公司理财的重要内容之一。公司建立目标资本结构之后，将通过各种财务行为和手段，确保公司的资本结构与目标资本结构一致，即实际的资本来源组合与设定的资本来源组合一致。目标价值法是指采用目标资本结构设定的资本来源组合计算加权平均资本成本的方法。从公司决策的前瞻性来看，采用目标价值法计算加权平均资本成本最为恰当。

【例 7-9】

某公司设定的目标资本结构为：在全部资本来源中，长期借款占20%，长期债券占15%，优先股占15%，普通股占40%，留存收益占10%，则按照目标价值法计算公司加权平均资本成本见表 7-3。

表 7-3 加权平均资本成本计算表（目标价值法）

资本来源	个别资本成本	目标资本结构	综合资本成本
长期借款	5.30%	20%	1.06%
长期债券	7.23%	15%	1.08%
优先股	7.02%	15%	1.05%
普通股	11.27%	40%	4.51%
留存收益	10.16%	10%	1.02%
合计		100%	8.72%

各种计算加权平均资本成本的方法，并无优劣之分。在选择方法时，投资者要考虑计算加权平均资本成本的决策用途和数据的可获得性，再据此选择最为适当的方法，只有这样计算得出的加权平均资本成本才具有经济意义。

自测题 7-3

【本章小结】

▶资本成本是指公司取得和使用资本而付出的代价。从理论上看，各种来源的资本成本取决于风险和收益的权衡。而在实践中，通常采用实际支付的资本取得和占用费用来衡量资本成本。

▶债务资本成本可以通过债务方式取得的资本与为占有资本而支付的成本之间的比例关系表示。由于债务的利息能够在税前支付，因此计算债务的资本成本需要考虑所得税效应。

▶优先股可以被视为一种无期限的债券。如果股利每年相等，那么优先股的资本成本可以采用永续年金的方法计算。

▶普通股资本成本的计算方法有三种：现金流量折现法、资本资产定价模型法和债券成本加风险溢价法。现金流量折现法的原理与债券资本成本的计算一致，但是股利在税后支付，因此无法产生税收节余效应；资本资产定价模型法采用资本资产定价模型，并根据风险来确定资本成本；债券成本加风险溢价法，是根据普通股和长期债券的风险差异，在长期债券资本成本基础上，增加额外的风险补偿以确定资本成本。

▶留存收益的资本成本并没有真实发生，而是一种潜在的机会成本。留存收益与普通股在根本性质上是一致的，其最低成本应当和普通股资本成本相同，唯一的差别在于留存收益不必考虑发行费用。

▶加权平均资本成本是以公司的个别资本成本为基数，以各类资本在资本总额中所占的比例为权数形成的各种资本成本的总成本。权数的确定方法主要有三种：账面价值法、市场价值法和目标价值法。

【复习思考】

1. 资本成本在投资决策、融资决策和股利决策中都发挥着哪些作用？
2. 从资本成本的角度来看，优先股属于权益还是债务？为什么？
3. 从资本成本的计算过程来看，债务资本成本和股权资本成本的主要差异在哪里？
4. 留存收益是经营活动行程的利润结余，因此没有资本成本。这种说法对吗？为什么？
5. 在计算加权平均资本成本的过程中，权重确定的三种方法，哪一种方法得到的结果比较稳健？为什么？

链接本章
引导案例

《财务管理》
慕课资源

第八章

长期融资方式

【学习目标】

本章主要阐述了长期融资方式的构成，主要包括长期债务融资、股权融资和混合性融资，并且结合我国国情介绍了我国企业债券创新融资的现状。通过对本章内容的学习，学生应完成以下目标：

1. 了解长期银行借款融资的条件、利率和偿还方式，掌握长期借款融资的优缺点；

2. 熟悉债券的基本要素和特征，了解债券的种类及品种创新，掌握债券发行价格的影响因素，掌握债券融资的优缺点；

3. 了解我国公司首次公开发行股票审批制度、询价制度和退市制度，掌握股票融资的优缺点；

4. 熟练可转换债券、优先股的特征，掌握可转换债券和优先股融资的优缺点。

【本章主要内容导图】

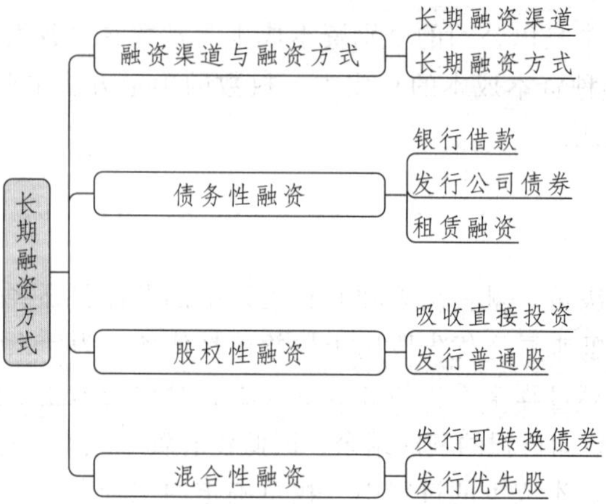

【引导案例】

2024年，A股市场在监管层的引导下，股权融资节奏出现了明显的放缓。Wind数据显示，以上市日为基准，截至2024年10月29日午间，当年实施A股市场股权融资的公司有243家，合计募资2 441.10亿元，分别同比减少65.14%和75.93%。从板块来看，科创板和创业板募资总额下降幅度最大，当年分别募资185.70亿元和399.55亿元，同比减少90.41%和82.55%。

但与此同时，在A股股权融资普遍缩减的情况下，仍有部分公司融资规模较为庞大，如中国石化于当年顺利完成了120亿元的定增。股权融资的放缓，使得企业融资难度增加，影响券商业务，但同时也为市场提供了调整的机会。在政策的引导和市场自我调节的双重作用下，A股市场正逐步构建起更加稳健和成熟的投资环境，为未来的长期健康发展打下坚实基础。

资料来源：新浪财经．A股股权融资"急刹车"：年内数量骤减超六成，哪些行业逆市募资超百亿元？［EB/OL］．［2024-10-29］．https://baijiahao.baidu.com/s?id=1814235505960334288&wfr=spider&for=pc.

问题：

（1）什么是IPO？IPO是股权融资还是债务融资？IPO融资有哪些优点？

（2）我国多层资本市场指的是什么？我国资本市场有几个层次或板块？

（3）我国资本市场科创板有什么特征？

（4）除了IPO融资外，还有哪些融资方式？每种融资方式有什么优缺点？

第一节　融资渠道与融资方式

一、长期融资渠道

融资渠道，指协助企业的资金来源，主要包括内源融资和外源融资两个渠道。

（一）内源融资

内源融资是指企业不需要利用外部资金，而利用内部自身积累的资金满足企业资金需求。内源融资没有到期日，所以均属于长期融资渠道。企业自身积累的资金主要有留存收益、累计折旧等资金。留存收益是指企业的净利润扣除支付给股东的股利后剩余的部分。从会计定义上讲，本期的留存收益等于本期的盈余公积加上本期的未分配利润。留存收益的大小取决于企业的净利润创造和股利政策。企业实现的净利润越多，积累的留存收益越多；企业支付的股利越多，剩余的留存收益越少。

另一个通常被忽视的内部融资来源是折旧。折旧在会计上被计入成本费用，会抵减利润，但折旧的计提并不会产生现金流出，这就相当于企业开立一个折旧账户，在这个账户里积攒资金，目的是将来购置新的机器设备或者更新改造、维修现有设备。当企业有资金需求，而折旧账户中有剩余资金时，也可以将折旧账户中的资金用来满足企业的资金需求，因此在实务中，折旧也是一种内部融资来源。

企业都倾向于依靠内源融资，不需要因为融资而向外披露信息，保密性好，企业不必向外支付借款成本，因而风险很小，但资金来源数额与企业利润有关。

（二）外源融资

外源融资与“内源融资”相对，是指公司通过资本市场或某些投资者从企业外部筹集所需资金的行为。外源融资按照期限分为短期融资和长期融资。融资期限在一年以内的属于短期融资，融资期限在一年以上的属于长期融资。短期融资将在第十一章进行介绍，常见的长期外源融资方式包括银行贷款、股票融资、债券融资、租赁融资等来源。

二、长期融资方式

融资方式是指企业融资的具体形式。融资方式越多意味着可供企业选择的融资机会就越多。

（一）按照资金性质分类

按照资金性质，长期融资方式可以分为长期债务融资和股权融资。

1.长期债务融资

长期债务融资是指由公司与资金提供者通过签订的期限为一年以上的债务契约来实现借贷关系。公司是融资方，是债务人；资金提供者是投资方，是债权人。由于债务融资需要签订债务契约，所以债务契约中约定的债权人的权利和债务人的义务将受到法律约束。债权人享有收取利息和本金的权利，债务人负有还本付息的义务。常见的长期债务融资有长期银行贷款、发行债券、发行长期票据等方式。从融资渠道看，债务融资均为外源融资渠道。

2.股权融资

股权融资是指资金提供者以购买公司股权的方式向公司提供资金，公司是融资方，是受资人，资金提供者是投资方。资金提供者向公司提供资金，获得股权，享有股权带给投资者收益的权利，而公司需要向资金提供者支付使用投资者资金的报酬，即股权融资的代价，通常以分红或股利的形式支付。股权融资中，融资方什么时候发放股利、发多少股利、以什么形式发放股利等股利支付决策不受法律约束，由公司股东大会表决通过。因为股权融资没有到期日，因此均属于长期融资。常见的股权融资方式有：私募股权融资、公开发行股票、定向发行股票等。按照资金来源看，股权融资大部分属于外部融资，但这里需要明确的是，内源融资也属于股权融资，因为净利润归股东所有，留存收益相当于股东对公司的再投资，因此，留存收益属于股权融资。

（二）按照是否有金融机构参与分类

按照是否有金融机构参与可分为直接融资和间接融资。党的二十大报告中指出：“健全资本市场功能，提高直接融资比重。”那么什么是直接融资？直接融资的方式有哪些？

1.直接融资

直接融资是指没有金融中介机构介入的融资方式。这种融资方式下，在一定时期内，资金提供者通过直接与资金需求者达成协议，或在金融市场上购买资金需求者所发行的有价证券，将货币资金提供给资金需求者。直接融资是资金直供方式，与间接金融相比，投融资双方都有较多的选择自由。而且，对投资者来说收益较高，对筹资者来说成本却比较低。但由于筹资人资信程度很不一样，造成了债权人承担的风险程度不相同，且部分直接金融资金具有不可逆性。

长期直接融资是以股票、债券为主要金融工具的一种融资机制，这种资金提供者与资金需求者通过股票、债券等金融工具直接融通资金的场所，即为直接融资市场，又称证券市场。直接融资也可以不依附于证券市场，资金需求方出售股权，资金提供者获得股权，此时投资者进行直接投资，融资者直接融资。常见的私募股权融资、风险投资等都是不依附于证券市场的直接融资。

2.间接融资

间接融资是指有金融中介机构介入的融资方式。在这种融资方式下，资金提供者与资金需求者之间不发生直接关系，而是分别与金融机构发生一笔独立的交易，即资金提供者通过存款，或者购买银行、信托、保险等金融机构发行的有价证券，将其暂时闲置的资金先行提供给这些金融中介机构，然后再由这些金融中介机构以贷款、贴现等形式，或通过购买资金需求者发行的有价证券，把资金提供给资金需求者，从而实现资金融通的过程。最常见的间接融资方式是银行借款。

自测题 8-1

第二节　债务性融资

一、银行借款

银行借款是指银行根据该银行所在国家政策以一定的利率将资金贷放给有资金需求的个人或企业，并约定期限归还的一种经济行为。银行借款按照还款期限，可分为短期借款和长期借款。短期借款一般用于满足日常营运资金需求；长期借款主要用于购建固定资产和满足长期流动资产占用的需要。目前，我国金融机构提供的长期借款种类主要有：固定资产投资借款、更新改造借款、科技开发和新产品试制借款等，这是依据借款用途来划分的；长期借款按借款公司是否提供抵押品，还可分为信用借款和抵押借款；按发放借款的金融机构的性质，又可分为政策性银行借款和商业银行借款等。

（一）银行借款的条件

公司申请借款一般应具备的条件有：（1）独立核算、自负盈亏、有法人资格；（2）经营方向和业务范围符合国家产业政策，借款用途属于银行贷款办法规定的范围；（3）借款公司具有一定的物资和财产保证，担保单位具有相应的经济实力；（4）具有偿还贷款的能力；（5）财务管理和经济核算制度健全，资金使用效益及公司经济效益良好；（6）在银行开立账户，办理结算。

公司具备上述条件后，可向银行提出借款申请，陈述借款原因与金额、用款时间与计划、还款时间与计划。银行对借款公司的财务状况、信用情况、盈利水平、发展前景、投资项目的可行性等进行审查。银行审查符合贷款条件后再与借款公司进一步协商贷款的具体条件，确定贷款的种类、用途、期限、金额、利率、还款的资金来源及方式、保护性条款、违约责任等，并以借款合同的形式将其法律化。借款合同生效后，公司即可取得借款。

（二）银行借款的利率

银行借款的利息率取决于资本市场的供求关系、借款的期限、借款有无担保及公司资信状况等。在一般情况下，长期借款的利息率要高于短期借款的利息率。长期借款的利息率可采用固定利率、变动利率和浮动利率三种。

1.固定利率

固定利率是在贷款合同签订时即设定好的利率。此利率一经确定，不得随意改变。不论贷款期内市场利率如何变动，借款公司都按照借款合同中约定的固定利率支付利息。

2.变动利率

变动利率是指在长期借款的期限内，利率可以定期调整，一般根据金融市场的行情每半年或一年调整一次。调整后尚未偿还的借款余额按新利率计息。

3.浮动利率

浮动利率是指随资本市场利率变动而调整的利率。公司借入资金时一般开出浮动利率期票，期票注明借款期限，利率则在“优惠利率”（又称主要利率）基础上加成计算。通常将市场上信誉最好的公司借款利率或商业票据利率作为优惠利率，并在此基础上加0.5至2个百分点作为浮动利率，浮动利率票据到期按面值还本，平时按规定的付息期定期按浮动利率付息。

（三）银行借款的保护性条款

长期借款的期限长、风险高、金额大，按照国际惯例，银行通常对借款公司提出一些有助于保证贷款按时足额偿还的条件，这些条件被写进借款合同中，形成了合同中贷款的保护性条款。这些条款主要包括以下内容：

1.一般性保护条款

大多数借款合同都包含一般性保护条款，其内容包括对借款公司流动资金保持量的规定：如要求借款公司保持最低的流动资金净额、规定最低的流动比率，以保证借款公司持有资金的流动性和偿付能力；对借款公司股利支出、工资支出和回购股票的限制，以防止借款期间现金过分外流；对资本支出规模的限制，以防止投资收益不确定给银行带来过多的风险；对其他长期债务的限制，如未经银行同意，不得借入新的长期借款，不得以资产抵押举债等，其目的是防止其他债权人取得对公司资产的优先求偿权。

2.例行性保护条款

大多数借款合同中也包括例行性保护条款，其内容有：要求公司定期向银行提交财务报表，以便银行及时、充分地了解公司的财务状况及经营情况；不准在正常情况下出售较多资产，以保持公司正常的生产经营能力；如期清偿应缴的税金和到期债务，以防止被罚款造成现金流失；限制租赁固定资产的规模，以防止公司高额的租赁费用支出，降低偿债能力。

3.特殊性保护条款

在某些特殊情况下，借款合同中将包含此部分内容，其目的在于防止公司发生不利于借款银行的行为。这些条款有：明确贷款用途，借款公司不得将借款挪作他用；要求公司主要领导人在合同有效期内不得调离领导职务；限制借款公司的投资，以防止公司投资于短期内不能收回资金的项目。

（四）银行借款的偿还

长期借款需要按期还本付息。长期借款的偿还方式主要有一次性偿付法、等额利息法、等额本金法和等额本息法等。

一次性偿付法是指在借款到期时一次性偿还本金和利息的方法，它对借款公司的财务影响是，使借款公司一次性发生较大额度的现金流出。

等额利息法是指借款期内每期末按借款利息率偿还固定利息，到期一次偿还本金，较之一次性偿付本息，等额利息法使借款公司的现金流出更为分散，减缓了借款公司集中支付的压力。

等额本金法是指借款期内每期偿还固定的本金及按借款余额计算的利息，这一还款方式每期偿还的本金数相等，但每年支付的利息数额随着每期剩余本金余额的减少而逐年降低。

等额本息法是指借款期内每期偿还相等数额的本金和利息的合计数，但每年偿还的本金和利息是不同的。随着本金的不断偿还，每期剩余的未偿还本金逐期减少，从而每期偿还额中包含的利息逐期减少，而每期偿还额中所包含的本金逐期增加。

后两种还款方式使借款公司现金流出分散在各期，降低了公司集中支付的压力，比较适合数额大、期限长的借款偿还。

（五）银行借款融资的优缺点

1.银行借款的优点

银行借款的优点主要表现在：（1）融资速度快。与发行股票、债券相比，长期借款免去了证券发行过程中不可缺少的报批、宣传、印刷、发行等环节，程序比证券融资简单，能较快取得资金。（2）借款成本较低。长期借款利息可在所得税前支付，这就使公司减轻了利息负担，使借款成本低于股票成本；长期借款和长期债券利息都是税前支付，但长期借款是由公司直接融资，不需经过证券机构，减少了融资费用，故银行借款的融资成本低于债券成本。（3）借款弹性较大。公司在借入款项时，可与银行商定借款的数额、期限、利率、偿还方式等；借款后，如公司财务状况发生变化，也可与银行协商，变更借款数额、期限、偿还方式等。而证券融资的对象是社会广大投资者，协商改变融资条件不现实。（4）可发挥财务杠杆作用。公司借入款项后，如能使投资收益率大于长期借款的利息率，公司即可获得财务杠杆利益。

2.银行借款的缺点

银行借款的缺点主要表现在：（1）融资风险较高。借款通常有固定的利息负担和固定的偿付期限。在公司经营不佳时，可能产生不能偿付的风险，如公司严重亏损，且无法支付到期债务，就会面临破产。（2）限制条件较多。贷款银行为了保护自身利益，在与公司签订的贷款协议中通常附加许多限制性条款。这些条款限制了借款公司的经营活动，降低了借款的使用效果。（3）融资数量有限。长期借款难以取得债券、股票融资形式所能取得的资金数额。

二、发行公司债券

债券是指公司依照法律程序发行，承诺按约定的日期支付利息和本金的一种书面债务凭证。它代表债权人与债务人之间的契约关系，这种关系使债权人对公司收益具有固定索取权，对公司财产具有优先（先于股东）清偿权。

（一）公司发行债券的基本品种

1.公司债券

公司发行债券通常包括公司债券和企业债券。公司债券和企业债券是发行主体和监管机构有所差别的两种债券。公司债券是除地方政府融资平台公司以外的所有公司制法人通过沪深交易所或全国中小企业股份转让系统审批，面向公众投资者公开发行的“大公募”、面向合格投资者公开发行的“小公募”、面向特定投资者非公开发行的私募公司债。

2.企业债券

企业债券是境内具有法人资格的企业通过国家发展和改革委员会的审批，债券募集资金用于固定资产投资项目的，省级发展改革部门应对募投项目出具符合国家宏观调控政策、固定资产投资管理法规制度和产业政策的专项意见，并承担相应责任的债券。

3.可转换债券

可转换债券是指在特定时期内可以按某一固定的比例转换成普通股的债券，它具有债务与权益双重属性，属于一种混合性筹资方式。由于可转换债券赋予债券持有人将来成为公司股东的权利，因此其利率通常低于不可转换债券。若将来转换成功，在转换前发行企业达到了低成本筹资的目的，转换后又可节省股票的发行成本。根据《中华人民共和国公司法》的规定，发行可转换债券应由国务院证券管理部门批准，发行公司应同时具备发行公司债券和发行股票的条件。

在深、沪证券交易所上市的可转换债券是指能够转换成股票的企业债券，兼有股票和普通债券双重特征。它的一个重要特征就是有转股价格，即在约定的期限后，投资者可以随时将所持的可转换债券按股价转换成股票。可转换债券的利率是年均利息对票面金额的比率，一般要比普通企业债券的利率低，通常发行时以票面价发行。转换价格是转换发行的股票每一股所要求的公司债券票面金额。

4.可交换公司债券

可交换公司债券是指上市公司的股东依法发行、在一定期限内依据约定的条件可以交换成该股东所持有的上市公司股份的公司债券。

申请发行可交换公司债券的公司在财务状况上应该具备以下条件：（1）公司最近一期末的净资产额不少于人民币3亿元；（2）公司最近3个会计年度实现的年均可分配利润不少于公司债券一年的利息；（3）本次发行后累计公司债券余额不超过最近一期末净资产额的40%；（4）本次发行债券的金额不超过预备用于交换的股票按募集说明书公告日前20个交易日均价计算的市值的70%，且应当将预备用于交换的股票设定为本次发行的公司债券的担保物。

预备用于交换的股票的上市公司最近一期末的净资产不低于人民币15亿元，或者最近3个会计年度加权平均净资产收益率平均不低于6%（扣除非经常性损益后的净利润与扣除前的净利润相比，以低者作为加权平均净资产收益率的计算依据）。

可交换公司债券的期限最短为一年，最长为6年，面值每张人民币100元，发行价格由上市公司股东和保荐人通过市场询价确定。

5.可分离交易的可转换债券

可分离交易的可转换债券又称附认股权证债券。它是指在发行债券的同时，附有一份认股权证。债券和股票权证发行时是组合在一起的，但在上市后则自动拆分成可转换债券和股票权证，可分别进行交易。分离交易可转债这种融资方式赋予了上市公司一次发行两次融资的机会。先是发行附认股权证公司债，这属于债权融资；然后是认股权证持有人在行权期或者到期行权，这属于股权融资。

（二）债券品种创新

公司发行债券能够实现融资的目的，但债券的创新能够为公司节约融资成本，创造价值，因此我国政府鼓励债券品种创新。债券市场的发展将更好地服务于实体经济和国家战略，回顾2022年我国债券市场的发展成果，绿色债券、乡村振兴债券、科创债券和转型类债券等创新产品频出，精准支持相关领域；为实现绿色低碳转型，包括绿色金融债、绿色传统信用债和绿色资产支持证券在内的绿色债券发行规模持续快速增长，再创历史新高；在对外开放加速扩大和不断深化的背景下，熊猫债发行及资金管理等相关规定进一步优化。

1.绿色公司债券

绿色公司债券是指发行人依照法定程序发行并按照约定还本付息，募集资金用于符合规定条件的绿色项目的公司债券。绿色项目是指符合绿色低碳发展要求、有助于改善环境，且具有一定环境效益的项目。绿色公司债券募集资金应当全部直接用于绿色项目的建设、运营、收购，补充绿色项目配套营运资金或者偿还绿色项目对应的有息债务。绿色公司债券根据募集资金用途不同又可以分为“碳中和绿色公司债券”和“蓝色债券”。碳中和绿色公司债券是指募集资金主要用于碳中和项目的建设、运营、收购，补充碳中和项目配套营运资金或者偿还碳中和项目对应有息债务的绿色公司债券。蓝色债券是指募集资金主要用于支持海洋保护和海洋资源可持续利用相关项目的绿色债券。

我国绿色债券市场自2015年正式启动以来一直蓬勃发展，2017年、2018年均为发行量第二大国家，占比约为20%，仅次于美国。证券交易所鼓励长期专注于绿色产业的成熟企业、在绿色产业领域具有领先技术或独特优势的潜力企业、致力于中长期绿色产业发展的政府和社会资本合作项目的企业以及具有投资我国绿色产业项目计划或致力于推动我国绿色产业发展的国际金融组织或跨国公司发行绿色债券。

与普通公司债券相比，绿色债券有以下三方面特征：第一，资金投资方向不同，绿色债券所募集资金应主要投资于绿色产业项目。第二，债券期限不同，生态环境的投资可能需要较长时间才能形成回报，所以绿色债券以中长期融资债券为主。第三，审核要求高，需要第三方专业机构在发行前进行绿色认证或评估。第四，获得政府支持，绿色项目更容易获得政府机构的政策支持，绿色公司债券发行更容易得到发行利率、贴息或奖补等优惠条件。

2.可续期公司债券

可续期公司债券是指发行人依照法定程序发行，附可续期选择权的公司债券。发行人发行可续期公司债券除了要满足普通公司债券的发行条件外，发行人主体评级和债项评级均应达到AA+及以上。

可续期公司债券发行人应当于续期选择权行权年度，及时披露是否行使可续期选择权。若发行人选择延长债券期限，应于本次约定的续期权行使时间前至少30个交易日，披露续期选择权行使公告。续期选择权行使公告披露内容应包括但不限于：（1）本期债券的基本情况；（2）债券期限的延长时间；（3）后续存续期内债券的票面利率或利率计算方法。若发行人放弃行使续期选择权，应参照公司债券的一般要求按约定完成本息兑付。

3.扶贫专项公司债券

扶贫专项公司债券（以下简称“扶贫债券”），是指依照法定程序发行且符合以下两个条件之一的公司债券：（1）注册地在国家扶贫开发工作重点县、集中连片特殊困难地区或“深度贫困地区”（前述三类地区以下简称“贫困地区”）的企业发行的公司债券；在扶贫攻坚期内，注册地在已实现脱贫摘帽但不满三年贫困地区的企业发行的公司债券也可界定为扶贫债券。（2）发行人注册地不在贫困地区，但募集资金主要用于精准扶贫项目建设、运营、收购或者偿还精准扶贫项目贷款的公司债券。

扶贫债券募集资金可投资的精准扶贫项目是指项目所在地为贫困地区、能够切实帮扶到建档立卡的贫困人口的扶贫项目。扶贫债券募集资金用于精准扶贫项目应建立健全风险控制和投资回报机制。鼓励募集资金用于基础设施建设、易地扶贫搬迁、产业扶贫、就业扶贫、生态环保扶贫等领域的精准扶贫项目，通过市场化法治化的“造血”功能推动贫困地区经济发展。申报发行扶贫债券募集说明书确定用于精准扶贫项目的金额应不低于债券募集资金总额的50%，其余部分可以用于补充公司流动资金或偿还借款等。

4.纾困专项公司债券

纾困专项公司债券是指依照法定程序发行，募集资金主要用于支持上市公司及其股东融资、缓解上市公司及其股东流动性压力的公司债券。发行人发行纾困专项公司债券并在本所上市或挂牌转让应当符合以下条件：（1）发行人应当为具备良好的盈利能力及偿债能力的国有资产管理公司、金融控股公司、开展投资或资产管理业务的其他企业等，且主体评级为AA+以上；（2）发行人应当符合地方政府性债务管理的相关规定；（3）发行人应当是所属地方政府设立纾困计划的参与方，且以适当方式获得所属政府相关部门或机构的认可，认可方式包括但不限于所属政府部门或机构对本次纾困专项公司债券发行出具的批复文件、相关会议纪要或其他认可方式。

5.短期公司债券

短期公司债券是指依照法定程序发行的、期限为1年及以下的公司债券，具体期限由发行人根据生产经营资金需求和市场情况确定。

向专业投资者公开发行短期公司债券的，发行人应当具备良好的短期偿债能力，若发行人为非证券公司，最近三年平均经营活动现金流量净额为正或最近一年末的速动比率大于1；若发行人为证券公司，需综合实力较强、内部控制和风险控制制度健全。公开发行短期公司债券发行人应当进行主体信用评级，同时可自主选择是否进行债券信用评级。

非公开发行短期公司债券，发行人应当符合以下条件之一：（1）发行人发行的股票已在境内证券交易所上市，且其股票未被实行风险警示、暂停上市和终止上市；（2）发行人最近24个月内已在境内相关债券市场发行短期债务融资工具，且不存在违约或者延迟支付债券或其他债务本息的事实；（3）发行人主体信用评级达到AA+级（含）以上；（4）发行人属于国家金融监管部门监管的金融企业；（5）发行人属于中央企业、省市级大型国有企业、行业龙头企业。

短期公司债券的募集资金用途应当与债券期限保持合理匹配，募集资金限于偿还一年内到期的债务和补充流动资金，不得用于长期投资需求。

6.科技创新公司债券

科技创新公司债券是指由科技创新领域相关企业发行的公司债券，或者募集资金用于支持科技创新发展的公司债券。科技创新公司债券发行人包括科技创新、科创升级、科创投资和科创孵化四类企业。

发行人申请发行科技创新公司债券最近一期末资产负债率原则上不高于80%。科技创新类发行人应当具有显著的科技创新属性，并符合下列情形之一：（1）发行人最近3年累计研发投入占累计营业收入的5%以上，或者最近3年累计研发投入金额在6 000万元以上；（2）发行人报告期内科技创新领域累计营业收入占营业总收入的50%以上；（3）发行人形成核心技术和主营业务收入的发明专利（含国防专利）合计30项以上，或者为具有50项以上著作权的软件行业企业。

科创升级类、科创投资类和科创孵化类发行人的募集资金投向科技创新领域的比例应当不低于70%，其中募集资金用于产业园区或者孵化基础设施相关用途的比例不得超过30%。

7.可持续发展挂钩债券

可持续发展挂钩债券是指债券条款与发行人可持续发展目标相挂钩的债务融资工具。该类债券是目标导向型的融资工具，对发行主体、发行方式、资金投向无硬性要求，更看重企业自定的目标是否达成，资金用途更加灵活。

可持续发展挂钩债券的债券条款与关键绩效（KPI）实现情况挂钩，债券发行时发行人会设置与关键绩效指标相对应的定量可持续发展绩效目标（SPT），若未实现预设的目标则会影响债券结构调整。该类债券总体发行量不大，券种主要为中期票据。

从企业性质来看，目前国有企业占发行主体的九成，为该种债券发行的主要力量，其余为两家民营企业和一家公众企业。从行业来看，该债券涵盖电力、热力生产与供应，制造业，采矿业等7个行业，碳排放较高的行业发行此类债券的意愿相对较强。信用等级方面，发行可持续发展挂钩债券的主体信用等级均不低于AA级，其中超过八成的主体为AAA级，信用资质普遍较好；约二分之一债券信用评级为AAA级，四成债券无债项评级。债券期限普遍不长，3年期债券最多。适合暂无足够绿色项目而较难发行绿色债务融资工具的发行人和想参与可持续金融的传统行业发行人。

（三）债券发行价格

公司债券的发行价格是发行公司（或其承销机构）发行债券时所使用的价格，也是投资者向发行公司认购其所发行债券时实际支付的价格。影响公司债券发行价格的因素主要包括：（1）发行者的类型。债券市场是按发行人的类型分类的，不同的发行人被称为不同的市场部门（market sector），如公司、政府等。（2）发行人的资信。如果发行人资信状况好、债券信用等级高、投资者承受的风险相对小，债券的票面利率就可以定得比其他条件相同的债券低一些，反之就高一些。（3）债券期限。债券价格的波动与债券期限密切相关，期限越长，价格波动的风险越大，票面利率会高于期限较短的债券。（4）赎回与转换条款。在债券契约中，通常设置某些条款，如允许债券发行人全部或部分提前偿还债务的赎回条款（call provision），持有可转换债券的债权人可根据情况将手中的债权转换为股权等。一般来说，市场投资者对含有利于发行人的赎回条款的债券会要求较高的收益，而对含有利于投资者的转换条款的债券则要求较低的收益。

债券的买卖价格，包括发行价格和转让价格，都是根据债券的现值来确定的。当然，其他许多经济的、非经济的因素也在同时影响债券的发行价格，但无论这些因素的作用有多大，债券的发行价格始终围绕债券的内在价值上下波动。在实务中，公司债券的发行价格通常有等价、溢价、折价三种情况。

（四）债券发行条件

不同种类的债券其发行条件也不同，由于财务管理以非金融企业为主体，所以下面只介绍企业债券和公司债券的发行条件。根据自2020年3月1日起施行的《中华人民共和国证券法》（以下简称《证券法》）的规定，企业债券发行必须符合以下条件：企业债券发行人应当具备健全且运行良好的组织机构，最近三年平均可分配利润足以支付企业债券一年的利息。企业应当具有合理的资产负债结构和正常的现金流量，鼓励发行企业债券的募集资金投向符合国家宏观调控政策和产业政策的项目建设。

公司债券根据发行对象分为大公募公司债和小公募公司债，其发行条件存在差异。大公募公司债发行人需具备以下条件：（1）发行人最近三年无债务违约或者迟延支付本息的事实。（2）发行人最近三个会计年度实现的年均可分配利润不少于债券一年利息的1.5倍（对于需要编制合并财务报表的公司，其可分配利润是指合并报表归属于母公司所有者的净利润）。（3）债券信用评级达到AAA级。未达到上述条件的发行人仅能发行小公募公司债。

公开发行公司债券（包括大公募和小公募），应当符合下列条件：（1）具备健全且运行良好的组织机构。（2）最近三年平均可分配利润足以支付公司债券一年的利息。（3）公开发行公司债券筹集的资金，必须按照公司债券募集办法所列资金用途使用；如改变资金用途，必须经债券持有人会议做出决议。公开发行公司债券筹集的资金，不得用于弥补亏损和非生产性支出。存在下列情形之一的，不得公开发行公司债券：（1）最近36个月内公司财务会计文件存在虚假记载，或公司存在其他重大违法行为。（2）申请材料存在虚假记载、误导性陈述或者重大遗漏。（3）对已发行的公司债券或者其他债务有违约或者迟延支付本息的事实，仍处于继续状态。（4）严重损害投资者合法权益和社会公共利益的其他情形。（5）发行人属于地方政府融资平台公司。（6）违反《证券法》的规定，改变公开发行公司债券所募资金的用途。

（五）债券融资的优缺点

1.债券融资的优点

债券融资的优点主要表现在：（1）债券成本较低。公司债券的利息费用可在税前支付，从而可以享受扣减所得税的优惠，因而其实际负担的资本成本较低。（2）可利用财务杠杆。债券持有人一般只能收取固定的利息，不能参加剩余利润的分配，当公司资本收益率高于债券利率时，可以为普通股股东带来更多的收益。（3）便于调整资本结构。在公司发行可转换债券或可赎回债券的情况下，公司可根据需要主动合理地调整资本结构。（4）保障股东控制权。债券持有人无权参与公司经营管理，因此，发行债券融资不会分散股东对公司的控制权。

2.债券融资的缺点

债券融资的缺点主要表现在：（1）财务风险较高。债券有固定的到期日，并需要定期支付利息，发行公司必须承担按期还本付息的义务。在公司经营不景气时，也需要向债券持有人支付本息，这会给公司带来更大的财务困难，有时甚至会导致破产。（2）限制条件较多。发行债券的限制条件一般要比定期借款、租赁融资的限制条件多且严格，从而限制了公司对债券融资方式的使用，有时还会影响公司以后的融资能力。

三、租赁融资

（一）租赁融资的种类

2018年12月，财政部对《企业会计准则第21号——租赁》进行了修订，变更了租赁的定义、分类和会计处理方法。租赁是指在一定期间内，出租人将资产的使用权让与承租人以获取对价的经济行为。在租赁期限内，获得了资产的使用权却没有完全支付获得资产使用权的费用，因此，它是融资与融物相结合的一种融资方式。新租赁会计准则增加了短期租赁和低价值资产租赁的分类，具体分类内容如下：

1.短期租赁

短期租赁是指在租赁期开始日，租赁期不超过12个月的租赁。包含购买选择权的租赁不属于短期租赁。

2.低价值资产租赁

低价值资产租赁，是指单项租赁资产为全新资产时价值较低的租赁。低价值资产租赁的判定仅与资产的绝对价值有关，不受承租人规模、性质或其他情况影响。承租人转租或预期转租租赁资产的，原租赁不属于低价值资产租赁。

3.售后回租

售后回租是指资产的所有者在出售某项资产后，立即按照特定条款从购买者手中租回该项资产。租赁资产的购买方可以是保险公司、商业银行、租赁公司等。售后回租一方面可以使公司取得出售资产的现金收入，另一方面可以继续使用该项设备，因此它具有融资租赁的基本特征。与传统的融资租赁不同的是，融资租赁的对象是从供应商或制造商手中购买的新资产，而售后回租的对象是资产使用者手中的旧资产。

（二）租赁负债的确定

租赁负债按照租赁期开始日尚未支付的租赁付款额的现值进行初始计量。租赁付款额是承租人向出租人支付的与在租赁期内使用租赁资产的权利相关的款项，包括：①固定付款额及实质固定付款额，扣除租赁激励；②取决于指数或比率的可变租赁付款额；③购买选择权的行权价格，前提是承租人合理确定将行使该选择权；④行使终止租赁选择权需支付的款项，前提是租赁期反映出承租人将行使终止租赁选择权；⑤根据承租人提供的担保余值预计应支付的款项。

租金是租赁负债分期付款的金额，租金的大小还取决于：①贷款利率，租赁负债的利息费用按照“固定的周期性利率计算”，一般以一定周期的银行贷款基准利率为计算标准。②租赁期限，指租赁合同约定的租赁时间，租赁期限越长，每期支付的租金越少。③租赁费用的支付方式，指租赁费用是按年还是按季支付以及租赁费用是在期初还是期末支付。

在短期租赁和低价值资产租赁方式下，租金一般采用直线法，即将租金总额按支付次数进行简单平均。因为租赁期限较短，计算租金时不需要考虑时间价值。

（三）租赁对税收的影响

在新租赁会计准则下，租赁和购入资产在税收处理上的差别主要表现在租赁费用应税收益额减免代替了公司拥有该项资产所支付的折旧和债务利息费用的应税收益额减免。

在短期租赁和低价值资产租赁，承租人可以选择不确认使用权资产和租赁负债。承租人将短期租赁和低价值资产租赁的租赁付款额，在租赁期内各个期间按照直线法计入当期损益。这两类租赁与原来的经营租赁的会计处理基本一致，故也产生了“表外融资”的效果。短期租赁和低价值资产租赁计入当期损益的租金可以抵税，计算税后租金，即：租金×（1−所得税税率）。

除了短期租赁和低价值资产租赁外，在一般租赁中，承租人被看作资产的所有者，租赁资产的折旧费和合同租金的现值均可抵减所得税，因为租金的现值包括租赁费用和利息费用，而不是全部合同租金抵减所得税。

（四）租赁融资的优缺点

1.租赁融资的优点

租赁融资的优点主要表现在：（1）租赁是一种融资与融物相结合的融资方式，融资速度比较快。公司选择租赁方式在筹措到资本的同时也取得了资产的使用权，这对于满足公司生产经营所需、提高公司资产使用效率极具意义。（2）租赁融资支出可以抵减公司所得税。无论是经营租赁还是融资租赁，其租赁费用按现行财务制度规定均可计入税前成本予以支付，这就起到了所得税的抵减作用。（3）融资限制少。与长期借款的融资限制相比，租赁融资虽然在合约中也有对抵押物的要求，但通常情况下，借款的抵押物即为租赁资产本身，因此不会对公司已有的生产经营能力带来影响。（4）租赁融资可以转移资产贬值的风险。若租赁期满承租方不再拥有资产，那么承租方不必关心资产的期末残值，这等于租赁合约把租赁资产价值变动的风险由承租方转移至出租方。

2.租赁融资的缺点

租赁融资的缺点主要表现在：（1）租赁融资成本高。在通常情况下，租赁业务的全部租金比资产本身的购置成本要高出30%，这使得租赁融资的成本明显高于银行借款和发行债券融资。当公司经营出现支付困难时，不可解约的租赁费用支出将成为公司的财务负担。（2）当事人发生违约风险的可能性增大。租赁业务的一些新形式如杠杆租赁和售后回租，它们涉及的当事人较多，如果其中一方违约，就会给其他当事人带来风险。（3）利率和税率的变动风险。在租赁合约约定的时间内，如果银行利率或税率发生变动，就会给租赁当事人带来一定的风险。如果利率下跌，则承租人需要按租赁合约约定的租金支付，这会使承租方发生损失。如果利率升高，则出租人的收入将减少。

自测题8-2

第三节　股权性融资

一、吸收直接投资

吸收直接投资是指企业按照“共同投资、共同经营、共担风险、共享利润”的原则来吸收国家、法人、外商、社会公众投入资金的一种筹资方式。

（一）吸收直接投资的种类

1.吸收国家投资

国家投资是指有权代表国家投资的政府部门或机构，以国有资产投入公司，这种情况下形成的资本叫国有资本。国有资本投入有三种形式：一是政府投资，即政府作为投资主体，以拨款或贷款形式供应资金安排的投资，包括中央政府和地方政府用预算资金和机动财力等安排的投资。二是政府授权的机构和部门投资，即政府作为国有资产的所有者，授权有关机构和部门代表政府履行国有资产所有者职能，组织国有资本的投入。三是国家出资企业以国有资本投资，即国家出资企业用税后留利和专用资金等安排的资本投入。

吸收国有资本投资是国有企业和国有控股企业筹集自有资金的主要方式，但国有资本投资对象不仅仅是国有企业和国有控股企业，也包括民营企业和外资企业等非国有企业。

2.吸收法人投资

法人投资是指法人单位以其依法可支配的资产投入公司，这种情况下形成的资本称为法人资本。吸收法人资本一般具有以下特点：(1) 发生在法人单位之间；(2) 以参与公司利润分配或控制为目的；(3) 出资方式灵活多样。

3.吸收外商直接投资

企业可以通过合资经营或合作经营的方式吸收外商直接投资，即与其他国家的投资者共同投资，创办中外合资经营企业或者中外合作经营企业，共同经营、共担风险、共负盈亏、共享利益。

4.吸收社会公众投资

社会公众投资是指社会个人或本公司职工以个人合法财产投入公司，这种情况下形成的资本称为个人资本。吸收社会公众投资一般具有以下特点：(1) 参加投资的人员较多；(2) 每人投资的数额相对较少；(3) 以参与公司利润分配为基本目的。

（二）吸收直接投资的优缺点

1.吸收直接投资的优点

吸收直接投资的优点有：(1) 手续简便。出资者是企业所有者、共享经营管理权。(2) 增强公司信誉。与债务资本相比较，吸收直接投资能够提高公司的资信和借款能力。(3) 财务风险较低。相对于债务资本，直接投资可以根据经营状况向投资者支付报酬，大大降低了财务风险。

2.吸收直接投资的缺点

吸收直接投资的缺点有：(1) 资本成本较高。企业经营状况良好时尤为明显：支付投资者的报酬会随之升高。(2) 容易分散企业的控制权。如外部投资者投资较多，则管理者会有相当大的管理权，甚至完全控制企业。(3) 难以吸收大量的社会资本参与。不会面向社会公众、范围较小。

二、发行普通股

普通股融资是指通过发行普通股股票进行融资。

（一）公开发行股票

股票融资按照发行对象不同可以分为公开发行股票和定向增发股票两种方式。公开发行是指没有特定的发行对象，面向广大投资者分开推销的发行方式。发行人通过中介机构向不特定的社会公众广泛地发售证券。在公募发行的情况下，所有合法的社会投资者都可以参加认购。公开发行的股票不一定要求上市，但是上市必须要求公开发行股票。

首次公开发行股票（IPO）是指股份有限公司首次向社会公众公开招股的发行方式。

1.IPO发行审批制度

世界证券市场股票发行的审批制度有三类：审批制、核准制和注册制。

审批制一般是在证券市场发展初期，在特殊的市场环境下，一些国家和地区采用的一种股票发行制度。审批制也称严格实质管理，即股票发行不仅要满足信息公开的各种条件和各项标准，还要接受计划指标前提下的更为严格的实质性审查。中国在证券市场发展初期也实行过以“额度控制”和“两级审批”为特点的审批制。

核准制也称实质审查制。它要求证券监管机构依据法定标准对拟发行股票的公司营业性质、资本结构、资金投向、收益水平、管理人员素质、公司竞争力、公司治理结构等方面进行实质性审查，并据此做出发行公司是否具备发行条件的判断。具有代表性的是中国大陆、中国台湾等。

我国现行的核准制和注册制的区别

注册制也称申报制。它要求拟发行股票的公司将应公开的各种信息向证券发行监管机构申报注册。申报公司须对所提供信息的真实性、准确性、完整性和及时性承担法律责任，证券监管机构只对申报公司所公开信息的形式要件和真实性进行审查，不做实质条件的限制。其代表是日本和韩国等。2019年3月，我国证监会颁布了第153号令《科创板首次公开发行股票注册管理办法（试行）》，开启了我国注册制的试点运行机制。

2.IPO发行方式

发行方式是指发行公司及承销商采用什么方式、通过何种渠道发售新股。我国IPO发行方式的演变可分为两个阶段。第一阶段是证券市场建立以前。这一阶段股票发行的特点是：面值不统一；发行对象多为内部职工或当地投资者；由于技术条件和认知水平的限制，较多采用的是认购证、与储蓄存款挂钩、全额预缴款等网下发行方式。第二阶段是20世纪90年代初证券市场建立到现在。在这一阶段，电子交易技术的发展使得股票发行方式不断创新。网下发行方式逐步被淘汰，网上发行方式逐渐成为主流且形式多样，主要有网上竞价发行、网上定价发行、网上询价发行、新股配售等方式。

3.IPO定价机制

我国证券市场建立后，IPO定价主要采用过如下方式：（1）网上竞价。它是拍卖机制的一种形式，买方报价的高低决定其能否获得股票分配及股票的分配数量。发行时主承销商为唯一的“卖方”，其卖出数为新股发行数，卖出价格为发行底价，投资者在规定时间内以不低于发行底价的价格申购，申购结束后证券交易所按照“时间优先、价格优先”的竞价原则，确定申购成功者和实际发行价格。（2）网上定价。它是固定价格机制的一种形式，投资者只能以固定的发行价格进行申购。（3）网上或网下询价。网上询价也称网上累计投标询价，是一种事先确定发行数量，而发行价格不定的发行方式。它与网上定价的区别在于，在申购时发行公司和主承销商只给出发行价格区间，而不是固定的发行价格，投资者在价格区间进行申购。申购结束后，根据申购结果按照一定的超额申购倍数确定发行价格，高于或等于该发行价格的申购为有效申购，再由证券交易系统统计有效申购总量和户数，根据发行数量、有效申购总量和有效申购户数确定申购者的认购股数。2006年6月，我国开始采用网下累计投标询价与资金申购网上定价相结合的方式。

4.IPO发行条件

在资本市场上，不同的投资者与融资者都有不同的规模大小与主体特征，存在着对资本市场金融服务的不同需求。投资者与融资者对投融资金融服务的多样化需求决定了资本市场应该是一个多层次的市场经济体系。我国资本市场主要包括沪深主板、创业板、科创板和新三板等板块，其中新三板属于场外市场，其他板块均属于场内市场。2019年科创板开始实行注册制，其余板块慢慢由核准制向注册制过渡。

在不同板块的资本市场公开发行新股的条件不同，主要关注以下几个方面：（1）公司类型。不同板块资本市场对公司规模、增长性、创新性有不同要求，比如主板上市的公司都是大型成熟企业，科创板主要是成长型科技创新型企业。（2）公司存续期。除了新三板要求公司存续期在2年以上，其他板块均要求在3年以上。（3）盈利要求。无论哪个板块都重视公司的累计营业收入和累计净利润指标，只不过不同板块上市的公司类型不同，所以对于累计营业收入和累计净利润的要求不同。（4）现金流要求。除了创业板对现金流没有要求外，其他板块对现金流均有要求，但要求标准不同。（5）净资产要求。除了科创板对净资产没有要求外，其他板块对净资产都有要求，但要求标准不同。（6）股本要求。各板块对股本要求的关注点不同，主板和创业板关注发行前股本规模，而新三板和科创板关注发行后股本规模。在数量标准上，主板市场要求发行前股本总额不少于5 000万元，其余板块对股本数量要求均以3 000万元为标准。

不同板块资本市场IPO发行条件（截止到2020年）

5.退市制度

资本市场遵循优胜劣汰的原则，股票在资本市场的表现会影响投资者的利益，当公司经营状况恶化，不再适合在二级市场进行交易时，应该有健全的退市制度帮助其退出资本市场。退市制度是资本市场上的一项基础性制度，是关于证券交易所制定的关于上市公司暂停、终止上市等相关机制，以及风险警示等退市配套机制的制度性安排，也是市场经济优胜劣汰铁律的一个体现，是市场经济健康稳定运行的基石。

退市制度分为三个层次：退市风险警示处理、暂停上市、终止上市。退市风险警示处理是指对存在股票终止上市风险的公司，对其股票交易实行“警示存在终止上市风险的特别处理”，简称“退市风险警示”。具体措施是在公司股票简称前冠以“*ST”标记，以区别于其他公司股票。暂停上市是指已上市公司若出现法定原因，应依法暂时停止其发行的上市股票的交易。终止上市是彻底取消上市公司的上市资格，或者取消上市证券挂牌交易资格的制度。

退市制度中判定公司属于哪一层次的退市条件，主要关注以下几个方面：（1）财务类指标，包括连续亏损、净资产为负、营业收入低于1 000万元等方面的状况。（2）交易类指标，主要关注股票成交量、收盘价、交易股东数量等方面的状况。（3）规范类指标，主要关注审计报告意见、财务报告中的重大差错或虚假记载、披露年报或中期报告的及时性、股权分布等方面的状况。

不同板块退市条件（截止到2020年）

【学思践悟】　注册制：七年磨一剑

证监会在中华人民共和国成立70周年之际迎来了27岁生日。回顾监管资本市场的这27年，证监会“摸着石头过河”的体会更加真切，源于其面对的是新兴的资本市场。

1992年，距离新中国第一只股票飞乐音响上市，已过去6年；距离上海、深圳证券交易所成立，已过去2年。彼时，资本市场像柔弱的婴儿，沪深两市的十几家上市公司，总市值不足百亿元，面对这个新兴市场中已经出现以及即将出现的种种问题，证监会宣告成立，标志着中国证券市场统一监管体制开始形成。

如今，中国资本市场取得了举世瞩目的成就，中国已成为名副其实的资本大国。截至2019年9月26日，沪深两市共有3 687家上市公司，总市值60.23万亿元，中国股市已成为影响全球市场的重要因素之一。

成绩斐然

证监会的27年，是从无到有，从有到全，监管思路逐步回归本源的过程。

目前，沪深两市总市值已跃居全球第二，上市公司数量逐年攀升。除此之外，A股开户数量亦稳步上升，数据显示，截至2019年7月底，投资者数量为15 537.38万人，同比增长9.64%。

与此同时，A股市场已成为全球第二大并购市场。2018年，境内上市公司实施并购重组4 153单，交易金额2.56万亿元，分别较2017年上升50.2%和36.39%。

修法工作亦稳步前进。在证监会大力推动完成《公司法》有关公司股份回购条款的专项修改后，2018年10月26日至12月31日，共有166家公司公布回购预案，拟回购金额上限达486.69亿元，实际日均回购金额为5.62亿元，是修改决定发布前的4.2倍。

除此之外，修订后的《证券法》于2020年3月正式施行。

经历27年风雨磨砺，市场已经告别误区，回归本源，而证监会作为资本市场的监管抓手，其监管思路越发深入投资者之心。

资本市场的重大转型

2013年，中国共产党第十八届中央委员会第三次全体会议通过的《中共中央关于全面深化改革若干重大问题的决定》指出，“推进股票发行注册制改革”，此后，在深市和沪市全面推行的论证报批工作开始着手执行。在随后的几年时间里，注册制改革草案报国务院审批，却迟迟因时机问题未能面世。

2019年1月，经党中央、国务院同意，证监会公布《关于在上海证券交易所设立科创板并试点注册制的实施意见》，标志着我国证券市场开始从设立科创板入手，稳步试点注册制，逐步探索符合我国国情的证券发行注册制。

科创板注册制落地，是一次以增量创新带动存量的改革。

注册制是一种不同于审批制、核准制的证券发行监管制度，它的基本特点是以信息披露为中心，通过要求证券发行人真实、准确、完整地披露公司信息，使投资者可以获得必要的信息对证券价值进行判断并做出是否投资的决策，证券监管机构对证券的价值好坏、价格高低不作实质性判断。

从2018年第四季度开始，证监会逐步松绑的监管思路，在促进资本市场繁荣发展的同时，坚决打击违法违规行为，这令市场各方深感欣慰，我们有理由相信，证监会一系列监管政策将刺激中国资本市场繁荣发展。

资料来源：贾谨嫣．注册制：七年磨一剑［EB/OL］．［2019-09-27］．https：//www.chinatimes.net.cn/article/90499.html.作者根据资料整理。

（二）普通股再融资

上市公司融资按其发生的时间不同，分为初始融资和再融资。上市公司首次向社会公开发行股票并上市的行为称为初始融资，其后的融资行为统称为再融资。再融资如果通过资本市场以股权的形式直接获得，就是股权再融资。目前股权再融资的主要形式有配股和增发新股。

1.配股融资

配股是上市公司获得证券管理部门批准后，向现有股东按其持股的一定比例配售股份的行为。其实质是上市公司增发股票，原有股东享有优先认购权，是向原有股东定向募集资金。

尽管配股融资是公司上市后融资的主要方式，但并不是所有的上市公司都可以运用配股方式融资。为了保护投资者利益，促进证券市场健康发展，证券监管部门对上市公司配股融资的条件进行了限制，规定了配股资格线。目前，上市公司配股融资应具备的条件主要包括：（1）上市公司配股距上一次发行时间间隔不得少于1个完整会计年度。（2）上市公司最近3个会计年度连续盈利。（3）上市公司最近3年以现金和股票方式累计分配的利润不少于最近3年实现的年均可分配利润的20%。（4）上市公司募集资金的用途应符合国家的产业政策，配股比例的上限为10∶3。

在我国，配股是公司上市后融资的主要方式之一。通过大比例配股，将更多的优质资产注入上市公司，实现上市公司的快速发展。而配股后的填权①行为使原有股东获得远高于现金股利的资本利得。但由于配股条件的限制，一些业绩不好的上市公司很难通过自身的努力进行融资，错失良好的投资机会；而那些已经实施了资产重组并已恢复生机，急需资金注入的公司，却可能由于达不到配股条件不能配股融资而重新陷入困境。

2.增发新股

增发新股是指已经历过IPO并已挂牌交易的上市公司，根据其发展战略和经营需要，经证券监管部门批准，再次通过证券市场向社会投资者发售股票的融资行为。

增发新股募集资金的对象是社会投资者，包括原有股东、机构投资者和社会公众。如果增发新股募集资金的对象是经过发行公司或承销商选择的机构投资者或个人，这种增发就是定向增发。对于证券市场来说，定向增发经常被作为一种并购技术和支付方式，在成熟资本市场中运用较为普遍，通常用于公司并购、资产收购、产业整合，是一种股权置换资产的方法。

（三）普通股融资的优缺点

1.普通股融资的优点

普通股融资的优点主要表现在：（1）普通股没有到期日，是一项永久性资本来源，除非公司清算时才予以偿还（但公司可在允许的条件下，通过二级市场回收股票）。（2）普通股没有固定的股利负担。其股利分配的多少与公司盈利与否、是否有投资机会等有关。（3）普通股融资风险小。普通股没有固定的到期日，一般也不用支付固定的股利。（4）普通股融资能增强公司的信誉，是公司筹措债务资本的基础。（5）普通股比债券更容易出售，这是因为普通股的预期收益高于优先股和债券，而且在通货膨胀时期，普通股增值优于优先股和债券。

---

①　填权是股票在除权后交易，交易市价高于除权（除息）基准价，取得分红或者配股者得到市场差价而获利。上市公司送转股、配股和派息时，产生了除权除息的情况，在股价上留下下跌缺口。如果股价上涨，将此缺口填满甚至超过，就是填权。

2.普通股融资的缺点

普通股融资的缺点主要表现在：(1) 股票发行费用比较高。发行费用是指发行公司支付给与股票发行相关的中介机构的费用，如承销费、注册会计师费（审计、验资、盈利预测审核等费用）、资产评估费、律师费等，其中承销费用所占的比例最高。此外，股票发行成功后，上市公司仍然需要为审计股票在交易所流通支付相当高的费用。不仅如此，普通股的融资成本从税后收益中支付，不能享受减税优惠，从而导致普通股融资成本比较高。(2) 普通股融资一方面会影响公司的控制权或管理权，另一方面新股东对公司已积累的盈余具有分配权，这就会降低普通股的每股净收益，从而可能引起普通股市价下跌。(3) 股票上市后要向社会披露信息，要接受证券监管部门的监管等。

自测题 8-3

第四节 混合性融资

一、发行可转换债券

可转换债券是指在一定时期内，可以按规定的价格或一定的比例，由持有人自由选择转换为普通股的债券。

（一）可转换债券的要素

可转换债券通常通过设计可转换条款来体现债券的特征，在可转换条款中通常列明下列要素：

1.不可转换期

可转换债券通常赋予债券持有者在债券到期前的任何时间内，将债券转换成股票的权利，但也有些债券在可转换条款中规定可转换债券在发行之后一段特定时期内不允许转换，这个特定时期称为不可转换期。

2.转换比率

转换比率是指将每份债券转换为普通股的数量。转换比率越大，债券持有人将债券转换成股票后持有的股票数量越多，对投资者越有利。

3.转换价格

转换价格是指债券的面值除以转换比率，即转换成普通股时每股的持有价格。通常债券持有者将转换价格和股票市场价格进行比较，作为转换决策的基础。如果股票市场价格高于转换价格，将选择行使转换权，否则不行使转换权。

（二）可转换债券的利率

可转换债券持有人有将债券转换成股票的权利，但没有一定要转换的义务，因此，可转换债券赋予债券持有人将持有债券转换成普通股的选择权，可以把它看作一种期权。债券持有人总是会选择在对自己最有利的时候转换债券，因此这种选择权总是有价值的。那么可转换债券的价值等于对应的不可转换的普通债券的价值加上选择权（期权）的价值，所以对于投资者来说，相对于同等条件下的普通债券，可转换债券的价值更高。因此，可转换债券的发行价格更高，利率更低。

（三）可转换债券融资的优缺点

1.可转换债券融资的优点

可转换债券融资的优点有：（1）筹资灵活。将传统的债务筹资功能和股票筹资功能结合起来，筹资性质和时间上具有灵活性。（2）资本成本较低。可转换债券的利率低于同一条件下普通债券的利率，降低了公司的筹资成本；此外，在可转换债券转换为普通股时，公司无须另外支付筹资费用，又节约了股票的筹资成本。（3）筹资效率高。可转换债券在发行时，规定的转换价格往往高于当时本公司的股票价格。如果这些债券将来都转换成了股权，这相当于在债券发行之际，以高于当时股票市价的价格新发行了股票，以较少的股份代价筹集了更多的股权资金。

2.可转换债券融资的缺点

可转换债券融资的缺点有：（1）存在不转换的财务压力。如果在转换期内公司股价处于恶化性的低位，持券者到期不会转股，会造成公司集中兑付债券本金的财务压力。（2）股价大幅度上扬风险。如果债券转换时公司股票价格大幅度上扬，公司只能以较低的固定转换价格换出股票，便会降低公司的股权融资额。

二、发行优先股

优先股是指股份持有人优先于普通股股东分配公司利润和剩余财产，但参与公司决策管理等权利受到限制的其他种类股份。上市公司可以发行优先股，非上市公众公司可以非公开发行优先股。

（一）优先股的特征

优先股被认为是一种混合证券，因为它的特征在某些方面和普通股相似，而在另一些方面和债券相似。优先股的特征表现在以下几方面：

1.股息固定

与债券一样，优先股有面值，我国优先股每股票面金额为一百元。优先股股息等于面值与股息率的乘积，其数额固定并且必须在普通股股利分配前支付，这与债券的利息一样。但优先股股利以公司的税后利润发放，没有抵税效应，这与普通股的股息一样。

2.优先求偿权

相对于普通股股东，优先股股东和债权人一样对于收益具有优先求偿权。但当公司收益不足以支付优先股股利时，公司对于优先股股利支付不具有法律约束力，因此优先股股东不能通过破产清算要求保护股利优先权。而当公司无力支付利息时，债券持有人可以通过破产重整对公司破产财产享有优先求偿权。在公司破产清算分配剩余财产时，优先股的求偿权先于普通股，而次于债权人。

3.无公司控制权

几乎所有的优先股股东不列席股东大会，对于公司的经营决策都没有投票权，也没有对股东和董事的选举权，这与债权人一样。出现以下情况之一的，优先股股东有权出席股东大会会议，就以下事项与普通股股东分类表决，其所持每一优先股有一表决权：修改公司章程中与优先股相关的内容；一次或累计减少公司注册资本超过10%；公司合并、分立、解散或变更公司形式；发行优先股等。

公司累计三个会计年度或连续两个会计年度未按约定支付优先股股息的，自股东大会批准当年不按约定分配利润的方案的次日起，优先股股东有权出席股东大会与普通股股东共同表决，每股优先股股份享有公司章程规定的一定比例表决权。

4.无到期日

优先股通常没有特定的到期日，这与普通股相同，而债券都有固定的到期日。虽然优先股没有特定到期日，但发行人可以加入回购条款，使得公司实质上加入了一个有关到期时间的限制性条款。优先股赎回价格通常为优先股票面金额加已决议支付但尚未支付的优先股股息。

（二）上市公司发行优先股的条件

1.发行主体

上市公司公开发行优先股，应当符合以下情形之一：（1）其普通股为上证50指数成分股；（2）以公开发行优先股作为支付手段收购或吸收合并其他上市公司；（3）以减少注册资本为目的回购普通股的，可以公开发行优先股作为支付手段，或者在回购方案实施完毕后，可公开发行不超过回购减资总额的优先股。若证监会核准公开发行优先股后不再符合上述情形，上市公司最近三个会计年度连续盈利的，仍可实施优先股发行。

《公开发行证券的公司信息披露内容与格式准则第34号——发行优先股募集说明书》

2.一般发行规定

上市公司发行优先股的一般规定如下：（1）最近三个会计年度实现的年均可分配利润应当不少于优先股一年的股息。（2）上市公司报告期不存在重大会计违规事项。（3）上市公司发行优先股募集资金应有明确用途，募集资金用途符合国家产业政策和有关法律、行政法规的规定。（4）已发行的优先股不得超过公司普通股股份总数的50%，且筹资金额不得超过发行前净资产的50%，已回购、转换的优先股不纳入计算。（5）同一次发行的优先股，条款应当相同。每次优先股发行完毕前，不得再次发行优先股。

（三）优先股融资的优缺点

1.优先股融资的优点

优先股融资的优点有：（1）有利于股票市场的稳定。优先股作为事先约定股息的股票，可以为股东提供较为固定的投资回报，使理性投资和长期投资成为可能。（2）提高公司的偿债能力。由于优先股股利的支付不构成公司的法定义务，在公司财务状况不佳时，公司可以暂停优先股股利的支付，不会由此导致偿债危机及公司的破产。优先股筹资可以增加权益基础并改善原有的资本结构，从而提高公司的偿债能力。（3）回收灵活。优先股没有规定最终到期日，实质上是一种永续性借款。其收回时间由企业决定，企业可在有利条件下收回优先股，具有较大的灵活性。（4）保持原有股东的控制权。优先股无表决权，虽在某些特殊情况下享有投票权，但不参与公司的经营管理，不会稀释原有股东的控制权。

2.优先股融资的缺点

自测题8-4

优先股融资的缺点有：（1）资金成本高。优先股股利不能抵减所得税，因此其成本高于债务成本。这是优先股筹资的最大不利因素。（2）股利支付的固定性。因优先股股利的支付具有固定性，当发行优先股数量过多或没有适当留取足够的利润进行分配时，会造成较大的资金压力，影响企业的扩大再生产。

【本章小结】

▶融资渠道，指协助企业的资金来源，主要包括内源融资和外源融资。融资方式是指企业融资的具体形式。按照资金性质，融资方式可以分为债务融资和股权融资；按照是否有金融机构参与可分为直接融资和间接融资。

▶一般情况下，长期借款的利息率要高于短期借款的利息率。长期借款的利息率可采用固定利率、变动利率和浮动利率三种。长期借款的偿还方式主要有一次性偿付法、等额利息法、等额本金法和等额本息法等。后两种还款方式使借款公司现金流出分散在各期，减少了公司集中支付的压力，比较适合于数额大、期限长的借款偿还。银行借款的优点主要有：融资速度快、借款成本较低、借款弹性较大、可发挥财务杠杆作用。其缺点主要有：融资风险较高、限制条件较多、融资数量有限。

▶债券的基本要素包括：债券面值、偿还期、付息日、票面利率、发行人名称。债券的特征有偿还性、流动性、安全性、收益性。影响公司债券发行价格的因素主要包括：发行者的类型、发行人的资信、债券期限、赎回与转换条款。在实务中，公司债券的发行价格通常有等价、溢价、折价三种情况。

▶债券融资的优点主要有：债券成本较低、可利用财务杠杆、便于调整资本结构、保障股东控制权。债券融资的缺点有：财务风险较高、限制条件较多。

▶吸收直接投资是指企业按照“共同投资、共同经营、共担风险、共享利润”的原则来吸收国家、法人、个人、外商投入资金的一种筹资方式。吸收直接投资的优点有：手续简便，出资者是企业所有者、共享经营管理权，增强公司信誉，财务风险较低。其缺点有：资本成本较高，容易分散企业的控制权，难以吸收大量的社会资本参与。

▶首次公开发行股票（IPO）是指股份有限公司首次向社会公众公开招股的发行方式。世界证券市场股票发行的审批制度有三类：审批制、核准制和注册制。注册制也称申报制，它要求拟发行股票的公司将应公开的各种信息向证券发行监管机构申报注册，证券监管机构只对申报公司所公开信息的形式要件和真实性进行审查，不做实质条件的限制。2019年我国开启了注册制的试点运行机制。

▶普通股融资的优点主要有：普通股没有到期日，没有固定的股利负担，融资风险小，能增强公司的信誉，比债券更容易出售。其缺点主要有：股票发行费用比较高，可能引起普通股市价下跌，股票上市后要向社会披露信息，要接受证券监管部门的监管等。

▶可转换债券是指在一定时期内，可以按规定的价格或一定的比例，由持有人自由选择转换为普通股的债券。可转换债券的要素有不可转换期、转换比率、转换价格。可转换债券持有人有将债券转换成股票的权利，但没有一定要转换的义务，因此，可转换债券赋予债券持有人将持有债券转换成普通股的选择权，可以把它看作一种期权。相对于同等条件下的普通债券，可转换债券的发行价格更高，利率更低。

▶可转换债券融资的优点有：筹资灵活性，资本成本较低，筹资效率高。其缺点有：存在不转换的财务压力，股价大幅度上扬风险。

▶优先股是指股份持有人优先于普通股股东分配公司利润和剩余财产，但参与公司决策管理等权利受到限制的其他种类股份。优先股的特征有：股息固定、优先求偿权、无公司控制权、无到期日。优先股融资的优点有：有利于股票市场的稳定，提高公司的偿债能力，回收灵活，保持原有股东控制权。其缺点有：资金成本高，股利支付的固定性。

【复习思考】

1.什么是融资渠道？什么是融资方式？融资方式有哪些类型？

2.长期借款的还款方式有哪些？长期借款融资有哪些优缺点？

3.债券的基本要素有哪些？债券有哪些特征？债券有哪些种类？债券融资有哪些优缺点？

4.吸收直接投资有哪些种类？吸收直接投资有哪些优缺点？

5.我国目前公开发行股票的审批制是什么？股票退市制度有哪些？股权再融资有哪些方式？股票融资有哪些优缺点？

6.什么是可转换债券？可转换条款要列明哪些条款？可转换债券融资有哪些优缺点？

7.优先股有哪些特征？优先股融资有哪些优缺点？

链接本章
引导案例

《财务管理》
慕课资源

第九章

杠杆效应与资本结构

【学习目标】

本章阐述了杠杆效应和资本结构相关理论，主要包括经营杠杆、财务杠杆和总杠杆的作用原理和形成机制，各类杠杆水平的度量方法以及资本结构相关理论的基本内容。通过对本章内容的学习，学生应完成以下目标：

1. 理解杠杆效应的形成机制和作用原理；
2. 掌握经营杠杆系数、财务杠杆系数和总杠杆系数的计算方法；
3. 理解各种杠杆效应和各类型风险之间的对应关系；
4. 了解资本结构无关论、所得税、代理问题和不对称信息对资本结构的影响。

【本章主要内容导图】

【引导案例】

2016年2月15日，《经济日报》发表文章称，中央经济工作会议指出，去杠杆是2016年经济工作的重点内容。在经济领域，“杠杆”指的是通过借债，以较小的投入撬动大量资金、扩大经营规模，如个人融资融券、企业向银行借贷、政府发行地方债等，都属于“加杠杆”的行为。“去杠杆”则是在提高生产效率、推动经济增长中改善债务结构，以行政力量与市场手段并举、以可控方式和可控节奏逐步消化泡沫和杠杆问题。“杠杆”是一把“双刃剑”，适度的杠杆对经济发展有益，但如果杠杆率过高，债务增速过快，杠杆反而会拖累经济发展。杠杆化还有明显的顺周期特征，经济上行时加杠杆能获得更多收益，经济下行时则会加大风险，损失更大。

问题：

（1）从财务管理的角度来看，我国“去杠杆”政策是针对企业何种财务决策？

（2）为什么“杠杆”是一把双刃剑？“加杠杆”会产生哪些好处？“去杠杆”会产生哪些好处？

（3）从企业角度来看，何种“杠杆”水平才是合理的？

（4）为什么我国不设定一个“杠杆”标准要求所有企业都遵照执行？

第一节　杠杆效应

在财务管理中，杠杆作用是指由于存在固定性费用（固定性经营费用或固定性财务费用），当生产经营过程中某项因素（销售收入或者息税前利润）产生较小变化时，对应的其他因素（息税前利润或者每股收益）会产生较大变动。根据不同固定性费用，杠杆可以被划分为经营杠杆和财务杠杆。为了便于分析，对公司的经营活动做如下假设：（1）公司仅销售一种产品，且价格不变；（2）经营成本中的单位变动成本和固定成本总额在相关范围内保持不变；（3）公司的资产规模保持不变；（4）公司的资产结构和资本结构均保持不变，资产结构保持不变是指公司的非流动资产和流动资产比例不发生改变；资本结构保持不变是指公司各项资本来源所占的比重不发生改变。

在分析过程中，我们采用下列符号：Q为产品销售数量；P为单位产品价格；V为单位变动成本；F为固定成本总额；MC=P-V为单位边际贡献；EBIT为息税前利润；I为利息费用；τ为所得税税率；Div_p为优先股股息；N为普通股股数；EPS为普通股每股收益。

一、经营杠杆效应

（一）经营杠杆效应基本原理

经营杠杆是指由于存在固定性经营费用，在其他条件不变的情况下，销售量的变动会导致息税前利润产生更大幅度变动。销售量和息税前利润的关系可用下式表示：

$$EBIT=Q\times(P-V)-F=Q\times MC-F \tag{9.1}$$

上式表明，边际贡献与销售量成同比例变化，但固定成本总额不受销售量变动的影响，因而会导致息税前利润以大于销售量变动幅度的水平变动。当销售量增加时，分摊到单位产品上的固定成本下降，提高了单位产品的息税前利润水平，从而导致息税前利润以超过销售量增长率的幅度增长；当销售量下降时，分摊到单位产品上的固定成本增加，降低了单位产品的息税前利润水平，从而导致息税前利润以超过销售量降低率的幅度下降。

（二）经营杠杆系数

在财务管理中，通常采用经营杠杆系数衡量经营杠杆大小和经营风险水平。根据经营杠杆的作用原理，经营杠杆系数（DOL）是指息税前利润变动率相对于销售量变动率的倍数，其计算公式为：

$$DOL=\frac{\Delta EBIT/EBIT}{\Delta Q/Q} \tag{9.2}$$

式中，DOL为在销售量为Q时的经营杠杆系数。

值得注意的是，在不同的销售量水平上，经营杠杆系数的水平并不相同。经过简单的推导，经营杠杆系数的计算公式还可以被改写为：

$$DOL=\frac{Q\times(P-V)}{Q\times(P-V)-F}=\frac{Q\times(P-V)}{EBIT} \tag{9.3}$$

通过对公式（9.3）的分析不难发现，经营杠杆系数受到销售量（Q）、销售单价（P）、单位变动成本（V）和固定成本总额（F）四个因素的影响。其中，销售量和销售单价与经营杠杆系数呈反向变动关系：在其他条件不变的情况下，随着销售量水平（销售单价）的不断提高，经营杠杆系数不断下降；随着销售量水平（销售单价）的不断下降，经营杠杆系数不断上升。单位变动成本和成本总额与经营杠杆系数呈同向变动关系：在其他条件不变的情况下，随着单位变动成本（成本总额）的不断提高，经营杠杆系数不断上升；随着单位变动成本（成本总额）的不断降低，经营杠杆系数不断下降。在盈亏平衡点处，经营杠杆系数达到最大。在盈亏平衡点处，销售量的变动会导致出现盈利或者亏损，息税前利润的不确定性最高，因此经营杠杆系数达到最大。

【例9-1】

某公司生产A产品，现行销售数量为10 000件，销售单价为20元/件，单位变动成本为5元/件，固定成本总额为50 000元，息税前利润为100 000元。假设销售单价及成本水平均保持不变，当销售数量为10 000件时，公司的经营杠杆系数计算如下：

$$DOL=\frac{10\,000\times(20-5)}{10\,000\times(20-5)-50\,000}=1.5$$

根据上述计算结果，在销售量为10 000件的情况下，销售量每增加1%，息税前利润就会增加1.5%；销售量每降低1%，息税前利润将下降1.5%。这主要是由于固定成本的存在，放大了销售量变动对息税前利润变动的影响。根据【例9-1】的资料，表9-1列示了不同销售水平下的EBIT和DOL。

根据表9-1，在不同销售水平上，经营杠杆系数存在差异。在盈亏平衡点，公司经营杠杆系数达到最大。当销售数量逐渐远离盈亏平衡点时，公司经营杠杆系数的绝对值逐步下降，这意味着销售量变化对息税前利润产生的影响在削弱。特别是，销售量超过盈亏平衡点的幅度越大，经营杠杆系数越趋近于1。

表 9-1　　不同销售水平下的经营杠杆系数

销售量Q（件）	息税前利润EBIT（元）	经营杠杆系数DOL
0	-50 000	0
1 000	-35 000	-0.43
2 000	-20 000	-1.5
3 000	-5 000	-9
3 333	0	无穷大
4 000	10 000	6
5 000	25 000	3
6 000	40 000	2.25
7 000	55 000	1.91
8 000	70 000	1.71
9 000	85 000	1.59
10 000	100 000	1.5

（三）经营杠杆与经营风险

经营杠杆效应存在的原因是固定性经营成本的存在。在正常情况下，大多数企业都存在固定性经营成本，因此经营杠杆效应普遍存在于各种类型的企业之中。企业固定经营成本的大小反映了企业的经营风险的大小。经营风险是指经营状况等变化对其盈利能力带来的不确定性。影响经营风险的因素很多，主要有市场需求的变化、销售价格的变动、投入要素价格的变动等。需要特别指出的是，经营杠杆系数本身并不是造成经营风险的原因，而是度量经营风险对企业影响幅度的方法。如果上述因素不发生变动，经营风险就不会发生变化，即使经营杠杆系数再高，都不具有任何实际意义。经营杠杆系数只是衡量经营风险的方法。

二、财务杠杆效应

（一）财务杠杆效应基本原理

财务杠杆是指由于存在固定性财务费用，在其他条件不变的情况下，息税前利润的变动会导致每股收益产生更大幅度的变动。财务杠杆体现了息税前利润和每股收益的关系：

$$EPS=\frac{(EBIT-I)\times(1-\tau)-Div_p}{N} \tag{9.4}$$

上式表明，由于在计算过程中固定财务费用数额不受息税前利润变动的影响，因此每股收益以大于息税前利润变动的幅度变动。之所以会有财务杠杆存在，是由于存在固定性财务费用，比如债务的利息和优先股的股利。在不同的经营情况下，即在不同的息税前利润水平下，利息和优先股股利不会随着经营情况的变化而发生改变。当息税前利润增加时，分摊到每股的息税前利润同比增加，而固定性财务费用保持不变，分摊到每股的固定性财务费用下降，从而导致每股收益以超过息税前利润变化的幅度变化。与经营杠杆类似，财务杠杆也具有双向作用：在息税前利润增加时，每股收益将以更大的幅度增加；但是当息税前利润减少时，每股收益也会以更大的幅度下降。与经营杠杆不同的是，并非所有公司都会出现固定性财务费用，因此并非所有公司都有财务杠杆。

（二）财务杠杆系数

在财务管理中，通常采用财务杠杆系数衡量财务杠杆大小和财务风险水平。根据财务杠杆的作用原理，财务杠杆系数（DFL）是指每股收益变动率相对于息税前利润变动率的倍数，其计算公式为：

$$DFL=\frac{\Delta EPS/EPS}{\Delta EBIT/EBIT} \tag{9.5}$$

式中，DFL为在息税前利润EBIT点处的财务杠杆系数。

值得注意的是，在不同的息税前利润率水平上，财务杠杆的大小也有差异。经过简单的推导，财务杠杆系数的计算公式还可以被改写为：

$$DFL=\frac{EBIT}{EBIT-I-Div_P/(1-\tau)} \tag{9.6}$$

【例9-2】

假设【例9-1】中的公司资本来源为：债券500 000元，年利率为8%；优先股500股，每股面值100元，年股利率9%；普通股100 000股，每股面值1元，每股收益0.32元；公司适用的所得税税率为25%，则其财务杠杆系数计算如下：

$$DFL=\frac{100\,000}{100\,000-40\,000-4\,500\div(1-25\%)}=1.85$$

根据上述计算结果，在息税前利润为100 000元时，息税前利润变动1%，每股收益将变动1.85%。

（三）财务杠杆与财务风险

财务杠杆效应来自固定性财务费用。与经营杠杆不同，如果企业没有固定性财务费用，那么将不存在任何财务杠杆效应，此时财务杠杆系数为1。财务杠杆与财务风险密切相关。财务风险是指由于负债经营给收益带来的不确定性。负债水平越高，固定性财务费用越大，财务杠杆效应越显著。党的二十大报告也指出："必须清醒看到，我们的工作还存在一些不足，面临不少困难和问题。主要有：发展不平衡不充分问题仍然突出，……确保粮食、能源、产业链供应链可靠安全和防范金融风险还须解决许多重大问题；……"从财务管理的角度来看，负债水平产生的杠杆效应是金融风险的重要来源。过高的负债水平通过杠杆效应为企业带来财务风险；而某些行业的公司整体负债水平较高将会给宏观经济带来巨大的金融风险。

从本质上看，财务杠杆产生于索取权的差异。不同的资本来源，其索取权性质存在差异：债务和优先股拥有固定索取权，即按照事先约定的利率或者股利率获取收益；当经营情况好转的时候，债权人和优先股股东向公司索取的收益不会增加；当经营情况恶化的时候，债权人和优先股股东向公司索取的收益不会减少。普通股股东拥有剩余索取权，在偿还债务利息和支付优先股股息后，剩余的收益均归属于普通股股东。当息税前利润增加时，债权人和优先股股东仍然按照事先约定的收益率索取收益，所以普通股股东获得的每股收益增长幅度会超过息税前利润的增长幅度；同理，当息税前利润下降时，普通股股东获得的每股收益下降幅度会超过息税前利润的下降幅度。在资产规模不发生改变时，公司的负债比例越高，索取固定收益的资本比例越高，公司普通股获得的每股收益就会越高。

【例9-3】

假设【例9-1】和【例9-2】中的公司准备调整资本结构，现在有三个方案备选：

方案1：将500股优先股，按照1∶100的比例转化为普通股。

方案2：发行500 000股普通股，赎回公司在外流通的债券。

方案3：发行500 000股普通股，赎回公司在外流通的债券；同时，将500股优先股，按照1∶100的比例转化为普通股。

在三种方案下，公司的财务杠杆系数和普通股每股收益见表9-2。根据表9-2，公司财务杠杆系数受到固定性财务费用的影响：固定性财务费用水平越高，财务杠杆作用越强，在其他情况相同的条件下，财务风险水平越高。

表9-2 **不同资本结构下的财务杠杆系数** 金额单位：万元

项目	现行资本结构	方案1	方案2	方案3
资本总额	65	65	65	65
其中：普通股	10	15	60	65
优先股	5	0	5	0
公司债券	50	50	0	0
息税前利润	10	10	10	10
利息（8%）	4	4	0	0
税前利润	6	6	10	10
所得税（25%）	1.5	1.5	2.5	2.5
税后利润	4.5	4.5	7.5	7.5
优先股股利	0.45	0	0.45	0
归属普通股东的税后利润	4.05	4.5	7.05	7.5
普通股股数（万股）	10	15	60	65
每股收益（元/股）	0.41	0.3	0.12	0.12
财务杠杆系数	1.85	1.67	1.06	1

不同方案下，普通股股数计算方法如下：

方案1：普通股股数=100 000+500×100=150 000（股）

方案2：普通股股数=100 000+500 000=600 000（股）

方案3：普通股股数=100 000+500 000+500×100=650 000（股）

【学思践悟】 特斯拉的财务杠杆

特斯拉是一家美国电动汽车和可再生能源公司，成立于2003年。特斯拉不仅专注于电动车的生产，还进入了能源存储和太阳能屋顶等领域。作为一家创新驱动的公司，特斯拉的增长与其资金结构密切相关。特斯拉大规模投资其生产设施和技术研发，多次选择通过发行债务融资来支持其快速扩张。例如，在2020年，特斯拉发行了10亿美元的可转债，用于资金支持新工厂（如上海工厂）和提升产能。

通过增加生产能力，特斯拉的汽车销量显著增长，2020年销量达到50万辆，较2019年增长了36%。同时，公司的营业收入从2019年的245亿美元增加到2020年的315亿美元。由于负债金额增加，特斯拉的利息支出也随之上升。虽然能源技术方面的持续投资提高了公司的风险，但也大大增加了潜在的回报。2020年，特斯拉因财务杠杆产生的利息支出约为2亿美元。截至2020年年底，特斯拉的总负债达到137亿美元。特斯拉在2020年实现了盈利，净利润为7.2亿美元。尽管杠杆融资（leveraged finance）增加了公司的风险，但由于销售额的飞速增长，特斯拉的每股收益从2019年的-0.40美元/股变为2020年的0.64美元/股，显示了财务杠杆的积极效应。然而，在经济下滑的时候，特斯拉的债务负担可能使其面临更大的偿债压力。此外，高杠杆也可能在融资成本上升时限制公司的财务灵活性。

特斯拉的案例展示了财务杠杆在支持公司快速发展的同时，也带来了相应的风险。通过债务融资，特斯拉能够加快资本支出，但也需要在扩张与风险之间找到平衡。

资料来源：特斯拉年报 (Tesla Annual Report 2020)。

三、总杠杆效应

（一）总杠杆效应基本原理

总杠杆主要用于反映销售量和每股收益之间的关系，每股收益和销售量之间的关系可用下式表示：

$$EPS = \frac{[Q \times (P - V) - F - I] \times (1 - \tau) - Div_P}{N} \tag{9.7}$$

固定性财务费用导致每股收益以大于息税前利润波动的幅度波动；固定性经营费用导致息税前利润以大于销售量波动的幅度波动。因此，通过经营杠杆和财务杠杆的共同作用，销售量波动将会引发每股收益以更大的幅度波动。

（二）总杠杆系数

在财务管理中，总杠杆效应采用总杠杆系数加以衡量。总杠杆系数（DTL）描述的是每股收益变动率相当于销量变动率的倍数，其计算公式为：

$$DTL = \frac{\Delta EPS/EPS}{\Delta Q/Q} \tag{9.8}$$

公式（9.8）可以简化为：

$$DTL = \frac{Q \times (P - V)}{EBIT - I - Div_p/(1 - \tau)} = DOL \times DFL \tag{9.9}$$

根据公式（9.9），总杠杆系数可以被表示为经营杠杆系数和财务杠杆系数的乘积。这与总杠杆系数的经济含义相一致，即销售量变动通过经营杠杆以更大的波动幅度传递给息税前利润，然后息税前利润变动再通过财务杠杆以更大的波动幅度传递给每股收益。

【例 9-4】

根据【例 9-1】和【例 9-2】的资料，当销售量为 10 000 件时，总杠杆系数为：

$$DTL = DOL \times DFL = 1.5 \times 1.85 = 2.78$$

$$= \frac{10\,000 \times (20 - 5)}{100\,000 - 40\,000 - 4\,500 \div (1 - 25\%)} = 2.78$$

根据上述计算，公司的总杠杆系数是经营杠杆系数和财务杠杆系数共同作用的结果。当销售量增加 1% 时，由于存在固定性经营费用，在经营杠杆的作用下，息税前利润增加 1.5%；由于存在固定性财务费用，每股收益的增长幅度是息税前利润增长幅度的 1.85 倍。在经营杠杆和财务杠杆的共同作用下，销售量增加 1% 时，每股收益增长 2.78%。总杠杆系数也是双向的，当销售量增长时，每股收益会以更快的速度增长；但是当销售量下降时，每股收益会以更快的速度下降。在不同销售水平上，公司的总杠杆系数也存在差异：销售数量越高，总杠杆系数越低。

（三）总杠杆与总风险

国有企业去杠杆的困难与应对

自测题 9-1

总杠杆系数衡量公司的总体风险，根据总杠杆系数的计算公式，公司总体风险可以被分解为经营风险和财务风险两部分。经营杠杆来自固定性经营费用，所有公司都在不同程度上存在固定性经营费用，因而任何公司都存在经营风险。财务杠杆来自固定性财务费用，当公司不存在负债或者优先股时，财务杠杆系数为 1，即不存在任何财务风险。相对而言，财务风险更容易受到管理人员决策的影响，经营风险主要取决于公司所处行业的性质。因此，经营风险的控制难度较大，而财务风险可以通过管理人员的融资决策加以调整。在实践中，管理人员更多地从公司整体风险着眼，对不同类型风险进行调配：在预先设定的总体风险水平下，若公司的经营风险较高，管理人员可以适当降低负债比率以调低财务杠杆水平，从而确保总体风险水平不超出既定的限额；反之，若公司的经营风险较低，管理人员可以更多地使用财务杠杆。

第二节　资本结构理论

一、完美市场中的资本结构

资本结构是指公司长期资本（负债、优先股、普通股）的构成及其比例关系。注意，这里不包括短期负债，如果考虑短期负债，也就是将整个资产负债表的右方考虑进去，则称为财务结构，在实务中用资产负债率表示。资本结构有两种表示方法：一是负债比率，表示长期负债与公司价值之间的比例关系；二是杠杆比率，表示长期负债与股东权益之间的比例关系。

对当代资本结构理论影响最为深远的当属美国经济学家莫迪格利尼和米勒（Modigliani & Miller，以下简称MM）。他们提出的资本结构理论成为人们研究资本结构问题的起点。1958年，MM首次明确提出了不含税的资本结构模型，共含有三个命题。他们的结论建立在如下的假设基础之上：

（1）公司的经营风险可衡量，有相同经营风险的公司处于同类风险等级；

（2）现有的和将来的投资者对公司未来的息税前利润的估计完全相同，即投资者对公司未来收益的预期和这些收益所面临风险的预期保持一致；

（3）证券市场完善，即没有交易成本，投资者可以按照相同的利率获得借款；

（4）公司及个人的负债均无风险，因此负债利率为无风险利率；

（5）投资者预期的息税前利润不变，亦即假设公司的增长率为零，从而所有现金流量都是年金；

（6）没有公司和个人所得税，没有财务危机成本。

命题1：公司价值为公司预期的息税前利润按照适用于该公司风险等级的折现率进行资本化的现值，而与公司的资本结构无关。用公式表示为：

$$V_U=V_L=\frac{EBIT}{r_{eU}}=\frac{EBIT}{r_w} \tag{9.10}$$

$$V_L=\frac{EBIT}{r_w}=\frac{EBIT-I}{r_{eL}}+\frac{I}{r_d} \tag{9.11}$$

式中，V_L为负债公司L的价值；V_U为无负债公司U的价值；r_{eU}为处于既定风险等级的无负债公司U的股权资本成本；r_{eL}为处于既定风险等级的负债公司L的股权资本成本；r_w为公司加权资本成本；r_d为负债资本成本。

命题1的证明是利用套利原理进行的。根据假设，当两个公司的预期息税前利润相同时，如果仅因为有无负债而导致公司价值存在差异，那么投资者就可以通过卖出被高估公司的股票而买进被低估公司的股票而获利。投资者的这种套利行为会使两个公司的价值趋向一致。当两个公司的市场价值相同时，投资者的套利行为才会消失，市场到达均衡状态。

命题1表明：在不存在公司所得税和个人所得税的情况下，公司价值与资本结构无关。无论公司是否存在负债，公司的加权平均资本成本不变，由公司所处的风险等级来确定。因此，就任何息税前利润确定的公司而言，其价值也是确定的。

【例9-5】

假设有U和L两个公司，其经营风险相同，但资本结构不同，U公司的资本全部为股权资本，L公司的资本由负债和股权资本两部分组成。为简化，假设两个公司的营业净利润全部作为股利发放，公司的预期增长率为0，其他资料见表9-3。要求：分别计算U公司和L公司的价值。

根据表9-3的资料，U、L两个公司的价值可计算如下：

$$V_U=\frac{EBIT}{r_{eU}}=\frac{100\ 000}{10\%}=1\ 000\ 000（元）$$

$$V_L=\frac{EBIT-I}{r_{eL}}+\frac{I}{r_d}=\frac{100\ 000-30\ 000}{14\%}+\frac{30\ 000}{6\%}=1\ 000\ 000（元）$$

上述计算结果表明，在不考虑所得税的条件下，处于同一风险级别的不同资本结构的两家公司的总价值相等。

表 9-3 负债公司和无负债公司价值比较表（不考虑所得税） 金额单位：元

项目	U公司（负债=0）	L公司（负债=500 000）
股权资本（E）	1 000 000	500 000
股权资本成本（r_e）	10%	14%
负债资本（D）		500 000
负债资本成本（r_d）		6%
息税前利润	100 000	100 000
减：利息费用（I）		30 000
股东收入（股利）（Div）	100 000	70 000
证券持有者收入（Div+I）	100 000	100 000

L公司加权平均资本成本等于U公司的股本成本：

$r_w=r_{eU}=14\%\times50\%+6\%\times50\%=10\%$

命题2：负债公司的股本成本等于相同风险等级的无负债公司股本成本加上风险溢价。风险溢价取决于无负债公司股本成本和负债成本之差与负债比率的乘积。用公式表示为：

$$r_{eL}=r_{eU}+(r_{eU}-r_d)\frac{D}{E} \tag{9.12}$$

式中，r_{eL}为负债公司的股本成本；r_{eU}为无负债公司的股本成本；r_d为负债的资本成本；D为负债的价值；E为股本的价值。

命题2表明：当负债比率不断上升的时候，负债公司的股本成本也随之增加。把命题1与命题2联系起来，MM理论的含义是：通过举债而获得的资本成本优势，正好被负债公司不断上升的股权成本所抵消。因此，当负债增加的时候，负债公司的加权资本成本仍然与处于同一风险级别的无负债公司相同，公司价值因此也保持不变。

命题3：公司应当投资于那些收益率大于或者等于r_w的项目。在投资决策中，该命题已经被广泛接受，并作为投资决策的标准之一，因此不做过多论述。

二、税收政策与资本结构

1.含税的MM模型

不含税的MM模型中的各项假设在现实中很难实现。因此，在现实中资本结构与公司价值之间并非完全无关。1963年，MM在不含税模型的基础上，放松了“不存在公司所得税”的假设，从而推导出了含税的MM模型。在考虑所得税的条件下，由于负债所产生的利息作为成本能够在税前予以扣除，因此公司因负债而增加了公司价值。含税的MM模型也被称为修正的MM定理。

命题1：负债公司的价值等于同一风险等级的无负债公司的价值加上赋税节余价值。

用公式表示为：

$$V_L=V_U+\tau\times D \quad (9.13)$$

式中，τ为公司的所得税税率。

命题1表明：在考虑公司所得税的条件下，负债公司的价值要大于无负债公司的价值，其超出的数额为公司的所得税税率与负债总额的乘积。负债公司的价值随着负债比率的增加而增加，当负债率达到100%时，公司价值达到最大。命题1同样可以用套利原理加以证明。

【例9-6】

沿用【例9-5】的相关数据资料，假设公司所得税税率为25%，其他资料见表9-4。要求：确定U、L两个不同公司的价值。

表9-4　**负债公司和无负债公司价值比较表（考虑所得税）**　金额单位：元

项目	U公司（负债=0）	L公司（负债=500 000）
股权资本（E）	1 000 000	500 000
股权资本成本（r_e）	10%	14%
负债资本（D）		500 000
负债资本成本（r_d）		6%
息税前利润	100 000	100 000
减：利息费用（I）		30 000
税前利润（EBT）	100 000	70 000
减：所得税（τ）	25 000	17 500
股东收入（股利）（Div）	75 000	52 500
证券持有者收入（Div+I）	75 000	82 500

$$V_U=\frac{EBIT\times(1-\tau)}{r_{eU}}=\frac{100\,000\times(1-25\%)}{10\%}=750\,000（元）$$

$$V_L=\frac{(EBIT-I)\times(1-\tau)}{r_{eL}}+\frac{I}{r_d}=\frac{(100\,000-30\,000)\times(1-25\%)}{14\%}+\frac{30\,000}{6\%}=875\,000（元）$$

通过上述计算，我们发现在存在所得税的情况下，负债公司价值比无负债公司价值增加了125 000元，这是利息减税造成的。因为利息支付减少了公司应纳税所得额，因此可以直接通过利息乘以税率得出每年税金节约额。每年税金节约额称为利息减税或赋税节余，计算公式如下：

利息减税=负债成本×所得税税率×负债总额

如果利息减税的风险与负债风险等价，那么它的现值就等于永续年金的现值，折现率为负债的利率，因此公司未来利息减税的现值为：

利息减税现值=所得税税率×负债总额

命题2：负债公司的股本成本等于同一风险等级的无负债公司股本成本加上风险溢

价，风险溢价由负债比率和所得税税率共同决定。用公式表示为：

$$r_{eL}=r_{eU}+(r_{eU}-r_d)\times(1-\tau)\times\frac{D}{E} \tag{9.14}$$

与公式（9.12）相比，公式（9.14）中多了一项（1−τ）。由于（1−τ）小于1，因此在考虑所得税后，负债公司的股本资本成本要低于无税MM模型下负债公司的股本资本成本。

命题2表明：在考虑所得税后，负债公司的股本成本会随着负债比例的增加而提高。但是，由于所得税的存在，股本成本上升的速度要慢于通过举债而获得的资本成本优势，即通过负债能够使公司的整体资本成本降低。因此，当负债增加的时候，负债公司的资本成本低于处于同一风险级别的无负债公司，公司价值因负债而增加。我们可以计算负债公司的加权资本成本，用公式表示为：

$$r_w=r_d\times\frac{D}{D+E}\times(1-\tau)+r_{eL}\times\frac{E}{D+E} \tag{9.15}$$

将公式（9.14）代入公式（9.15）中，我们得到：

$$r_w=r_{eU}\times\left[1-\left(\frac{D}{D+E}\right)\times\tau\right] \tag{9.16}$$

命题3：公司应当投资于那些收益率大于或者等于r_w的项目。

2.权衡理论

MM理论在考虑负债杠杆对公司价值的影响的同时，只考虑了所得税给公司带来的赋税节余，而没有考虑公司因负债所产生的成本，因此，才会得出负债越高公司价值越大，当负债达到100%时，公司价值达到最大的结论。显然，该结论与我们经济生活中的常识不符。为了修正MM理论的不足，人们开始考虑负债在带来赋税节余的同时所产生的相关成本，这就形成了权衡模型的基本思路。

当公司不能够及时足额地偿还债务时，公司就会陷入财务危机。财务危机泛指公司从资本管理出现技术性失败到破产之间的全部状态。轻度的财务危机只导致公司不能进行正常的支付，而严重的财务危机则会导致公司陷入破产之中，破产是财务危机的一种极端形式。财务危机成本是指公司因陷入财务危机而带来的成本，财务危机成本包括直接成本和间接成本两部分。

（1）财务危机直接成本

财务危机直接成本是与破产相关的成本，其内容主要包括有形费用和无形费用两个方面。①有形费用。由于陷入破产之中，公司需要经历各项法律程序并雇用相关专业人士提供必要的服务，所支付的费用包括在破产清算过程中公司支付的律师费、会计师费、庭审费用及其他行政开支。这部分费用与破产公司的资产总额相比较，只占很小的比例。②无形费用。破产发生时，股东与债权人长期争执不休，公司生产经营活动不能正常进行，从而导致存货和固定资产的损坏或过时等资产损失。无形费用还包括公司因发生财务危机而错过的发展机会，丧失的技术优势和流失的人力资源。这些无形资产对于公司的正常健康发展至关重要，一旦发生破产，这些资源将会随着公司的终结而消失。对于高科技公司来说，这部分成本相当大。

（2）财务危机间接成本

公司的财务危机间接成本包括很多内容，概括起来分为两个部分：①公司在尚未破产时，由于陷入财务危机中，在经营管理各方面遇到的各种麻烦和困难。当公司面临财务危机时，公司管理人员为了缓解财务危机造成的压力，往往会采取一些短期行为，诸如变卖长期资产、推迟机器设备维修、为节约成本而降低产品质量、减少公司的技术开发等长期支出。在陷入财务危机时，公司的债权人会纷纷上门讨债，公司不得不以高利率来举债，以缓解公司的现金压力，这样会使公司进一步丧失财务上的优势，加重财务上的负担。同时，公司的客户和供货商也会采取逃避的方法，供货商拒绝提供商业信用，并停止向其提供原材料，客户也会停止购买该公司的产品。②发生财务危机时，由于债务人和债权人在利益上存在冲突，因此导致其在投资决策时产生差异。债务人通常会考虑个人的利益而选择有可能伤害债权人利益的项目，这种利益冲突的存在会导致公司价值下降，在财务危机存在的时候，这种情况尤为严重。债务人和债权人在财务危机中的利益冲突主要表现在三个方面：

第一，风险转移。在处于财务危机时，股东（债务人）向债权人承诺，将现金用于一个风险比较低的项目上，而实际上可能会选择一个风险较高的项目。如果这些投资成功，那么股东就能偿还全部借款，并且享受剩余的收益。如果项目不成功，股东仅仅是拖欠借款的问题，债权人最后获得的只是一个空壳公司。如果某公司的负债价值已经超过了公司的市场价值，那么当面对风险不同的两个投资项目时，公司会选择风险较高的项目，以期望通过高风险的投资来使公司摆脱财务危机的困境。而选择风险较低的项目，虽然会增加公司的价值，降低债权人的损失，但是由于风险低的项目收益较小，即便投资获得成功，公司仍然无法摆脱财务危机，仍然会走向破产。因此，在处于财务危机的条件下，股东（债务人）会选择风险较高的项目而放弃风险较低的项目。

比如，处于财务危机中的某公司无法偿还的债务数额为1 000万元，该公司目前面临甲、乙两个项目。两个项目的投资额都是200万元，甲项目一年后收益现值为2 000万元的概率为0.05，收益现值为0的概率为0.95。投资甲项目的净现值为-100万元。乙项目一年后收益现值为500万元的概率为0.6，收益现值为1 000万元的概率为0.4。投资乙项目的净现值为500万元。如果公司处于正常生产经营状况下，应当选择净现值大的项目。但是，如果该公司选择了乙项目，那么公司投资的全部收益都用于偿还债务，转移到债权人的手中，债权人因公司破产所遭受的损失减少，而公司的股东（债务人）的财务情况没有任何改变，仍然处于财务危机之中。若选择甲项目，如果投资收益现值为0，则公司股东没有任何损失，只是债权人因投资失败而丧失了200万元；但若投资成功（即一年后的收益现值为2 000万元），则公司的股东不但可以偿还全部债务，而且可以从投资中获得高额的投资收益，从而彻底走出财务危机。因此，从公司股东的角度来看，股东会选择风险比较高的投资项目。

第二，放弃投资。与风险转移恰恰相反，当公司处于财务危机中时，股东（债务人）不是想办法去寻找能够带来正的净现值的投资项目，从而使公司摆脱财务危机的困境，而是放弃投资项目坐以待毙。这种现象发生的原因是，在处于财务危机的条件下，公司的任何收益都必须首先用于偿还债权人，因此即便股东找到了净现值为正的投资项目，股东也无法从中获得任何好处，所有的投资收益都将由债权人获得。换句话说，当股东看到自己的资产大部分都已经丧失，即使如何努力都不可能从根本上改变公司破产的最终命运，而努力所带来的收益又都将被债权人所享有时，股东（债务人）会放弃寻找公司摆脱财务危机的方法。

假设陷入财务危机的某公司一年后到期的债务本息额为4 000万元，现有一个投资项目，其投资额为1 000万元，投资净现值为1 700万元。由于该公司处于财务危机中，项目的投资额只能由公司的股东自己支付。如果该项目成功，公司获得的1 700万元的收益将全部用于偿还债权人，而股东（债务人）得不到任何收益。因此，公司的股东没有动力用自己的资本来换取公司债权人收益的提高。在这种情况下，由于真正的受益人是公司的债权人而不是股东，因此股东会放弃这一净现值为正的投资项目，听任公司破产。

第三，资产转移。在处于财务危机中，公司面临着破产威胁的情况下，公司股东不但会拒绝将自己的资本投入公司，以拯救公司脱离财务危机，相反，还会想方设法把公司的资本转移出去，从而保护自身的利益少受损害。比如，公司可以采用发放现金股利的方法将资本转移到股东的手中，这种做法的结果是公司资产价值下降，从而导致债权人获得的偿还减少，利益受损。公司也会因此而陷入更深的财务危机之中。

三、代理问题与资本结构

代理成本是指为了正确处理股东与经理之间、股东与债权人之间的代理关系所发生的成本，包括设计和实施各种监督、约束、激励和惩罚等措施的成本。

1.负债的代理成本

负债的代理成本问题在早期破产成本的讨论中就已经涉及。负债作为公司资本结构的一部分，随着负债数量的不断增加，债权人所承担的公司经营风险份额会相应增加，但是公司的投资决策权及运营决策权仍然掌握在股东与经营者手中。这样经营者就有动力利用债权人的财富为自己及其所代表的股东谋利。

第一，债权侵蚀问题。对债权人财富的侵占，最常用的方法就是债权的侵蚀。公司发行债券，从债权人手中获得资本，而后将资本作为股利分发给公司的股东，或者为了增加利润而增大财务杠杆，公司违反事先的借款合约，发行同一偿还次序或者更优偿还次序的债券或者贷款，从而将公司原有的债券提高到较高的风险级别。我们不难发现，无论是用债务来发放股利，还是增加新的债务，债权人所遭受的损失都恰好是公司股东获得的利益。

第二，资产替代问题。股东侵害债权人的另外一种形式就是资产替代。股东在向债权人借款时，向债权人承诺将资本用于风险较低的项目，然后在实际投资时，将资本投放于一个高风险的项目。如果债权人相信股东会谨慎地使用他们的资本，他们就会接受较低的利率，因此，经营者和股东采用这种方法就能找到足够多的债权人，从而保证公司以较低的成本获得资本，而后将其投放于“高风险—高收益”的投资项目。如果投资的项目成功，股东能够在偿还债权人的借款之后获得额外的剩余收益。如果投资的项目不成功，股东只是拖欠借款而已，债权人最后所获得的也只是一个空壳公司。

面对上述侵害债权人的各种行为，债权人不是被动接受，而是在意识到他们的利益受到损害之后，积极采取各种防御措施来预防这种行为的发生。防御措施包括：①债权人在向公司贷款（或购买公司债券）时订立“保护性约束条款”，对借款公司的行为进行种种限制。这些保护性约束条款会在一定程度上限制公司的经营，影响公司效率，从而导致效率损失。②对公司的投资行为加以限制，以防止公司股东滥用职权，转移危机，从而避免债务人转移资产。③为确保这些保护性约束条款的有效实施，必须以一定的方式方法对公司实施监督，从而发生直接的监督成本。当债权人认为公司发生财务危机的概率较大时，就会提高要求的利率予以补偿。这些措施都会降低公司的价值。

2.股权的代理成本

股权融资的代理成本产生于管理者的所谓“非货币收益”，主要表现为在职消费。当管理者（企业家）不是内部股东而是代理人时，其在职消费的好处由自己享有，而消费成本却由公司承担。如果管理者持有公司百分之百的股权，他就会做适当的权衡，因为此时在职消费的成本和好处完全由他自己承担。但如果进行外部股权融资，管理者拥有公司的部分股权，管理者只承担在职消费的部分成本，却得到了在职消费的全部好处。这样管理者就会选择更多的在职消费，从而降低了公司价值。Jensen & Meckling（1976）认为，管理者持有的内部股权融资越少，或外部股权融资越多，股权代理成本就越高。如果管理者持有的公司股票和公司总资产不变，提高负债率就相应增加了管理者持有公司股票的百分比，可能有助于减少公司管理者与股东间的利益冲突。①

此外，为使管理者按照股东的权益进行最优决策，既要对管理者进行适当的激励（工资、奖金、认股权证和额外津贴），又要给予监督，如用契约对管理者进行约束、审计财务报表和直接对管理者的决策进行限制等。不论是激励措施还是监督措施都需要支付一定费用，表现为一定的代理成本。在确定公司资本结构时应充分考虑这些代理成本的存在。不过，债务融资也可能会减少公司的代理成本，这主要表现在：（1）降低股东监督经营者的成本。只要公司发行新债，潜在的债权人就会仔细分析公司的情况以确定该债务的公平价格，于是每发行一次新债，现有债权人和股东就免费享受一次对公司的外部“审计”。这种外部审计降低了为确保代理人（经营者）尽职尽责而花费的监督成本。（2）举债并用借款回购股票会在两方面减少股权融资的代理成本。第一，用债券回购股票一方面减少了公司股份，另一方面也减少了公司现金流量中归属于股东的部分。由于经营者必须用大量的现金偿还债务，因此，归属于债权人的份额增加了，这意味着能被经营者用来“在职消费”的现金流量或支配的现金流量减少了。第二，如果经营者已经持有部分股权，那么公司增加负债后，经营者持股的份额就会相对增加，即使他们拥有股权资产的量没有改变。这样会促使经营者为股东的利益而工作，因为负债融资将经营者和股东的利益紧密地联系在一起，使它成为减少代理成本的一个工具。（3）举债引起的破产机制会减少代理成本。如果公司不发行债券融资，公司就不会有破产风险，这会使经营者丧失追求公司价值最大化的积极性，从而降低市场对公司价值的评价。相反，如果公司发行债券融资，由于存在偿债压力和破产风险，经营者必须努力工作，如果公司经营不好，或破产倒闭，或成为兼并的目标公司，其结果是经营者被解职或被驱出经理人市场。因此，从某种意义上说，举债融资可以说是一种“无退路”的融资方式，经营者为了保证在职好处会努力追求公司价值最大化。

负债融资与股权融资的代理成本会对公司价值产生相反的影响，因为当一个公司增加负债时，它的债务代理成本就会随之增加，公司价值和股票价值有时会随之下降（额外的负债成本是很昂贵的），但与此同时，公司股权融资代理成本会降低，这又会引起公司价

① 在现代大型上市公司里，经营者持股的份额都很少，提高负债率对经营者持股份额的影响是很小的，不足以调整经营者与股东间的利益冲突。

值和股票价值的上升。至于最后的结果，则取决于两种作用哪个更大。

综合考虑负债的所得税效应、财务危机成本和代理成本之后，负债公司的价值和无负债公司的价值之间的关系可以用下面的公式表示：

$$V_L=V_U+\tau B-FPV-APV \tag{9.17}$$

式中，V_L代表负债公司的价值；V_U代表无负债公司的价值；τB代表负债公司因负债而产生的赋税节余；FPV代表财务危机成本的现值；APV代表代理成本的现值。

公式右边的前两项表示含税的MM模型，负债公司的价值随着负债的增加而增加。但是在产生赋税节余的同时，公司的财务危机成本和代理成本也随着负债的增加而增加，并不断抵消赋税节余。当赋税节余大于财务危机成本现值和代理成本现值之和时，公司可以继续增加负债的比重，从而使公司的资本结构接近最佳。反之，当赋税节余小于财务危机成本现值和代理成本现值之和时，公司应当减少负债的比重，从而使公司的资本结构接近最佳。当公司负债的赋税节余等于财务危机成本现值和代理成本现值之和时，公司的资本结构达到最佳状态。

【学思践悟】 十九届中央第八轮巡视将对25家金融单位党组织开展巡视

新华社北京2021年9月26日电 经党中央批准，十九届中央第八轮巡视将对中国人民银行、中国银行保险监督管理委员会等25家金融单位党组织开展常规巡视。中共中央政治局常委、中央巡视工作领导小组组长赵乐际26日出席十九届中央第八轮巡视工作动员部署会并讲话。赵乐际强调，要紧扣金融行业不同板块、不同单位、不同层级特点，把握共性、突出个性，找准找实被巡视党委（党组）存在的突出问题，增强巡视的科学性、精准性、实效性。着力查找落实党中央关于金融工作重大决策部署，推进服务实体经济、防控金融风险、深化金融改革三项任务方面的问题；落实全面从严治党主体责任和监督责任，坚持严的主基调、持之以恒正风肃纪反腐方面的问题；落实新时代党的组织路线，加强领导班子、干部人才队伍和基层党组织建设方面的问题；落实巡视、审计整改等方面的问题。坚持以巡促改、以巡促建、以巡促治，推动做实监督、强化监管、加强金融治理体系和治理能力建设，为金融健康发展提供有力保障。

资料来源：新华社．十九届中央第八轮巡视将对25家金融单位党组织开展巡视［EB/OL］．［2021-09-26］．http：//www.gov.cn/xinwen/2021-09/26/content_5639457.htm.

四、不对称信息与资本结构

从信息经济学的角度来说，代理理论研究的是事后的道德风险（moral hazard）问题，信息不对称理论研究的则是事前的逆向选择（adverse selection）问题。代理成本理论讨论的是减少道德风险的激励问题，信息不对称理论则是讨论资本结构对投资者的信号作用。

1.信号传递理论

在MM理论中，假设投资者和管理者在获得公司信息的能力和可能性上都是均等的。事实上，公司管理者总是更了解公司的内部经营情况，总是掌握着投资者所无法知道的信息，这就是所谓的信息不对称性。在资本结构理论中，Ross（1972）①完全保留了MM理论的全部假设，仅仅放松了关于充分信息的假设。他假设公司管理者对公司的未来收益和投资风险有充分的信息，而投资者没有这些信息，只知道对管理者采取激励和监督措施。投资者只能通过管理者输送出来的信息间接评价市场价值。Ross认为，公司收益分配是按照索取权的优先顺序排列的，如果公司市场价值提高，管理者会由此受益；如果公司破产，管理者就会受到惩罚。由于在任何债务水平上，低质量公司都拥有更高的边际预期破产成本，所以低质量公司的管理者就不会仿效高质量公司进行过多的债务融资。也就是说，越是发展前景看好的公司，债务融资水平就越高；越是发展前景看淡的公司，债务融资水平就越低。投资者可以根据公司债务融资比率的大小来判断公司预期市场价值的高低或公司质量的高低，从而确定自己的投资组合。如果管理者没有增加公司市场价值的动机，那么他就不会通过改变公司融资结构中的负债融资比率来向市场发布有关公司方面的融投资信息。为了使债务融资机制成为正确的信号传递，Ross对破产公司的管理者加上了惩罚约束，从而使公司债务融资比率变成可靠的信息。这一模型的主要经验结果是，破产概率与公司质量负相关，而与负债水平正相关，公司市场价值和债务比例正相关。

Leland、D.H.Pyle（1977）②提出了在存在不对称信息的情况下，为了使投资项目的融资能够顺利进行，借贷双方就必须交流信息。他们认为，这种交流可以通过信号的传递来进行。例如，掌握了内部信息的经理也对申请融资的项目进行投资，这本身就向贷方传递了一个信号，即项目本身包含着“好消息”，也就是说，经理进行投资的意愿本身就可以作为一个投资项目质量好的信号。通常，市场上的投资者认为项目质量是经理拥有股份的函数，经理拥有股份越高，预示着投资项目的价值越高。不仅如此，公司举债越高，经理持股比例越高，预示着公司的质量就越好，因为经理大多数都是风险规避者，只有投资项目的真实收益大于其承担的风险，他们才会进行投资。因此，举债融资给市场传递的信号一般是一个“好消息”。

Myers & Majluf（1984）③在Ross理论的基础上，进一步考察了不对称信息对公司投资活动及融资方式的影响。他们认为在不对称信息下，管理者（内部人）比投资者（外部人）更为了解公司收益和投资的真实情况。外部人只能根据内部人所传递的信号来重新评价他们的投资决策。公司的融资结构、股利政策等都是内部人传递信号的手段。假设公司为投资新项目必须寻找新的融资方式（为简化只考虑举债融资或股票融资两种情况），由于管理者比潜在的投资者更为知道投资项目的实际价值，如果项目的净现值为正数，说明项目具有较好的获利能力，这时，代表老股东利益的管理者不愿意发行新股以免把新项目的投资收益转让给新股东。投资者在知道管理者的这种行为模式后，自然会把发行新股当成一种坏消息，在有效市场假设下，投资者会根据项目价值重新正确地进行估价，从而影响投资者对新股的出价。

2.优序融资理论

Myers & Majluf（1984）以不对称信息理论为基础，考察不对称信息对融资成本的影

① ROSS S A. The determination of financial structure: The incentive-signalling approach [J]. Bell Journal of Economics, 1977, 8 (1): 23-40.

② LELAND H E, PYLE D H. Informational asymmetries, financial structure, and financial intermediation [J]. The Journal of Finance, 1977, 32 (2): 371-387.

③ MYERS S C, MAJLUF N S. Corporate financing and investment decisions when firms have information that investors do not have [J]. Journal of Financial Economics, 1984 (13), 187-221.

响。他们认为股权融资会传递公司经营的负面信息，因为在投资者看来，公司发行新股可能是因为股价被高估了，或公司前景暗淡，出于保护自身利益的考虑，他们会抛售股票，造成股价下跌，结果使股票融资的成本较高。相对来说，发行债券融资时，债券价值被错估的可能性较小，但是发行债券又会使公司受到财务危机的约束。在这种情况下，Myers & Majluf（1984）指出，如果公司利用留存收益为新项目融资，不需要发行新股融资，就不存在信息不对称的问题，所有净现值为正的项目都会被公司采纳。在此基础上，Myers（1984）[①]提出了不对称信息条件下的优序融资理论（pecking order theory）。根据这一理论，公司应按下列顺序进行融资：首先是内部积累资金；如果需要外部融资，公司将首先进行债务融资，直到因债务增加引起公司陷入财务危机的概率达到危险区时，才发行股票进行融资。这个结论与美国1965—1982年公司融资的结构基本相符，这一期间内公司内部积累资本占总资本的61%，债务融资占23%，新发行股票平均每年仅占2.7%。

畸形资本结构拖累上市公司长期盈利能力

优序融资理论认为，一些经营好的公司负债率低，不是因为这些公司的目标负债率低，而是因为高收益的公司有足够的内部融资资源，而低收益的公司只能依靠外部融资，且不断积累负债。优序融资理论认为不存在明确的目标负债率，当实际的现金流量、股利和实际的投资机会出现不平衡时负债率就会发生变化。而债务的税收收益、财务危机成本、代理成本等因素在融资排序中并不重要。

自测题 9-2

【本章小结】

▶在财务管理中，杠杆作用是指由于存在固定性费用。当生产经营过程中某项因素产生较小变化时，对应的其他因素会产生较大变动。根据不同的固定性费用，杠杆可以被划分为经营杠杆和财务杠杆。杠杆作用可以采用杠杆系数的方式加以衡量。

▶经营杠杆作用是指由于存在固定性经营费用，当销售收入产生较小变化时，息税前利润会产生较大变动；经营杠杆反映经营风险，可以采用经营杠杆系数加以衡量。财务杠杆是指由于存在固定性财务费用，当息税前利润产生较小变化时，每股收益会产生较大变动；财务杠杆反映财务风险，可以采用财务杠杆系数加以衡量。通过经营杠杆和财务杠杆的共同作用，销售收入的变化会导致每股收益更大幅度的变化，被称为总杠杆，可以采用总杠杆系数加以衡量。

▶在不存在所得税、破产成本、代理成本和信息不对称的情况下，公司价值取决于经营活动产生的现金流量和经营活动风险要求的收益率。资本结构与公司价值不相关，无论采用何种资本结构均不能影响公司价值。这就是MM定理的资本结构无关论。

▶在存在公司所得税，而其他MM定理的假设条件仍然成立的条件下，负债公司的价值等于同一风险等级的无负债公司的价值加上赋税节余价值；负债比率越高，公司价值越大。当公司的全部资金来源均为负债时，公司的价值达到最大。这就是修正的MM定理。

▶在修正的MM定理的基础上，当考虑负债所带来的财务危机成本和代理成本时，虽然负债公司的价值随着负债的增加而增加，但是公司的财务危机成本和代理成本也随着负

---

① MYERS S C. The capital structure puzzle［J］. The Journal of Finance，1984，39（3）：575-592.

债的增加而增加，并不断抵消赋税节余。公司负债的赋税节余等于财务危机成本现值和代理成本现值之和时，公司的资本结构达到最佳状态。

▶当存在信息不对称时，价值高的公司能够并愿意承担较高的负债，而价值低的公司没有能力去增加负债以模仿高价值的公司，只能更多地依赖股票融资。所以，在信息不对称的情况下，资本结构可以作为信号用以判别公司的价值。据此，研究人员提出优序融资理论：相对于外部融资而言，公司更喜欢从内部进行融资；如果公司必须进行外部融资，经营者会按照无风险的债券、有风险的债券、可转换债券、优先股、普通股的顺序进行融资。

【复习思考】

1. 什么杠杆效应？杠杆效应产生的原因和作用机制是什么？
2. 经营杠杆和经营风险是什么关系？经营杠杆水平采用什么方法度量？
3. 财务杠杆和财务风险是什么关系？财务杠杆水平采用什么方法度量？
4. 哪些因素会影响企业的经营风险？哪些因素会影响企业的财务风险？
5. 在总杠杆中，财务杠杆和经营杠杆哪个更容易受到管理人员决策的影响？为什么？
6. 为什么MM定理会得出企业资本结构不会影响企业价值的结论？
7. 如何从信息不对称角度对优序融资理论加以解释？

链接本章
引导案例

《财务管理》
慕课资源

第十章

股利分配

【学习目标】

本章阐述了股利分配相关理论和实务操作，主要包括股利无关论、差别税收理论、信号传递理论和代理理论等股利分配相关理论；各种股利支付的具体方法，包括现金股利和股票回购的比较，股票股利和股票分割的比较；影响股利分配政策的因素，实务中具体的股利分配政策。通过对本章内容的学习，学生应完成以下目标：

1. 了解有关股利政策的各种传统和现代理论；
2. 掌握影响股利政策的各种因素；
3. 熟悉股票股利和股票分割的关系；
4. 熟悉股票回购和现金股利的关系；
5. 熟悉不同类型的股利政策，掌握股利支付的程序。

【本章主要内容导图】

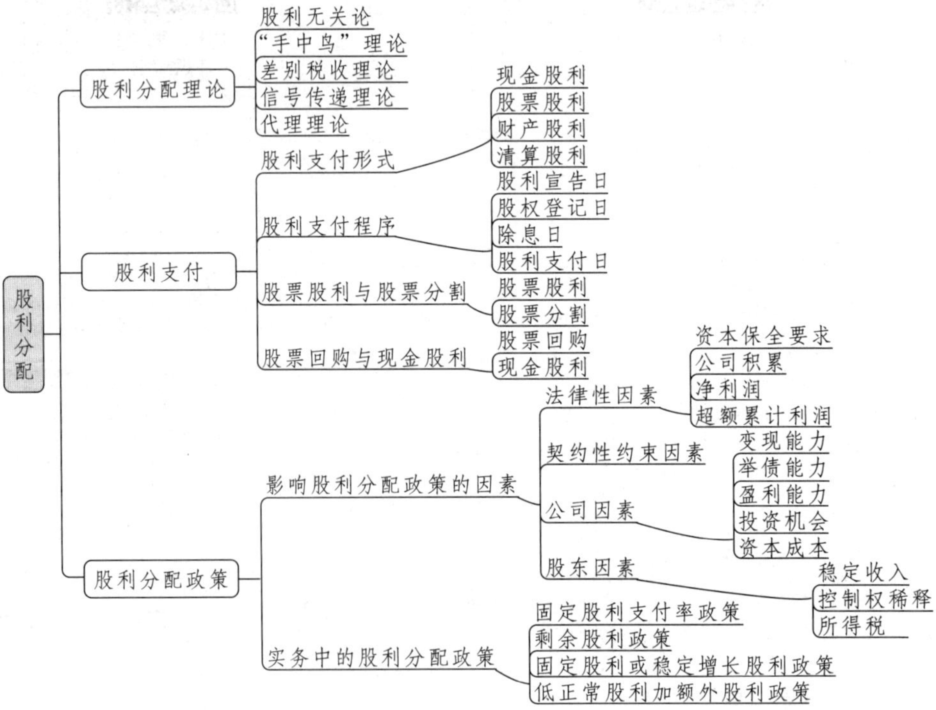

【引导案例】

北京时间2013年10月30日凌晨消息，苹果公司（AAPL）首席执行官蒂姆·库克（Tim Cook）和首席财务官彼得·奥本海默（Peter Oppenheimer）在周三财报电话会议上表示，该公司不会调高现金股息。这件事对亿万富翁激进投资者卡尔·伊坎（Carl Icahn）来说无疑是投资失误。在这次电话会议上，库克和奥本海默甚至都没提到伊坎的名字。两人在会上传达的信息是，至少近期内苹果公司不会调高股息；除非美国政府改变向本土公司所持海外现金的征税方法，否则该公司不太可能会做出上调股息的决定。苹果公司计划继续实施当前的股票回购和股息派发计划。奥本海默指出，过去五个季度，苹果公司已经向股东返还了360亿美元的现金，其中大约230亿美元用于回购股票，130亿美元用于派发股息。在当前财季中，苹果公司将继续向截至11月11日的在册股东派发股息。但伊坎的希望则是，苹果公司能实施一项总额1 500亿美元的现金返还计划，也就是几乎相当于苹果公司所持现金的总额。在截至2013年9月28日的第四财季，苹果公司来自业务运营活动的现金为100亿美元，该季度中iPhone销售量同比增长26%。但在该财季以及整个财年中，苹果公司的净利润均有所下滑。苹果公司第四财季营收也仅同比增长4%，主要由于iPhone平均售价降低7%。尽管如此，苹果公司仍拥有数量庞大的现金。奥本海默在电话会议上暗示，如果美国政府进行税收改革，则可能会促使该公司调高股息。他指出，目前苹果公司在海外市场上持有的现金总额为1 110亿美元。

资料来源：新浪科技．苹果拒绝调高股息令伊坎美梦成空［EB/OL］．［2013-10-30］．http：//tech.sina.com.cn/it/2013-10-30/04318866424.shtml.

问题：

（1）如果按照卡尔·伊坎的要求，苹果公司的资产负债表将会出现怎样的变化？

（2）卡尔·伊坎的要求对投资者和公司管理人员分别会产生怎样的影响？

（3）为什么苹果公司的首席财务官会在分红政策中频繁提及美国政府税收政策？

（4）为什么在苹果公司创始人史蒂夫·乔布斯在世时，并没有投资者要求苹果公司提高分红水平？

（5）对于苹果公司的股利政策进行评价时，需要考虑哪些因素？

第一节 股利分配理论

一、股利无关论

股利政策无关论是由莫迪格利尼和米勒（Modigliani 和 Miller，MM）提出来的。他们的理论是建立在如下的假设基础之上的：（1）没有足以影响市场价格的证券买者和卖者；（2）所有的交易者都平等且无任何成本地获得相同的信息；（3）没有交易成本，如证券交易时发生的佣金和转让费用；（4）在支付股利与获得资本利得之间，利润分配与不分配之间，税负没有差别；（5）投资者偏好盈利而不是损失；（6）对于投资者而言，通过股利还是资本利得来增加财富没有区别；（7）每个投资者都充分了解未来的投资计划和公司未来的利润；（8）由于确定性，所有公司都发行普通股进行融资。在以上8项假设中，假设（1）～（4）为"完美市场"假设，假设（5）、（6）为"理性行为"假设，假设（7）、（8）为"完全的确定性"假设。根据股利政策无关论的相关假设，公司价值仅取决于当期和后续的营业利润。

只要公司接受所有净现值大于零的投资项目，并且可以无成本地从资本市场取得资金来源，那么它就可以在任何时间支付任何水平的股利。如果支付了股利，公司就必须发行新股来筹集资本以满足继续投资项目的资本需求。根据股利无关论，公司既可以选择保留利润，采用内部资本来满足投资项目所需资本，又可以选择把全部利润作为股利支付，通过发行新股来筹集投资项目所需要的资本。

【例10-1】

某公司本年的税后净利润为400万元，发行在外的普通股股数为400万股，当期公司价值4 000万元，现有一个初始投资为1 000万元、净现值为1 000万元的投资项目。公司现有两个方案可供选择：甲方案是将公司的1 000万元作为初始投资，投资于一个净现值为1 000万元的项目；乙方案是将公司的1 000万元作为股利发放给股东，同时以每股10元的价格发行1 000万元的新股来募集投资新项目所需资本。不同方案下的公司价值情况见表10-1。

表10-1 **公司价值比较**

项目	甲方案（不发放股利）	乙方案（发放股利）
每股股利（元）	0	1 000÷400=2.5
当期普通股股数（万股）	400	400
发行新股的数量（万股）	0	100
新股发行价格（元）	0	10
新股发行募集资本（万元）	0	1 000
新股发行后普通股股数（万股）	400	400+100=500
投资后公司市场价值（万元）	4 000+1 000=5 000	4 000-1 000+1 000+1 000=5 000
股票价格（元/股）	5 000÷400=12.5	5 000÷500=10
投资者收益率	（12.5-10）÷10×100%=25%	（2.5+10-10）÷10×100%=25%
当期公司市场价值（万元）	4 000	4 000

如果公司采用甲方案，那么公司既不发放股利，又不必募集新股，因此在接受新项目之后的价值等于公司原来的价值加上新项目的净现值，即4 000+1 000=5 000（万元）。而股东在该期间内获得的投资收益率为（5 000-4 000）÷4 000×100%=25%。此时，公司当期的价值应当为（0+5 000）÷（1+25%）=4 000（万元）。

如果公司采用乙方案，那么公司将当期的经营现金流量1 000万元作为股利发放，每股股票发放股利1 000÷400=2.5（元）。此时，公司需要通过发行新股来募集1 000万元的项目初始投资。公司按照现时股票价格10元/股发行股票100万股来完成资本的募集任务。此时，公司发行在外的股票达到400+100=500（万股），公司的价值为10×500=5 000（万元）。在该段时期内，公司的股票价格没有发生变动，股东的投资收益来自公司发放的现金股利，股东的投资收益率为2.5÷10×100%=25%。公司当期的价值为（4 000+100×10）÷（1+25%）=4 000（万元）。

从表10-1可以看出，对于投资项目，无论是使用留存收益，还是发放股利之后在资本市场上募集新股，都不会对公司的价值产生影响。这两种方案的区别在于股东控制权发生变化。如果采用甲方案，投资项目前后公司的普通股股数都是400万股，原有股东仍然拥有对公司100%的控制权。如果采用乙方案，投资项目后公司的普通股股数增加为500万股，原有股东对公司的控制权下降为400÷500×100%=80%，发行新股导致老股东的控制权被稀释。

二、“手中鸟”理论

“手中鸟”理论是Myron Gordon和John Lintner于1963年，针对MM的股利无关论提出的。根据MM的股利无关论，观察【例10-1】的计算结果发现，无论是否发放股利，公司投资者的投资收益率都没有改变，因此公司的股权资本成本没有改变。而Gordon和Lintner对此结论持有异议。他们认为投资者对收到的现金股利比较有信心，认为其属于相对稳定的收入；而对收到由于留存收益而产生的股票资本利得信心较小，认为其属于相对不稳定的收入。由于投资者属于风险厌恶型，他们更倾向于相对可靠的股利收入。因此，当公司股利支付率增加时，公司的股权资本成本会随之下降。换言之，由于投资者认为在投资收益率中，相对于通过股票价格增长获得收益，通过股利获得收益，比通过股票价格增长获得收益的风险小，因此1元的股利比1元的资本利得更有价值。这种理论被称为“手中鸟”理论，即“双鸟在林，不如一鸟在手”。

三、差别税收理论

MM的股利无关论只存在于理想状态的资本市场中。当引入资本市场的现实因素后，股利无关论的有效性受到影响。税收是现实经济中对公司产生重要影响的因素，如果考虑所得税因素后，会得出与MM股利无关论不同的结论。

如果对公司发放的现金股利征收个人所得税，那么公司应当不发放股利而保留所有净利，股东可以从股票的资本利得中获得投资收益。

【例10-2】

接【例10-1】，在没有所得税的情况下，如果公司不发放股利，股东可以通过资本利得来获得投资收益；如果公司发放股利，股东的投资收益直接来源于现金股利。股东所收到的现金股利与获得的资本利得相等。如果只对公司的股利征收个人所得税，假设所得税税率为40%，那么公司发放现金股利25万元，而公司的股东实际得到的投资收益只有15

万元（25×（1−40%））。此时，公司发行新股来募集项目初始投资时，新的投资者会对公司的项目进行评估。由于这些股票会发放现金股利，股东需要支付所得税，因此股东会把这些股票看作需要对其收益支付税金的证券，股东不再愿意支付25元来购买该公司的股票，而只愿意支付15元（25×（1−40%））。所有需要缴纳个人所得税的投资者都宁愿获得资本利得收入而不愿意取得股利收入。

如果对资本利得也征收同样的个人所得税，投资者也会选择资本利得而非现金股利。虽然从表面上看，对资本利得征收40%的所得税与对现金股利征收40%的所得税对股东产生的影响相同，但是，资本利得征收的所得税只有在股票售出的时刻才能实现。因此，只有无论股票是否卖出，都对每个阶段的股票升值全部征税，才能保证所得税对资本利得的影响与对现金股利的影响相一致。若仅在股票售出的时候才征收资本利得所得税，这种税收延期作用降低了资本利得所承担的真实税负，因此即便对资本利得和现金股利按照相同的税率征税，投资者也会偏好于资本利得而非股利收入。在现实生活中，现金股利所得税税率要高于资本利得所得税税率，资本利得还可以通过将有价证券捐赠给慈善机构等措施获得税收的减免，这些都导致资本利得的实际税负要低于现金股利的税负。这就意味着支付股利的股票必须比具有同等风险但不支付股利的股票提供更高的预期税前利润率，才能补偿纳税义务给股东造成的价值损失。

股利税、投资者持股时间和特有风险波动率

四、信号传递理论

在传统的股利政策理论中，假定管理人员和投资者之间的信息完全对称，处于外部的投资者与公司内部的管理者了解经营信息的程度相同。在现实生活中，由于投资者和管理者所处的位置不同，他们对信息的了解和掌握程度也存在很大差别。投资者不能参与到具体经营活动中去，因此对公司未来发展信息的掌握远逊于管理人员。在信息不对称的情况下，为了获得关于公司未来发展的信息，投资者必须收集各种信号来判断管理人员所掌握的信息。股利政策可以作为这样的信号。

根据信号理论，股利政策变动能够向市场传递管理人员对未来业绩的预期，但股利本身并不具有信号作用。股利通常具有“黏性”，即管理人员轻易不会改变既定的股利政策，所以从股利政策的变动能够推测出管理人员对未来业绩的预期。当盈利水平提高时，管理人员不会立即增加股利，只有确定盈利水平提高并非暂时性后，管理人员才会提高股利水平；同样，当盈利水平下滑时，管理人员不会立即减少股利，只有确定盈利水平下降具有持续性后，管理人员才会降低股利水平。因此，根据股利政策的变动，投资者可以推断管理人员对公司未来业绩的判断。当公司首次发放股利或者增加股利时，投资者会将其视为公司未来业绩持续好转的信号，并给予正面反应，因此当该类消息发布时，公司股票价格通常会上涨。当公司终止发放股利或者减少股利时，投资者会将其视为公司未来业绩持续恶化的信号，并给予负面反应，因此当该类信息发布时，公司股票价格通常会下跌。

五、代理理论

从代理理论的角度来看，股利分配能够减少企业持有的现金水平，从而降低由经理人员控制的自由现金流量，进而达到降低股东和经理人之间的代理成本。由于与股东的目标存在分歧，管理人员可能将公司资源投资于净现值小于零的项目，比如进行在职消费或者进行并购。从财务上来看，这些项目不能为公司创造价值，与股东的利益相悖，但是却能够满足管理人员某种心理需求，增加其控制的资产规模。降低管理人员能够控制的自由现金流量，是避免管理人员和股东之间委托代理矛盾的方法之一。自由现金流量是指对所有净现值大于零的项目进行投资后，公司所剩余的资本。根据定义，若将自由现金流量继续用于投资，公司所得到的净现值小于零，会破坏股东价值。因此，应当将自由现金流量用于发放股利，以现金的方式返还给投资者。由此看来，股利能够降低自由现金流量，从而解决股东和管理人员之间的委托代理矛盾。

自测题10-1

第二节 股利支付

一、股利支付形式

从严格意义上来看，股利是指公司采用现金的方式给予投资者回报的方式，因此股利是现金股利的简称。但是，在实务中，公司将股票作为投资回报分配给投资者的行为也被视为股利分配的方式。

（1）现金股利

现金股利是公司将持有的现金按照相同的比例分配给普通股股东的股利支付方式。现金股利通常被称为分红或者红利，是最为严格意义上的股利分配方式，也是最为重要的股利支付方式。党的二十大报告强调，“完善按要素分配政策制度，探索多种渠道增加中低收入群众要素收入，多渠道增加城乡居民财产性收入。”对于股票投资者而言，通过现金股利获得投资回报就是属于财产性收入。科学合理的股利政策将有助于提升股东财富，增加投资者的财产性收入。

（2）股票股利

股票股利是公司将公司自身股票分配给普通股股东，作为投资回报的股利支付方式。由于股票股利并不涉及现金流出企业，因此，从严格意义上来看，股票股利并不属于股利支付的范畴。但是，在实务中，股票股利被我国上市公司广泛采用，也被视为股利支付的一种方式。

（3）财产股利

财产股利是公司将其持有的非现金资产作为投资回报分配给普通股股东，财产股利也被称为实物股利。财产股利与现金股利颇为相似，都会导致企业拥有的资源流出，并转换为股东的个人资产。最为常见的财产股利分配方式是将公司产品作为股利分配给公司股东。2013年，我国上市公司南方食品公司（股票代码000716）将生产的黑芝麻乳产品作为股利分配给投资者。

（4）清算股利

现金股利、股票股利和财产股利都是公司在正常经营过程中采用的股利支付方式。而当公司处于清算过程中，在支付清算费用，偿还债务后，公司权益将全部返回给出资者，即为清算股利。如果公司资产不足以偿还债务，那么公司权益为负，将不支付清算股利。

二、股利支付程序

根据我国《公司法》的规定，公司股利政策的确定，先由董事会根据公司盈利水平提出股利分配预案，然后提交股东大会审议决定；股东大会审议通过股利分配预案之后，向股东宣布股利支付的方案，并确定股权登记日、除息日和股利支付日等。

（1）股利宣告日

股利宣告日是股东大会审议通过董事会制订的股利分配方案，并对外公布的日期。

（2）股权登记日

股权登记日是确定股东是否有权取得股利的截止日期。在股权登记日持有公司股票的投资者，方可获得股利；即便在股权登记日之后，将公司股票出售，其仍然能够获得股利。在股权登记日之后取得公司股票的投资者，则不再享有获得股利收益的权利。

（3）除息日

除息日是指领取股利的权利与股票相互分离的日期。在除息日前，持有股票者享有领取股利的权利；从除息日开始，新购入股票的股东不能分享股利，股票按照不含股利后的价格进行交易。股权登记日后的第一个交易日就是除息日，这一天或以后购入该公司股票的股东，不再享有公司此次股利分配权。由于除息日，股利价值不再包括在股票价值之内，因此，当天的股票价格会有所下降。从理论上来看，股票价格下降的水平应当与宣告发放的股利水平相一致。

（4）股利支付日

股利支付日是公司实际向股东支付股利的日期。在股利支付日，公司根据股权登记日的记录，将股利支付给在股权登记日持有股票的投资者。股利的具体支付通常由上市公司交由证券公司完成。

三、股票股利与股票分割

（一）股票股利

股票股利是指向公司的现有股东无成本地发行新股以作为股利的支付方式。从会计处理的角度来看，发放股票股利只是将相应的未分配利润转变成为股本和资本公积，同时通过交易所的登记系统增加股东持有股票的数量而已。从公司价值的角度来看，股票股利只是改变流通在外的股票数量，并不会对公司现金流量产生实质性的影响，因而不会增加股权价值总量。同时，公司的价值总量不变而发行在外的股票数量增加，这样会导致公司每股收益和每股价格下降。

支付股票股利后的每股收益的计算公式为：

$$EPS' = \frac{EPS}{1 + Div_s} \tag{10.1}$$

式中，EPS′表示发放股票股利后的每股收益；EPS表示发放股票股利前的每股收益；

Div_s表示公司股票股利支付率。

支付股票股利后的每股价格的计算公式为：

$$P' = \frac{P}{1 + Div_s} \tag{10.2}$$

式中，P′表示发放股票股利后的每股价格；P表示发放股票股利前的每股价格；Div_s表示公司股票股利支付率。

【例10-3】

某公司利润分配前的股东权益项目资料见表10-2。

表10-2　**发放股票股利前的股东权益项目资料**　单位：万元

股本（面额1元，发行在外400万股）	400
资本公积	300
盈余公积	700
未分配利润	2 600
股东权益合计	4 000

该公司本年税后利润为1 500万元，计划按10%的比例提取盈余公积，按照每10股送1股的方案发放股票股利，每股市场价值10元，公司发放股票股利后的股东权益项目资料，见表10-3。

表10-3　**发放股票股利后的股东权益项目资料**　单位：万元

股本（面额1元，发行在外440万股）	440
资本公积	660
盈余公积	850
未分配利润	2 050
股东权益合计	4 000

随着股票股利的发放，公司流通在外的股票数量从400万股增加到440万股，每股市场价格10元，加上提取的盈余公积，共有550万元（40×10+1 500×10%）从未分配利润中转出，盈余公积从700万元增加到850万元，40万元计入股本，股本溢价360万元（40×9）计入资本公积。

从公司的角度来看，在提取盈余公积、发放股票股利后，股票的价值并没有改变，仍然是4 000万元，而公司发行在外的股票数量增加了10%，每股股票的价值从10元下降到了9.09元，每股收益从原来的3.75元（1 500÷400）下降为3.409元（1 500÷440）。

从股东的角度来看，股票股利并没有对股东财富造成影响，假设在股票股利发放前，某股东拥有该公司50万股股票，该股东在股票股利发放前后的财务状况比较见表10-4。

表10-4　**某股东在股票股利发放前后的财务状况比较**

项目	发放前	发放后
每股收益（EPS）（元）	1 500÷400=3.75	1 500÷440=3.409
持股比例	50÷400×100%=12.5%	55÷440×100%=12.5%
持股收益（万元）	3.75×50=187.5	3.409×55=187.5

从表10-4我们可以看出，发放股票股利前后，公司股东的财务状况没有任何变化，持股比率也没有改变，但是，股东所拥有的公司股票的绝对数量有所增加。如果在股票股

利发放之后，公司发放现金股利，那么投资者就可以因为手中所持有的股票绝对数量的增加而获得更多的收益。

股票股利作为股利支付的一种方式，其主要优点在于：（1）发放股票股利之后，股票流通数量增加，因而引起每股市价的下降，公司的股票价格会被人为调整到一个比较适于交易的范围，避免股价过高而不利于投资者进行投资。（2）股票股利将增发股票和支付股息有机结合在一起，支付股票股利并不增加公司的现金流出量，留存了大量现金。但是，股票股利的处理费用比现金股利要高，这是股票股利的缺点。特别需要强调的是，股票股利与增发新股不同，股票股利只是将资本在股权内部项目之间进行转移，不产生现金流动，而增发新股则是将新股东手中的现金变成股东权益，公司增加现金，增加相同的股东权益。一般而言，股票股利占股票总数的比例小，而增发股票往往规模较大。

（二）股票分割

股票分割是将面值较高的股票分割成面额较低的股票的转变过程。例如，将原来的一股股票拆分成两股股票。股票分割不属于某种股利，但其所产生的效果与发放股票股利十分相近。

从会计处理的角度来分析，股票分割不会产生任何财务结构上的变化，只是公司流通在外的股票数量会大幅度增加，股票面值和股票市价会大幅度下降。至于资产负债表中的各个项目，它们都不会发生变化。

【例10-4】

接【例10-3】，假设前述公司决定不再采用股票股利，而是实施股票分割计划，将现有的股票1股分割为2股。分割前后公司的股东权益情况见表10-5。

表10-5　**股票分割前后的股东权益情况**　单位：万元

分割前		分割后	
股本（面额1元，发行在外400万股）	400	股本（面额0.5元，发行在外800万股）	400
资本公积	300	资本公积	300
盈余公积	700	盈余公积	700
未分配利润	2 600	未分配利润	2 600
股东权益合计	4 000	股东权益合计	4 000

从公司角度来看，在实施股票分割后，公司股数增加，每股收益和每股市价下降，但股东权益总额不变；从股东角度来看，股票分割前后，股东财富不变，股东持股比例不变。假设某股东持股50万股，股票分割前后的具体情况见表10-6。

表10-6　**股票分割前后股东持股和收益情况**　金额单位：万元

分割前		分割后	
持股数（万股）	50	持股数	100
每股市价（元）	10	每股市价	5
每股收益（元）	3.75	每股收益	1.875
持股收益	187.5	持股收益	187.5
持股比例	12.5%	持股比例	12.5%
股东财富	500	股东财富	500

股票股利和股票分割，除了对权益部分科目的处理不同之外，基本上相同：两者都没有增加股东的现金流量；都使流通在外的普通股股数增加，且使股票市场价格下降；都没有改变股东权益总额。

从公司管理层的角度出发，股票分割的目的在于，希望将公司的股票价格保持在一个特定变动范围之内。如果股票价格的上升超过了这个范围，通过股票分割就能够使股价回落到该范围之内。这样做的目的是促进投资者购买该公司的股票。当股票价格过高时，只有那些富有的投资者和公共机构投资者才有可能购买，缩小了股票的潜在市场。降低股票价格之后就可以增加潜在股票购买者的数量，导致股票升值。由于可以降低股票价格，股票分割也有利于公司发行新股，降低股票价格有利于提高股票的可转让性和促进市场交易活动，由此增加投资者对股票的兴趣，促进新发行股票的销售。此外，在并购过程中，并购方通过对自己的股票进行分割，可提高对被兼并方股东的吸引力，有助于公司兼并、合并政策的实施。

四、股票回购与现金股利

股票回购是指公司出资购回其本身发行的流通在外的股票。股票回购使流通股数量减少，相应地股价上涨，股东从而获得资本利得。因此，股票回购可以看作现金股利的一种替代方式。

【例 10-5】

接【例 10-3】，假设该公司本年度拿出400万元用于发放现金股利或者进行股票回购，两种情况下该公司的资产负债表见表 10-7。

表 10-7 **资产负债表** 金额单位：万元

股利分配前的资产负债表			
资产		负债和股东权益	
现金	3 200	负债	4 000
其他资产	4 800	股东权益	4 000
合计	8 000	合计	8 000
		流通在外普通股股数：400 万股 每股市价=4 000÷400=10（元）	
发放现金股利后资产负债表			
资产		负债和股东权益	
现金	2 800	负债	4 000
其他资产	4 800	股东权益	3 600
合计	7 600	合计	7 600
		流通在外普通股股数：400 万股 每股市价=3 600÷400=9（元）	
股票回购后资产负债表			
资产		负债和股东权益	
现金	2 800	负债	4 000
其他资产	4 800	股东权益	3 600
合计	7 600	合计	7 600
		流通在外普通股股数：360 万股 每股市价=3 600÷360=10（元）	

从表 10-7 我们可以发现，对于公司而言，发放现金股利和进行股票回购之后，其价值都降低了。但是与现金股利不同，股票回购会导致公司发行在外的流通股数量减少，因此在公司价值下降的情况下，公司的股票价格并不会变动。对于投资者而言，两种方法对其财富整体状况的影响相同。假设某股东持股50万股，在发放现金股利或进行股票回购后该股东的财富情况见表10-8。

表10-8　**某股东持股和财富情况**　金额单位：万元

项目	发放现金股利	进行股票回购
股东持股价值	450（9×50）	450（50×10−40×50÷400×10）
现金股利	50（400÷400×50）	0
出售收益	0	50（5×10）
股东总财富	500	500
持股数（万股）	50	45
持股比例（%）	12.5	12.5

根据表 10-8，发放现金股利或进行股票回购之前，股东所拥有的股票价值为500万元。公司发放现金股利之后，该股东拥有股票的价值为450万元，同时获得现金股利50万元，股东财富总额仍然是500万元，持有公司的股数50万股、持股比例12.5%保持不变。公司进行股票回购之后，该股东将手中的50万股票售给公司，此时拥有股票的价值为450万元，获得股票出售收益为50万元，股东财富总额仍然是500万元。这时股东所拥有的股票数额减少为5万股，但是由于公司流通在外的股票数额减少，股东的持股比例仍然保持为12.5%。

《公司法》修订对回购做重要修改

从上述分析可知，现金股利政策和股票回购政策的性质是相同的。在这两种方式下，公司都需要支付一定数量的现金给股票的持有者，但如果发放现金股利，投资者将需要支付较高的所得税。

虽然与现金股利性质相同，但是股票回购还具有其自身独特的优点：

（1）与定期股利相比，股票回购通常被看作一次性的现金回报，对于那些暂时取得了超额现金流量，却不能保证未来继续创造这些现金流量的公司而言，股票回购更为适当。因此，采用股票回购不会调高投资者对于公司未来股利的预期。

（2）股票回购可以更加集中地向那些需要现金的股东支付现金。这种好处来源于股票回购的自愿原则：需要现金的股东可以将股票卖给公司，相反，不需要现金的股东可以继续持有股票。

自测题 10-2

（3）股票回购可以加强内部人对公司的控制。因为通过回购股票，流通在外的股票数量减少，如果内部人不将自己持有的股票卖给公司，他们将持有公司更大比例的股份，因此控制能力得到增强。

第三节　股利分配政策

一、影响股利分配政策的因素

1.法律性因素

为了保护公司出资人的权益，我国现行的《公司法》和《证券法》等相关法规均对股利的发放条件加以一定程度的限制。

（1）资本保全要求。根据我国现行的法律规定，公司的注册资本不得抽回，因此股利的发放不能动用公司的资本金及其溢价部分。公司只能将生产经营过程中产生的累积经营收益作为股利的来源。这种做法能够确保法定资本金的完整，避免股东通过股利抽逃自有资本，保护债权人的合法利益不受侵害。

（2）公司积累。根据法定的分配程序，在发放股利之前，公司首先要按照当年收益的10%提取法定盈余公积金，还可以酌情提取一定的任意盈余公积金。当法定盈余公积金的累计额达到注册资本的50%时，公司可以不再提取。提取公积金能够增强公司自有资本的实力。

（3）净利润。发放股利时，公司的累计税后利润必须为正，即公司必须在弥补此前年度亏损的基础上，方能发放现金股利。这种做法能够避免公司的资本金受到侵蚀。

（4）超额累计利润。就大多数国家而言，资本利得适用的所得税税率较低，而股利适用的所得税税率较高，这会促使公司少发放现金股利，从而协助股东获得税收方面的优惠。为了避免这种情况的发生，很多国家都对公司的累计利润加以限制。当留存收益超过一定限额，公司将被征收额外的税款，从而促使其发放现金股利。目前为止，我国法律尚未对超额累计利润加以约束。

2.契约性约束因素

除了股权融资外，公司还会采用发行债券、举借贷款或者融资租赁等债务筹资方式筹集资本。与股东相比，这些资本提供者处于劣势地位。为了避免股东侵害债权人的利益，上述债务性契约通常会对公司的股利政策加以限制。比如：股利只能来源于债务性契约生效后产生的收益；当公司偿债能力或盈利能力低于特定水平时，不得支付股利。这种做法的目的在于防止股东通过股利转移资本，更好地保护债权人的利益。

3.公司因素

（1）变现能力。无论采用何种股利政策，股利均需采用现金形式，因此公司的变现能力直接影响股利政策的选择。股利支付导致现金流出，从而对公司正常经营活动产生影响。公司的变现能力直接决定现金股利的支付水平。变现能力较高的公司可以支付较高的股利，变现能力较差的公司不宜支付较高的股利。

（2）举债能力。除了资产变现外，举债也能为公司提供现金来源，进而影响公司的股利政策。股利会降低自有资本水平，可能导致公司通过举债方式筹集资本。当举债能力较强时，公司可以采用债务方式弥补资本不足，发放较高的股利；反之，则应采用较低的股利政策。

（3）盈利能力。盈利能力直接影响公司的股利政策。一旦开始发放股利，公司股利政策通常在一段时间内保持稳定。因此，股利政策取决于公司盈利能力的稳定性。盈利能力相对稳定的公司，能够持续获得较高的收益，可以采用高股利政策；盈利能力相对不稳定的公司，应当采用低股利政策。

（4）投资机会。股利支付会导致现金流出，影响公司的投资行为，所以在制定股利政策时，需要对公司面临的投资机会加以分析。当公司面临良好的投资机会时，公司应当减少股利发放，从而确保有足够的资金进行投资；反之，公司应当用闲置资金发放股利，以回报投资者。处于生命周期不同阶段的公司，其股利政策通常存在显著差别，其原因就在于生命周期的不同阶段所面临的投资机会存在显著差异。

（5）资本成本。股利来源于留存收益，发放现金股利会影响公司的资本成本水平。当支付较高的股利时，公司需要采用各种方式从外部筹集资金。筹集外部资金需要支付的各项费用较高，且耗时较长。相对而言，内部资金来源不需要支付融资费用，并且能够节省时间。

4.股东因素

（1）稳定收入。与资本利得相比，股利收入的稳定性更高，因此也更受风险规避的投资者青睐。不同类别的股东对于公司的股利需求存在差异。若投资者年纪较大、收入来源较少且收入水平较低，较高的股利能够满足其获得稳定收入的需求；而若投资者较年轻，收入来源较多且收入水平较高，股利政策对于其财务状况影响较小，因此投资者对股利政策关注较少。

（2）控制权稀释。公司较高的股利支付水平会导致权益资本所占比重降低。为了调整资本结构，公司有可能增发新股以筹集权益资本。若原有股东无力支付增发新股的价格，会导致原有股东控制权比例下降。因此，为了避免控制权被稀释，具有控制权的股东多倾向于减少股利发放，以保持其对公司的控制能力不会受到威胁。

（3）所得税。由于资本利得和股利适用的所得税税率不同，处于不同税率区间的股东对于股利的偏好也有所不同。特别是在累进税制下，收入较高的股东承担的税率也较高，额外的股利收入会导致其支付高额的所得税，导致其获得的真实收益下降。

二、实务中的股利分配政策

（一）固定股利支付率政策

股利支付率是当期每股股利与当期每股收益的比率。固定股利支付率政策是指企业将每股收益按照固定比例发放给投资者的股利政策。在固定股利支付率政策下，每期支付的股利数额会存在差异，但每股股利占当期每股收益的比率始终保持不变。比如，企业将股利支付率设定为50%，那么在每股收益为2元时，每股股利为1元；若每股收益下降至0.8元，则每股股利相应下调至0.4元。值得注意的是，采用固定股利支付率政策发放现金股利，仅适用于盈利公司。若公司出现亏损，每股收益为负值，固定股利支付率政策不再适用。此外，在固定股利支付率政策下，股利支付水平以会计盈余作为计算基准，而股利需要以现金加以支付。因此，在进行股利政策决策时，还需要合理调配资金，以确保企业有足够的支付能力。

（二）剩余股利政策

如果从公司收益的角度来考虑公司的股利政策，那么股利政策可以被视为公司剩余的盈余。公司将其资本投资于所有净现值为正的项目之后，将剩余部分作为投资收益以股利的形式发放给股东。公司的股利政策基于以下两点：股利政策的目标是实现公司价值最大化；公司的现金流量属于公司的股东。在同样的风险水平下，如果公司运用资本进行投资的收益率高于股东自行投资产生的收益率，那么管理层应当将利润作为留存收益而不应当发放股利。否则，管理层则应将利润以现金股利的方法返还给投资者，由其自行投资。同时，由于留存收益的资本成本低于发行新股融资的成本，这也促使公司保留盈余。这种股利政策称为剩余股利政策。

根据剩余股利政策，公司最佳的股利支付率的确定需要考虑四个方面的因素：①投资者对于股利和资本利得的偏好；②公司的投资机会；③公司的目标资本结构；④外部资本的可获得性与成本。

具体而言，公司目标股利支付率的确定程序如下：①确定最佳的资本预算总额；②在确定的目标资本结构下，决定资本预算所需股权资本数量；③尽可能使用留存收益来满足对股权资本的需求；④最佳资本预算的资本需要量已经满足后如果还有剩余的盈余，公司才会支付股利。

【例 10-6】

接【例 10-3】，假设该公司计划投资 1 000 万元建设新厂，目标资本结构为权益资本占 50%。按照剩余股利政策，该公司预计的股利发放额见表 10-9。

表 10-9　**公司预计的股利发放额**　金额单位：万元

资本支出预算	1 000
现有留存收益	1 500
资本预算所需要的股东权益资本（1 000×50%）	500
股利发放额（1 500−500）	1 000
股利支付率（1 000÷1 500）	66.7%

如果公司所需资本为 1 000 万元，为保持目标资本结构不变，则应当有 500 万元来自权益融资，其余 1 000 万元可用于发放股利，每股发放 2.5 元；如果公司所需资本为 3 000 万元，为保持目标资本结构不变，那么应当有 1 500 万元来自权益融资，净利润应当全部用于新投资项目，股利分配为 0；如果公司所需资本为 3 600 万元，应当有 1 800 万元来自权益融资，而公司当年的净利润只有 1 500 万元，此时公司需要发行 300 万元的新股进行融资。

公司的剩余股利政策也可以被视为公司资本结构政策的组成部分。公司将收益的剩余部分作为股利支付给股东。股利政策一定是公司某方面财务政策的“剩余”所导致的。由于每期的盈余都是不确定的，要使公司的价值达到最大化，必须要为公司所有净现值为止的项目提供资本，所以公司的管理者必须有意识地制定公司的资本结构、股利政策和证券发行政策，从而保证流入公司的现金流量与流出公司的现金流量相等。如果在公司的资本结构和证券发行政策确定的情况下，股利政策就成了“剩余”的财务政策。因此，可以将股利政策视为公司资本结构的剩余。

采用剩余股利政策，公司每年的股利发放额会随着投资机会和盈利水平的变动而变动。当盈利水平不变时，公司的股利发放额随着投资机会的增加而减少，随着投资机会的减少而增加，投资机会与股利呈反方向变动。在投资机会确定的情况下，公司的股利发放额与盈利水平呈正方向变动，公司盈利水平越高，股利发放额也就越大。如果采用剩余股利政策，公司的股利变动很大。在现实生活中，股利政策并不能随意变动，因而很少有人直接照搬剩余股利政策，但都会在制定股利政策时考虑到股利与投资机会及盈利水平之间的关系。

【学思践悟】 国有企业分红政策①

2007年5月30日，国务院审议批准了财政部会同国资委上报的请示，决定从2007年开始试行国有资本经营预算。有人认为国有企业经过十多年的改革重组，经营情况刚好转，国家就急于分红，会阻碍企业长远发展。还有人质疑政府通过国有资本经营预算统一收取和安排分红，不会比市场或企业自主决策更有效率，据此对这项改革持保留甚至否定态度。

这类将国家实行分红与企业发展对立起来的观点，忽略了中国国有资本的特殊性。逐利是资本的一般属性，一般投资者对单个企业的利润分配进行决策时，遵循投资回报最大化的原则。主要在短期回报和长期回报之间做出抉择，是当期高比例分红，投资者再以红利投资于回报率更高的领域？还是低比例或零分红，通过未来股价上涨或更多分红实现更高回报？国有经济在我国的特有地位和作用，决定了国有资本有其特殊属性。代表国家履行出资人职责的各级政府在确定分红政策时，与一般投资者必然有所区别，即首先要遵循有利于国有经济布局和结构战略性调整的原则。在不违背这个原则的前提下，再去考虑投资回报最大化。

换言之，效率不完全是政府决定分红考虑的唯一原则。或者说，在国家这个层面，“合理配置国有资本”的内涵不仅限于追求资本回报最大化。因此，对单个企业而言，确实会出现政府的分红决策影响其长远发展的情况。比如，有些国有企业效益很好，如批发、零售和餐饮业近年来的净资产利润率保持在20%以上，比其他许多行业高得多，但是它们所处的行业不属于国民经济的重要行业和关键领域，而是国有资本要逐步退出、避免与民争利的一般竞争性行业。

（三）固定股利或稳定增长股利政策

从实务来看，公司的股利通常具有“黏性”，即一旦开始发放股利后，公司的股利政策在较长一段时间内保持稳定。如果下调股利或者终止股利发放，公司股票价格将出现大幅度的下降。因此，很多公司都奉行固定股利政策，将股利设定在某个固定水平上，并在很长一段时间内保持稳定。固定股利政策最大的特点就是不降低股利发放水平。固定股利政策并不意味着股利永远保持不变，而是在业绩没有实质性变化的期间，保持原有的股利

① 赖永添，吴子云. 预测国有企业分红办法［EB/OL］.［2007-06-19］. http://futures.money.hexun.com/2297407.shtml.

水平不变。当管理人员确定公司业绩水平出现根本性改善后，再提高股利水平，并在此后一段时间内保持稳定不变。受到通货膨胀因素的影响，在固定股利政策下，公司实际发放的股利水平会出现稳定增长的局面。为此，很多公司选用稳定增长股利政策，即公司设定目标股利增长率，并努力实现股利按照此速度稳定增长。从股利和收益的关系来看，固定股利和稳定增长股利基本相同，差别在于是否考虑了通货膨胀因素。

格力分红

（四）低正常股利加额外股利政策

在正常年度，公司仅发放较低的现金股利；当盈利出现意外增加时，公司在正常的低股利的基础上，发放额外的股利；当意外增加的盈利消失时，公司的股利政策也恢复到原有的低股利水平。这种股利政策被称为低正常股利加额外股利政策。采用该股利政策的优点在于，能够拥有较好的股利发放记录，无论在何种情况下，公司保证至少发放较低水平的股利。当业绩出现意外增加时，公司还可以通过额外股利使股东分享到意外增加的盈利。当使用这种股利政策时，公司应当注意额外股利产生的市场反应，避免投资者将额外股利视为公司盈利永久性提高的信号，从而产生更高的预期，迫使公司发放更高的股利。

自测题10-3

【本章小结】

▶当“完美市场”假设、“理性行为”假设和“完全的确定性”假设成立时，公司采用何种股利政策与公司的价值无关；当考虑所得税的影响时，由于现金股利和资本利得所适用的所得税税率存在差异，并且两者纳税的方式也存在差异，因此相比之下，现金股利会给股东造成价值损失；当从不确定角度加以考虑时，与资本利得相比，现金股利的风险更小，因此一定数额的现金股利比同等数额的资本利得更有价值。

▶由于股利与公司未来盈利能力密切相关，只有在未来盈利出现根本性提高时，管理人员才会提高股利水平，同样，只有当未来盈利能力出现根本性下降时，管理人员才会减少支付的股利，因此，股利政策的变动能够反映出管理人员对企业未来盈利能力的预期，投资者可以此为信号，获取关于公司未来业绩的信息。股利能够减少公司的自由现金流量，避免管理人员将其投资于净现值小于零的项目，从而能够降低股东和管理人员之间的委托代理冲突。

▶股票股利是指向公司的现有股东无成本地发行新股，以作为股利的支付方式。从公司价值的角度来看，股票股利只是改变流通在外的股票数量，并不会对公司现金流量产生实质性的影响，因而不会增加股权价值总量。同时，公司的价值总量不变而发行在外的股票数量增加，这样会导致公司每股收益和每股价格下降。

▶股票分割是将面值较高的股票分割成面额较低的股票的转变过程。股票分割不会产生任何财务结构上的变化，只是公司流通在外的股票数量会大幅度增加，股票面值和股票市价会大幅度下降。

▶股票回购是指公司出资购回其本身发行的流通在外的股票。股票回购使得流通股数量减少，相应地股价上涨，从而使股东获得资本利得。股票回购和现金股利很相似，但是股票回购会导致公司发行在外的流通股数量减少，因此在公司价值下降的情况下，公司的股票价格并不会变动。

▶公司的股利政策主要受到法律性因素、契约性约束因素、公司因素和股东因素等方面的影响。

▶固定股利支付率政策是指，企业将盈利按照固定比例支付给股东作为投资回报的股利政策。在固定股利支付率政策下，因各期盈利水平存在差异，每期现金股利的支付水平可能会不同，但是，现金股利占盈利水平的比例始终保持不变。

▶剩余股利政策是指，公司将其资本投资于所有净现值为正的项目之后，将剩余部分作为投资收益以股利的形式发放给股东。

▶固定股利或稳定增长股利政策是指，将股利设定在某个固定水平上，并在很长一段时间内保持稳定。当存在通货膨胀时，公司的股利政策将随着通货膨胀水平稳定增长。

▶低正常股利加额外股利政策是指，在正常年度，公司仅发放较低的现金股利；当盈利出现意外增加时，公司在正常的低股利的基础上，发放额外的股利；当意外增加的盈利消失时，公司的股利政策也恢复到原有的低股利水平。

▶股利支付程序须经历股利宣告日、股权登记日、除息日和股利支付日四个步骤。

【复习思考】

1. 股利政策的相关理论和资本结构的相关理论有哪些相通之处？
2. 现金股利会对公司财务状况产生哪些影响？股票回购与现金股利存在哪些差异？
3. 股票股利会对公司财务状况产生哪些影响？股票分割与股票股利存在哪些差异？
4. 在实务中常见的股利政策有哪些？每种股利政策的特点体现在哪些方面？
5. 影响股利分配政策的因素有哪些？这些因素如何影响企业的股利决策？
6. 股票股利和现金股利有哪些差异？

链接本章
引导案例

《财务管理》
慕课资源

第四篇

营运资本管理

第十一章

营运资本管理概述

【学习目标】

本章主要阐述了营运资本管理，营运资本管理包括流动资产管理和流动负债管理，营运资本管理主要解决两个问题：一是如何管理流动资产投资；二是如何筹措短期资金。通过对本章内容的学习，学生应完成以下目标：

1.理解营运资本的概念及营运资本管理的内容；

2.掌握营运资本投资策略与融资策略；

3.熟悉短期融资方式及特点；

4.掌握短期借款成本及放弃现金折扣成本的计算。

【本章主要内容导图】

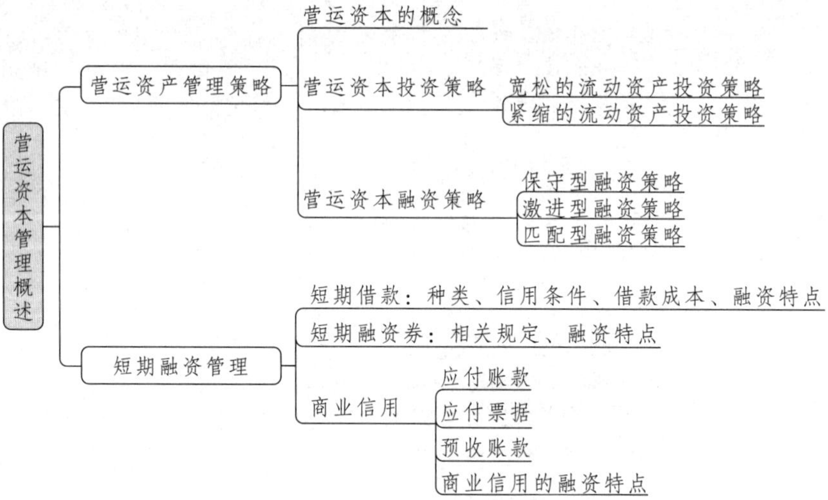

【引导案例】

一家盈利的企业会破产吗？这看上去好像不可思议，但即便是盈利的企业，特别是小企业，随时也可能失败，其中原因不乏营运资本管理中存在过失。假设一个创业者有一个关于产品的好想法，预计该产品的售价每件1 000元，成本500元，其他费用约每件200元，那意味着最后每件产品盈利300元，企业可以稳稳地获利。于是该创业者非常兴奋，开始租厂房、买设备、雇工人，并买了一年的原材料。然后他经营了3个月，把产品卖给了一个客户，客户承诺30天后付款。但是，到了付款期，客户以各种理由拖延付款，后来他才发现该客户信誉极差，因找借口拖延付款而出名。同时，他发现公司经营出现了困难。公司利润表上显示每卖出一件产品就产生300元的收益，但是资产负债表显示他有一大堆存货，一大笔应收账款，却没有现金。这意味着他在经营的第四个月便无法支付租金、工人工资和其他费用，这家新公司即将倒闭。

问题：

（1）这位创业者在营运资本管理方面存在哪些问题？

（2）为避免倒闭，企业应该采取哪些措施？

（3）企业在未来的经营管理中如何更好地进行营运资本管理？

第一节　营运资本管理策略

一、营运资本的概念

营运资本又称营运资金，有广义和狭义之分。广义的营运资本是指企业的流动资产总额；狭义的营运资本又称净营运资本，是指流动资产减去流动负债的差额。营运资本管理包括流动资产管理和流动负债管理。

1.流动资产

流动资产是指可以在一年内或超过一年的一个营业周期内变现或运用的资产。流动资产具有占用时间短、周转快、易变现等特点。流动资产按占用形态可分为货币资金、交易性金融资产、应收票据、应收账款、预付账款和存货等；也可以按照占用时间分为临时性流动资产（又称波动性流动资产）和永久性流动资产两部分。前者是指由于季节性或临时性原因占用的流动资产，占用量随当时的需求而波动，如销售旺季增加的应收账款和存货等；后者是指用于满足公司长期最低需求的流动资产，如保险储备中的存货或现金等，这部分流动资产无论企业的生产如何受季节等因素的影响，都是相对稳定的，尽管本质上是流动资产，但其占用资金却是长期的。

2.流动负债

流动负债是指需要在一年或者超过一年的一个营业周期内偿还的债务。流动负债又称短期融资，具有成本低、偿还期短的特点。流动负债包括短期借款、应付票据、应付账款、预收账款、应付职工薪酬、应交税费、应付利息、应付股利、其他应付款等。与流动资产分类相对应，流动负债也分为临时性流动负债和自发性流动负债。临时性流动负债是指为满足公司临时性流动资产需要所发生的债务，如为满足销售旺季超量购货而举借的短期银行借款。自发性流动负债是指企业经营活动形成的流动负债，如应付账款、应付票据、预收账款、应付职工薪酬、应交税费等。自发性流动负债虽然是流动负债，但是旧的流动负债完结后，随着经营活动的持续，又会产生新的自发性流动负债，可供企业长期使用，所以属于长期资本来源。

二、营运资本投资策略

营运资本的投资策略是指基于企业营业收入规模与增长对流动资产的投资策略。营业收入的规模与增长率越大，企业对流动资产存量的投资需求也越大，通常用流动资产相对于营业收入的水平来测度。一般而言，营运资本的投资策略有两种基本类型：

（一）宽松的流动资产投资策略

宽松的流动资产投资策略就是企业通常会维持较高的流动资产与营业收入比。在宽松的流动资产投资策略下，企业将持有较多的现金，较高的存货水平，给予客户宽松的付款条件并保持较高的应收账款水平。在这种投资策略下，较多的现金降低了支付风险，给予客户宽松的信用政策可以刺激销售，大量的原材料存货可以减少因存货短缺引起的生产中断等。但是，较多的流动资产投资会使企业承担较高的持有成本。持有成本是指随着流动资产投资的增加而增加的成本，是与流动资产相关的机会成本，即这些投资如果不用于流动资产，可用于其他投资机会并赚取收益，这些失去的风险投资的期望收益，就是流动资产投资的持有成本。流动资产的持有成本越高，企业的收益水平越低。

（二）紧缩的流动资产投资策略

紧缩的流动资产投资政策就是企业通常会维持较低的流动资产与营业收入比。也就是说，企业持有尽可能低的现金，在存货上作少量投资，采用严格的销售信用政策。该政策可以节约流动资产的持有成本，例如节约资金的机会成本，从而提高收益水平。但其短缺成本比较高。短缺成本是指随着流动资产投资水平的降低而增加的成本。例如，因投资不足发生现金短缺，需要紧急借款并承担较高的利息；因投资不足出现存货短缺，造成停工待料中断生产，从而丧失销售机会，甚至失去客户等损失。采用紧缩的流动资产投资策略对企业的管理水平提出较高的要求，因为一旦管理不善，流动资产短缺就会对企业的经营活动造成重大影响。

理论上讲，流动资产最优的投资规模应该是使流动资产的持有成本与短缺成本之和最低。持有成本随投资规模的扩大而增加，短缺成本随投资规模的扩大而减少，在两者相等时达到最佳的投资规模。

而在现实生活中，企业制定流动资产投资策略受很多因素的影响，如企业所处行业的特点、企业经营的内外部环境及自身的管理水平和管理者的风险偏好等。通常，流动资产占用具有明显的行业特征，表 11-1 列示了 2023 年年末流动资产结构的行业差异，其中，房地产行业的流动资产占总资产的 76.90%，这是因为房地产行业在存货上的投资占总资产的比重高达 49.05%，约是家电行业的 4 倍、互联网行业的 24 倍，但这并不意味着房地产行业的效率较低，而是因为它的存货中包括大量正在建造的房屋、项目等，它们的价值大、建设周期长，所以存货占比自然也较高。

表11-1 2023年年末流动资产结构的行业差异（各项流动资产占总资产的比例） 单位：%

行业	汽车	房地产	互联网	生物科技	航空	家用电器	酒类	零售	煤炭	农业
货币资金	18.78	7.79	26.68	22.88	9.70	23.26	36.61	14.06	18.99	11.94
应收票据	2.85	0.02	0.23	0.24	0.30	1.71	0.37	0.27	1.00	0.37
应收账款	6.92	1.79	9.77	11.56	5.08	8.66	0.27	3.45	2.27	4.46
预付款项	1.51	1.32	2.58	0.68	1.02	0.70	0.20	4.34	0.88	1.49
存货	10.52	49.05	2.47	7.92	1.12	11.41	18.75	11.07	2.04	13.12
流动资产合计	55.78	76.90	52.58	54.69	22.77	61.71	75.39	40.61	29.60	39.12

数据来源：Wind数据库（流动资产合计数均来自数据库）。

流动资产投资策略与企业的管理水平密切相关。近年来，世界上很多先进企业的流动资产与营业收入的比率呈现越来越小的趋势，这并不表示企业对流动资产的需求越来越少，而主要是由于企业的流动资产管理水平实现了重大突破，例如存货控制的适时管理系统（just in time，JIT）就是一个典型代表。党的二十大报告也指出："高质量发展是全面建设社会主义现代化国家的首要任务。"在企业高质量发展的过程中，流动资产管理发挥着至关重要的作用。企业需要做好流动资产管理工作，不断提升流动资产管理水平，提升企业资源的配置效率，进而有助于推动经济高质量发展。

实际上，营运资本投资策略的核心问题就是资产收益性与风险性的权衡，增加流动资产的投资，如增加持有现金、增加存货等可以提升企业的流动性，但同时也降低了企业的利润率。一般来说，不存在一种适用于所有企业的单一营运资本投资策略，企业应根据自身的具体情况及外部环境，结合对风险的态度和收益的偏好程度，做出以企业价值最大化为目标的选择。

三、营运资本融资策略

营运资本融资策略就是指如何配置流动资产与其资金来源，按照流动资产所需资金中短期资金和长期资金的比例关系，一般将营运资本融资策略分为三种类型：保守型融资策略、激进型融资策略和匹配型融资策略。

（一）保守型融资策略

保守型融资策略是指短期资金（临时性流动负债）只满足部分波动性流动资产的资金需求，剩余部分的波动性流动资产和永久性流动资产，以及非流动资产则由长期资金（长期负债、权益资金、自发性流动负债）来解决，如图11-1所示。

在保守型融资策略下，部分流动资产的资金需求通过长期资金满足，这样企业短期负债比例相对较低，其优点是短期债务到期后的再融资风险下降，也降低了企业因短期利率变动带来的利息成本的不确定性。但由于长期资金成本通常高于短期资金成本，特别是在企业经营淡季，仍需负担较高的利息成本，会降低企业的收益。所以，保守型融资策略是一种风险和收益均较低的短期融资策略。

（二）激进型融资策略

激进型融资策略是指企业短期资金（临时性流动负债）不但支持全部波动性流动资产的资金需求，还支持部分永久性流动资产的资金需求。长期资金（长期负债、权益资金、自发性流动负债）则满足非流动资产和剩余部分永久性流动资产的资金需求，如图11-2所示。

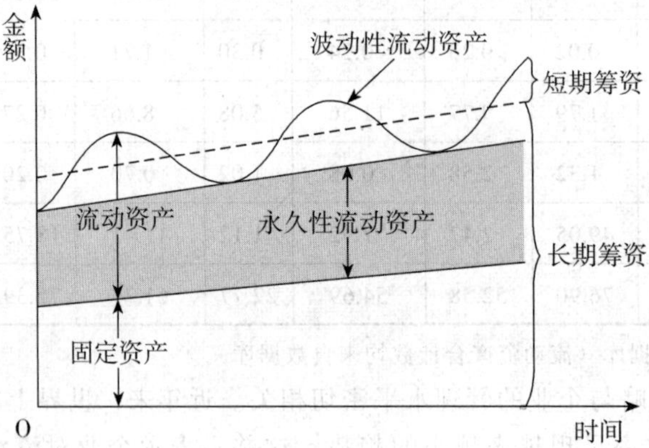

图11-1 保守型融资策略

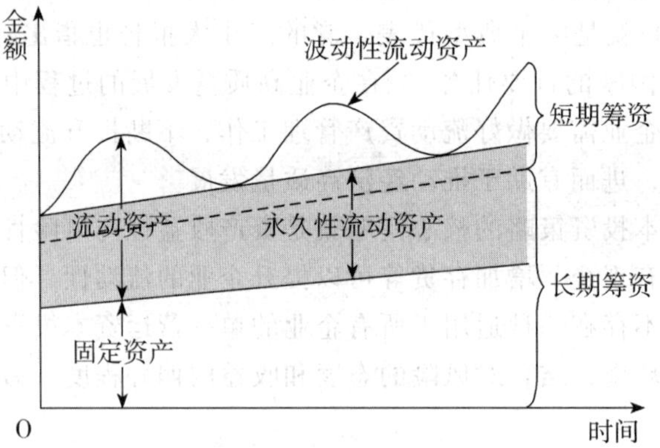

图11-2 激进型融资策略

在激进型融资策略下，短期资金在企业全部资金来源中所占比重相对较大，由于短期资金的资本成本通常小于长期负债和权益资本成本，因此激进型融资策略下企业的资本成本较低。但是，由于短期资金的使用期限较短，短期债务到期时，企业不得不重新协商新的借款，新的借款会导致额外的交易成本，企业也会暴露于利率变动的风险之中。因此短期资金的低成本收益往往也会被这些高风险所抵销。激进型融资策略是一种风险和收益均较高的短期融资策略。

（三）匹配型融资策略

匹配原则是指短期资金需求应该由短期融资来支持，长期资金需求应该由长期资金来源提供，所以按照匹配原则，匹配型融资策略是指企业波动性流动资产的资金需求由短期融资解决，而长期融资正好满足非流动资产和永久性流动资产的资金需求，如图11-3所示。

匹配型融资策略是将资产的寿命周期与负债的到期结构相匹配，这样既可以降低企业到期不能偿债的风险，又可以减少企业的资金占用量，提高资金的利用效率。这种策略是一种理想的融资策略。

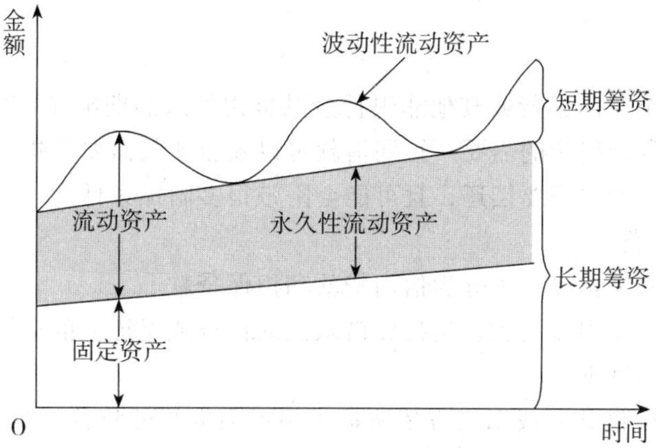

图11-3　匹配型融资策略

企业应该选择何种融资策略并无统一的标准，管理者在进行融资策略选择时，应该结合企业自身特点和所处外部环境来做出合理决策。（1）应考虑企业的行业及自身特点。不同行业、不同企业的经营内容和经营特点不同，因此企业的资产配置，负债结构也不相同。例如，处于互联网软件与服务行业的同花顺公司，2020年年末其流动资产合计约62亿元，占总资产的比重为86.77%，而其流动负债合计约18亿元，占负债与所有者权益总计的比重为25%。表面上看流动资产与流动负债的差额巨大，企业是否存在资金短缺问题？是否需要通过长期负债融资满足流动资产的需要呢？通过同花顺的财务报表可以看到，该公司的存货为0，应收账款及应收票据也微乎其微，而货币资金达61.25亿元，占总资产的85.6%，这说明该公司自身经营活动创造现金流的能力非常强，所以该公司没有临时性流动负债（短期借款），更不需要长期负债融资。（2）应考虑企业的外部环境，如国家的宏观经济政策、货币政策、通货膨胀等对资本市场资金供给及利率水平的影响。例如，企业利用短期资金来满足长期资产的资金需求，虽然融资成本较低，预期利润较高，但是在银根紧缩时期，短期资本很难寻找，或者即使找到了也要付出高昂代价，因为融资不足可能导致收入损失或者财务困境，因此企业应该基于不同的经济和货币市场状况选择融资策略。

自测题11-1

案例分析题

案例分析提示

第二节　短期融资管理

营运资本管理主要解决两个问题：一是如何管理流动资产投资；二是如何筹措短期资金。为维持正常的生产经营活动，每家企业都需要在流动资产上投资，如现金、应收账款和存货，投资这些流动资产会产生机会成本，因此流动资产管理是在权衡收益性与流动性的基础上，探寻最小化这些机会成本的工具和方法，这方面内容将在“第十二章　流动资产管理”中详细讲解。本节将重点阐述第二个问题，即如何筹措短期资金。

一、短期借款

短期借款是指企业向银行或其他非银行金融机构借入的期限在1年以内的借款，主要用于满足企业流动资金周转的需要。短期借款可以随企业的需要安排，便于灵活使用，但其突出的缺点就是短期内需要偿还，且可能会附带很多附加条件。

（一）短期借款的种类

短期借款按照有无担保，可分为信用贷款和担保贷款。

信用贷款，又称无担保贷款，是指凭借款人的信誉或保证人的信用而取得的贷款，借款人无须提供财产做抵押。

担保贷款是指由借款人或第三方依法提供担保而取得的贷款，具体形式有保证贷款、抵押贷款和质押贷款。①保证贷款是以第三方承诺在借款人不能偿还贷款本息时，按规定承担连带责任而取得的贷款。②抵押贷款，是以借款人或第三方的财产作为抵押物而取得的贷款。用于贷款担保的抵押的标的物可以是不动产、机器设备、交通工具等实物资产，可以是依法有权处分的土地使用权，也可以是股票、债券等有价证券。③质押贷款，是以借款人或第三方的动产或财产权利作为质押品而取得的贷款。作为贷款担保的质押品，可以是支票、汇票、存款单等信用凭证，可以是股票、债券等有价证券，也可以是依法可以转让的商标专用权、专利权等。质押和抵押的主要区别是：在质押借款中，质押品或权利凭证在质押期内要转移给贷款银行，借款公司不能占有、使用；在抵押借款中，借款公司或第三方在借款期限内不转移抵押物的占有。

（二）短期借款的信用条件

银行等金融机构对企业贷款时，通常会附带一定的信用条件。

1.信用额度

信用额度是指借款企业与银行之间协议规定的借款最高限额。信用额度的有效期限通常为1年。在一般情况下，企业在信用额度有效期内，可随时申请使用信用额度内的借款。但是，银行并不承担必须提供全部信用额度的义务。如果企业信誉恶化，或者银行资金紧张，即使在信用额度内，企业也可能得不到借款，银行并不为此承担法律责任。

2.周转信贷协议

周转信贷协议是指银行具有法律义务地承诺提供不超过某一最高限额贷款的协议。在协议的有效期内，不论企业的财务状况如何，只要企业满足贷款协议的规定，银行就有义务满足企业的借款要求。通常企业除了要支付借款的利息外，还要对贷款限额内未动用的信贷额度给银行一笔承诺费，这是对银行在协议有效期内保证企业随时使用贷款限额的补偿。

【例 11-1】

假设公司与银行签有周转信贷协议，贷款的最高限额是100万元，利率为10%，承诺费率为0.5%，公司年初借入80万元，年底偿还，剩余20万元未使用，则该信贷额度贷款的总成本为：

借款的利息费用=80×10%=8（万元）

对贷款额度未使用部分支付的承诺费=20×0.5%=0.1（万元）

总成本=8+0.1=8.1（万元）

3.补偿性余额

补偿性余额是银行要求借款企业在银行中保持占贷款限额或实际借用额的一定百分比（一般为10%～20%）的最低存款余额。从银行的角度讲，补偿性余额可降低贷款风险；对于借款企业而言，补偿性余额则提高了借款的实际利率。

【例11-2】

某公司向银行借款200万元，借款期限为1年，年利率为6%，银行要求保留10%的补偿性余额，则该公司实际可用的借款只有180万元，此时，该借款的实际利率为：

$$实际利率=\frac{200\times 6\%}{200\times(1-10\%)}\times 100\%\approx 6.67\%$$

（三）短期借款的成本

对融资企业而言，短期借款的成本主要包括利息、手续费等。银行给企业的贷款利率通常与宏观经济环境、利率政策及借款企业情况密切相关。大多数商业贷款的利率及利息支付方式通过借贷双方协商确定，下面举例说明不同的利息支付方式对实际利率的影响。

1.收款法

收款法又称利随本清法，是在借款到期时向银行支付利息的方法，采用这种方法，借款的名义利率等于实际利率。

2.贴现法

贴现法是银行向企业发放贷款时，先从贷款本金中扣除利息，借款企业实际得到的金额是借款额扣除利息后的余额，而到期偿还时必须按借款额偿还，由此造成借款人的实际利率要高于银行的名义利率。

【例11-3】

某公司2020年7月从银行取得一笔50万元的借款，期限为1年，年利率（名义利率）为6%，按贴现法付息，则：

利息额=500 000×6%=30 000（元）

实际可用贷款额=500 000-30 000=470 000（元）

借款实际利率=30 000÷470 000×100%≈6.38%

3.加息法

加息法是分期等额偿还贷款时的一种利息收取方法。在分期等额偿还贷款的情况下，银行将根据名义利率计算的利息加到贷款本金上，计算出贷款的本息和，要求借款人在贷款期内分期偿还本息之和的金额。由于贷款分期均衡偿还，借款人实际上只平均使用了借款本金的50%，却支付全额利息。这样，借款人负担的实际利率便会高于名义利率大约1倍。

【例 11-4】

某公司2020年8月借入年利率为6%（名义利率）的贷款300 000元，分12个月等额偿还本息，则该项借款的实际利率为：

$$借款的实际利率=\frac{300\ 000\times 6\%}{300\ 000\div 2}\times 100\%=12\%$$

（四）短期借款融资的特点

与长期借款相比，短期借款融资具有以下优点：（1）融资速度快。由于长期借款的时间长、风险大，长期借款的债权人出于安全性考虑，往往要对债务人进行全面的财务调查，因而融资所需时间一般较长且不易取得。短期借款在较短时间内即可归还，故债权人顾虑较少，因此获得短期借款较长期借款容易且迅速。（2）融资富有弹性。长期借款的债权人为保护自身利益，通常会在贷款协议中加入很多限制性条款。而短期借款的限制条件较少，使融资企业使用短期借款资金较为灵活，富有弹性。（3）融资成本较低。一般而言，由于期限较短，短期借款利率低于长期借款利率。

短期借款融资的缺点表现在：（1）融资风险较高。由于短期借款需要在短期内偿还，如果企业资金安排不当，无力支付到期债务，则极易陷入财务危机。此外，短期借款利率波动风险较高，利率水平有时甚至会超过长期借款利率。例如，20世纪80年代美国银行对大公司的短期借款的利率在2年内从6.25%上升到21%，那时许多公司由于借入太多的短期借款，但付不起那么高的利息而倒闭。（2）融资数量有限。由于短期借款主要用于解决企业临时性资金需求，通常银行借出的数额不会太高。

二、短期融资券

短期融资券是指具有法人资格的非金融企业在银行间债券市场发行的，约定在1年内还本付息的债务融资工具。通过发行短期融资券，企业可以便捷、低成本的方式进入银行间债券市场进行融资，实现融资渠道多元化，避免企业对银行借款的过度依赖。与发行股票和企业债券相比，短期融资券能有效节省企业融资成本。而且，发行短期融资券的速度要比发行股票或企业债券快得多，这相对节省了企业很多时间和精力。

（一）发行短期融资券的相关规定

在我国，发行短期融资券要符合《银行间债券市场非金融企业债务融资工具管理办法》的相关规定。

1.发行主体

在我国，短期融资券的发行主体是具有法人资格的非金融企业（以下简称企业）。

2.发行方式

企业发行债务融资工具应由在中国境内注册且具备债券评级资质的评级机构进行信用评级，应由金融机构承销。企业可自主选择主承销商。需要组织承销团的，由主承销商组织承销团。

3.发行价格

债务融资工具的发行利率、发行价格和所涉费率以市场化方式确定，任何商业机构不得以欺诈、操纵市场等行为获取不正当利益。债务融资工具投资者应自行判断和承担投资风险。

4.发行管理

企业发行债务融资工具应在中国银行间市场交易商协会（以下简称“交易商协会”）注册，在中央国债登记结算有限责任公司（以下简称“中央结算公司”）登记、托管、结算。应在银行间债券市场披露信息。信息披露应遵循诚实信用原则，不得有虚假记载、误导性陈述或重大遗漏。交易商协会依据相关规定对债务融资工具的发行与交易实施自律管理。全国银行间同业拆借中心负责债务融资工具交易的日常监测，每月汇总债务融资工具交易情况向交易商协会报送。

（二）短期融资券融资的特点

1.短期融资券融资的优点

短期融资券融资的优点表现为：（1）相对于发行股票和企业债券而言，短期融资券的融资成本低，融资速度快；（2）相对于银行借款而言，短期融资券一次性融资数额比较大。由表11-2可以看到，短期融资券的票面利率明显低于企业债券的票面利率，所以其发行额也远远大于企业债券，成为受企业青睐的一种短期融资方式。

表11-2　　2023年1月—2023年12月短期融资券与企业债券相关信息

起始日期	截止日期	票面利率（%）		实际发行总额（亿元）		期间发行只数	
		短期融资券	企业债券	短期融资券	企业债券	短期融资券	企业债券
2023-01-01	2023-03-31	3.0240	4.4992	14 435.65	714.40	1 538	86
2023-04-01	2023-06-30	2.8599	4.4877	12 756.25	632.10	1 323	94
2023-07-01	2023-09-30	2.8643	4.1930	11 333.31	512.30	1 317	71
2023-10-01	2023-12-31	2.7610	3.8684	9 857.96	149.00	1 038	18

数据来源：Wind数据库。

2.短期融资券融资的缺点

短期融资券融资的缺点主要表现为：（1）融资风险较大。短期融资券期限短，作为债务融资方式到期必须偿还，一般没有延期的可能。如到期不能偿还，企业或将陷入财务困境。（2）发行短期融资券的条件比较严格。并不是任何企业都能发行短期融资券，只有具备一定的信用等级的实力强的企业，才能发行短期融资券进行融资。

【学思践悟】　时隔17年，央行修订《证券公司短期融资券管理办法》，有利于龙头券商做大做强①

2021年3月5日，央行发布《证券公司短期融资券管理办法（修订征求意见稿）》，并向社会征求意见。值得注意的是，这是自2004年央行出台《证券公司短期融资券管理办法》后近17年的首次修订。首先，此次修订取消了发行前备案，强化事中事后管理。其次，此次修订延长短期融资券最长期限至不超过1年、取消证券公司发行短期融资券的强制评级要求。过去券

① 资料来源：每日经济新闻．时隔17年央行修订《证券公司短期融资券管理办法》有利于龙头券商做大做强［EB/OL］．［2021-03-08］．https：//baijiahao.baidu.com/s？ id=1693647820082848245.

商在银行间债券市场的发债其实并不多，但从2019下半年开始，央行也定向对头部券商批短融额度，此后证券公司短期融资券的发行规模呈持续增长态势。此次修订体现了央行希望券商在银行间市场发债更便利、更灵活的总基调，未来证券公司也是银行间市场重要的参与主体。

值得一提的是，在券商发行短期融资券的资金用途方面，此次修订征求意见稿还是延续了2004年版《办法》的“约法三章”，即证券公司不得将短期融资券资金用于以下用途：固定资产投资和营业网点建设、股票二级市场投资、为客户证券交易提供融资、长期股权投资和中国人民银行禁止的其他用途。同时，延续短期融资券实行余额管理的要求。

整体而言，央行时隔17年对此进行修订，体现了金融业向“市场驱动”的转型，消除了对券商现金流的限制，更有利于龙头券商进一步做大做强。

通过该资料引领学生了解我国证券法规的发展与修订及其对资本市场发展的影响，深入了解社会实践。

三、商业信用

商业信用融资是指在企业间的商品交易中，以延期付款或预收货款的方式进行资金结算而形成的资金借贷关系，它是企业间的直接信用行为。由于商业信用产生于企业经常发生的商品购销活动之中，因而应用广泛，在短期负债融资中占有相当大的比重。商业信用的具体形式有应付账款、应付票据和预收账款等。

（一）应付账款

应付账款是指买方企业购买商品不立即支付货款，而是在到货一段时间后才付款。这是卖方企业给买方企业提供的一种商业信用。对于卖方企业来说，可以利用这种方式促销，而对于买方企业来说，延期付款则等于向卖方企业借用资金购进商品，以满足短期资金的需要。

企业在一定时期应付账款融资额度的大小不仅与企业生产经营状况有关，而且与供应商（卖方企业）提供的信用条件有关。通常，信用条件包括两种：（1）只规定信用期，不提供现金折扣，如“N/30”，表示购货方必须在信用期限（30天）内支付货款，且无现金折扣；（2）在提供信用期限的同时又提供了现金折扣和现金折扣期，如“2/10，N/30”，表示如在10天内付款享受2%的现金折扣，如在10～30天内付款，则必须支付全额价款，允许购货方支付价款的最长期限是30天。供应商在信用条件中规定现金折扣，目的主要在于加速资金回收。买方企业决定是否享受现金折扣时则需认真考虑，因为放弃现金折扣的成本较高。下面通过一个例子来深入讨论放弃现金折扣的成本。

【例11-5】

假设甲公司的供应商向其提供了“2/10，N/30”的信用条件。甲公司从供应商那里购买了100 000元的货物，并已收货。甲公司目前拥有利率为6%的信用额度100万元。如果甲公司没有现金能够在10天之内支付给供应商来获得2%的现金折扣，那么，放弃应付账款现金折扣的成本是多少？

首先，按照“2/10，N/30”的信用条件，如果甲公司在10天内付款，则可获得折扣2 000元（100 000×2%），免费信用额也随之降低为98 000元（100 000−2 000）。这个问题也可以从另一个角度看，可以把应付款当作一项借款，向供应商“借了”98 000元，如果

10天之内偿还，则“利息”为零。如果不在10天之内还款，则在第30天则要支付货物全款100 000元，相当于用2 000元的费用将98 000元多使用了20天。这里2 000元为“利息”、98 000元为“借款的本金”，20天为“借款的期限”，20天的借款利率=2 000÷98 000×100%=2.04%，假设一年360天，则20天的借款对应的年利率为：

$$\frac{2\,000}{98\,000}\times\frac{360}{20}\times 100\% \approx 36.73\%$$

由此，放弃现金折扣所造成的年度融资成本（年成本率）可按照以下公式计算：

$$\text{放弃现金折扣的年成本率}=\frac{\text{现金折扣百分比}}{1-\text{现金折扣百分比}}\times\frac{360}{\text{信用期}-\text{折扣期}}\times 100\% \quad (11.1)$$

按照本例，如果用利息除以借款本金并且将其按年折算，就会得到较高的年成本率36.73%。换句话说，如果没有利用现金折扣，那么就是放弃了36.73%的“回报”。如果存在6%的可用信用额度，即你能够以更低的利率获得银行借款，那么你应该以较低的利率借款，然后在折扣期内付款，以享受现金折扣。

（二）应付票据

应付票据是指企业在商品购销活动中和对工程价款进行结算时，因采用商业汇票结算方式而发生的一种商业信用形式。根据承兑人的不同，商业汇票分为商业承兑汇票和银行承兑汇票两种。无论是商业承兑汇票还是银行承兑汇票，都可以看作购货方先收货后付款的一种融资方式。应付票据的融资期限具体可由供销双方协商确定。应付票据可以带息，也可以不带息。但应付票据到期必须兑付，因为延期兑付就要支付罚金，所以债务风险较高。

（三）预收账款

预收账款是卖方企业在交付货物之前向买方预先收取部分或全部货款以取得资金的信用形式。与前面两种形式不同，这是由买方向卖方提供商业信用的一种形式，对于买方来讲，预收账款相当于向卖方借用资金后用货物抵偿。预收账款一般用于生产周期长、资金需要量大的专用设备和市场紧俏商品的销售。

（四）商业信用融资的特点

商业信用融资的优点表现为：（1）容易取得。商业信用的载体是商品购销行为，是在购销活动中自然产生的一种持续性的信贷形式。（2）灵活性高。利用商业信用融资，企业可以根据需要选择融资的金额和期限，如果在信用期内不能付款或交货，还可以同客户协商，请求展期。商业信用融资限制条件较少，也有利于公司自主安排资金。（3）不用提供担保。通常，商业信用融资不需要第三方担保，也不要求融资企业用资产进行抵押。（4）受宏观经济环境影响大。在经济繁荣时期，企业的经营状况良好，资金流动性较强，卖方企业愿意通过提供商业信用来扩大销售，提高市场份额。而在经济衰退时期，企业的经营风险增加，资金紧张，卖方企业会更加谨慎地选择交易对象，缩短账期，以降低信用风险，商业信用融资就会受到限制。

商业信用融资的缺点表现为：（1）融资期限较短。商业信用筹集的资金只能用于企业短期资金的周转使用，对企业的现金流管理要求较高。如果商业信用融资使用不当，会造成企业信誉的恶化。（2）放弃现金折扣的机会成本较高。在附有现金折扣条件的应付账款融资方式下，放弃现金折扣的成本较高。

自测题11-2

【本章小结】

▶广义的营运资本是指企业的流动资产总额；狭义的营运资本是指流动资产减去流动负债的差额。营运资本管理包括流动资产管理和流动负债管理。

▶营运资本管理的关键问题是保持什么样的流动资产水平和如何为流动资产融资，即营运资本的投资策略和营运资本的融资策略。

▶营运资本的投资策略主要有宽松的投资策略和紧缩的投资策略，制定投资策略的核心问题就是对资产收益性与风险性的权衡。

▶营运资本的融资策略有保守型、激进型和匹配型融资策略。管理者在进行融资策略选择时，应该结合企业自身特点和所处外部环境来做出合理决策。

▶短期融资是营运资本管理中流动负债部分的重点内容。企业主要的短期融资方式有短期借款、短期融资券和商业信用。每种融资方式都有其各自的优缺点。

【复习思考】

1. 什么是营运资本？营运资本管理包括哪些内容？

2. 临时性流动资产和永久性流动资产有什么区别？

3. 营运资本投资策略有哪些类型？

4. 营运资本融资策略有哪些类型？

5. 你认为营运资本管理的目标是什么？

6. 为什么许多高科技公司持有巨额的现金，而传统制造业公司（如化学、造纸、钢铁）的现金持有量较少？

7. 有人说“应收账款不像存货或固定资产那样需要购买，因此不需要为它筹资”，这种说法是否正确？

8. 对一般公司而言，用短期融资方式来融通一部分永久性流动资产的资金需求，公司的风险较高而且预期回报也较高，请解释这段话的含义。

9. “商业信用是公司首选的筹资方式，因为成本为零。”请判断这句话是否正确，并加以解释。

10. 企业主要的短期融资来源有哪些？

链接本章
引导案例

《财务管理》
慕课资源

第十二章

流动资产管理

【学习目标】

本章主要阐述了流动资产管理，包括现金管理的动机和最佳现金持有量的计算，信用政策决策和应收账款全过程管理，存货成本、存货预测与控制。通过对本章内容的学习，学生应完成以下目标：

1. 掌握公司目标现金持有量的确定方法、现金日常收支管理方法；
2. 掌握公司信用政策确定方法和信用风险的防范措施；
3. 熟悉存货成本的内容以及经济订货批量的基本模型；
4. 理解存货ABC分析法和适时供应系统的管理思想。

【本章主要内容导图】

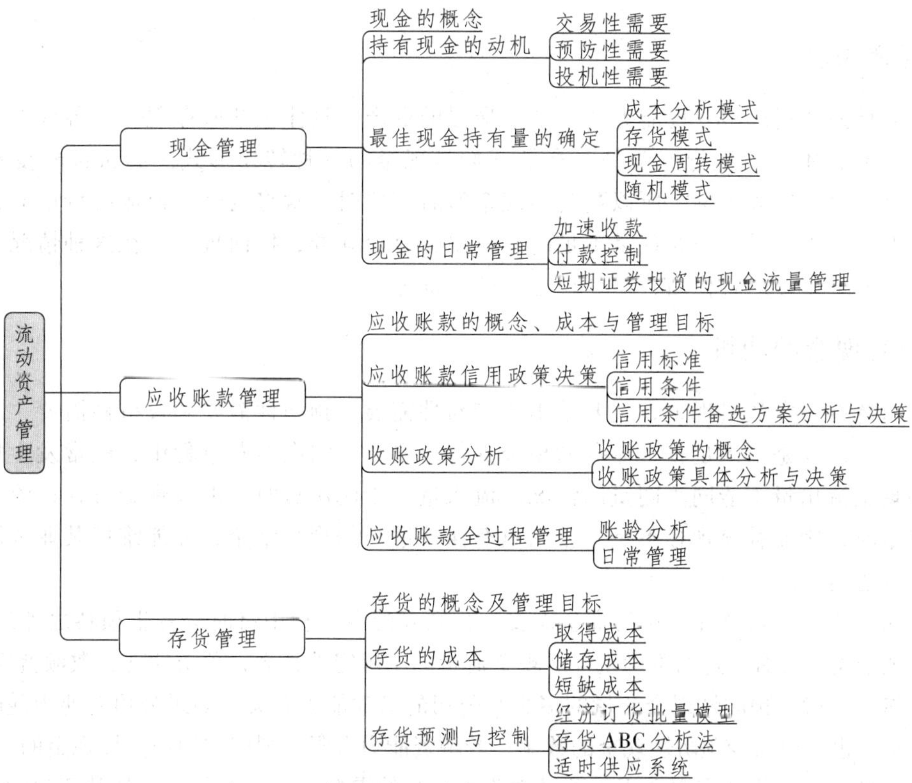

【引导案例】

假设你正在思考某公司流动资产管理的问题。你可能是该公司的CFO，需要对公司的流动资产及流动负债进行控制以确保经营活动良好运行；你可能是公司的财务主管，需要控制现金支出并确定最佳现金持有量；你可能是公司的销售经理，需要为公司制定完善的信用管理制度并回收应收账款；你可能在公司的库存管理部门工作，正在琢磨多少库存量是适当的，是否需要向采购部门发起采购申请。那么，你如何通过流动资产管理实现你的目标呢？

问题：

（1）流动资产对于企业的意义是什么？

（2）企业持有现金的动机是什么？如何确定最佳现金持有量？

（3）应收账款的成本是什么？如何进行应收账款的管理？

（4）如何确定存货经济订货批量？

（5）关于存货的管理，还有哪些管理方法呢？

第一节　现金管理

一、现金的概念

现金是公司资产中变现能力及流动性最强的资产，具体包括库存现金、各种形式的银行存款、银行本票、银行汇票等。有价证券是现金的一种转换形式。有价证券变现能力强，可以随时兑换成现金，所以当公司现金暂时闲置时，常将现金兑换成有价证券；待现金流出大于流入，需要补充现金不足时，再出让有价证券，换回现金。在这种情况下，有价证券就成了现金的替代品，是“现金”的一部分。

二、持有现金的动机

公司持有一定数量现金，主要是出于交易性需要、预防性需要和投机性需要。

交易性需要是指满足日常业务的现金支付需要。公司在经营过程中，经常发生现金流入量和现金流出量不能同步同量的情况。流入量大于流出量时，形成现金置存；流入量小于流出量时，则需补充现金不足。公司只有保持适当的现金结余，才能维持其业务活动正常、顺利进行。

预防性需要是指意外支付的准备需要。公司在经营过程中有时会发生预料之外的开支，从而使现金流量具有一定的不确定性。现金流量的不确定性越大，预防性现金数额就应越多；反之亦然。当然，预防性现金流量的多少与公司的借款能力有关。如果公司有能力随时筹措短期资本，也可以减少预防性现金的数额；若融资能力有限，则应增加预防性现金的数额。

投机性需要是指持有现金用于不寻常购买机会的需要。市场上各种商品及证券的价格随时都会发生变动，这使人们产生了“为买而卖”的投机心理。当公司确信得到了有利的购买时机而需要动用现金时，拥有一定数额的现金储备可以为捕捉有利的投机机会提供方便。

公司持有现金，一方面可以满足交易性、预防性与投机性的需要，另一方面又会增加持有现金的机会成本。在市场正常情况下，一般流动性较强的资产，其收益相对较低，这就意味着公司应适当地持有现金，并合理分布和应用资本，避免资本闲置或者过多地用于低收益项目而带来损失。由此看来，公司经常面临现金不足和现金过量两方面的威胁。公司现金管理的目标，就是在资产的流动性和盈利性之间做出抉择，合理确定现金持有量，以便提高现金使用效率。

三、最佳现金持有量的确定

最佳现金持有量的确定，公司应根据自身的经营管理范围和现金管理特点，来选择适当的模式。确定最佳现金持有量的模式主要有成本分析模式、存货模式、现金周转模式、随机模式。

（一）成本分析模式

成本分析模式是通过分析持有现金的相关成本，寻求持有成本最低的现金持有模式。公司持有现金的成本主要表现为置存成本、管理成本和短缺成本三种：

（1）置存成本。现金作为公司的一项资本占用，是有代价的，这种代价就是它的持有成本，现金持有额越大，持有成本越高。现金置存成本通常按公司资本收益率或有价证券投资收益率计算。

（2）管理成本。公司拥有现金，就会发生管理费用，如管理人员工资、安全措施等。这些费用是现金的管理成本。管理成本是一种固定成本，与现金持有量之间无明显的比例关系。

（3）短缺成本。短缺成本是指公司在经营时因缺乏必要的现金，不能应付业务开支所需，而使公司蒙受损失或为此付出的代价。现金的短缺成本随现金持有量的增加而下降，随现金持有量的减少而上升。

在成本分析模式下，现金置存成本、管理成本和短缺成本之和最小时的现金持有量即为公司最佳现金持有量。

【例 12-1】

某公司有4种现金持有方案，假设公司资本收益率为10%。各方案的相关成本和持有成本计算见表12-1。

表12-1　**各方案的相关成本和持有成本**　单位：元

方案	甲	乙	丙	丁
现金持有量	30 000	60 000	90 000	120 000
置存成本	3 000	6 000	9 000	12 000
管理成本	20 000	20 000	20 000	20 000
短缺成本	12 000	8 000	2 500	0
持有成本	35 000	34 000	31 500	32 000

根据表12-1的资料，丙方案的持有成本最低，也就是说当公司持有90 000元现金时，各方面的总代价最低，故90 000元是公司的最佳现金持有量。

（二）存货模式

存货模式类似于存货的经济批量模型。采用这种模型确定最佳现金持有量的基本假设前提是：(1) 公司的现金流入量是稳定并且可以预测的；(2) 公司的现金流出量是稳定并且可以预测的；(3) 在预测期内，公司的现金需求量是一定的；(4) 在预测期内，公司不能发生现金短缺，并且可以出售有价证券来补充现金。

存货模式可用来解决公司现金在一定时期内最佳变现次数的问题，公司现金不足时，就将变现一部分有价证券。不论是持有现金还是变现证券，都要付出代价。持有现金，就丧失了投资于证券所得的相应利息，即置存成本；若要降低置存成本，就要降低现金置存量，加大证券变现次数，而证券每次变现又要支付各种佣金和手续费等，我们称之为交易成本。置存成本与交易成本反方向变化，置存成本随着现金持有量的增大而增大，交易成本却随着现金持有量的增大而减少，公司现金持有成本等于置存成本与交易成本之和，而现金持有成本最低时对应的现金置存量，应该是一定时期公司现金的最佳持有量。具体如图 12-1 所示。

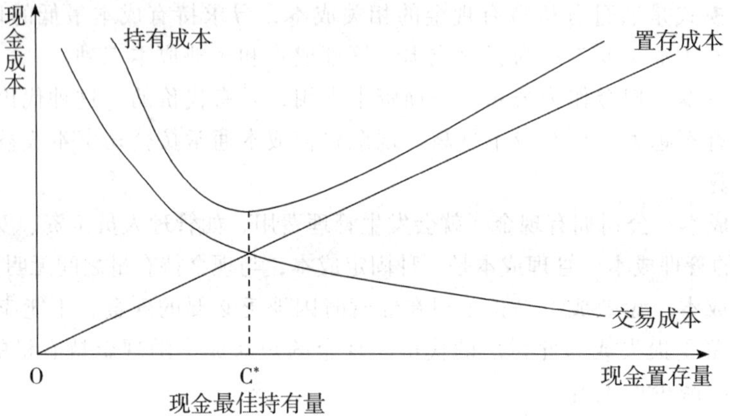

图 12-1　存货模式与现金置存量关系图

在存货模型下，现金置存成本与现金交易成本之和为持有现金的总成本，其计算公式如下：

$$现金持有总成本(TC) = \frac{C}{2} \times K + \frac{T}{C} \times F \tag{12.1}$$

式中，C 表示现金持有量；K 表示有价证券利率；T 表示一定时期现金总需求量；F 表示每次转换有价证券的交易成本。

将公式（12.1）中的 C 作为变量，TC 作为 C 的函数，对该公式求一阶导数并令其等于零，即可得出现金持有总成本最低时的最佳持有量 C^* 的计算公式：

$$目标现金持有量C^* = \sqrt{\frac{2TF}{K}} \tag{12.2}$$

$$最低现金持有成本TC(C^*) = \sqrt{2TFK} \tag{12.3}$$

$$有价证券最佳交易次数N = \frac{T}{C^*} \tag{12.4}$$

【例 12-2】

某公司预计一个月经营所需现金为 640 000 元，公司现金支出较稳定，故准备用短期有价证券变现取得，平均每次证券固定变现费用为100元，证券的市场利率为6%，则：

最佳现金持有量=$\sqrt{\dfrac{2\times 640\,000\times 100}{6\%\div 12}}$=160 000（元）

最低现金持有成本=$\sqrt{2\times 640\,000\times 100\times \dfrac{6\%}{12}}$=800（元）

一个月内最佳变现次数=$\dfrac{640\,000}{160\,000}$=4（次）

（三）现金周转模式

现金周转模式是从现金周转的角度出发，根据现金周转速度来确定最佳现金持有量的模式。该模式的运用包括以下三个步骤：

第一，计算现金周转期。现金周转期是指公司从购买材料支付现金至销售商品收回现金的时间，即现金周转一次所需要的天数。其具体计算公式为：

现金周转期=应收账款周转期+存货周转期-应付账款周转期

第二，计算现金周转率。现金周转率是指一年或一个经营周期内现金的周转次数。其计算公式为：

$$现金周转率=\frac{1}{现金周转期}\times 计算期天数$$

现金周转次数与周转期互为倒数，周转期越短，则周转次数越多，在一定现金需求量下，现金持有量将会越少。

第三，计算目标现金持有量。其计算公式为：

目标现金持有量=年现金需求量÷现金周转率

【例12-3】

某公司年现金需求量为720万元，其原材料购买和产品销售均采取赊账方式，应收账款的平均收款天数为60天，应付账款的平均付款天数为30天，存货平均周转天数为90天，则：

现金周转期=60-30+90=120（天）

现金周转率=360÷120=3（次）

目标现金持有量=720÷3=240（万元）

现金周转模式的使用条件是：第一，公司预计期内现金总需求量可以预知；第二，现金周转天数与次数可以测算，测算结果应符合实际，保证科学与准确。

（四）随机模式

随机模式就是根据随机现象出现大量次数时，运用数学中的概率和数理统计方法测算各种可能出现结果的平均水平的一种方法。如果公司的现金支出是随机的，且一定时期现金需求量事先无法确定，则可根据公司一定时期内现金的随机支出中的最高支出额和最低支出额，制定一个现金控制区域，再确定其平均水平。在控制区域内，当现金金额达到上限时，将现金转换成有价证券或通过资本市场短期拆借给需用单位、短期投资于其他项目；当现金余额降到下限时，则转让有价证券或贷款拆借。现金持有量上下限额（即控制区域）的确定则取决于货币资金持有量的机会成本和筹集货币资金的相关成本。这里介绍一种在实践中运用得较为广泛的“米勒-欧尔模型”（Miller-Orr model），测定控制极限如图12-2所示。

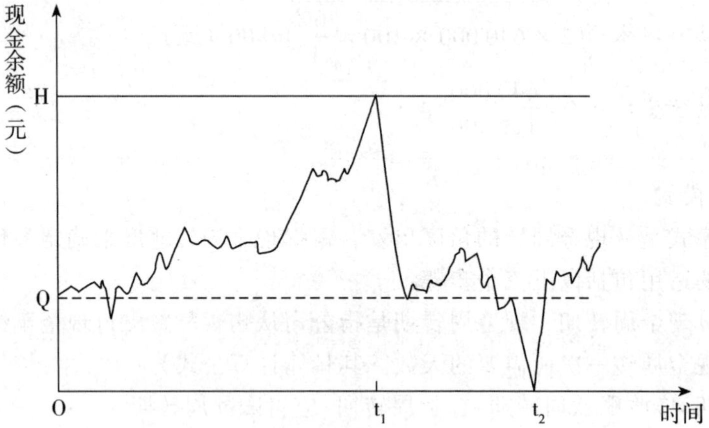

图12-2 随机模式现金持有量图

在图12-2中，H为控制区域中的上限，O为下限，Q为预测现金最佳持有量。当现金余额达到H时（t_1），买进（H-Q）数量的有价证券。当现金余额降到O时（t_2），则卖出Q数量的有价证券，使现金余额保持在Q的数量上。注意，最低现金余额也可设在较O点稍高的水准上（即O点现金持有量不为0），这样图中的H与Q也均往上移动。

确定该模型中的H与Q时，不仅要根据机会成本和相关成本，而且要将现金余额可能出现的波动程度（σ^2）也考虑进去，然后通过数学模型来预测最佳现金持有量。其计算公式为：

$$目标现金持有量(Q)=\sqrt[3]{\frac{3F\sigma^2}{4K}} \tag{12.5}$$

$$最优现金返回线(R)=O+Q \tag{12.6}$$

$$控制区上限（H）=O+3Q 或者（H）=3R-2O \tag{12.7}$$

式中，F表示每次有价证券的固定转换成本；σ表示预期每日现金余额变化的标准差；K表示有价证券的日利率；O表示控制区下限。

该模型可使现金持有总成本（即机会成本加相关成本）最小。由于现金流量是随机的，其平均现金余额无法事先准确确定，但根据模型测算，大约是（H+Q）÷3。

【例12-4】

某公司每天净现金流量的标准差是2 250元，资本短期拆借利率为12%，每次筹集资本的相关成本为1 000元。公司认为，现金的保险储备最低限额为5 000元，则年最佳现金持有量、控制区上限和平均现金余额分别计算如下：

$$Q=\sqrt[3]{\frac{3\times 1\,000\times 2\,250^2}{4\times 0.12\div 360}}=22\,500（元）$$

H=3Q+O=3×22 500+5 000=72 500（元）

平均现金余额=（H+Q）÷3=（72 500+22 500）÷3=31 667（元）

R=22 500+5 000=27 500（元）

因此，当公司现金余额达到72 500元时，应该及时以45 000元（72 500−27 500）投资于有价证券，使现金总持有量回落为27 500元；若公司现金余额降至5 000元时，应转让22 500元的有价证券，使现金总持有量回升至27 500元。

随机模式主要是在未来现金流量不可预测的假设下确定最佳现金持有量，因此，其准确性是相对的。实践证明，通过这一模型计算出来的现金持有量相对保守。

四、现金的日常管理

詹姆斯·范霍恩在《财务管理与政策》一书中对现金日常管理工作进行了详细的描述。他认为：现金日常管理活动开始于顾客开出支票支付本公司应收账款之时，结束于供应商、雇员或政府从公司的应付账款中收回现金为止。这两点之间的所有活动都包括在现金管理活动之内。公司努力使客户能在某一时间内支付账单的有关内容属于应收账款的管理；公司决定在何时支付自己的账单属于应付账款的管理。公司应当充分利用做大规模的优势，增强与供应商的讨价还价能力，将占用在存货和应收账款的资金及其资金成本适度合理转嫁给供应商负担，以增强本公司营运的现金弹性，现金管理中可以借助于关键性指标即现金转化周期（cash conversion cycle），予以观测公司在行业中的现金弹性状况。其计算公式如下：

现金周转期 = 应收账款周转天数 + 存货周转天数 − 应付账款周转天数　　(12.8)

现金周转期越短，表明公司在营运资本管理中所采用的战略越成功，这不仅有助于增强公司的财务弹性，还可增加经营活动产生的现金流量。

表12-2列示了国美电器和苏宁电器基期与分析期现金周转期的计算过程。

表12-2　**国美电器和苏宁电器现金周转期**

项目名称	国美电器		苏宁电器	
	基期	分析期	基期	分析期
存货（百万元）	1 109	2 725	769	2 017
应收账款（百万元）	128	236	64	206
应付账款（百万元）	3 193	6 805	912	2 767
存货周转天数（天）	42	55	31	46
应收账款周转天数（天）	5	5	3	5
减：应付账款周转天数（天）	120	138	37	63
现金周转期（天）	−73	−78	−3	−12

可见，国美电器和苏宁电器在营运资本管理中对现金周转期战略的运用都很成功，尤其是国美电器更是运用自如，以此弥补了这两个“大卖场”财务弹性的不足。这种盈利模式虽然高明，为其股东带来了丰厚的回报（国美电器和苏宁电器分析期的净资产收益率分别为42%和30%），但却蕴涵着极大的经营风险和财务风险。

现金日常管理的重要目标之一，即尽快收回应收账款；在保持公司信誉的前提下，尽可能延迟支付账单。

（一）加速收款

为了提高现金的使用率，加速现金周转，公司应尽快加速收款，即在不影响销售的前提下，尽可能加快现金回笼。公司加速收款的任务不仅在于尽量让客户早付款，还要尽快地使这些付款转化为现金。为此，公司应该力争缩短公司收到客户支票的兑换时间；加速现金存入自己往来银行的过程。在现代信息技术飞速发展、金融全球化步伐加快的背景下，现金管理方式发生了根本性变革。网上银行作为以高新信息技术支持金融业发展的产物，对加速收款、降低收款成本具有重要作用。

网上银行又称网络银行、在线银行，是指银行利用Internet技术，通过Internet向客户提供开户、销户、查询、对账、行内转账、跨行转账、信贷、网上证券、投资理财等传统服务项目。网上银行又被称为“3A银行”，因为它不受时间、空间限制，能够在任何时间（anytime）、任何地点（anywhere）、以任何方式（anyhow）为客户提供金融服务。

随着网上银行同业竞争的加剧，公司可以以较低费用在网上银行进行“汇划即时通”“集团理财”“银企对接”“对公账户查询”“报关即时通”“境外账户管理”等业务，网银将提供资金汇划、批量委托、授权模式定制、到账时间查询、E-mail付款通知、预约付款、定向支付、期货保证金出入金支付、交易数据下载；本外币账户实时余额、当日交易、历史余额、历史交易查询；集团内部资本集中管理、统一对外收付等个性化页面定制等服务。

虽然通过“网上银行”系统可以完成上述现金与非现金交易，但互联网是一个开放的网络，银行交易服务器是网上的公开站点，网上银行系统也使银行内部网向互联网敞开了大门，因此，如何保证网上银行交易系统的安全，是公司现金流量安全管理的重要环节。

（二）付款控制

公司在收款时，应尽量加快收款的速度，而在付款时，应尽量延缓现金支出的时间。快速收款与慢速付款相结合，将产生更多的可用现金。付款控制有以下两种策略：

（1）合理运用浮游量。浮游量是指公司账户上现金余额与银行账户上所示的存款余额之间的差额。有时，公司账簿上的现金余额已为零或负数，而银行账簿上该公司的现金余额还有不少。这是因为有些支票公司虽已开出，但顾客还没有到银行兑现。如果能正确预测浮游量并加以利用，可节约大量资本。当一家公司在同一国家内有多个银行存款户时，则可选用一个能使支票流通在外的时间最长的银行来支付货款，以扩大浮游量。

利用现金的浮游量，公司可适当减少现金数量，达到节约现金的目的。但是，一家公司的利益，就是另一家公司的损失，因而利用浮游量往往对供应商不利，有可能破坏公司和供应商之间的关系，这一因素应谨慎考虑。

（2）控制付款时间。为了最大限度地利用现金，合理地控制现金支出的时间是十分重要的。例如，公司在采购材料时，如果付款条件是“2/10，N/45”，应安排在发票开出日期后的第10天付款，这样，公司可以最大限度地利用现金而又不丧失现金折扣。

（三）短期证券投资的现金流量管理

将多余现金投资于有价证券的决策，作为公司的财务经理，首先要了解短期证券的投资类型，比如国库券、政府机构债券、银行承兑汇票、商业票据、可转让存单、回购协议等。

（1）利用银行不同期限的存款进行资本运作。在实务中，银行通常提供7天通知存款业务，它给予储户在定期、活期储蓄之外的一个选择，具有定期收益、活期便利的特点，适用于短期内需要支付大笔现金又没有明确支付日期的客户。公司一次性存入大额款项后，针对分批动用的现金，只需提前电话通知银行，将该笔资金从通知存款账户转入活期账户，原有部分依旧按通知存款利率计息。此外，如公司现金富余达3个月以上，因各种限制不能投资证券时，可以采取3个月定期与通知存款相结合的方式，以实现资本收益最大化。

（2）依托证券一级市场进行资本运作。把公司短期资本投入证券市场并不意味着一定要购买高风险的证券，公司也可以选择在一级市场申购新股。具体操作如下：公司在证券公司开立资金账户，当一级市场没有新股发行时，可按上面提到的通知存款或3个月定期存款方式进行资本运作；当一级市场有新股发行时，可利用银行的银证划款系统划转资金，申购新股。按目前的新股申购办法，资金至多占用期限为5天，公司损失的是活期存款利息，获得的是低风险收益。近几年，一级市场的新股申购中签率虽然有所降低，新股上市后的市场溢价也有不断下降的趋势，但年平均收益率仍在5%～10%，远高于同期银行定期存款利率。需要注意的是，不是所有的新股申购都能获利，增发和配售的股票申购要慎重，公司应组织专门的人员进行新股定价的研究或接受专业机构的建议，要制定严格的资金管理制度，从而确保资金的安全，避免资金投入二级市场购买高风险证券。

（3）购买国债。当公司的预计资本闲散时间较长时，除了在银行定期存款以外，还可以购买国债。国债有“金边债券”之称，购买国债不仅风险小，而且可以享受免利息所得税的优惠。现在国家发行的国债多以记账式为主，而且其流动性大为增强，公司急需资本时，可以到银行提前兑取，银行在兑付时，超过6个月后，一般会分阶段计算利息。国债票面利率本来就高于银行同期贷款利率，考虑到免税因素，购买国债比定期存款更划算。

（4）委托信誉较好、规模较大的专业机构理财。专业投资管理机构具有专家理财、内部控制严密、组合投资、规模效益等特点，在面对风险多变的证券市场和众多投资品种时，它们往往比公司自身具有更强的抗风险能力。虽然新的委托理财管理办法出台以后，委托理财不能像过去一样承诺保底收益，但与公司直接参与二级市场投资相比，委托专业机构进行理财仍是风险较小的一种选择。

（5）适当利用商业信用和银行信用进行融资，增大公司的可支配现金量。当公司的现金并不充裕时，公司可以利用自己的商业信用和银行信用，通过办理银行承兑汇票，减少对外采购中现金的支付；或者通过进行短期融资和中长期融资等方式，调节公司可支配现金流量。由于办理银行承兑汇票不需银行动用现金，手续简便，因此，近年来愈来愈为银行和大多数公司所接受，成为公司进行现金管理、弥补日常经营用现金不足的重要手段。办理银行承兑汇票需要以公司之间的购销合同为基础，公司一般交纳一定比例的保证金即可办理，根据公司实力、信誉和与银行关系的不同，保证金的比例一般在10%～50%，期限一般在6个月以内。

自测题12-1

第二节 应收账款管理

一、应收账款的概念、成本与管理目标

（一）应收账款的概念

应收账款是指企业在正常的经营过程中因销售商品、产品、提供劳务等业务，应向购买单位收取的款项，包括应由购买单位或接受劳务单位负担的税金、代购买方垫付的包装费及各种运杂费等。一般而言，企业愿意采用现销方式出售商品，以迅速地收回现金。但是随着市场竞争的日益激烈，为了提高竞争能力，扩大销售，企业往往需要暂时为客户垫付购买商品所需要的资金，即采用赊销方式销售商品，这是企业为扩大销售而采取的一种主动行为，属于信用销售，也是应收账款产生的主要原因。

（二）应收账款的成本

应收账款的成本是指公司持有一定应收账款所付出的代价，主要包括机会成本、管理成本和坏账成本三种。

机会成本是指公司资本如果不投放于应收账款，便可用于其他投资并获得收益，比如投资于有价证券便会有利息收入。这种因投放于应收账款而放弃的其他收入，即为应收账款的机会成本，这种成本一般按有价证券利息率计算。

管理成本是指公司对应收账款进行管理所耗费的各种费用，主要包括对客户资信调查的费用、应收账款账簿记录费用、收账费用、收集相关信息的费用、其他相关费用。

坏账成本是指应收账款因故不能收回而给公司带来的损失。此项成本一般与应收账款的额度成正比。为避免坏账成本给公司生产经营活动的稳定性带来不利影响，公司应按规定提取一定的坏账准备。

（三）应收账款管理的目标

随着市场经济的不断发展，商业竞争的日趋加剧，公司的应收账款数额明显增多，因此，应收账款管理已成为流动资产管理中的重要内容。应收账款的管理目标，就是正确衡量信用成本和信用风险，合理确定信用政策，及时收回账款，保证流动资产的质量。

公司提供商业信用，采取赊销、分期收款等销售方式，可以扩大销售，增加利润，但是应收账款的增加，也会造成资本成本、坏账损失等费用的增加。收益与风险并存的客观现实，要求公司在强化应收账款竞争、扩大销售功能的同时，应尽可能降低应收账款的成本，最大化应收账款的投资收益。

二、应收账款信用政策决策

应收账款信用政策的主要内容包括信用标准、信用条件和收账政策。信用政策分析决策的基本原则是将实施信用政策或改变信用政策所引起的销售收入变化带来的收益增加额与应收账款成本增加额进行比较，从中选择能够使公司收益增加的信用政策方案。

（一）信用标准

信用标准是指客户获得公司的交易信用所应具备的条件。如果客户达不到信用标准，便不能享受或较少享受公司的信用，公司信用标准的高低将会直接影响公司的销售收入和销售利润。公司信用标准若定得较高，仅对信用卓著的客户给予赊销待遇，其结果，一方面可以使坏账损失缩小，应收账款的机会成本降低；但另一方面将丧失一部分来自信用较差客户的销售收入和销售利润，这就要求公司权衡得失，进行信用成本与收益的比较，较为准确地对不同客户规定相应的信用标准。

企业在制定信用标准时，是通过对客户的资信程度进行调查、分析，然后在此基础上判断客户的信用等级来决定是否给予客户信用优惠的。企业通常利用定性分析和定量分析来对客户的资信程度进行评估，常见的信用评估方法有：5C评估法和信用评分法。

（1）5C评估法。它是通过对影响客户信用的5个主要因素进行定性分析，以判别客户还款意愿和能力的一种专家分析法。这五个因素英文都以C打头，故称之为5C评估法。

品质（character），是指客户的信誉，即履行偿债义务的可能性。公司必须设法了解客户的付款历史，看其是否有按期如数付款的一贯做法，与其他供货公司的关系是否良好。这是衡量客户是否信守契约的重要标准，也是决定是否赊销的首要条件。

能力（capacity），是指客户的偿债能力，即其流动资产的数量和质量以及与流动负债的比例关系等。客户的流动资产越多，即流动比率越高，其转化为现金支付款项的能力就越强。同时，公司还应注意客户流动资产的质量，看其是否存在过多的不良债权或积压存货以及影响其变现能力和支付能力的情况。

资本（capital），是指客户的财务实力和财务状况，表明客户可能偿还债务的背景。

抵押（collateral），是指客户拒付款项或无力支付款项时能被用作抵押的资产，这对于不知底细或信用状况有争议的客户尤为重要。一旦这些客户的款项不能收回，便以抵押品抵补。如果这些客户提供足够的抵押，就可以考虑向他们提供相应的信用。

条件（condition），是指可能影响客户付款能力的经济环境。比如，出现经济不景气等情况，客户的付款能力会受到什么影响，客户会如何做等，这需要了解客户在过去经济环境困境时期的付款历史。

（2）信用评分法。这种方法是先对一系列财务比率和信用情况指标进行评分，然后进行加权平均，得出客户综合的信用分数，并以此进行信用评估的一种方法。进行信用评分的基本公式是：

$$Y = a_1x_1 + a_2x_2 + a_3x_3 + \cdots + a_nx_n = \sum_{i=1}^{n}a_ix_i \quad (12.9)$$

式中，Y表示某公司的信用评分；a_i表示事先拟定的对第i种财务比率和信用品质进行加权的权数；x_i表示第i种财务比率或信用品质的评分。

现以客户某信息服务公司为例来说明这种方法，详细情况见表12-3。

表12-3中，第（1）栏是根据搜集来的资料及分析确定的；第（2）栏是根据第（1）栏的资料确定的；第（3）栏是根据财务比率和信用品质的重要程度确定的。

在采用信用评分法进行信用评估时，分数在80分以上者，说明其信用状况良好；分数在60~80分者，说明其信用状况一般；分数在60分以下者，则说明其信用状况较差。对于某些应收账款而言，特别是一笔数额不大的应收账款，搜集信息的成本可能会超过该

表12-3 某信息服务公司信用评分状况

项 目	财务比率和信用品质 (1)	分数（x_i）0~100 (2)	预计权数（a_i） (3)	加权平均数（a_ix_i） (4) =(2)×(3)
流动比率	1.8	90	0.20	18.00
资产负债率（%）	60	90	0.10	9.00
净资产收益率（%）	10	85	0.10	8.50
信用评估等级	AA	85	0.25	21.25
付款历史	尚好	75	0.25	18.75
公司未来预计	尚好	75	0.05	3.75
其他因素	好	85	0.05	4.25
合 计	—	—	1.00	83.50

项应收账款产生的潜在收益；同时公司还必须考虑调查信用申请者所花费的时间。

在实际销售业务中，向客户发货时逐一彻底评估信用在时间上并非现实，因此，信息分析者在判断客户信用时，还可以借助其他一种或多种信息，主要有：

第一，交易核查。向同一客户销售的各公司之间经常交流信息，公司可以向客户的其他供应商询证与该客户的交往经历。

第二，银行核查。许多银行设有大型信用部门，将承担信用核查作为对客户的一项服务。

与个别直接查询者相比，银行通常更倾向于与其他银行共享信息，因此，获取信息的有效方式是通过自己的开户行直接进行信用调查。

第三，公司经验。公司销售部门和销售人员在经常性甚至临时性销售业务中，对客户的信用历史和付款记录比较清楚，这些经验将为财务管理者提供相当有用的信息。当然，在信息传递过程中，销售人员会本能地倾向于客户，管理者应当具有一定的辨别力。

第四，权威机构的信用评级和信用报告。权威机构的信用评级与报告是公司了解客户的简捷路径。另外，商业信用数据库也将为公司信用分析提供相应的数据信息。

（二）信用条件

信用条件是指公司要求客户支付赊销款项的条件，包括信用期限、折扣期限和现金折扣。信用期限是公司为客户规定的最长付款时间；折扣期限是为客户规定的可享受现金折扣的付款时间；现金折扣是在客户提前付款时给予的优惠，如销售合同中的“5/10，N/30”就是一项信用条件，它规定如果在发票开出后10日内付款，可享受5%的现金折扣；如果不想取得现金折扣，这笔货款必须在30日内付清。其中，30日为信用期限，10日为折扣期限，5%为现金折扣。提供比较优惠的信用条件能提高市场占有率，增加营业收入，但也会带来额外的负担，比如会增加应收账款的机会成本、坏账成本、现金折扣成本等。

公司在决定对客户应当核定多长的折扣期限，给予客户多大程度的现金折扣优惠时，必须将信用期限及加速收款所得到的收益与付出的现金折扣成本结合起来加以考虑。如果加速收款带来的收益能够充裕地弥补现金折扣成本，公司就可以采取现金折扣或进一步改变当前的信用条件；反之，现金优惠政策便是不恰当的。

（三）信用条件备选方案分析与决策

符合不同信用标准的客户，公司给予的信用条件是不同的。公司在对客户提供信用并且规定相应的信用条件后，随着公司生产经营、竞争程度、市场等环境的不断变化，公司需要对信用条件中的某些规定进行修改和调整，并对改变条件的各个备选方案进行认真的评价和决策。

【例12-5】

某公司预测的年度赊销收入净额为1 200万元，其信用条件为“N/30”，变动成本率为60%，年资本成本（或有价证券年利息率）为10%。假设公司固定成本总额不变，公司对客户可实施3个备选方案：

A：维持“N/30”的信用条件。

B：N/60。

C：N/90。

各个备选方案的赊销水平、坏账比率和收账费用等有关数据见表12-4。

表12-4 **信用条件备选方案** 金额单位：万元

项目 \ 方案	A （N/30）	B （N/60）	C （N/90）
①年赊销额	1 200	1 320	1 500
②应收账款周转率（次）	12	6	4
③应收账款平均余额（①÷②）	100	220	375
④维持赊销业务所需资金（③×变动成本率）	100×60%=60	220×60%=132	375×60%=225
⑤坏账损失	24	39.6	75
⑥坏账损失:年赊销额	2%	3%	5%
⑦收账费用	12	15	46

根据上述资料，该公司对各个备选方案的信用条件分析与决策见表12-5。

表12-5 **信用条件分析与决策** 单位：万元

项目 \ 方案	A （N/30）	B （N/60）	C （N/90）
①年赊销额	1 200	1 320	1 500
②变动成本（①×变动成本率）	720	792	900
③信用成本前收益（①-②）	480	528	600
④信用成本			
应收账款机会成本	60×10%=6	132×10%=13.2	225×10%=22.5
坏账损失	24	39.6	75
收账费用	12	15	46
小计	42	67.8	143.5
⑤信用成本后收益（③-④）	438	460.2	456.5

根据表12-5的资料可知，3个备选方案中，B方案（N/60）使公司获利最多，它比A方案（N/30）增加收益22.2万元，比C方案（N/90）增加收益3.7万元。因此，在其他条件不变的情况下，公司应选择B方案为最佳方案。

若公司选择了B方案，但为了加速应收账款的回收，公司将出台D方案，即“2/10，1/20，N/60”，估计约有40%的客户（按赊销额计算）将利用2%的折扣；10%的客户将利用1%的折扣。坏账损失率降为2%，收账费用降为13万元。根据上述资料，D方案有关指标可计算如下：

应收账款周转期=40%×10+10%×20+50%×60=36（天）

应收账款周转率=360÷36=10（次）

应收账款平均余额=1 320÷10=132（万元）

维持赊销业务所需要的资金=132×60%=79.2（万元）

应收账款机会成本=79.2×10%=7.92（万元）

坏账损失=1 320×2%=26.4（万元）

现金折扣=1 320×（2%×40%+1%×10%）=1 320×0.9%=11.88（万元）

根据上述计算结果，对B、D方案相关指标进行对比，具体见表12-6。

表12-6 **信用条件分析与决策** 单位：万元

项目 \ 方案	B（N/60）	D（2/10，1/20，N/60）
①年赊销额	1 320	1 320
减：现金折扣	—	11.88
②年赊销净额	1 320	1 308.12
③变动成本	792	792
④信用成本前收益（②-③）	528	516.12
⑤信用成本		
应收账款机会成本	13.2	7.92
坏账损失	39.6	26.4
收账费用	15	13
小计	67.8	47.32
⑥信用成本后收益（④-⑤）	460.2	468.8

上述结果表明，实行新的信用条件（D方案）后，公司收益增加8.6万元，因此，公司最终应选择D方案为最佳方案。

三、收账政策分析

（一）收账政策的概念

收账政策是指公司向客户收取逾期未付款的收账策略与措施。公司收账政策是通过一系列收账程序的组合来完成的。这些程序包括给客户打电话、发传真、发信、拜访、融通、采取法律行动等。

公司的信用政策影响着坏账损失，为了避免或减少坏账损失，提高收款的效率，公司对不同客户应制定相应的收款政策。一般公司为了扩大产品销售量，增强竞争能力，往往对客户的逾期未付款项规定一个允许拖欠的期限，超过规定的期限，公司就将进行各种形式的催收。如果公司制定的收账政策过宽，会导致逾期未付款的顾客拖延时间更长，对公司不利；收账政策过严，催收过急，又可能伤害无意拖欠的顾客，影响公司未来的销售和利润。因此，公司在制定收账政策时必须十分谨慎，做到宽严适度。

（二）收账政策具体分析与决策

公司采用任何方式催收拖欠款，都要付出一定的代价，即收账费用。在一定的范围内，收账费用与坏账损失呈反向变动，收账费用适当增加，坏账损失率会相对减少，但二者并非直线线性关系。初始期，随着收账业务的展开，收账费用的增加，坏账损失明显减少；之后，随着收账费用的逐渐增加，坏账损失继续减少，费用增加的幅度将小于坏账损失减少的幅度。到一定限度时，继续增加收账费用对坏账损失减少的影响就较小了，这个限度称为饱和点，为图12-3中的G点。

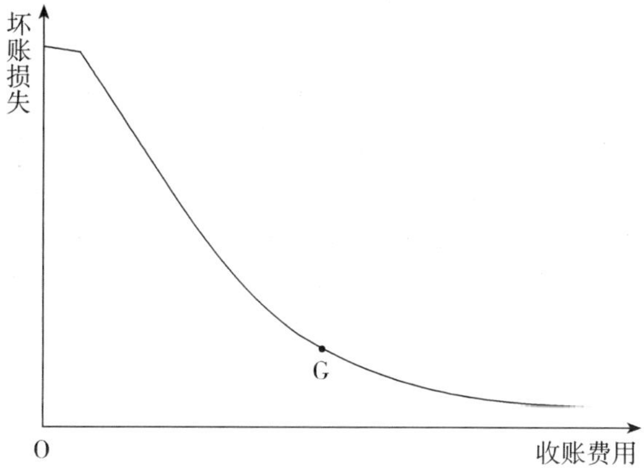

图12-3　坏账损失和收账费用的关系

在G点内，收账费用除与坏账损失有关外，与应收账款平均收回日数也有一定的关系。增加收账费用，将会减少应收账款平均收回日数。公司可以根据收账费用、坏账损失、应收账款平均回收日数三者的关系，制定收账政策，或修改原有的收账政策。在进行收账政策决策时，遵循的原则是，所花费的收账费用必须小于回收的应收账款的收益额。

【例12-6】

某公司现行收账政策和拟改变的收账政策见表12-7。

表12-7　**收账政策备选方案**　金额单位：元

项目	现行收账政策	拟改变的收账政策
年赊销额	4 800 000	4 800 000
应收账款周转天数（天）	30	15
年收账费用	40 000	60 000
坏账损失率	2%	1%

假设同期资本成本为20%，两种收账政策的分析评价见表12-8。

表12-8 收账政策分析评价 金额单位：元

项目	现行收账政策	拟改变的收账政策
①年赊销额	4 800 000	4 800 000
②应收账款周转率（次数）（360÷周转天数）	360÷30=12	360÷15=24
③应收账款平均占用额（①÷②）	400 000	200 000
④坏账损失率	2%	1%
⑤收账成本		
应收账款的机会成本（③×资本成本）	400 000×20%=80 000	200 000×20%=40 000
坏账损失（①×④）	4 800 000×2%=96 000	4 800 000×1%=48 000
年收账费用	40 000	60 000
合计	216 000	148 000

因此，拟改变的收账政策将使公司增加收益（少损失）68 000元（216 000−148 000）。

从理论上讲，履约付款是客户义不容辞的责任，是债权人合法权益的体现。但实际上，每个客户拖欠和拒付账款的原因不尽相同。许多信用良好的客户也可能因某些原因无法如期付款，公司应区别对待。通过法院强行收回账款一般是公司不得已而为之的最后办法。在世界上某些国家兴起了一种新的收账代理业务，但由于委托手续费往往较高，许多经济实力较弱的公司很难采用。影响公司收账政策的因素很多，有可控因素，也有不可控因素，这就使得收账政策的制定更为复杂。一般而言，理想的收账政策应该是那种公司实施某种决策所带来的信用收益最大的政策。

四、应收账款的管理

完善信用管理部门职能，建立系统性的应收账款全过程管理体系非常重要；而完整的客户档案是信用管理的基础。客户档案应包括以下内容：客户基本资料、客户信用资料、赊销合同、以往交易记录等。信用管理部门依靠完整的客户资料评价和跟踪客户的信用状况，确定客户的信用额度，对逾期账款进行有效管理。客户档案应在与客户建立交易关系前就着手建立，并在客户关系的发展过程中及时补充和更新。

（一）账龄分析

公司应收账款能否收回以及能收回多少，不一定完全取决于时间的长短，但一般来说，账款被拖欠的时间越长，发生坏账的可能性就越大。美国邓白氏公司的一份调查数据显示，应收账款逾期的时间越长，追账成功率就越低。当逾期时间为1个月时，追账成功率为93.80%，当逾期半年时，追账成功率急降至57.80%，而当逾期两年时，追账成功率只能达到13.50%。

账龄分析就是将所有赊销客户的应收账款的实际归还期编制成表，汇总反映其信用分类、账龄、比重、损失金额和百分比。

账龄分析表是显示应收账款在外天数（账龄）长短的报告，具体格式见表12-9。

表12-9 20××年度账龄分析表

应收账款账龄	客户数量	应收金额（万元）	金额比例（%）
信用期内（1个月）	30	300	30
超过信用期1个月	15	200	20
超过信用期2个月	10	200	20
超过信用期3个月	5	100	10
超过信用期半年	3	100	10
超过信用期1年	2	50	5
超过信用期2年	1	30	3
超过信用期3年及以上	5	20	2
合计	—	1 000	100

通过表12-9可分析如下：①尚在信用期内欠账。由于这部分款项没有超过信用期，属正常欠款，但到期后能否收回，还应具体分析，故应及时监控。②已超过信用期欠账，应分析超过时间不等的款项各占多少，有多少欠款最终形成坏账。表12-9显示，有700万元的应收账款已超过信用期，所占比例为70%，拖欠时间较短（如1个月内）的有200万元，所占比例为20%，其收回的可能性相对较大；账龄越长的款项，其坏账的可能性越大。公司应针对不同客户采取相应的收账方法，制定经济可行的收账政策，防止出现不良债权。此外，应借助账款逾期率、账款回收周期、账龄结构、坏账率等财务比率进行客户信用风险分析。

实际业务中，可以通过比较的方式，对应收账款账龄和客户的信用质量实施过程监控和评价。以下是WW公司对两个客户的账龄及其信用分析的简要过程，详见表12-10。

表12-10 WW公司账龄分析比较表（客户A、B）

应收账款账龄＼客户	客户A		客户B	
	应收账款数额（元）	结构（%）	应收账款数额（元）	结构（%）
0～10天	1 300 000	86.1	800 000	53.0
11～30天	200 000	13.2	350 000	23.2
31～45天	10 000	0.7	180 000	11.9
46～65天	0	0	120 000	7.9
65天以上	0	0	60 000	4.0
应收账款总计	1 510 000	100.0	1 510 000	100.0

通过表12-10可知，尽管A、B两客户的应收账款总额相同，但客户B的平均账龄远高于客户A，表明其发生坏账的可能性要高于客户A，如果两个客户的信用条件相同，说明WW公司对客户B在应收账款管理方面存在某些漏洞，比如对客户的信用分析不够，导致较多的低信用客户享受到不该享受的商业信用，或者WW公司在收账政策上过于宽松，导致一些逾期款项无法及时收回等。

（二）日常管理

应收账款发生后，公司应当制定各种控制措施，尽量按时回收款项，防止坏账呆账的出现。其具体措施包括：

（1）确定合理的收账程序。催收账款的程序一般是：信函通知、电话催收、派员面谈、法律行动。当顾客拖欠账款时，要先给顾客发一封有礼貌的通知信件；接着，可寄出一封措辞较直率的信件；进一步则可通过电话催收；如果再无效，公司的收账员可直接与顾客面谈，协商解决；如果谈判不成，就只好交给公司的律师采取法律行动。

（2）确定合理的收账方法。客户拖欠货款的原因比较多，但可以概括为两类：无力偿还和故意拖欠。无力偿还是指顾客因经营管理不善，财务出现困难，没有资本偿还到期债务，对这种情况要进行具体分析。如果客户确实遇到暂时困难，经过努力可以东山再起，公司应该帮助客户渡过难关，以便收回较多的账款；如果客户遇到严重困难，已达到破产界限，无法恢复活力，则应及时向法院起诉，以期在破产清算时得到债权的部分清偿。故意拖欠是指客户虽然有能力付款，但为了无偿使用或其他目的而想方设法不付款。这时则需要确定合理的收账方法，以达到回笼货款的目的。目前，采取聘请追账公司追账的方式比较可行。特别是涉及海外应收账款时，往往会出现时差、语言障碍、商业程序等问题。聘请专门的追账公司，会弥补公司在经验方面的不足。目前追账公司追账主要有两种方式：当公司成为追账公司会员时，交纳一定的会员费即可；对于非会员来讲，则需要交纳一定的手续费。当应收账款追回时，公司与追账公司双方分成。分成比例根据应收账款追收难度的大小确定。

【学思践悟】　建设社会信用体系有何价值？[①]

信用是市场经济的基石。构建诚实守信的社会氛围，形成和维护良好的社会信用秩序，能够推动社会主义市场经济的发展。国务院2014年颁布了《社会信用体系建设规划纲要（2014—2020年）》，开启了社会信用体系建设的新阶段。

加快推进社会信用体系建设，具有鲜明的时代特征和重大的现实意义。诚信，对个人而言，是立足于社会的通行证，也是我们做人的基本准则。一个人一旦失信，不仅会损害自己的声誉，而且会影响消费、理财等生活各个方面。信用，对企业而言，是企业的立业之本，既是创业者成功创业的秘诀，又是守业的根本。企业失信，会影响企业的日常经营和企业声誉，严重时甚至会遭到政府部门联合惩戒，威胁到企业的生存和发展。对社会而言，信用是良好社会秩序的保证。加强以信用为核心的事中事后监管，可以保障市场规范

---

① 连维良．抢抓机遇　克难攻坚　积极作为　努力开创社会信用体系建设新局面［J］．中国经贸导刊，2014（27）：（8-12）．

连维良．加快推进信用建设　积极构建信用中国［J］．宏观经济管理，2015（11）：6.

张军．建用结合推进基层社会信用体系建设［J］．中国党政干部论坛，2019（1）：86-88.

田阿球．加快推进常德市社会信用体系建设的对策建议［J］．经济研究导刊，2016（30）：2.

有序运行。

首先，加快推进社会信用体系建设，是完善社会主义市场经济体制的重要基础。市场经济本质上是信用经济。要完善社会主义市场经济体制，充分发挥市场在资源配置中的决定性作用，必须建立健全社会信用体系，打造良好的市场信用环境。其次，加快社会信用体系建设是加强和创新社会治理的重要举措。通过褒扬诚信，惩戒失信，不断提高社会公共生活的透明度，可以有效降低社会交往的风险和成本，减少社会生活中的矛盾和冲突，为社会治理奠定良好的微观基础。总之，社会信用体系的建设对于国家治理体系和治理能力现代化的实现，完善社会主义市场经济体制以及调动凝聚社会力量都有着十分重要的意义。

自测题12-2　　案例分析题12-1　　案例分析提示12-1

第三节　存货管理

一、存货的概念及管理目标

（一）存货的概念

存货是指企业在日常活动中持有以备出售的产成品或商品、处在生产过程中的在产品、在生产过程或提供劳务过程中耗用的材料或物料等，包括各类材料、在产品、半成品、产成品或库存商品，以及包装物、低值易耗品、委托加工物资等。一般情况下，企业的存货包括下列三种类型的有形资产：第一，在正常经营过程中存储以备出售的存货。这是指企业在正常生产经营过程中处于待销状态的各种物品，如工业企业的库存产成品及商品流通企业的库存商品。第二，为了最终出售正处于生产过程中的存货。这是指为了最终出售但目前处于生产加工过程中的各种物品，如工业企业的在产品、自制半成品以及委托加工物资等。第三，为了生产供销售的商品或提供劳务以备消耗的存货。这是指企业为生产产品或提供劳务耗用而储备的各种原材料、燃料、包装物、低值易耗品等。

（二）存货管理的目标

企业进行存货管理的目标主要有以下两个方面：

1.保证生产和销售的正常进行

一般来说，企业的原材料购买、生产进度安排以及产品的销售在数量上和时间上难以保持绝对的平衡。因此，企业持有一定的存货可使生产和销售环节具有弹性，不会因物资短缺而导致生产和销售中断。否则，企业可能会失去现在乃至将来的销售机会。

2.降低存货的成本

企业持有存货是为了保证生产和销售的需要，但是过多的存货则会占用较多资金，并会增加仓储费、保险费、破损费等各项开支，因此，存货管理的目标就是要加强存货的规划和控制，在保证生产和销售需要的前提下，使存货保持最优水平，最大限度地降低存货成本，提高经济效益。

二、存货的成本

虽然存货管理不直接属于财务经理的职责范围，但是，在存货上的资金投资却是财务管理的重要组成部分，财务经理必须掌握控制存货的各种有效方法，以达到资本的有效配置。存货的成本包括以下三项：

（一）取得成本（TC_a）

取得成本是指为取得某种存货而支出的成本，包括订货成本和购置成本两类。

（1）订货成本。订货成本是指取得订单的成本，比如办公费、差旅费、邮资、电报费、电话费支出等。订货成本中有一部分与订货次数无关，比如常设采购机构的基本开支等，称为订货的固定成本，用F_1表示。另一部分与订货次数有关，如差旅费、邮资等，称为订货的变动成本。每次订货的变动成本用K表示；订货次数等于存货年需要量D与每次进货量Q之商（$\frac{D}{Q}$）。订货成本的计算公式为：

$$订货成本 = \frac{D}{Q}K + F_1 \tag{12.10}$$

（2）购置成本。购置成本是指存货本身的价值，经常用数量（D）与单价（U）的乘积来确定。年需要量用D表示，于是年购置成本为DU。

订货成本加上购置成本就等于存货的取得成本，用公式可表达为：

$$TC_a = F_1 + \frac{D}{Q}K + DU \tag{12.11}$$

（二）储存成本（TC_c）

储存成本是指为保持存货而发生的成本，包括存货占用资本应计的利息（若公司用持有现金购买存货，便失去了将现金存放于银行或投资于证券本应取得的利息，称为“放弃利息”；若公司借款购买存货，便要支付利息费用，称为“付出利息”）、仓库费用、保险费用、存货破损和变质损失等，通常用TC_c来表示。

储存成本也分为固定成本和变动成本。固定成本与存货的数量无关，如仓库折旧、仓库职工的固定月工资等，常用F_2表示。变动成本与存货的数量有关，如存货资本的应计利息、存货的破损和变质损失、存货的保险费用等，单位变动储存成本用K_c表示。存货的储存成本可用公式表达为：

$$TC_c = F_2 + K_c\frac{Q}{2} \tag{12.12}$$

（三）短缺成本（TC_s）

短缺成本指由于存货供应中断而造成的损失，包括材料供应中断造成的停工损失、产成品库存短缺造成的拖欠发货损失和丧失销售机会的损失（还应包括需要主观估计的商誉损失）。如果公司以紧急采购代用材料来解决库存材料中断之急，那么短缺成本表现为紧急额外购入成本（紧急额外购入的开支会大于正常采购的开支）。短缺成本用TC_s表示。

如果以TC来表示储备存货的总成本，则它的计算公式为：

$$TC = TC_a + TC_c + TC_s = F_1 + \frac{D}{Q}K + DU + F_2 + K_c\frac{Q}{2} + TC_s \tag{12.13}$$

公司存货管理的最优化，即使上式TC最小。

三、存货预测与控制

存货预测与控制方法主要有经济订货批量模型、存货ABC分析法、适时供应系统等。

（一）经济订货批量模型

经济订货批量是指在考虑订货成本及持有成本的条件下，存货成本最低时的采购批量。确定经济订货批量模型的假设条件主要是：（1）公司能够及时补充存货，所需存货市场供应充足，在需要存货时，可以立即到位。（2）存货集中到货，而不是陆续入库。（3）不允许缺货，即无缺货成本。（4）一定时期的存货需求量能够确定，即需求量为常量。（5）存货单价不变，不考虑现金折扣，单价为已知常量。（6）公司现金充足，不会因现金短缺而影响进货。在设定上述条件后，存货相关总成本的公式简化为：

$$TC = TC_a + TC_c$$

即：$$TC = F_1 + \frac{D}{Q}K + DU + F_2 + K_c\frac{Q}{2} \tag{12.14}$$

经济批量：$$Q^* = \sqrt{\frac{2KD}{K_c}} \tag{12.15}$$

经济批量下的存货总成本：$$TC(Q^*) = \sqrt{2KDK_c} \tag{12.16}$$

最佳订货次数：$$N^* = \frac{D}{Q} = \sqrt{\frac{DK_c}{2K}} \tag{12.17}$$

最佳订货周期：$$t^* = \frac{1}{N^*} \tag{12.18}$$

经济批量占用的资金：$$I^* = \frac{Q^*}{2}U \tag{12.19}$$

式中，TC表示存货总成本；D表示存货年需要量；Q表示每次进货批量；K表示每次订货的变动成本；K_c表示存货的单位储存变动成本；F_1表示订货固定成本；F_2表示储存固定成本；U表示单位购置成本。

根据以上存货经济批量的基本模型，即可对公司各项存货（原材料、在产品等）的采购、投产等批量进行决策。

【例12-7】

德博化工厂生产所需A材料，年度采购总量为180 000千克，材料单价为每千克500元，一次订货成本为240元，每千克材料的年平均储存成本为0.60元。根据上述资料，存货决策如下：

（1）A材料的经济采购批量：12 000千克

（2）A材料年最佳采购次数：$N^* = 180\ 000 \div 12\ 000 = 15$(次)

（3）经济采购批量下的最低总成本：7 200元

不同采购批量下的相关成本见表12-11。

表12-11的结果表明，当采购批量为12 000千克时，年存货总成本最低，则该采购批量即为经济订货批量。通过进一步分析还可以看出，当某一订货批量的年订货成本等于年储存成本时，存货总成本最低，即在经济订货批量下，年订货成本与年储存成本相等。

表12-11　**不同采购批量下的相关成本**　金额单位：元

采购批量（千克）	采购批次（次）	年订货成本	平均储存量（千克）	年储存成本	存货总成本
（1）	（2）=180 000÷（1）	（3）=（2）×240	（4）=（1）÷2	（5）=（4）×0.60	（6）=（3）+（5）
9 000	20	4 800	4 500	2 700	7 500
10 000	18	4 320	5 000	3 000	7 320
12 000	15	3 600	6 000	3 600	7 200
15 000	12	2 880	7 500	4 500	7 380
18 000	10	2 400	9 000	5 400	7 800

在一般情况下，公司的存货不能做到随时补充，因此不能等存货用光再去订货，而需要在没有用完时提前订货。在提前订货的情况下，公司再次发出订单时，尚有存货的库存量，称为订货点，它的数量等于交货时间和每日平均需用量的乘积。假设公司订货日至到货期的时间为10天，每日存货需用量为10千克，则经济订货点的采购量为100千克（10×10），即公司尚存100千克存货时，就应当再次订货，等到下批订货到达时（再次发出订单10天后），原有库存刚好用完。此时有关存货的每次订货批量、订货次数、订货间隔时间等并无变化，与瞬时补充时相同。这就是说，订货提前期对经济订货批量并无影响，可仍以原来瞬时补充情况下的300千克为订货批量，只不过在达到订货点（库存100千克）时即发出订货单罢了。交货时间与经济订货点的关系如图12-4所示。

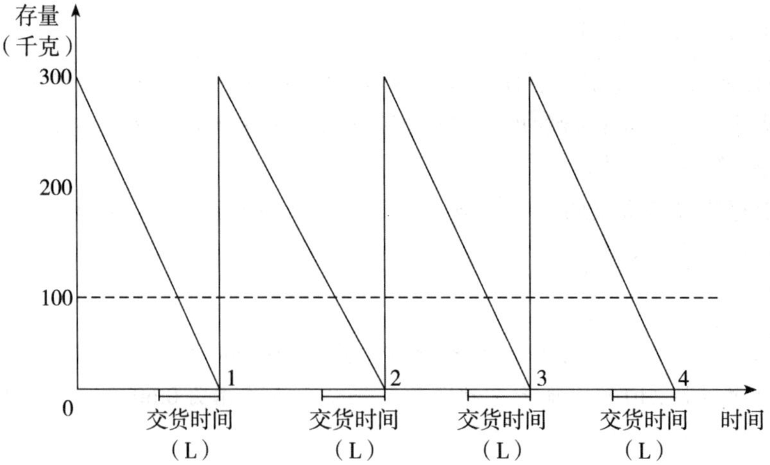

图12-4　交货时间与经济订货点关系图

（二）存货ABC分析法

存货管理的ABC分析法是意大利经济学家巴雷特于19世纪首创的，以后经过不断的发展与完善，现已被广泛应用于现代公司的存货管理与控制。ABC分析法是对存货各项目（如原材料、在产品、产成品等）按种类、品种或规格分清主次，并进行重点控制的方法。ABC分析法的操作步骤如下：第一，计算每一种存货在一定期间内（通常为1年）的资金占用额。第二，计算每一种存货资金占用额占全部资本占用额的百分比，并按大小顺序排列，编成表格。第三，将存货占用资金巨大、品种数量较少的确定为A类；将存货占用资金一般、品种数量相对较多的确定为B类；将存货品种数量繁多，但价值金额较小的确定为C类。第四，先对A类存货进行重点规划和控制，然后对B类存货进行次重要管理，最后对C类存货实行一般管理。

【例12-8】

某公司生产所需20种材料，共占用材料资本100万元。其中：A类材料2种（10%比重），价值量占60%；B类材料4种（20%比重），价值量占20%，C类材料14种（70%比重），价值量占20%。存货ABC分析法具体应用如图12-5所示。

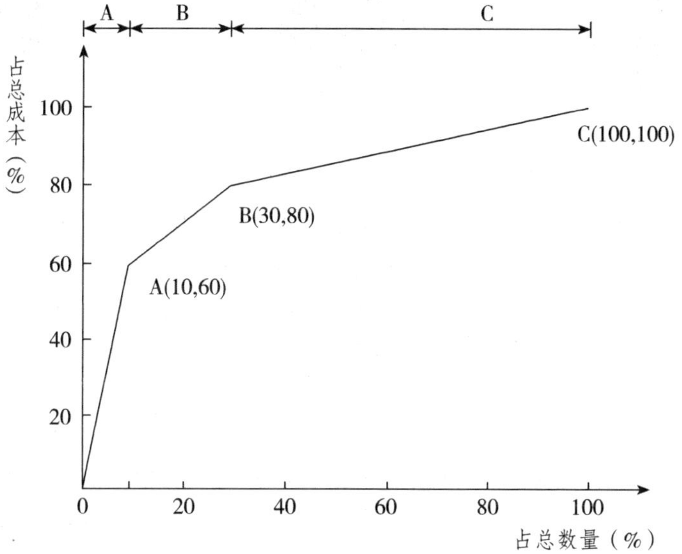

图12-5 存货ABC分析法

对存货进行A、B、C分类，可使公司分清主次，并采取相应的措施进行有效的管理和控制。从财务管理的角度来看，A类存货种类虽然较少，但占用资本较多，应集中精力对其经济批量进行认真规划，实施严格控制；C类存货虽然种类繁多，但占用资本很少，不必耗费过多的精力分别确定其经济批量，也难以实行分品种或分大类控制，因此可凭经验确定进货量；B类存货介于A类和C类之间，也应给予相当的重视，但不必像A类那样进行非常严格的规划和控制，管理中应根据实际情况采取灵活措施。

（三）适时供应系统

适时供应系统（just-in-time，JIT），是指公司在生产自动化的情况下，合理规划并大大简化生产和销售过程，使从原材料进厂到产成品出厂进入市场的每个环节都能够紧密衔接，使整个公司生产经营中的各个环节能够像钟表一样相互协调、准确无误地进行运转，从而达到降低产品成本，全面提高产品质量、劳动生产率和综合经济效益的目的的先进管理系统。它的核心思想是减少公司存货，减少浪费，降低成本，最终增加公司利润，提升公司的竞争地位。

在工艺流程中，适时供应思想是公司将存货恰好在需要时取得并且投入流程，使得生产准备成本最小，经济订货批量下降，存货占用资本量降低。因此要求公司具有高效的采购计划、极为可靠的供应商以及有效的存货处理系统，并可通过计算机网络获得即时信息，从而有利于使适时供应思想成为现实。

原材料库存可以通过提高内部管理效率来降低，同时，与可靠供应商的合作对于降低原材料库存也至关重要；提高内部物流管理效率可以达到减少在产品占用的目标；产成品库存受客户满意程度的影响，适销对路必然会减少库存。适时供应将导致较快的生产流程，要求管理者一方面降低存货水平，另一方面防止缺货成本的发生，实现最佳的存货占用水平。

自测题 12-3

案例分析题 12-2

案例分析提示 12-2

【本章小结】

▶公司置存一定数量现金的动机包括交易性需要、预防性需要和投机性需要。现金管理的主要内容包括目标现金余额的确定和现金流量日常管理。

▶应收账款的管理目标，就是正确衡量信用成本和信用风险，合理确定信用政策，及时回收账款，保证流动资产的质量。应收账款成本是指公司持有一定应收账款所付出的代价，包括机会成本、管理成本和坏账成本。

▶信用标准是指客户获得公司的交易信用所应具备的条件。信用条件是指公司要求客户支付赊销款项的条件，包括信用期限、折扣期限和现金折扣。信用期限是公司为客户规定的最长付款时间。折扣期限是为客户规定的可享受现金折扣的付款时间。现金折扣是在客户提前付款时给予的优惠。

▶存货成本包括取得成本、储存成本和短缺成本。取得成本是指为取得某种存货而支出的成本，包括订货成本和购置成本两类。订货成本是指取得订单的成本。购置成本是指存货本身的价值。储存成本是指为保持存货而发生的成本。短缺成本是指由于存货供应中断而造成的损失。

▶经济订货批量是在各种假设条件下，确定存货总成本最低时的订货批量，以及经济批量下的存货总成本、最佳订货次数、最佳订货周期以及经济批量占用的资本等数学模型。

【复习思考】

1.企业持有现金的目的是什么？

2.在成本分析模式和存货模式下，企业持有现金的成本分别包括哪些内容？

3.如何根据现金周转期来确定最佳现金持有量？

4.企业应怎样控制现金支出？

5.应收账款成本包括哪些内容？

6.什么是5C评估法？

7.企业在制定赊销条件时应考虑哪些因素？

8.企业应如何对收账政策进行分析和决策？

9.什么是账龄分析表？应如何采用该方法帮助管理者更有效地管理应收账款账户？

10.存货成本包括哪些内容？

11.存货经济订货批量模型包括哪些假设？

12.如何确定存货经济订货批量？

13.如果您是某公司的CFO，您认为应如何加强对公司现金的管理和控制，建立健全现金的内部控制，以确保经营管理活动合法、有效？

14.信用标准变化与销售额、坏账损失、应收账款的机会成本以及收益之间存在一定的内在联系，实践中信用标准变化还会影响公司哪些重要指标？公司在实施商业信用时，应如何规避信用风险？在实践中，5C评估法有何局限性？

链接本章
引导案例

《财务管理》
慕课资源

第五篇

公司价值评估

第十三章

公司价值评估理论

【学习目标】

本章主要阐述了公司价值的概念、思路、步骤，详细介绍了股权自由现金流量模型、公司自由现金流量模型、股利折现模型，还介绍了公司价值评估中历史资料的来源。通过对本章内容的学习，学生应完成以下目标：

1. 掌握公司价值的定义以及公司价值与股权价值的价值等式转化；
2. 了解公司价值评估的步骤与方法；
3. 了解财务建模的内容；
4. 了解财务建模假设的提出依据和假设内容；
5. 掌握股权自由现金流、公司自由现金流的调整方式和相互关系。

【本章主要内容导图】

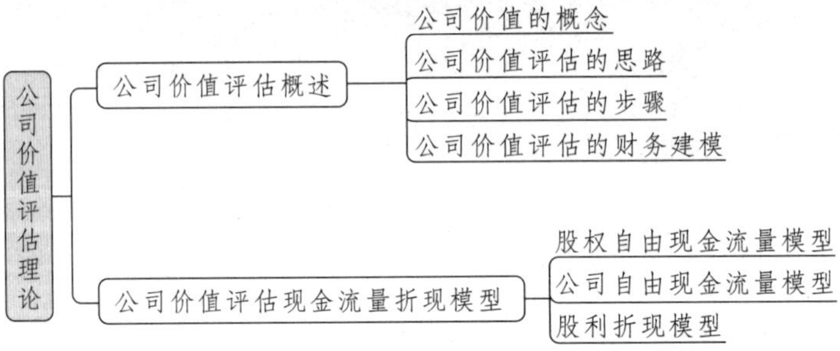

【引导案例】

我们在某公司2024年12月31日的资产负债表中看到，股东权益的账面价值是47.6亿元，而该公司股票在这一天的收盘价为32.74元/股，已发行总股数为6.21亿股，该公司股权的市场价格约为203亿元。如果以此时的价格作为该公司股权市场价值的标准，其市场价值约为203亿元，是其账面价值的4倍多。通过这个例子可以看出，账面价值和市场价值的差距可能非常大。

问题：

（1）该公司的股权价值到底是多少？

（2）该公司的公司价值是多少？

（3）如何确定该公司的股权价值和公司价值？股权价值和公司价值是什么关系？

（4）如何对公司价值进行评估？

第一节　公司价值评估概述

党的二十大报告指出“……坚持不懈用这一创新理论武装头脑、指导实践、推动工作……”，“完善中国特色现代企业制度，弘扬企业家精神，加快建设世界一流企业”。那么世界一流企业的市场价值如何体现？如何建立公司价值评估模型呢？

一、公司价值的概念

（一）公司价值

公司价值是指公司所有出资人（包括股东、债权人）共同拥有的公司运营所产生的价值，既包括股权价值，也包括债权价值。

公司价值=股权价值+债权价值　　（13.1）

公司价值按照衡量方式，可分为市场价值（market value）和账面价值（book value）。市场价值是指公平交易中，熟悉情况的双方自愿进行资产交换或债务清偿的金额。账面价值是指记在账面上的数值，是资产、负债和所有者权益在会计计量时的价值。那么，在价值评估中用哪个价值呢？

大部分时候，账面价值与市场价值在数额上有很大差异。账面价值反映的是公司历史运营的情况，财务报表上的每一个数字都是公司过去成长的真实写照。但在资本市场上，从投资的角度出发，投资者看的是某项资产、交易在未来所能带来的收入或者某家公司未来能带来的价值。历史成本是沉没成本，公司管理者无法改变过去的经营状况，只能依靠经济的决策和有效的经营方式使公司未来取得好的业绩，从而给投资者带来未来可观的收益。因此，投资决策者仅仅通过公司的账面价值做出的决策是不科学的，需要重新科学地估计其市场价值，因此，在价值评估中评估的是市场价值。

公司的市场价值取决于它未来能够给投资者（包括股东、债权人）带来的现金流量，基于货币时间价值理论，公司价值等于未来现金流量现值的合计，其计算公式如下：

$$V_0 = \sum_{t=1}^{\infty} \frac{CF_t}{(1+r)^t} \tag{13.2}$$

式中，V_0为预测时点的公司价值；CF_t为第t期公司现金流量；r为折现率，指公司加权平均资本成本。

（二）股权价值和债权价值

股权价值（equity value）是指公司股东所拥有的价值，衡量的也是市场价值，等于股东拥有的未来现金流量的现值合计。股东拥有现金流量的多少取决于股东是否控股，非控股情况下，股东拥有的现金流量是少部分股权代表的未来现金流量；控股情况下，股东拥有的是公司控股权代表的未来现金流量。因此，对于非控股股东，可以用股票价格乘以流通在外的股数来计算股权价值；对于控股股东，则需要用控制权为股东带来的未来现金流量现值来计算。

债权价值是指债权人未来获得的本息现金流量的现值。由于我国信贷市场中仍以银行贷款为主，债券市场规模相对较小，债权市场化程度比较低，因此债权的市场价值与账面价值差别不大，往往用债权账面价值代替市场价值，此时公司价值主要取决于股权价值。

（三）公司价值与股权价值的价值等式

1.价值等式的简单形式

与会计等式“资产=负债+所有者权益”形式相似，公司价值和股权价值之间也存在一个价值等式。只不过会计等式中用的是账面价值，而价值等式中用的是市场价值。

简单的价值等式可以写成（如图13-1所示）：

公司价值=债权价值+股权价值　　　　(13.3)

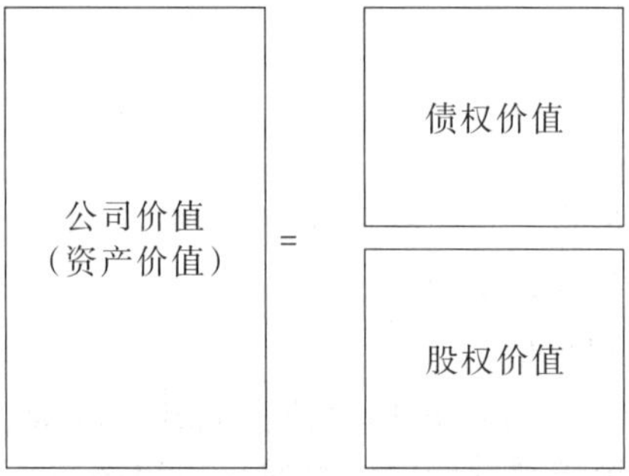

图13-1　价值等式的简单形式

图13-1所示的价值等式中，所有报表项目均是基于市场价值而言的。应该注意的是，这里的债权价值是指具有付息义务，债权方以获得利息为目的的债务，如短期借款、长期借款、应付债券等，不包括应付账款、应付票据等经营性负债。

【例13-1】

假设某公司的公司价值（EV）为15亿元，该公司融资性负债的价值为6亿元，经营性负债的价值为4亿元。请计算该公司股权价值。

股权价值=公司价值-债权价值=15-6=9（亿元）

需要注意的是，在简单形式的价值等式中隐含的假设是公司所有资产都是与主营业务相关的核心资产，没有非核心资产，并且仅有债务和股权两种资本。如果企业资产中既包含核心资产又包含非核心资产，那么简单形式的价值等式就不适用了。

2.价值等式的一般形式

在实际的价值评估中，很多公司都有非核心资产，因此本书对公司价值进行更为严格的定义："公司价值是指公司拥有的核心资产运营所产生的价值。"核心资产对应的是主营业务，主营业务的价值即体现为公司价值；非核心业务对应的是非主营业务，比如，公司的交易性金融资产或者投资性房地产，其价值不应该包含在公司价值当中。由此可见，公司价值是核心资产所创造的价值，而不包括非核心资产的价值。

但核心资产与非核心资产的划分并不是绝对的，必须依据公司情况来具体分析。对于制造业公司而言，如果购买了房地产，不将其用于生产经营而仅作为投资，则该房地产就属于非核心资产；对于房地产公司而言，其购买的房地产就属于核心资产。同样地，对于非金融机构而言，在股票市场买卖其他公司的股票，这些交易性的金融资产就属于该公司的非核心资产；对于金融机构而言，尤其是保险公司对其保费收入进行投资管理时，在股票市场买入其他公司的股票或债券可能是其最主要的核心资产。

在预测时，核心资产运营是相对稳定的，其收入具有可预测性；而非核心资产（如交易性金融资产）的价值相对不稳定，能够给公司带来的收益也有很强的不确定性，很难预测。

关于股权价值，在实际中，我们看到很多上市公司的合并财务报表中都有少数股东权益这一项。当母公司将子公司纳入合并报表范围，且持股比例未达到100%时，会在母公司合并财务报表中将不属于母公司的权益部分列为"少数股东权益"。对于有少数股东权益的公司，我们评估的股权价值只是属于母公司股东的股权价值。所以股权价值还可以表示为：股权价值=少数股权价值+归属于母公司股东的股权价值。在本书中，如无特殊说明，股权价值是指归属于母公司股东的股权价值。所以，在价值评估中，价值的一般等式为（如图13-2所示）：

$$\begin{matrix}\text{公司}\\\text{价值}\end{matrix}+\begin{matrix}\text{非核心}\\\text{资产价值}\end{matrix}=\begin{matrix}\text{金融性}\\\text{债务价值}\end{matrix}+\begin{matrix}\text{少数股权}\\\text{价值}\end{matrix}+\begin{matrix}\text{归属于母公司}\\\text{股东的股权价值}\end{matrix} \qquad (13.4)$$

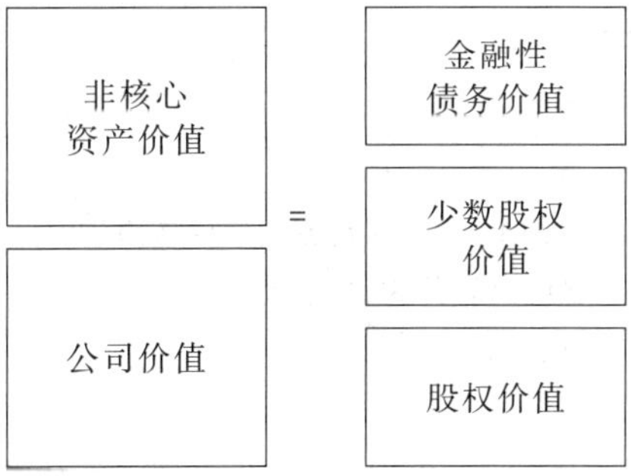

图13-2 价值等式的一般形式

在实际的价值评估中，经常会使用这个价值等式在公司价值和股权价值之间进行转换。比如，为评估上市公司的股权价值，可以先利用某些估值方法评估出该公司的公司价值，然后利用价值等式"从左到右"推出该公司的股权价值。对于上市公司而言，既可以"从左到右"计算出公司归属于母公司的股权价值，结合股价，判断该公司股价是否被低估或高估，也可以“从右到左”由公司的股权价值（公司的股票价格×已发行普通股股数）推出公司的公司价值。

【例 13-2】

在竞标收购徐工机械（000425.SZ）时，某美资投行根据徐工机械的公司价值估算其股权价值；徐工机械的公司价值为29.31亿元，加上非核心资产价值8.55亿元（主要指长期股权投资，包括其持有的徐工科技股份价值6.05亿元加上其合资公司股权价值2.5亿元），再减去金融性债务价值1.7亿元，可知徐工机械100%股权价值为36.16亿元。徐工机械的股权价值计算如下：

徐工机械的股权价值=公司价值+非核心资产−金融性债务价值

=29.31+8.55−1.7=36.16（亿元）

实践中，某些大公司往往会进行多元化经营。这类公司进行估值时，一般是将不同业务模块单独进行估值，然后将所有业务的价值加总（这种方法又称为sum of parts）。通常我们还需要给一个适当的折扣，因为公司在资源有限的情况下，很难在不同业务上都能够做得同样出色。比如，一家公司既生产铜又生产铝，生产铜和铝的工艺技术并不一样，投资该公司股票还不如构建这样一个投资组合：投资一家经营很好的专门生产铝的公司和一家经营很好的专门生产铜的公司的股票。换句话说，投资者不需要公司通过多元化经营替他们分散投资。这说明，在资本市场上，公司业务越单一，市场给予的溢价水平就越高。

二、公司价值评估的思路

（一）公司价值评估的基本原理

价值评估的基本原理：价值等于未来现金流入量的现值（如图13-3所示）。如果现金流量属于所有出资人，现金流入量的现值就是公司价值；如果现金流量属于股权出资人，则现金流入量的现值就是股权价值。

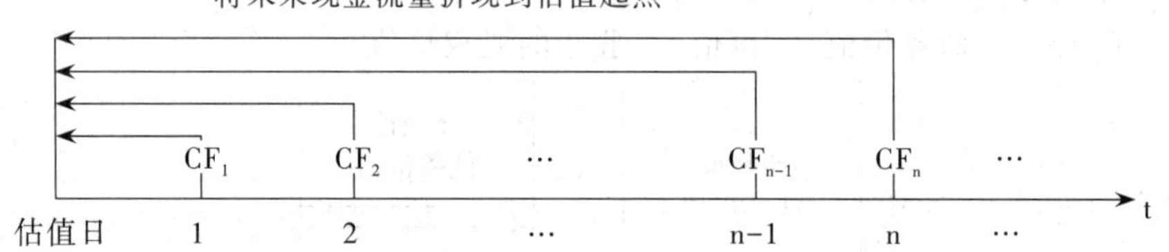

图13-3　现金流量估值法原理

根据现金流量估值法的原理，价值的计算公式为：

$$V_0 = \sum_{t=1}^{\infty}\frac{CF_t}{(1+r)^t} \tag{13.5}$$

式中，V_0为预测起点的总价值；t为时期；CF_t为第t期的现金流；r为折现率。

（二）现金流量估值法的一般形式

1.两阶段估价模型

在图13-3中，t→∞，没有办法估计出所有现金流量的现值。通常情况下，用两阶段模型来解决这个问题，即将时间分成两个阶段（如图13-4所示）。第一阶段称为详细预测期，此期间通过对公司的收入与成本、资产与负债等项目的详细预测，估算出每一期的现金流量。通常，详细预测期假设为5年或10年。第二阶段称为终值期，这期间的现金流在详细预测期最后一年的价值称为终值（terminal value，TV）。

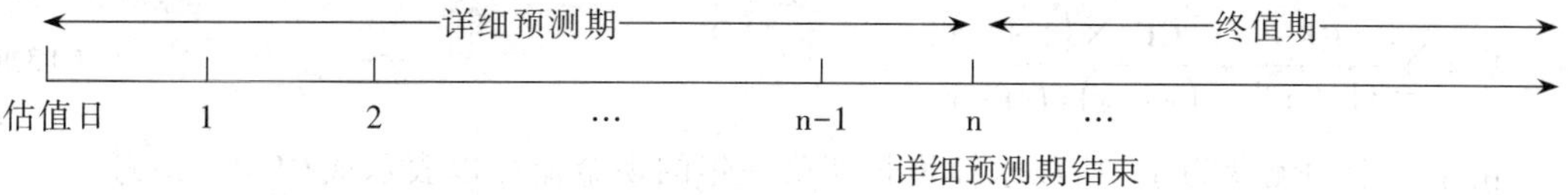

图13-4　详细预测期与终值期

于是，在两阶段模型中，价值的计算公式为：

$$V=\sum_{t=1}^{n}\frac{CF_t}{(1+r)^t}+\frac{TV}{(1+r)^n}\tag{13.6}$$

式中，V为总价值；CF_t为第t期的现金流；r为未来所有现金流的平均折现率；n为详细预测期期数；TV为终值，终值是n+1年以后的现金流在n期的价值。

从上面的分析不难看出，在使用现金流量估值法时，有四个要素需要提前确定：（1）详细预测期；（2）详细预测期内每期的现金流量；（3）终值；（4）折现率。一旦确定了这四个要素，就可以通过计算，将预测期每期的现金流和终值用相应的折现率折现，加总之后便得到相应的价值。

【例13-3】

假设某公司的未来现金流和终值见表13-1，现金流在每年年末产生，其适用的折现率为9.3%。

表13-1　**现金流和终值表**　单位：百万元

时间	1	2	3	4	5	6	7	8	9	10
现金流	180	200	224	264	317	391	425	445	460	472
终值										6 274

这里，详细预测期是10年，第10年年末的终值为6 274百万元，利用两阶段模型计算的该公司价值为：

$$V=\sum_{t=1}^{10}\frac{CF_t}{(1+9.3\%)^{10}}+\frac{6\,274}{(1+9.3\%)^{10}}=1\,968.3+2\,578.4=4\,546.7\text{（百万元）}$$

详细预测期内每期的现金流都是通过详尽的财务预测模型得到的，每期的折现率也应当与现金流对应。

2.终值的估计

对于终值，通常用Gordon永续增长模型来估算。

Gordon永续增长模型的原理是：假设公司在详细预测期之后进入稳定增长期，现金流以稳定的增长率（g）增长，将终值期所有现金流折现到详细预测期最后一年并加总，即可得到终值。

Gordon永续增长模型假设永续增长期的折现率r大于永续增长率g，其计算公式为：

$$TV=\frac{CF_1}{r-g}\tag{13.7}$$

式中，CF_1是永续增长期第一年的现金流，也可以写成$CF_0\times(1+g)$；r为永续增长期的折现率；g为永续增长率。

此时，总价值公式可写成：

$$V=\sum_{t=1}^{n}\frac{CF_t}{(1+r)^t}+\frac{CF_n\times(1+g)}{(r-g)(1+r)^n} \tag{13.8}$$

由于详细预测期为n，所以永续增长期第一年的现金流可以表示成$CF_n\times(1+g)$。

三、公司价值评估的步骤

公司价值评估是非常复杂的工作，因为每个公司的价值驱动因素和经营模式都是个性化的，因此，在对未来现金流量进行预测时所采用的方法和考虑的影响因素都是不同的。本书基于讲授价值评估的基本原理，总结出如下一般价值评估的步骤：

（一）搜集和分析历史财务数据

公司历史财务数据主要指公司至少5年的所有公开的财务报表、附注和对外报告的原始数据，如果可能，还应包括子公司和关联公司的有关财务数据。常见的历史数据来源包括：

1.公司公告

这里主要指上市公司发布的上市信息披露公告和上市后的持续性信息披露公告。

（1）上市信息披露公告

根据《上市公司信息披露管理办法》，上市信息披露的途径有招股说明书（适用于公开发行股票）、债券募集说明书（适用于公司发行债券）和上市公告书（适用于证券上市交易）。从这些公告中可以获得上市公司发行证券前的财务状况以及所发行证券的基本信息。

（2）持续性信息披露公告

持续性信息披露公告是指公司上市后按照《上市公司信息披露管理办法》需要持续性披露的定期报告和临时报告。上市公司应当披露的定期报告包括年度报告、中期报告和季度报告。中期报告和季度报告披露的内容相对简略，通过季度报告、中期报告和年度报告的比较可以看出一个会计年度某项指标或财务数据的变动情况，但是由于预测估值往往以年为单位，因此，对中期报告和季度报告的利用相对少一些。

根据《上市公司信息披露管理办法》，当发生可能对上市公司证券及其衍生品种交易价格产生较大影响的重大事件时，上市公司应当立即披露，说明事件的起因、目前的状态和可能产生的影响，这就是临时报告。

上市公司的公告均可以在巨潮资讯（http：//www.cninfo.com.cn/new/index）、中国资本市场信息披露平台（http：//xinpi.cs.com.cn/page/xp/index.html）等网站查阅并下载。另外，也可以利用专业数据库下载相关信息。在公告网站上下载的数据均为PDF格式，在数据库下载的数据可以是Excel格式。在估值建模过程中可能不会用到全部的公司公告信息，但是三大财务报表是一定需要用到的历史数据，因此在数据库中下载Excel格式的财务报表数据方便建模。

由于公司公告信息量庞大，因此在估值建模时应根据具体问题有针对性地搜索相关信息。例如，在财务预测时，根据历史财务报表数据，发现公司股本发生变化，那么我们需要确定股本变化的原因，是发行新股融资、资本公积转增股本、发放股票股利，还是实施股权激励？这可以从报表附注中找到答案。如果是发行新股融资，那么我们可以通过招股说明书读取发行新股的信息；如果是资本公积转增股本，股本和资本公积总额保持不变，我们可以合并预测；如果是发放股票股利，可以通过股利发放公告了解股票股利的基本信息；如果是股权激励实施，可以通过股权激励公告来了解股权激励计划。由此可见，我们在利用公司公告进行分析和预测时，一般沿着财务报表→报表附注→临时报告或上市公告的思路进行数据搜集，实现信息的相关性和完整性。

定期报告和临时报告披露的内容

2.研究报告

市场上有些证券公司以及咨询公司有自己的研究部门，这些部门会发布一些关于行业和公司的研究报告。这些研究报告中通常包含经过归纳和整理的相应的行业数据或者公司信息，我们可以比较系统地获得整个行业的数据。

研究报告中的数据分为两种，一种是引用数据，另一种是加工数据。对于引用数据，研究报告都会注明数据来源，为了保证数据的真实性和可靠性，最好不要直接引用研究报告中的数据，应当根据数据来源找到最原始数据进行核实。加工数据是指根据原始数据计算出来的数值，由于研究报告包含制作方的主观成分，所以在使用研究报告的加工数据时，应当同时对比多份研究报告。不同研究报告同一科目数据有时会不一样，我们可以利用多份报告的均值来作为预测依据，以消除单个研究报告带来的偏差。

研究报告主要来源于证券公司和咨询公司，比如德勤（https：//www2.deloitte.com/cn/zh.html）在“行业”中会提供不同细分行业的未来发展数据，如图13-5所示。

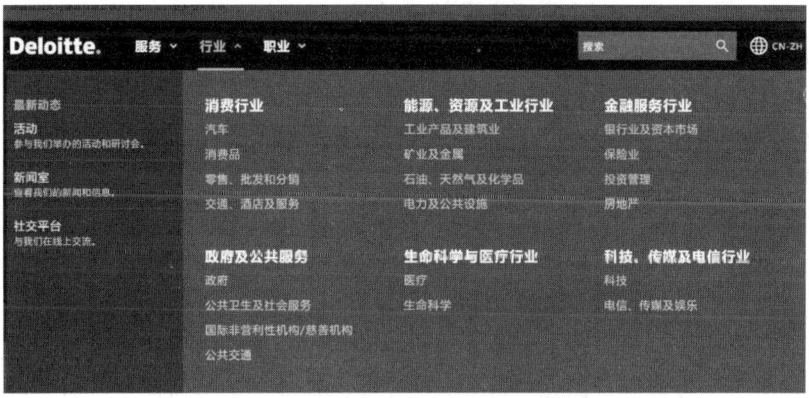

图13-5　德勤的行业研究图

国泰君安证券（https：//www.gtja.com/）的“资讯中心”中也有“金牌研究”“财经纵览”，如图13-6所示。

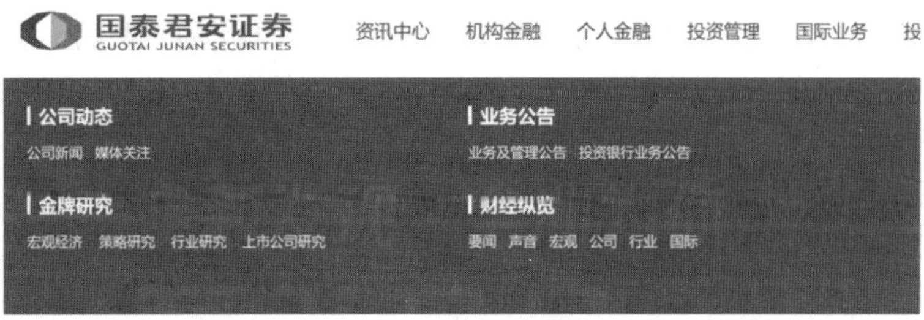

图13-6　国泰君安证券资讯中心

3.专业数据库

专业数据库也是提供原始数据的一个重要来源，数据库不仅包含上市公司的财务数据，还包含行业、宏观的统计数据以及新闻报道等。常用的专业数据库有国泰安（CSMAR）、万得（Wind）、锐思等。

4.行业统计及宏观经济统计

很多政府职能部门的官网会提供地方、行业和宏观经济数据。比如国家统计局官网（http://www.stats.gov.cn/）每季度都会发布GDP增长率，每个月都会发布CPI统计数据。另外，国家统计局官网提供的相关网站链接（如图13-7所示），都能够提供地方、行业和国际的相关统计数据。

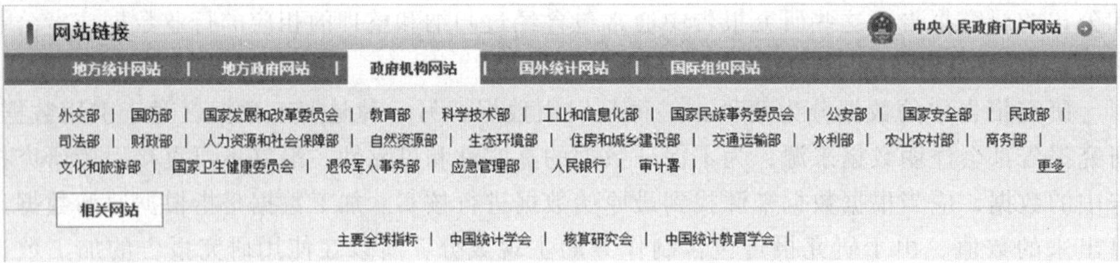

图13-7 国家统计局官网的相关网站链接

许多行业协会和行业监管机构也拥有相应的行业数据，并在网站上定期发布行业动态、行业内的新闻、行业相关的政策制度以及统计数据等。比如中国粮食行业协会（http://www.chinagrains.org.cn/wzfcms/html/chinese/index.html）、中国医疗器械行业协会（http://www.camdi.org/）、中国水运建设行业协会（http://www.cwtca.org.cn/）、中国工程建设行业协会（http://www.ceciaa.org.cn/）、中国仪器仪表行业协会（http://www.cima.org.cn/）、中国软件行业协会（http://www.csia.org.cn/）等。

使用这些统计数据时要注意，不同机构的统计口径可能不一样，这会导致数据有一些出入，建模时应当尽量使用统一口径下的数据。

5.公司内部调研、高管访谈、新闻发布会、官网

为了加深对目标公司的了解，建模时应当对公司进行实地调研或电话访谈。特别是涉及公司的某些重要的具体数据和公司未来的发展规划时，必须与公司沟通以获得详尽的资料。对公司的供应商、监管部门、竞争对手及客户进行调研也能获得建模所需要的数据。这些目标公司利益相关方可以提供目标公司自身无法了解的产业链的整体信息，而且可以对目标公司提供的数据进行验证。因此有内部估值需求时，建模者往往需要进行调研获得详尽数据。当然，对公司的内部调研往往需要大量的人力和物力的支持以及目标公司的配合。

外部投资者估值时，尤其是个体投资者估值时，调研的成本很高，往往需要通过高管的访谈、新闻发布会、公司官网等渠道来获得公司未来发展规划等重要数据。这里提到的高管包括董事长、董事、总经理等重要的高管人物。关于高管的访谈、新闻发布会的信息可以在证券公司等网站中找到。另外，公司官网也可以找到一些媒体报道、公司新闻等资料。

6.个人和机构经验积累

在估值建模过程中虽然有历史数据作为依据，但也需要建模者的主观经验。比如，对目标公司未来发展状况的预测，除了可以依据行业、宏观经济环境、历史变动趋势等数据外，还需要个人的经验判断。在个人经验有限的情况下，可以依靠专业人士或机构的经验

判断，比如证券分析师等。

（二）整理和调整历史财务数据

1.历史财务数据整理

公司的历史财务报表数据可以从年报中摘录，也可以从数据库中直接导入。在得到公司的原始数据之后，一般不能直接拿来用，还需要对原始数据进行整理，尤其是对财务报表中的数据，应根据建模需要进行重构。重构后的财务报表反映了建模者对目标公司财务预测模型以及估值模型的构建思路，与企业会计准则规定的标准形式的报表并不一定相同。通常的报表重构方法包括：

（1）报表项目删除。删除每年数据均为零的项目，简化财务报表。

（2）报表项目合并。将数额较小的、驱动因素相同的报表项目合并。对于数额较小的报表项目，可以将其合并在一起，设为一个项目，比如，如果预收款项金额很小，可以把它合并到其他流动资产中，因为数额很小，不会影响预测建模的结果。

对于驱动因素相同的报表项目也需要合并，比如，资产负债表中的应收票据和应收账款，均是由赊销业务所产生，驱动因素一般都是营业收入，只是款项收取的方式有所不同，可以将两个报表项目合并为一个项目——应收款项，在预测时整体假设为占营业收入的一定比例，这样的合并通常对整个财务预测不会产生实质性影响。类似地，应付票据和应付账款也可以合并为应付款项。如果预付款项和预收款项金额较大，也可以将预付款项合并到应收款项，将预收款项合并到应付款项。

（3）报表项目拆分。对重要的报表项目进行详细拆分，细分数据通常需要查看报表附注。报表项目是否需要拆分需要看报表附注中该项目的内容构成，以及构成内容的驱动因素是否相同。如果驱动因素相同，即便有多个构成内容也无须拆分。如果驱动因素不同，则项目拆分更有利于预测。项目的拆分并不是越细越好，应根据自己所能找到的数据详细程度和拆分的必要性而定。比如，目标公司的政府补助数额较大，通过查阅报表附注，发现政府补助由两部分构成：收益性补助和资产性补助，这两类补助的驱动因素不同，收益性补助与销售活动有关，而资产性补助与资产购置有关，因此，可以将该项目拆分开。

2.财务报表调整

（1）资产负债表调整

第一，合并项目单列。除了前文所述形成的合并项目“应收款项”“应付款项”外，还可以将股本和资本公积合并，形成合并项目“股本及资本公积”。固定资产和在建工程可以合并为“在建及固资”。未分配利润和盈余公积合并为“留存收益”。除此之外，也可根据报表项目的相关性来确定其他项目是否合并。

第二，增加“融资缺口”项目。融资缺口即资产大于负债和所有者权益合计时产生的需要融资的额度。对于历史报表，由于资产负债表左右平衡，则融资缺口为零。在预测财务报表时，融资缺口又称循环贷款，反映了公司资产超过负债和所有者权益合计的部分，也是财务预测时的调平项。关于调平项的内容我们将在第十四章详细介绍。

（2）利润表调整

第一，政府补助调整。将政府补助调整到营业收入中，相应地调减其他收益的金额，以便合理地反映公司实际核心业务的经营情况。

第二，折旧、摊销调整。把折旧、摊销从营业成本、管理费用和销售费用中剥离出来。这样做一方面是因为折旧、摊销属于非付现成本费用，实际上不影响现金流，根据净利润调整经营活动现金流时，需要把这两项加回；另一方面是因为折旧、摊销的预测方法与其他的付现成本费用不同。

第三，计算EBITDA和EBIT指标。扣除折旧摊销息税前利润（EBITDA）是指没有扣除折旧、摊销、利息和所得税之前的利润，可以用“营业收入-调整后的营业成本-调整后的销售费用-调整后的管理费用”来计算。息税前利润（EBIT）是指没有扣除利息和所得税之前的利润，可以用“营业收入-营业成本-销售费用-管理费用”来计算，但根据调整后的利润表格式，最好用“EBITDA-折旧-摊销”来计算。

第四，调整非经常性或非经营性损益。计算出的EBITDA和EBIT是针对公司核心业务的，所以需要将与公司核心业务无关的损益进行调整，合并成“非经常性或非经营性损益”项目，其内容包括标准利润表中的资产减值损失、公允价值变动收益、投资收益、营业外收入、营业外支出等项目。由于这些项目与核心业务无关，我们只需要简单预测即可。所以，利润总额就可以用“EBIT-财务费用+非经常性或非经营性损益”来计算。

（三）历史数据财务分析

公司价值评估的前提是要获取关于整个经济环境、行业和公司本身的背景信息，在此基础上预测与价值评估有关的各种财务变量。

1.经济环境分析

为了考察所有公司共同面临的环境以及对公司竞争能力的影响，除了分析政治、政策、文化、技术等环境因素外，更应关注经济因素，如经济发展的总体指标（国内生产总值）、通货膨胀率、利率、汇率、失业率等。虽然公司不能控制宏观经济因素，但这些因素会影响公司的未来发展前景，因此必须考虑这些因素对价值评估的影响。

2.行业分析

考察特定行业的经济特性、竞争状况、关键成功因素，其目的在于明确公司的竞争优势，正确制定公司战略。在行业分析中，不仅要关注某一行业不同生命周期对公司的影响，还要分析商业周期对特定行业的影响。例如，汽车、钢铁和高档消费品行业对商业周期的敏感性较强，而一些基础性行业，如食品、公共事业、烟草等行业对商业周期的敏感性较弱。从风险的角度分析，财务杠杆（负债/股东权益）和经营杠杆（息税前利润和销售量之间的关系）对商业周期的敏感性较强。

3.竞争与战略分析

竞争分析通常采用SWOT分析法。SWOT分析法是通过对自身的优势（strength）、弱势（weakness）、外部面临的机会（opportunity）和威胁（threat）的分析，来明确公司的竞争优势，这一优势的形成可能归属于某一种战略，如成本领先、差别化或集中化战略，也可能是不同战略组合的结果。公司选择战略的衡量标准就是能否有效地使用各种资源，为客户提供超越竞争对手的价值，从而实现公司价值增值。公司战略分析的资料主要来自管理者提供的报告、董事长信函、工作报告、财经新闻、新闻发布以及网站等，其他专业性机构，如投资人咨询服务机构、行业性协会、证券交易所等也会提供有关资料。

4.财务报表会计分析

对于财务报表数据的会计分析方法主要有：水平分析、垂直分析和趋势分析。

（1）水平分析

财务报表水平分析在预测建模中起到两方面作用：第一，考察变动额的稳定性。通过多个年份的变动额的比较，可以观察报表项目变动额的稳定性，如果某个报表项目在历史期间的变动额是稳定的，那么这样的特征可以作为该报表项目的预测依据。比如，“长期应付款”项目，如果根据历史数据水平分析，发现长期应付款每年减少的额度趋于稳定，那么可以判断长期应付款是融资租赁形成的，应付账款减少额是由每年支付租金所驱动的，所以在预测时，长期应付款可以按照该减少额不断递减直至为零。可能出现这种稳定递减的项目还有“应付债券”，在假设不发行新债券融资的情况下，债券账面价值的递减额应该是由溢价摊销和利息支付所驱动的，由于溢价摊销和利息支付额每年相等，所以应付债券的预测也可以通过挖掘稳定的变动额数据来预测。第二，考察变动率的稳定性。通过多个年份的变动率的比较，可以考察报表项目变动的情况。比如，销售收入变动率将作为我们预测未来销售增长率的依据。由于变动额受规模的影响，所以变动率能够更好地反映变动的程度。通过变动率分析，可以找出历史数据中变动不大的报表项目。

在进行水平分析时，要特别注意报表项目的可比性。尤其是会计政策或会计估计发生变化时，不同时期财务报表的某些项目可能不再具有可比性，此时需要进行报表项目调整。近几年会计准则变动较大，在新旧会计准则交替期间，更要注意报表项目的可比性。一般地，上市公司报表附注中会对发生会计政策和会计估计变更的项目予以披露。

（2）垂直分析

在预测建模时，可以进行两类垂直分析：一类是各项目占总体的比例，通常是各资产类项目占总资产的比重，各负债类项目和所有者权益类项目占负债和所有者权益总计的比重。这类垂直分析主要有两方面作用：一是通过占比分析找出重要的项目和数额较小的不重要的项目，对于重要的项目应该进行详细预测，对于不重要的项目可以合并预测或者简单预测。二是挖掘稳定的结构比率，作为预测报表项目的依据。比如，某公司的长期股权投资占总资产的比重在历史数据中显示趋于稳定，那么，对长期股权投资可以按照其占总资产的固定比例来预测。

另一类是各项目占重要指标的比例，通常是各项目占销售收入的比例。这类垂直分析可以找出哪些报表项目是以销售收入为驱动因素的，对这些项目进行预测时可以采用销售收入百分比法进行。

（3）趋势分析

在财务预测中，趋势分析往往与水平分析和垂直分析结合使用，才能够判断出变化趋势和比重趋势。趋势分析也可以结合财务比率分析，来解释财务比率的变动趋势。

5.财务比率分析

财务比率分析在预测建模中的作用体现在以下几个方面：第一，判断行业地位，通过各财务比率与行业均值的对比，可以得出目标公司在行业中的地位，从而确定行业标准在预测建模中的作用。如果目标公司是行业龙头企业，那么行业均值对目标公司预测建模的指导作用不大，可利用可比公司的数据对预测建模进行指导。第二，判断经营状况，通过各财务比率的趋势分析，得出目标公司在盈利能力、营运能力、偿债能力和市场评价方面的状况，为未来预测提供依据。第三，挖掘稳定比率，通过财务比率的趋势分析，找到变动趋势稳定的比率，利用稳定的财务比率对报表项目进行预测。比如，某公司的应收账款周转率趋于稳定，说明该公司应收账款平均收账天数趋于稳定，那么在预测时可以假设该公司的收账政策不变，利用稳定的应收账款周转率来预测应收账款。

【学思践悟】 从估值空间提升到国有品牌信仰：波司登行稳致远

一段时间以来，谈及中国品牌服饰，就绕不过“国民羽绒服第一品牌”，也是“全球领先的羽绒服专家”的波司登。换句话讲，波司登逐渐成为中国品牌服饰领域的一张极具代表性的“名片”。

近几年，波司登可谓持续占据市场焦点，不仅荣获全国“十佳企业设计中心”，成为纺织服装业唯一获此殊荣的企业；还驰援5 000万元物资及现金，助力山西灾区重建，彰显大国品牌风范；亦在业务层面再爆大动作，举办“首创波司登风衣羽绒服”发布会颠覆式出圈，得到整个时尚圈的高度关注。

从估值角度来看，随着波司登持续进化能力不断被验证，尤其在高端化、四季化的积极变化中，其估值水平或将逐步对标服装消费龙头，甚至高端、奢侈服装消费龙头。

当前，波司登的PE（TTM）约为32.80倍，实际上均低于港股耐用消费品与服装（37.91倍），以及纺织品、服装与奢侈品（35.21倍）的中位数。参考高端、奢侈服装消费龙头的估值水平，加拿大鹅80.10倍、普拉达58.91倍，波司登未来的估值提升空间或较为理想。

从近期市场表现来看，受新冠肺炎疫情、经济周期等多重因素影响，港股品牌服饰板块2019年三季度以来历经持续调整陷入一片“阴霾”，波司登则作为少数者实现逆势上扬，表现持续优于一众港股品牌服饰龙头，并于2019年9月15日再创历史新高，收盘价达6.93港元。

仅从2021年10月来看，波司登累计涨幅超10%，继续优于国产体育巨头安踏体育、李宁，以及同属于中高端羽绒服细分板块的加拿大鹅等，见表13-2。

表13-2 **波司登股票行情**

证券代码	证券简称	区间涨跌幅（2021年10月1日）
3998.HK	波司登	10.1083%
0Qll.L	盟可睐	13.8366%
3306.HK	江南布衣	4.3510%
0709.HK	佐丹奴国际	−0.6579%
2331.HK	李宁	−3.0505%
1361.HK	361度	0.5319%
GOOS.N	加拿大鹅	4.9622%
1368.HK	特步国际	−5.5046%
2020.HK	安踏体育	−10.2488%

波司登逆袭的另一个原因是“新国货引领新潮流，年轻人爱买国货”。《2020中国消费品牌发展报告》显示，消费者在天猫上消费的商品80%是国货，这恰恰体现了我国年轻人支持国货的爱国情怀。正是因为年轻人成为国货消费的主力军，而波司登在设计和质量上的创新吸引了年轻人，所以这使得波司登未来的发展前景更被看好，从而使其估值有了提升的空间。

资料来源：根据格隆汇网站（https://baijiahao.baidu.com/s?id=1714937332955121385&wfr=spider&for=pc）《首创“风衣羽绒服”改写羽绒服品类定义，波司登（3998.HK）品牌升级行稳致远》的内容整理。

（四）财务预测假设的提出

1.假设设定的依据

（1）公司历史数据

在历史数据的来源及对其的整理中，我们看到，经过整理分析后，历史数据可以反映公司过去发展的趋势，也可以指导预测未来的假设。稳定经营的公司通常可以保持过去的变化趋势，尤其对于成熟稳定的行业来说，公司的毛利率、周转率等都会稳定保持在一定的水平上。在预测时，我们通常会基于历史法分析和对公司的判断给出相应的假设。比如，对于成熟稳定的目标公司，历史数据的某些比率保持在相对稳定的水平，我们假设这些比率在预测期内也保持稳定，这便成为我们预测报表项目的依据。

【例13-4】

假设我们需要在2019年年初预测中联重科（000157.SZ）2019年的营业成本，根据对历史数据的分析，我们得到表13-3。

表13-3 中联重科营业收入和营业成本 金额单位：元

会计期间	2014年	2015年	2016年	2017年	2018年
营业收入	2 585 119.51	2 075 334.66	2 002 251.67	2 327 289.37	2 869 654.29
营业成本	1 864 159.55	1 514 595.59	1 524 468.69	1 830 412.39	2 092 308.33
营业成本/营业收入	72.11%	72.98%	76.14%	78.65%	72.91%

从表13-3可以看出，中联重科2014 2018年营业成本占营业收入的比重在72%～79%之间，变动比较平稳。考虑到机械制造业处于稳定增长的发展状况，行业竞争环境保持稳定，再加上中联重科在机械制造行业的龙头地位，如果该公司没有成本战略方面的调整，可以假设2019年中联重科维持目前的营业成本占营业收入的比率。在预测2019年营业成本时，2018年营业成本占营业收入的比重对2019年预测的解释力更强，因此，可以将营业成本占营业收入的比重假设在73%左右。

如果我们需要预测2019—2023年未来5年的营业成本，那么2018年的营业成本占营业收入比重的数据对预测的影响将会显著降低，此时可以用2014 2018年营业成本占营业收入比重的算术平均值（74.56%）作为预测未来5年营业成本的依据。在第十四章第三节“预计财务报表建模数据演练”中将详细介绍基于稳定比率假设下每个报表项目预测的具体方法。

另外，公司未来增长率的预测也需要在依据公司历史数据计算的历史增长率的基础上，根据企业的发展规划、行业特征、宏观环境等进行调整。

（2）公司发展规划和战略目标

在生产经营活动中，公司在不同的发展阶段会指定相应的发展规划来实现其战略目标，比如追加投资、更新设备、改造技术或者扩大生产经营规模等，这些发展规划也可以作为假设数据的重要来源之一。

另外，公司的战略目标直接影响企业未来的发展，所以战略目标信息也能成为假设数据的重要来源。大型集团公司的战略目标往往会与我国国民经济和社会发展的五年规划纲要相结合，目前是“十四五”规划期间，起止时间为2021—2025年。比如，贵州茅台党委副书记、总经理李静仁在接受采访时指出，在“十四五”期间形成茅台酒5.6万吨、系列酒5.6万吨、习酒近5万吨的产能规模。[①]这样的战略规划可以为我们预测2021—2025年的数据提供依据，因为酒业是贵州茅台的主营业务，所以我们可以根据其产能与营业收入的关系，来预测未来的营业收入。

如前文所述，公司发展规划和战略目标的信息往往会在公司新闻或者高管接受记者采访时披露出来，因此，我们可以从公司新闻或高管采访中获取公司发展规划和战略的相关信息。

（3）行业特点及发展规律

不同行业有不同的运行和发展规律，同一行业处于不同发展阶段时也会有不同的特点。通常需要根据历史上这个行业的发展情况来研究和总结这些规律，从而为预测提供依据。

例如，房地产行业的周期性较强，并且与宏观经济的相关性较强，在对房地产行业进行预测时，我们可以根据以往房地产与宏观经济指标之间的相关关系，结合房地产行业的周期性，给出未来房屋需求和销售情况的假设数据。

再如，电信行业前期需要投入大量的资金进行基站等通信设备的建设，而在稳定运营之后，除了技术的更新换代和设备维护之外，不需要有太多的固定资产投入，此时的资本性支出较少。同时，稳定运营后的现金流和预收账款状况一般也很好。在假设时，可以考虑这些因素，根据目标公司的发展阶段对资本性支出进行假设，并根据该行业业务运行模式假定预收账款等科目的指标。

此外，还要分析国家对行业的监管和股利政策，这也会影响行业的发展，从而影响我们的假设。例如，医药政策的出台会对医药行业的公司产生重大影响，环保政策的出台会对环保行业的公司产生重大影响，因此，应关注预测起点之前出台的相关政策对公司预测期业务发展的影响，将其作为预测目标公司发展状况的依据。

（4）宏观经济预测

由于大多数行业均受到宏观经济环境的影响，在预测公司未来经营状况时，通常需要对未来的宏观经济运行情况进行假设。宏观经济环境既包括经济周期波动这种纯粹的经济因素，也包括政府经济政策及特定的财政金融行为等混合因素。我们通常使用一些指标来反映宏观经济，基本宏观经济指标有：GDP增长率、货币发行量、通货膨胀率、汇率、

---

① 资料来源：杨磊．茅台“十四五”产能规划：茅台酒5.6万吨 习酒近5万吨［EB/OL］．［2019-12-24］．http：//finance.sina.com.cn/chanjing/gsnews/2019-12-24/doc-iihnzahi9703663.shtml.

进出口额和失业率等。宏观经济因素对企业价值的影响主要体现在以下三个方面：

第一，宏观经济状况影响公司的销售收入增长。如果宏观经济运行良好，则居民和下游公司的收入水平和购买力提高，市场需求就会更为旺盛，我们会预期公司的销售收入增长较快。反之，如果宏观经济恶化，失业率上升，居民消费能力下降，我们会预期公司销售收入增长较慢甚至负增长。如果我们能够根据历史数据或研究成果把握宏观经济指标（GDP）与公司销售收入增长率之间的关系，就能够更好地描述宏观经济对公司的影响。

第二，宏观经济状况影响公司的融资成本。宏观经济环境能够影响公司的融资成本，从而影响公司的投融资决策。当央行提高利率时，市场的流动性就会下降，公司借贷资金的成本就会提高，此时公司在经营和投融资决策上会做出相应的调整，在估值中使用的相关假设（如折现率）就会变化。

第三，宏观经济状况对特殊行业的影响突出。比如，我国的房地产行业受宏观调控的影响较大。如果国家采取紧缩的货币政策，缩减贷款资金规模，则房地产开发商将面临较大的资金压力，可能被迫降价销售房屋或者寻找其他融资渠道，这就需要在预测房地产开发公司的财务数据时，关注国家宏观经济政策的变化。

鉴于宏观经济形势对公司的价值有着深刻的影响，在宏观经济形势不明朗、未来经济状况可能出现多种情形时，需要对可能出现的不同宏观经济状况进行预测，这就需要用到本书后面介绍的情景分析方法，对不同的宏观经济情形进行不同假设情景的预测分析。

2.假设设定的内容

（1）融资方式及成本

由于股权融资具有门槛效应，因此，本书在介绍股权价值评估方法时，假设当资金不足需要融资时，依靠债务融资。债务融资一般包括银行借款和发行债券，从融资过程看，银行借款融资要比发行债券速度快、弹性大、筹资费率低，因此，当公司资金不足时，依靠银行借款融资是企业的首要选择。银行借款按照期限不同分为长期借款和短期借款。一般短期借款是为了满足日常生产经营的需要，长期借款是为了进行资本性投资。由于销售增长带来的生产规模的增长往往是资本性投资，因此，如果目标公司有资金需求，应以长期借款融资。如果目标公司历史上没有长期借款，为了保持公司原有融资特征，当有资金需求的时候假设以短期借款融资，可以理解为这样的公司以借新债还旧债，以短贷长借的方式维持长期的资本需求。

融资方式的上述假设意味着，公司不会发行新股。因此，在一般情况下，在进行报表预测时公司可以假设股本和资本公积保持不变。除非目标公司公告中显示该公司有可转换债券和股票期权，此时应该根据公告预测可转换债券和股票期权转换成普通股的进度，从而预测股本和资本公积的增加额。

在以银行借款为融资方式的假设下，利率的假设是确定资本成本的关键。虽然银行借款利率协议具有一定弹性，但基本会围绕着人民银行基准利率波动，因此，在预测银行借款的融资成本时，可以用预测起点的相应期限的人民银行基准利率来代替。

（2）稳定增长期

在持续经营假设下，公司没有到期日，我们无法预测所有年份的现金流量，因此，在进行公司价值评估时，将整个预测期分为两个阶段：详细预测期和稳定增长期。详细预测期是指在这期间需要详细预测每一期的现金流量，详细预测期一般为5年或10年。本章和第十四章在讲授公司价值评估时假设详细预测期为5年。假设在详细预测期之后进入稳定增长期。稳定增长期又可称为终值期，意味着公司今后按照稳定增长率永久持续下去，并假设其他指标（如净收益）也预期以同一速度增长。在这种情况下，收入的增长、收益的增长和股利的增长将保持一致。稳定增长期的价值可以用Gordon永续增长模型预测。

（3）销售增长率

销售预测是所有预测的起点，销售收入的预测往往根据未来增长率进行。在预测增长率时主要预测详细预测期的增长率，在详细预测期内增长率有从低到高逐渐上升、先升后降、从高到低逐渐降低、先降后升四种变动趋势，需要根据公司历史增长率、公司发展规划和战略目标、行业发展、宏观经济状况等来主观判断增长率的变动状况。详细预测期增长率的预测方法将在第十四章详细介绍。

稳定增长率一般应小于宏观经济名义增长率，通常用GDP增长率来代替。对于一家周期性公司，如果预期增长率发生周期性波动，只要其平均增长率接近于稳定增长率，采用Gordon永续增长模型对公司进行估价的误差还是很小的。

（4）股利政策假设

股利政策由股东大会决议，因此在预测时具有难度，可以以历史股利支付率为基础进行主观预测。股利支付率的计算公式如下：

$$\text{股利支付率} = \frac{\text{现金股利}}{\text{净利润}} \times 100\% \qquad (13.9)$$

关于股利支付率的历史数据，可以在“国泰安数据库>数据中心>公司研究系列>财务指标分析>股利分配-股利分配”中直接下载；也可以在雅虎财经网站（finance.yahoo.com）中搜索上市公司股票代码，在历史行情数据中直接下载现金股利数据，然后根据公式（13.9）算出历史股利支付率。以历史股利支付率均值为起点参考依据，根据股利支付率与增长率的关系（公式（13.10））来对预测期股利支付率进行主观预测。

$$\begin{aligned}\text{增长率} &= \text{留存收益率} \times \text{净资产收益率} \\ &= (1-\text{股利支付率}) \times \text{净资产收益率}\end{aligned} \qquad (13.10)$$

由公式（13.10）可见，当净资产收益率为正值，增长率与股利支付率呈反向变化关系，如果增长率增加，股利支付率将减少。当净资产收益率为负值，增长率与股利支付率呈同向变化关系，如果增长率增加，股利支付率也增加。在已知增长率的预测假设基础上，根据股利支付率和增长率的关系，来主观预测股利支付率的变化和取值。

（五）估算资本成本

资本成本是公司价值评估中的折现率。股权资本成本按照第四章中的资本资产定价模型进行估算，债务资本成本可以利用平均利息率进行估算，即：

$$\text{债务资本成本} = \frac{\text{利息费用}}{\text{有息负债合计}} \times \left(1 - \text{所得税税率}\right) \times 100\% \qquad (13.11)$$

加权平均资本成本用第七章的估算模型进行估算，即：

$$\begin{matrix}\text{加权平均} \\ \text{资本成本}\end{matrix} = \begin{matrix}\text{债务} \\ \text{资本成本}\end{matrix} \times \frac{\text{有息负债}}{\text{有息负债} + \text{所有者权益}} + \begin{matrix}\text{股权} \\ \text{资本成本}\end{matrix} \times \frac{\text{所有者权益}}{\text{有息负债} + \text{所有者权益}} \qquad (13.12)$$

这里需要注意的是，这里估算的资本成本是预测期的资本成本，因此债务资本成本计算中的利息费用和有息负债均来源于预计利润表和预计资产负债表中的数据；加权平均资本成本中的有息负债和所有者权益权重的计算均来源于预计资产负债表。因此，债务资本成本和加权平均资本成本需要在编制预计利润表和预计资产负债表之后才能计算。

（六）编制预计财务报表

编制预计财务报表的目的是预测公司未来现金流量，公司未来现金流量是将权责发生制的预计资产负债表和预计利润表调整为收付实现制的现金流量，并按照股权自由现金流量模型、公司自由现金流量模型、股利折现模型来预测未来现金流量。

（七）公司价值评估

在估算了资本成本、现金流量以后，按照股利折现模型、股权自由现金流量模型、公司自由现金流量模型来估算公司价值。

四、公司价值评估的财务建模

（一）财务建模的内容

公司价值评估中需要进行财务建模，财务建模一般是指将公司的各种信息按照价值创造的主线进行分类、整理和链接，并在此基础上完成对公司财务状况的分析、预测及价值评估等功能。财务建模的过程包括三个方面的内容，如图13-8所示。

图13-8　财务建模过程

1.历史分析

历史分析是对公司历史经营绩效进行全面分析。通过横向和纵向的比较，了解公司各种收入、费用、资产、负债等会计要素的组成状况，以及随时间变化的规律和趋势，从而推断影响公司历史绩效的各类因素及其影响方式和影响程度等，并为后续预测提供依据。

2.财务预测

在历史分析的基础上，综合考虑公司的发展规划、特定战略、外界环境变化等因素，对公司未来的绩效水平做出假设（包括公司未来的收入增长、成本结构、资本支出、市场规模等），并最终完成对公司资产负债表、利润表以及现金流量表的预测。

3.价值评估

根据财务预测的结果，估算公司的各类估值参数，选择适当的估值方法对公司的价值进行评估。同时，可以分析重要参数变化对估值结果的影响。

（二）建模工具

财务建模能够实现定量化、系统化、框架化分析的优势，即建立财务模型后可以得到一个确定的价值数据，并且通过建立模型框架，可以实现改变某个因素数据，自动生成新的估值的系统化变动结果。所以，财务模型建立的过程是系统的、复杂的。那么我们用什么工具来建立财务模型呢？财务建模主要利用Excel软件进行。很多华尔街顶级投资银行、国际著名的投资机构也都使用Excel进行财务建模。Excel提供了大量的计算函数和辅助分析工具，具有形象、直观的操作页面，能够很好地满足财务建模的需要。学生在学习本课程时需要能够掌握Excel技巧和一定的会计、财务分析相关知识。

（三）财务建模前要明确的问题

财务建模主要有两种目的：一是公司内部建模估值，主要是IPO业务，保荐人通过建模估值确定公司首次公开发行股票的定价。在非公开市场下，公司的财务顾问还可通过建模估值向机构投资者推荐公司，实现融资。二是外部投资者建模估值，一方面是二级市场上的投资者通过建模估值进行投资决策，另一方面是并购投资中通过建模估值进行并购定价。内部建模获得的数据相对比较详尽，而外部建模获得的数据相对有限，因此，两种目的的建模得到的估值结果的准确性也是有差异的。无论哪种目的的建模，在建模前都需要明确以下问题：

1.建模的对象

在建立财务模型时需要明确是以母公司为建模对象，还是以母公司加上其子公司所组成的集团为建模对象。如果是前者，还需要进一步考虑是否需要对其重要的控股子公司单独建模，以及如何估算其子公司的价值。

建模对象的确定需要根据公司经营业务涉及的行业分布来确定。如果子公司和母公司不在同一行业，业务也没有明显的关系，同时又能获得子公司比较详细的资料，那么最好对母公司和子公司分开建模，然后将估值结果求和。

如果母公司和子公司有明显的上下游承接关系，可以从业务上把二者看成一个整体。当母公司只是一个形式上的控股公司，具体业务都分散在众多业务类似的子公司时，把整个集团作为建模对象更为合适。例如，房地产开发公司万科A（000002.SZ），其房地产开发业务主要分散于在各城市设立或投资的子公司，这些子公司业务很相似，建模时把整个集团作为建模对象更可行。

综上所述，如果母公司与子公司同质性很高，则可以以合并后的集团为主要建模对象，否则对母公司和子公司分开建模更为合适。

2.目标公司的业务模式

了解目标公司的业务模式就是了解该公司是靠什么业务取得收入的。只有了解业务模式，才能决定建模的顺序和思路，搭建模型架构，设定假设。建模者应当找出决定公司成长速度的关键因素，并在模型中把它们影响收入、现金流的路径体现出来，也就是从财务和价值的角度把公司的经营过程从头到尾模拟一遍。

例如，同样是房地产开发公司，万科和北辰实业的业务模式截然不同，万科几乎全部是住宅开发，而北辰实业主营物业酒店管理。由于两家公司业务模式不同，在收入预测的结构上就不同。住宅开发的业务模式是“投资买地→开发建设→销售→回款”，而持有物业的业务模式是“投资买地→开发建设→出租→每年收取租金”。两种业务模式的前面是相同的，但后面截然不同，在进行现金流预测时，由于住宅开发需要通过销售商品房回款，房地产市场交易及房价调控等因素直接影响现金流预测，而收取租金相对而言受到的影响要小很多。

3.名义模型还是实际模型

在建立模型时需要明确是否考虑通货膨胀的影响。如果考虑了通货膨胀的影响，建立的是名义模型，否则建立的是实际模型。建立名义模型时需要在假设条件中考虑通货膨胀因素，由于产品销售价格、原材料购买价格、固定资产价格均会受到通货膨胀的影响，所以对未来数据的预测将复杂得多。而且对长期增长率、折现率的预测也要根据通货膨胀率进行调整，调整公式如下：

名义增长率=实际增长率+通货膨胀率　(13.13)

名义折现率=（1+真实折现率）×（1+通货膨胀率）-1　(13.14)

4.估值起点和预测期起点

确定估值起点和预测期起点能够相应地确定所选择的会计期间，这直接影响可以利用的历史财务数据以及现金流量折现值。如果建模的时点在年初，那么可以将过去年度的财务年报均作为历史数据加以分析，并且折现时间间隔相等。如果建模的时点不在年初，除了能够获得以前年度的年报数据外，还能够获得本年度第一季度甚至中期、第三季度的财务数据，这对于预测当年的数据有很大帮助，但是折现时为不等时间间隔折现。通常情况下，将估值起点选择为预测期的起点，这样会比较方便。但IPO或并购业务的估值起点可能不是发生在期初，此时需要将具体的交易时点作为估值起点。

自测题13-1

第二节　公司价值评估现金流量折现模型

一、股权自由现金流量模型

（一）股权自由现金流量

股权自由现金流量（free cach flow of equity，FCFE）是可以自由分配给股权拥有者的最大化的现金流。FCFE的计算公式为：

$$\text{FCFE} = \text{净利润} + \text{折旧} + \text{摊销} - \begin{matrix}\text{营运资本}\\\text{增加额}\end{matrix} + \begin{matrix}\text{长期经营性}\\\text{负债的增加}\end{matrix} - \begin{matrix}\text{长期经营性}\\\text{资产的增加}\end{matrix} - \begin{matrix}\text{资本性}\\\text{支出}\end{matrix} + \begin{matrix}\text{债务净}\\\text{增加额}\end{matrix} \quad (13.15)$$

对于股权自由现金流量，可从以下三个层面进行理解（如图13-9所示）：

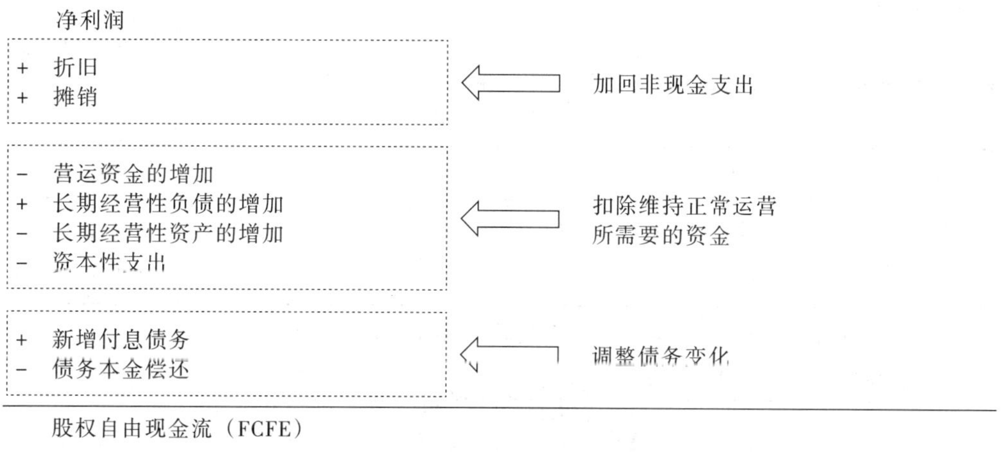

图13-9　股权自由现金流量调整原理

“现金流”：折旧、摊销等非付现支出只在会计账面上体现，在实际运营中并未发生实际的现金流出，因此在计算股权自由现金流量时，应将此类支出在净利润的基础上加回。

“自由”：只有扣除了公司持续经营所需要的资金以后，剩余的才是可以“自由”分配的现金流。所以在计算股权自由现金流量时，还需要扣除营运资金（operating working capital，OWC）的变化，以及资本性支出。若公司有长期经营性负债或长期经营性资产，也应该进行调整。

“股权”：由于是分配给股权所有者的现金流，所以应该扣除债权人的现金流。债权人的现金流包括两部分：一是利息的支付；二是本金的净增加额（发行新债与偿还旧债之间的差额）。净利润是扣除利息和所得税后的利润，所以利息支付已经在净利润中扣除了。还需要扣除债务的净增加额，加上有息负债的增加额，减去债务本金的偿还。另外，如果公司还有优先股融资，还应该扣除优先股股东的现金流，即减去优先股股息，加上新增的优先股股本。

需要注意的是，如果上述公式中所有项目使用的都是合并报表的数据，则用其折现对应的股权价值包括少数股东权益的价值，计算归属于母公司股东的权益价值时需要扣除少数股东权益的价值。

（二）股权自由现金流量模型的一般形式

股权自由现金流量模型就是对股权自由现金流量进行折现以评估股权的价值。将未来的股权自由现金流量分为详细预测期现金流量和终值期现金流量，可以得到股权自由现金流量模型的一般形式：

$$\text{股权价值} = \sum_{t=1}^{n}\frac{FCFE_t}{(1+r)^t} + \frac{TV}{(1+r)^n} \tag{13.16}$$

式中，$FCFE_t$为第t年的股权自由现金流量；n为详细预测期的期数；r为股权资本成本，或投资必要报酬率，与股利折现模型的r相同；TV为股权自由现金流量的终值，可以用Gordon永续增长模型进行估算。

【例13-5】

假设某公司未来10年的FCFE见表13-4，第10年后FCFE以3%的增长率永续增长。预测在第10年该公司股票的市盈率PE_{10}为9，净利润NI_{10}为1.5亿元。投资必要报酬率为11%。利用股权自由现金流量模型计算该公司的股权价值。

表13-4 **每年FCFE分布** 单位：百万元

时间	1	2	3	4	5	6	7	8	9	10
FCFE	75	93	78	99	102	108	123	117	114	126
FCFE现值	67.57	75.48	57.03	65.21	60.53	57.74	59.24	50.77	44.57	44.38

使用Gordon永续增长模型估算该公司股票在第10年年末的价值：

$$TV = \frac{FCFE_{10} \times (1+g)}{r-g} = \frac{126 \times (1+3\%)}{11\% - 3\%} \approx 1\,622.25\text{（百万元）}$$

目前该公司的股权价值为：

$$\text{股权价值} = \sum_{t=1}^{10}\frac{FCFE_t}{(1+11\%)^t} + \frac{1\,622.25}{(1+11\%)^{10}} \approx 582.52+571.33=1\,153.85\text{（百万元）}$$

二、公司自由现金流量模型

（一）公司自由现金流量

公司自由现金流量（free cach flow of firm，FCFF），是指公司在保持正常运营的情况下，可以向所有出资人（包括债权人和普通股股东）进行自由分配的现金流。因此，公司自由现金流量包括两部分：股权自由现金流量和债权人现金流量。根据股权自由现金流量模型，公司自由现金流量的计算过程如下：

$$\begin{aligned}FCFF &= \text{股权自由现金流量} + \text{债权人现金流量}\\ &= \left[\text{净利润} + \text{折旧} + \text{摊销} - \text{营运资本增加额} + \text{长期经营性负债的增加} - \text{长期经营性资产的增加} - \text{资本性支出} + \text{债务净增加额}\right] +\\ &\quad \left[\text{利息} \times \left(1 - \text{所得税税率}\right) - \text{债务净增加额}\right]\end{aligned}$$

上式等式右方的第一项为归属于普通股股东的现金流量；第二项为归属于债权人的现金流量，如果有优先股，还应该加上优先股股东现金流量。整理上式后可以得到公司自由现金流量的计算公式为：

$$FCFF = \text{息税前利润} \times \left(1 - \text{所得税税率}\right) + \text{折旧} + \text{摊销} - \text{营运资本增加额} + \text{长期经营性负债的增加} - \text{长期经营性资产的增加} - \text{资本性支出} \tag{13.17}$$

因此，公司价值是以息税前利润为基础，调整所得税、债务变化，扣除维持正常运营所需要的资金后剩余的现金净流量（如图13-10所示）。

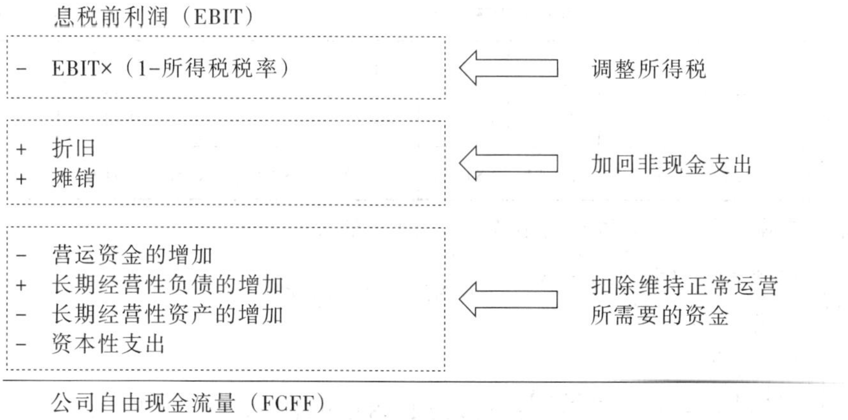

图13-10　公司自由现金流量调整原理

需要注意的是，由于公司自由现金流量包括债权人现金流量，因此，不考虑资本结构的影响，在剔除了利息税盾的作用后，这里的所得税并不是利润表中的所得税，可以直接在EBIT的基础上调整，用EBIT乘以当期有效税率。

（二）公司自由现金流量模型的一般形式

公司自由现金流量模型就是对公司自由现金流量折现，以估算公司价值（EV）。在折现时，其折现率不再是股权资本成本，因为公司自由现金流量包括股东和债权人的现金流量，所以折现率应该是考虑了股权资本成本和债务资本成本的加权平均资本成本。同样将公司自由现金流量分为详细预测期现金流量和终值期现金流量，可以得到公司自由现金流量模型的一般形式：

$$公司价值(EV)=\sum_{t=1}^{n}\frac{FCFF_t}{(1+WACC)^t}+\frac{TV}{(1+WACC)^n} \tag{13.18}$$

式中，$FCFF_t$为第t期的公司自由现金流量；n为详细预测期的期数；WACC为加权平均资本成本，具体计算已在第四章详细介绍；TV为公司自由现金流量的终值，同样可以采用Gordon永续增长模型进行预测。

利用公司自由现金流量模型计算的是公司价值，而并非股权价值，要想计算出股权价值，就需要利用价值等式：

公司价值=债权价值+股权价值

所以，在公司自由现金流量模型下求股权价值的公式为：

股权价值=公司价值-债权价值

=公司价值-融资性负债价值 （13.19）

由于折现后公司价值是估值起点的价值，所以债权价值也应该是估值起点的融资性负债价值。

【例13-6】

假设某公司未来10年的FCFF见表13-5，第10年后FCFF以3%的增长率永续增长。估值起点的融资性负债为550百万元。预测在第10年该公司的企业价值倍数（EV/EBITDA）为8，$EBITDA_{10}$为240百万元。加权平均资本成本为10%。利用公司自由现金流量模型计算公司股权价值。

表13-5 **每年FCFF分布** 单位：百万元

时间	1	2	3	4	5	6	7	8	9	10
FCFF	105	123	108	129	132	138	153	147	144	156
FCFF现值	95.45	101.65	81.14	88.11	81.96	77.90	78.51	68.58	61.07	60.14

使用Gordon永续增长模型估算该公司股票在第10年年末的价值：

$$TV=\frac{FCFF_{10}\times(1+g)}{WACC-g}=\frac{156\times(1+3\%)}{10\%-3\%}\approx 2\,295.43\text{（百万元）}$$

目前该公司股权价值为：

$$公司价值=\sum_{t=1}^{10}\frac{FCFF_t}{(1+10\%)^t}+\frac{2\,295.43}{(1+10\%)^{10}}\approx 794.52+884.99=1\,679.51\text{（百万元）}$$

股权价值=1 679.51-550=1 129.51（百万元）

三、股利折现模型

（一）股利折现模型的基本原理

投资者购买股票，通常预期获得两种现金流：一种是持有股票期间获得的现金股利；另一种是持有期末卖出时的预期价格。二者的现值之和决定了目前该股票的市场价值。

所以，股利折现模型（discounted dividend model，DDM）的一般形式为：

$$P_0 = \sum_{t=1}^{n} \frac{DPS_t}{(1+r)^t} + \frac{P_n}{(1+r)^n} \tag{13.20}$$

式中，P_0为股票当前的价值；DPS_t为第t期的每股现金股利；n为详细预测期的期数；r为与股利相匹配的折现率，即投资必要报酬率；P_n为持有期末卖出股票时的预期价格。对于P_n，可用Gordon永续增长模型进行估值。

【例13-7】

假设某公司未来10年每股发放的现金股利见表13-6，该公司的股利支付发生在每年年末，第10年后每年发放的现金股利以3%的增长率永续增长。预测在第10年该公司股票的市盈率（P/E）为9，每股收益为0.76元。投资必要报酬率为11%。利用股利折现模型计算公司股权价值。

表13-6　**每年现金股利**　单位：元

时间	1	2	3	4	5	6	7	8	9	10
每股股利	0.25	0.31	0.26	0.33	0.34	0.36	0.41	0.39	0.38	0.42
每股股利现值	0.225	0.252	0.190	0.217	0.202	0.193	0.198	0.169	0.149	0.148

使用Gordon永续增长模型估算该公司股票在第10年年末的价值：

$$P_{10} = \frac{DPS_{10} \times (1+g)}{r-g} = \frac{0.42 \times (1+3\%)}{11\% \quad 3\%} \approx 5.41 \text{（元/股）}$$

目前该公司股权价值为：

$$P_0 = \sum_{t=1}^{10} \frac{DPS_t}{(1+11\%)^t} + \frac{5.41}{(1+11\%)^{10}} \approx 1.94+1.91=3.85 \text{（元/股）}$$

（二）股利的估计

股利的估计一般有两种方法：一是股利支付率估计法；二是最大股利支付法。

股利支付率估计法是指假设股利支付占净利润一定比例，用每股收益乘以股利支付率来预测每股股利，其公式为：

$$DPS_t=EPS_t \times PO_t$$

式中，DPS_t为第t期的每股股利；EPS_t为第t期的每股收益；PO_t为第t期的股利支付率。

最大股利支付法是指除去维持正常经营所需资金及监管要求下的资本积累外，余下的利润全部分配给股东。这种方法主要适用于部分行业，比如银行，银行必须首先满足巴塞尔协议和所在国（地区）的监管要求，达到资本充足率的要求，根据资本充足率的要求决定资本中权益资本的数量。这部分权益资本尽可能地用内部盈余来满足。如果盈余满足了资本充足率的要求后还有剩余，则剩余部分即为满足监管要求的最大可能支付的股利。

最大股利支付法其实是对目标公司股利政策的一种假设，比如当公司实行剩余股利政策时，那么当期盈利按照目标资本结构满足下期投资所需资本中的股权资本需求时，剩余的利润全部用于发放股利，此时，股利的计算公式为：

股利=净利润-用于充实资本或新投资的股权资本支出

【例 13-8】

某银行2020年年底的总资产为1 000亿元人民币，根据资本充足率的要求，该银行总资本不得低于115亿元人民币。若该银行2019年年底的总资本为112亿元人民币，则2020年该银行需要增加3亿元人民币补充资本金。若该银行2020年实现净利润10亿元人民币，其中3亿元人民币用于补足资本金，则剩下的7亿元人民币为可以向股东分配的最大股利。

自测题 13-2

在股利预测时通常使用股利支付率估计法，因为最大股利支付法适用于金融类等特殊行业。如果假设公司采用剩余股利政策，其目标资本结构也难以确定。

【本章小结】

▶公司价值是指公司所有出资人（包括股东、债权人）共同拥有的公司运营所产生的价值，既包括股权价值，也包括债权价值。公司价值按照衡量方式，可分为市场价值和账面价值，在价值评估中评估的是市场价值。

▶公司市场价值取决于未来能够给投资者（包括股东、债权人）带来的现金流量，基于货币时间价值理论，公司价值等于未来现金流量的现值合计。

▶价值评估的基本原理：价值等于未来现金流入量的现值。如果现金流量属于所有出资人，现金流入量的现值就是公司价值；如果现金流量属于股权出资人，则现金流入量的现值就是股权价值。

▶在使用现金流量估值法时，有四个要素需要提前确定：详细预测期，详细预测期内每期的现金流量，终值，折现率。

▶公司价值评估中需要进行财务建模，财务建模一般是指将公司的各种信息按照价值创造的主线进行分类、整理和链接，并在此基础上完成对公司财务状况的分析、预测及价值评估等功能。

▶股权自由现金流量是指可以自由分配给股权拥有者的最大化的现金流。股权自由现金流量模型就是对股权自由现金流量进行折现以评估股权的价值。

▶公司自由现金流量是指公司在保持正常运营的情况下，可以向所有出资人（包括债权人和普通股股东）进行自由分配的现金流。公司自由现金流量模型就是对公司自由现金流量折现以估算公司价值。

【复习思考】

1. 什么是公司价值？公司价值的构成包括哪些？公司价值指的是账面价值还是市场价值？

2. 价值评估的基本原理是什么？价值评估的步骤包括哪些？

3. 什么是财务建模？财务建模的前期工作有什么？

4. 现金流量估值法的要素有哪些？现金流量估值法包括哪些方法？

5. 什么是股权自由现金流量？股权自由现金流量如何计算？

6. 什么是公司自由现金流量？公司自由现金流量如何计算？

链接本章
引导案例

《财务管理》
慕课资源

第十四章

公司价值评估财务建模

【学习目标】

本章在公司价值评估理论的基础上，以美的电器为案例，结合我国制度背景和经济环境，详细介绍了股权自由现金流量模型、公司自由现金流量模型、股利折现模型估价的具体操作过程，为我国企业价值评估的实践操作提供了指导依据。通过对本章内容的学习，学生应完成以下目标：

1.掌握预计资产负债表和预计利润表的编制方法；

2.掌握股权自由现金流量模型估值的方法；

3.掌握公司自由现金流量模型估值的方法；

4.掌握股利折现模型估值的方法；

5.掌握财务建模的技术和方法。

【本章主要内容导图】

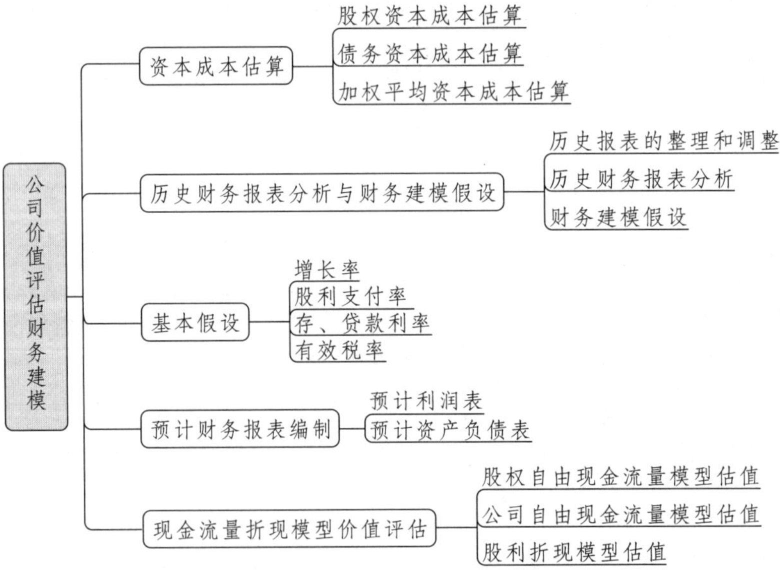

【引导案例】

2021年11月10日，深交所向浙江京新药业股份有限公司（京新药业，002020.SZ）发出关注函。关注函指出，京新药业披露《关于收购广东沙溪制药有限公司100%股权暨关联交易的公告》《关于收购杭州胡庆余堂医药控股有限公司6%股权暨关联交易的公告》。截至评估基准日2020年12月31日，沙溪制药股东全部权益账面价值为2 697.67万元，按收益法评估的评估价值为220 500万元；胡庆余堂股东全部权益账面价值为99 789.76万元，按市场法评估的评估价值为359 090万元。深交所要求京新药业补充披露评估计算过程、评估方法的选取、相关指标的取值及其确定依据，并说明上述交易标的定价的合理性等。

问题：

（1）京新药业的收益法评估采用现金流量折现法，什么是现金流量折现法？

（2）股权价值评估依据的现金流量是如何计算的？

（3）股权价值评估设有哪些假设条件？

（4）此次并购的股权价值评估是高估了还是低估了？

本书一直强调，公司价值评估需要考虑的因素、步骤以及财务建模的方法会因为公司的差异化而不同，公司价值评估财务建模是一项个性化工作，不具有严格的复制性。但我们需要了解公司价值评估财务建模的一般形式，在掌握了一般的财务建模的基础上，才可以根据公司的个性化修正财务建模，从而得到准确的公司价值评估结果。本章以Excel为工具，以美的集团（000333）为案例[①]，演示财务建模的一般过程。为了使读者能够清晰地了解财务建模的基本思路和重点内容，对于非重要的预测一般采用简单的预测方法，即便这些简单的预测方法不具有普遍性。在财务建模演示中对具体问题进行具体分析。

本章讲授公司价值评估财务建模时以2015—2019年5年的历史财务数据为基础，以2020年初为预测起点[②]，分别利用股权自由现金流量模型、公司自由现金流量模型和股利折现模型演示案例公司价值评估的结果。

第一节　资本成本估算

一、股权资本成本估算

股权资本成本利用资本资产定价模型来估算，关于资本资产定价模型每个变量的含义、替代变量、数据获取在第四章已详细介绍。无风险收益率——可以用2020年年初的国债利率来替代；市场风险溢价——利用国家风险溢价法从达摩达兰网站获取2020年的

① 该案例是随机选择的，由于本章讲解公司价值评估的一般模型和方法，对于美的集团这一案例公司没有实施调研，因此，没有对美的集团财务预测中的特殊问题进行详细预测，所以估值结果会受到限制，本章采用的案例仅供教学使用，不具有投资参考价值。

② 因为作者在做财务建模时案例公司2020年年报还没有披露，因此，以2020年为预测起点。

市场风险溢价数据；β系数——利用历史5年收益率回归估算，回归结果显示β系数为0.7762094，其估算过程可以参见第四章二维码“美的集团β系数回归演示”。

国债利率的数据来源于中国债券信息网（https：//www.chinabond.com.cn/）、全球经济数据网（http：//www.qqjjsj.com/）等网站，通过上述网站可获取2020年1月份发布的5年期国债收益率。这里以全球经济数据网为例，该网站发布的“2020年1月6日中国国债收盘价及收益率”（http：//www.qqjjsj.com/show123a113858）中披露的5年期国债收益率为2.94%，如图14-1所示。

2020年1月6日中国国债收盘价及收益率

时间：2020-01-06 23:28:32　阅读：25　来源：www.qqjjsj.com

白果　国债　国债利率

2020年1月6日中国国债收盘价及收益率

国债品种	债券简称	国债收益率%	年利率%	国债收盘价
1年期国债	19国债12	2.46	2.46	100
2年期国债	19国债14	2.69	2.69	100
3年期国债	19国债11	2.75	2.75	100.01
5年期国债	19国债13	2.94	2.94	99.99
7年期国债	19国债16	3.12	3.12	100
10年期国债	19国债15	3.14	3.13	99.8
15年期国债	09国债11	3.69	3.69	100
20年期国债	15国债21	3.64	3.74	102.8
30年期国债	19债10	3.71	3.86	104.17
50年期国债	19国债08	3.82	4	104.8

图14-1　全球经济数据网披露的国债收益率

市场风险溢价利用国家风险溢价法估算，相关数据来源于达摩达兰网站，经估算，中国2020年1月份的市场风险溢价数值为7.30%。

根据资本资产定价模型，美的集团的股权资本成本计算如下：

$$E\left(r_j\right) = r_f + \beta_j\left(r_m - r_f\right) = 2.94\% + 0.7762094 \times 7.30\% = 8.61\%$$

在这里要说明一下，利用资本资产定价模型计算的股权资本成本是基于过去5年的历史数据的，因此可以按照8.61%来估算未来5年的详细预测期的股权资本成本，但稳定增长期的股权资本成本应该比详细预测期的略低，因为稳定增长期的增长率稳定，收益率波动程度小于详细预测期，因此稳定增长期的风险会小于详细预测期，故稳定增长期的股权资本成本会略低于详细预测期，但要高于稳定增长率，这是基于Gordon永续增长模型的基本假设。总之，稳定增长期的股权资本成本的取值在详细预测期股权资本成本和稳定增长率之间，并在数值上靠近详细预测期股权资本成本。由此可见，稳定增长期的股权资本成本是个主观变量，可以调整。

二、债务资本成本估算

按照第七章债务资本成本的计算公式，为求简便，债务资本成本可以用税后利息率来估算。当公司有多种债务时，可以用税后平均利息率来估算。

平均利息率=利息支出÷有息负债 (14.1)

在这里，有息负债通常包括短期借款、交易性金融负债（含衍生金融负债）、长期借款、应付债券等。

税后债务资本成本=平均利息率×（1−所得税税率） (14.2)

在这里需要注意的是，债务资本成本的估算需要已知有息负债的数值，因此，需要先编制预计资产负债表、预计利润表，利息支出来源于预计利润表中的财务费用，有息负债来源于预计资产负债表。

三、加权平均资本成本估算

根据第七章加权平均资本成本的计算公式，预测期加权平均资本成本的计算公式如下：

$$\text{加权平均资本成本} = \frac{\text{股权资本}}{\text{股权资本}+\text{债务资本}} \times \text{股权资本成本} + \frac{\text{债务资本}}{\text{股权资本}+\text{债务资本}} \times \text{税后债务资本成本} \tag{14.3}$$

在这里需要说明的是，股权资本和债务资本的比重均来源于预计资产负债表，因此估算的加权平均资本成本是预测期的而非历史的。按照公式（14.3）计算出来的加权平均资本成本在预测期内每年数值均不相同。那么以加权平均资本成本为折现率时如何折现呢？当每期折现率不同时，其折现公式为：

$$PV = \frac{CF_n}{(1+r_1)(1+r_2)(1+r_3)\cdots\cdots(1+r_n)} \tag{14.4}$$

假设 $1+R=(1+r_1)(1+r_2)(1+r_3)\cdots\cdots(1+r_n)$，那么公式（14.4）可以写成：

$$PV = \frac{CF_n}{1+R} \tag{14.5}$$

此时，R 被称为累计折现率，1/（1+R）叫作累计折现因子。累计折现因子的使用在后面的估价模型中具体演示。

第二节 历史财务报表分析与财务建模假设

一、历史财务报表的整理和调整

财务报表的整理和调整就是要重构一张适合进行财务预测的报表，如第十三章所述，通常的报表重构方法包括：报表项目删除、报表项目合并、报表项目拆分和报表项目增加。

（一）利润表的整理和调整

1.报表项目删除

首先，删除每年数值为0的报表项目，删掉这些项目会使利润表变得整齐。其次，删除包含类项目，即含“其中”字样的项目。但包含类项目不一定全部要删掉，主要看“其中”的内容是否重要。比如，2018年新企业会计准则要求对财务费用中的利息支出和利息收入进行披露，利息支出是计算债务资本成本的数据，因此在预测财务费用时不能把“其中：利息费用”“利息收入”删掉，而且要单独预测。最后，不重要的计算类项目可以删掉，比如美的集团利润表中有“利息净收入”“利息收入”“利息支出”项目，而且利息净收入占营业收入的比重很小，所以美的集团的金融类业务并不是主营业务。由于利息净收入等于利息收入减去利息支出，那么即便预测利息净收入，也没必要单独预测利息收入和利息支出，因此，可以将利息收入和利息支出删掉，只保留利息净收入。同理，手续费及佣金收入、手续费及佣金支出也可以删掉。

2.报表项目合并

合并一些性质相同、驱动因素相同、会计政策变更的项目。比如，2018年新企业会计准则要求将研发费用从管理费用中剥离出来，单独列示，为了保证报表项目披露内容的一致性，可以将研发费用和管理费用合并起来，除非有证据证明研发费用和管理费用的驱动因素存在差异，并且能够对两个项目单独预测，此时，可以将2018年以前的管理费用拆分成不含研发费用的管理费用和研发费用，显然这样是比较复杂的。在美的集团的利润表中，利息净收入、手续费及佣金净收入均属于金融类非主营业务，可以将二者进行合并。另外，需要合并的最主要项目是非正常性或非经常性损益，通常包括非主营收入（利息净收入、手续费及佣金净收入、其他业务收入）、其他收益、投资收益、公允价值变动收益、资产减值损失、信用减值损失、资产处置收益、其他业务成本、营业外收入、营业外支出等，其计算过程如下：

$$\begin{aligned}\text{非正常性或非经常性损益} = {} & \text{非主营收入(利息净收入、手续费及佣金净收入、其他业务收入)} - \text{其他业务成本} + \text{其他收益} + \text{投资收益} + \text{公允价值变动收益} - {} \\ & \text{资产减值损失} - \text{信用减值损失} + \text{资产处置收益} + \text{营业外收入} - \text{营业外支出}\end{aligned} \tag{14.6}$$

3.报表项目拆分

根据现金流量估价模型，在估价中需要使用“折旧和摊销”的数据，在报表项目中，折旧和摊销的数据来源于两个报表：在利润表中，折旧和摊销分别计入营业成本、销售费用和管理费用中，并不单独列示，而且会计报表附注中也没有单独披露这三个会计项目中含有的折旧和摊销。在按间接法编制的现金流量表中，会披露“固定资产折旧、油气资产折耗、生产性生物资产折旧”“无形资产摊销”“长期待摊费用摊销”项目，因此可以计算出折旧和摊销总额。在调整利润表时，由于折旧和摊销的大部分计入营业成本，因此可以在营业成本中把折旧和摊销剥离出来，拆分成“不含折旧和摊销的营业成本”和“折旧和摊销”，原因是营业成本的驱动因素是销量，而折旧和摊销的驱动因素取决于固定资产和无形资产计量的会计政策。

利润表整理和调整Excel演示（14-1）

4.增加利润性报表项目

增加折旧摊销息税前利润（EBITDA）、息税前利润（EBIT），删掉原有的“营业利润”项目。在调整利润性报表项目时，要注意数据计算的一致性。此时，利润总额的计算如下：

$$\text{折旧摊销息税前利润} = \text{营业收入} - \text{不包含折旧和摊销的营业成本} - \text{税金及附加} - \text{销售费用} - \text{管理费用} \tag{14.7}$$

息税前利润=折旧摊销息税前利润-折旧和摊销　（14.8）

利润总额=息税前利润-财务费用+非正常性或非经常性损益　（14.9）

（二）资产负债表的整理和调整

1.报表项目删除

与调整利润表相似，将每年数据均为0的项目、包含类项目删除。但“其中：库存股”项目不能删除，因为它是所有者权益的减项。

2.报表项目合并

需要合并的项目包括三类：一是报表中性质相近的项目。例如，当应收票据、预付款项金额不大时，可以将应收票据、应收账款和预付款项合并为应收款项，因为它们都反映了销售中的债权性资产。同样地，也可以将应付票据、应付账款和预收款项合并为应付款项。另外，固定资产、在建工程、使用权资产、生产性生物资产、油气资产都属于能够形成生产能力的经营性非流动资产，可以将它们合并为生产性固定资产。同样地，无形资产和研发支出也可以合并。长期应付款、专项应付款和长期应付职工薪酬均属于长期经营性负债，可以进行合并。实收资本、资本公积和库存股反映了股东资本状况，也可以进行合并，盈余公积和未分配利润可合并为留存收益。二是新旧会计准则变更的报表项目。为了使新旧会计准则报表项目具有一致性，需要将会计准则变更的报表项目进行合并，例如，新准则中将交易性金融资产分为以公允价值计量且其变动计入当期损益的金融资产、交易性金融资产、衍生金融资产，为了与旧准则下报表项目一致，可以将新准则的分类合并在一起为交易性金融资产。同样地，也可以将吸收存款同业存放、衍生金融负债、回购金融资产款等合并为交易性金融负债。新准则中将应收利息和应收股利纳入其他应收款项目中，而应收利息和应收股利属于非重要性项目，为了使新旧会计准则报表项目具有一致性，可以将旧准则下的应收利息和应收股利与其他应收款项目合并。同样地，应付股利、应付利息也可以和其他应付款项目合并。三是将报表项目中不重要的金融类项目合并为“非核心资产”。非核心资产包括现金及存放中央银行款项、存放同业款项、交易性金融资产、衍生金融资产、发放贷款及垫款、可供出售金融资产①、长期股权投资、其他非流动金融资产、投资性房地产。

$$\begin{array}{c}\text{非核心}\\\text{资产}\end{array}=\begin{array}{c}\text{现金及存放}\\\text{中央银行款项}\end{array}+\begin{array}{c}\text{存放同业}\\\text{款项}\end{array}+\begin{array}{c}\text{交易性}\\\text{金融资产}\end{array}+\begin{array}{c}\text{衍生金融}\\\text{资产}\end{array}+\begin{array}{c}\text{发放贷款}\\\text{及垫款}\end{array}+\begin{array}{c}\text{可供出售}\\\text{金融资产}\end{array}+\begin{array}{c}\text{长期股权}\\\text{投资}\end{array}+\begin{array}{c}\text{其他非流动}\\\text{金融资产}\end{array}+\begin{array}{c}\text{投资性}\\\text{房地产}\end{array}\qquad(14.10)$$

3.增加“融资缺口”项目

融资缺口又称循环贷款，反映了公司现金相对于所需现金不足的部分，反映了财务预测模型中的左右平衡关系。融资缺口等于资产减去负债与所有者权益的合计，如果融资缺口为正，说明资产大于负债和所有者权益合计，需要融资。如果融资缺口为负，说明资产小于负债和所有者权益合计，融资过多。增加“融资缺口”项目能够清楚地判断资产负债表的平衡关系，为资产负债表调平奠定基础。

资产负债表整理和调整Excel演示（14-2）

① 根据新企业会计准则，资产负债表中已经没有“可供出售金融资产”项目，但有的上市公司年报中还会出现这个项目，为了能够让学生捕捉到这个项目的处理，这里把它保留下来。

利润表会计分析Excel演示（14-3）

资产负债表会计分析Excel演示（14-4）

二、历史财务报表分析

（一）财务报表会计分析演示

财务报表分析包括水平分析、垂直分析，其中资产负债表还需要做报表项目占营业收入比率分析，在进行会计分析时，无须每个报表项目进行手动计算，只需要在Excel表格中最初单元格里输入水平分析和垂直分析的公式，然后进行公式复制即可，大大减少了计算工作量。在使用公式复制时，注意绝对引用和相对引用的使用。[①]

（二）财务报表财务比率分析演示

对预测有用的财务比率见表14-1，具体计算见二维码中的Excel演示。

表14-1　　财务比率

	指标	计算公式
盈利能力	销售毛利率	（营业收入-营业成本）/营业收入×100%
	折旧摊销息税前利润率	EBITDA/营业收入×100%
	息税前利润率	EBIT/营业收入×100%
	税前利润率	利润总额/营业收入×100%
	净利润率	净利润/营业收入×100%
	总资产收益率	息税前利润/平均总资产×100%
	净资产收益率	净利润/平均净资产×100%
营运能力	应收款项周转率	营业收入/平均应收款项
	存货周转率	营业成本（或收入）/平均存货
	应付款项周转率	营业成本/平均应付款项
	总资产周转率	营业收入/平均总资产
偿债能力	资产负债率	总负债/总资产×100%
	产权比率	总负债/所有者权益
	利息保障倍数	息税前利润/利息支出
其他指标	每股收益	净利润/流通在外的股数
	股利支付率	股利/净利润
	有效税率	所得税费用/利润总额
	平均利息率	利息费用/有息负债
	少数股东权益比例	少数股东损益/净利润
	平均折旧率	折旧/期初合并固定资产
	平均摊销率	摊销总额/（期初无形资产+期初长期待摊费用+期初油气资产+期初生产性生物资产）

① 绝对引用是指在公式编辑时需要固定行和列，也就是要引用某一单元格的数值。相对引用是指在公式编辑时只需要固定行或者列，若固定行，在公式复制时，列会随之变动，反之，如果固定列，行会随之变动。引用时需要输入“$”，固定行就在行前面输入“$”，固定列就在列前面输入“$”。

三、财务建模假设

财务比率分析
Excel演示
（14-5）

利用Excel建模时会有三类假设数据：第一类，单元格中的数据为手动输入的数值，且属于历史数据，不可更改，比如历史财务报表中的数据。第二类，单元格中的数据为公式形式，模型结构一旦确定不再更改。第三类，单元格中的数据为手动输入的数值，且属于假设数据，在模型结构确定后仍可以更改。由此可见，我们需要逐项手动输入假设数据，但并不是所有的假设数据都是可以更改的，有的数据是由公式形成或者选用历史数据，这类数据是不能更改的。财务建模假设表的建立参见本节最后的二维码“基本假设Excel演示”。

（一）增长率预测

增长率的预测往往需要依据宏观经济、行业发展、公司战略等信息进行主观判断，因此，增长率的预测有一些难度。我们可以以历史增长率、证券分析师的研究报告等信息为依据，根据未来经济发展状况适当调整来实现增长率的预测。增长率的预测分为详细预测期和稳定增长期的增长率的预测。详细预测期为5年，每年的增长率均不相同，因此，需要对预测期每年的增长率给出详细的预测。一般证券分析师会对上市公司进行未来3年的增长率预测，我们可以依据证券分析师的预测结果，在此基础上预测另外2年的增长率。另外2年需要根据行业发展、公司战略、经济环境来预估，并且平稳过渡到稳定增长期增长率。当搜集到多个证券分析师的营业收入增长率的预测报告时，可以用证券分析师营业收入增长率预测的平均值作为预测值。

稳定增长期的增长率一般略低于稳定发展国家的宏观经济增长率，我国2010—2019年10年的GDP平均增长率为7.7%，由于我国目前仍属于经济高速发展的国家，因此以我国GDP增长率作为稳定增长率会略高。也可以以美国GDP增长率均值作为参考，美国2010—2019年10年的GDP平均增长率为2.27%。一般地，稳定增长期增长率的取值范围为2%~5%。预测的增长率属于Excel建模的第三类数据，主观性很强，可以更改。

以美的集团增长率预测为例，图14-2显示了同花顺证券分析师于2020年年初对美的集团未来营业收入的预测（http：//basic.10jqka.com.cn/000333/worth.html），根据同花顺的预测结果，美的集团2020—2022年的营业收入增长率分别为3.47%、11.05%、8.51%，从2023年开始平稳过渡到稳定增长期增长率，稳定增长期增长率选择美国近10年GDP增长率均值2.27%。因此，2023年和2024年的增长率可以分别为6%、5%。这里要说明一下，2023年和2024年的增长率需要依靠主观判断，是可以调整的数据。当然，如果你认为证券分析师预测的结果不够客观，可以根据宏观经济环境、行业动态和公司战略进行适当的调整。增长率预测数据属于第三类假设数据，是可以更改的数据。

（二）股利支付率预测

股利支付率体现了公司的股利政策，股利政策由股东大会决议，外部分析者很难预测公司未来的股利政策，因此，股利支付率也是需要通过主观判断来预测的数据。在通常情况下，股利支付率以历史均值为起点，根据股利支付率和增长率的关系来预测。股利支付率和增长率呈反向变动关系，对内含增长率和可持续增长率的计算可以反映出股利支付率和增长率的反向关系。

预测指标	2017（实际值）	2018（实际值）	2019（实际值）	预测2020（平均）	预测2021（平均）	预测2022（平均）
营业收入(元)	2407.12亿	2596.65亿	2782.16亿	2878.73亿	3196.26亿	3468.28亿
营业收入增长率	51.35%	8.23%	6.71%	3.47%	11.05%	8.51%
利润总额(元)	218.55亿	257.73亿	299.29亿	318.79亿	361.85亿	402.13亿

图14-2 同花顺对美的集团营业收入增长率的预测

1.内含增长率与股利支付率

如果不追加外部资金，仅仅依靠新增的留存收益和自然融资形成的资金来源（假设折旧全部用于当年的更新改造）所能达到的最大增长率称为内含增长率。这一增长率可根据外部资金需要量（AFN）的计算公式推出：

$$AFN=(A/S)gS_0-(L/S)gS_0-[M(1+g)S_0-D] \tag{14.11}$$

式中，A/S表示每增加一单位的营业收入所应增加的资产额；L/S表示每增加一单位的营业收入所应增加的负债额；S_0表示基年营业收入；g表示营业收入增长率；M表示销售净利率（净利润/营业收入），销售净利率可以采用基期数；D表示普通股的预计现金股利。

如果无外部追加资金，即AFN=0，通过公式（14.11）即可求出内含增长率。

$$AFN=(A/S)gS_0-(L/S)gS_0-[M(1+g)S_0-D]=0$$

$$g=\frac{MS_0-D}{S_0[(A/S)-(L/S)-M]}$$

假设公司每年股利支付率为d，且保持不变，则下一年度的股利为：

$$D=dMS_0(1+g)$$

将D代入上式，即可得到内含增长率g的计算公式：

$$g=\frac{M(1-d)}{(A/S)-(L/S)-M(1-d)} \tag{14.12}$$

内含增长率（不使用外部资金的最大增长率）与销售净利率M正相关，与股利支付率d负相关。销售净利率越高，内含增长率越高；股利支付率越高，内含增长率越低。公式中的分母是每单位增量营业收入所需追加的增量资金。

2.可持续增长率与股利支付率

如果一家公司增长所需资金完全来自内部（留存收益和自然融资），那么经过一段时间后公司资金总额中的股东权益会不断增加，由此引起负债比率不断下降。如果公司希望继续保持原有的资本结构，就需要发行新债融资。可持续增长率是指在财务杠杆不变的条件下，运用内部资金和外部资金所能支持的销售最大增长率。

如果公司新增的股东权益仅来自留存收益，而留存收益的高低又取决于下一年度的销售收入、股利支付率、销售净利率，即：

留存收益增加额=净利润×（1-股利支付率）$=MS_0(1+g)(1-d)$

在长期负债与股东权益比率一定的情况下，公司追加借款的数额取决于留存收益大小和杠杆比率（B/E）（有息债务/股东权益）两个因素，即：

借款增加额=留存收益增加额×杠杆比率=MS_0（1+g）（1−d）（B/E）

如果资产增长与销售增长相等，则资金需求增加额等于自然融资增加额与留存收益增加额和借款增加额之和，即：

$$\begin{aligned}(A/S)gS_0 &= (L/S)gS_0 + MS_0(1+g)(1-d) + MS_0(1+g)(1-d)(B/E)\\ &= (L/S)gS_0 + MS_0(1+g)(1-d)(1+B/E)\end{aligned}$$

整理上式后，增长率g可表示为与财务政策（杠杆比率、股利支付率等）相一致的最大的营业收入增长率，即可持续增长率，通常用g^*表示，即：

$$g^* = \frac{M(1-d)(1+B/E)}{(A/S)-(L/S)-M(1-d)(1+B/E)} \tag{14.13}$$

可持续增长率与杠杆比率和销售净利率正相关，与股利支付率负相关。负债比率越大，增长率越高，利润率越高，增长越快。但股利支付率越高，增长率越低。无论是否依靠外部融资，根据内含增长率和可持续增长率的计算可以推出，增长率与股利支付率呈反向变动关系。因此，股利支付率的预测，可以根据增长率的变动趋势，按照反方向变动的原则，以股利支付率的历史均值为起点，预测股利支付率的变动趋势。

以美的集团为例，表14-2列示了美的集团的增长率和股利支付率预测值。美的集团股利支付率历史均值为40.8%，因此，预测2020年股利支付率的起点为40%，然后根据与增长率的关系，调增或调减，预测值为40%、38%、40%、41%、42%、45%。从图14-3可以看出，增长率和股利支付率呈反方向变动趋势。股利支付率的预测也属于Excel建模的第三类假设数据，主观性很强，可以更改。

表14-2　**美的集团增长率和股利支付率的预测**

年份	2020	2021	2022	2023	2024	2025
预测期增长率	3.47%	11.03%	8.51%	6.00%	5.00%	2.27%
股利支付率	40%	38%	40%	41%	42%	45%

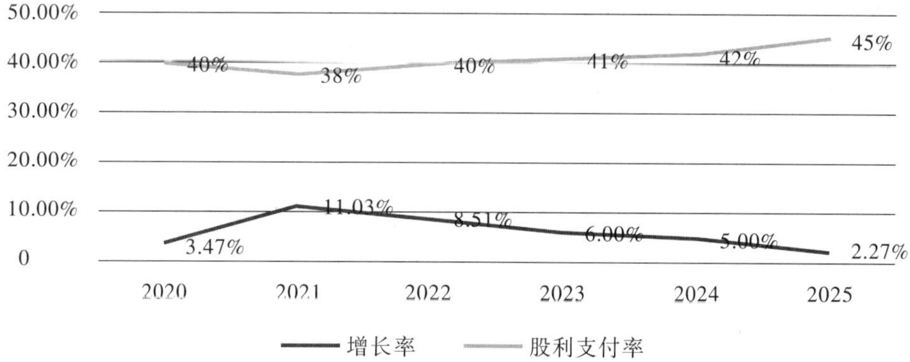

图14-3　预测增长率和股利支付率的趋势图

（三）贷款和存款利率预测

银行贷款分为长期贷款和短期贷款，一般以预测起点（2020年年初）执行的人民银行基准利率作为贷款和存款利率的替代变量。短期贷款利率以1年期贷款基准利率作为替代变量，长期贷款利率以5年期贷款利率作为替代变量，存款利率以1年期存款基准利率为替代变量。

因此，以2020年年初为预测起点，经查，以1年期贷款基准利率4.6%作为短期借款利率，以5年期贷款利率5.15%作为长期借款利率，以1年期存款基准利率1.5%作为货币资金的存款利率。贷款和存款利率预测属于第一类数据，不可以更改。

（四）少数股东权益比率和有效税率的预测

少数股东权益比率和有效税率均以历史均值为预测值，在计算财务比率时，分别计算少数股东权益比率和有效税率的均值为6.41%、15.53%。这两个指标属于第二类假设数据，不可以更改。

（五）资本成本的预测

资本成本的预测包括股权资本成本、债务资本成本和加权平均资本成本的预测。根据本章第一节股权资本成本估算的内容，股权资本成本根据资本资产定价模型计算，其中无风险利率和市场风险溢价数据均属于第一类数据，不可以更改，股权资本成本属于第二类数据，也不可以更改。

债务资本成本和加权平均资本成本的预测是以预计利润表和预计资产负债表为基础的，所以这两个变量的预测需要在编制完成预计利润表和预计资产负债表之后才能够计算。

平均利息率是税前债务资本成本预测的替代变量，根据本章第一节债务资本成本估算的内容，平均利息率=利息费用/有息负债，利息费用来源于预计利润表，有息负债来源于预计资产负债表。

税后债务资本成本=平均利息率×（1–所得税税率）

加权平均资本成本的预测，根据本章第一节加权平均资本成本估算的内容，以预测期债务资本比重和股权资本比重为权重，计算加权平均资本成本。根据公式（14.3）：

$$\begin{matrix}\text{加权平均}\\\text{资本成本}\end{matrix}=\frac{\text{股权资本}}{\text{股权资本}+\text{债务资本}}\times\begin{matrix}\text{股权}\\\text{资本成本}\end{matrix}+\frac{\text{债务资本}}{\text{股权资本}+\text{债务资本}}\times\begin{matrix}\text{税后债务}\\\text{资本成本}\end{matrix}$$

债务资本比重指有息负债账面价值比重，股权资本比重指所有者权益账面价值比重，权重的计算以预计资产负债表为数据来源，有息负债包括短期借款、长期借款、应付债券、租赁负债。

由此可见，债务资本成本和加权平均资本成本属于第二类假设数据，是由公式计算来的，不可以更改。

基本假设
Excel演示
（14-6）

第三节　预计财务报表建模数据演练

一、预计利润表

（一）预计利润表项目预测方法

1.营业收入

销售预测是整个股权价值评估预测的起点，由于企业所销售的产品具有多样性，因此销售预测从营业收入的角度进行，采用增长率法，其预测过程如下：

预测期营业收入=基期营业收入×（1+预测期增长率）

2.经营成本及费用

营业成本、税金及附加、销售费用、管理费用及研发费用的驱动因素都是营业收入，因此可以用销售百分比法预测。

销售百分比法假设某些项目与营业收入呈固定比率，这些项目的驱动因素是销售活动，因此可以该项目占营业收入比重的历史均值为标准进行预测。以营业成本为例，其预测过程如下：

预测期营业成本=预测期营业收入×营业成本占营业收入比重的历史均值

3.EBITDA

$$\text{EBITDA}=\text{营业收入}-\text{营业成本(不含折旧、摊销)}-\text{税金及附加}-\text{销售费用}-\text{管理费用及研发费用}$$

4.折旧和摊销

折旧是以固定资产为基础计提的，所以可以假设折旧与期初固定资产呈固定比率。折旧数据来源于间接现金流量表中“固定资产折旧、油气资产折旧、生产性生物资产折旧”的数据，一般地，油气资产和生产性生物资产是特殊行业的公司持有的，当不存在油气资产和生产性生物资产时，可以折旧占期初固定资产的固定比率历史均值为标准进行预测，其预测过程如下：

$$\text{折旧}=\text{期初合并固定资产}\times\text{平均折旧率的历史均值}+\text{期初油气资产}\times\text{平均折旧率的历史均值}+\text{期初生产性生物资产}\times\text{平均折旧率的历史均值}$$

摊销是无形资产摊销和长期待摊费用摊销的合计，假设摊销与期初无形资产和长期待摊费用呈固定比率，那么以固定摊销比率为标准进行预测，其预测过程如下：

摊销=（期初无形资产+期初长期待摊费用）×平均摊销率的历史均值

根据美的集团间接现金流量表，其无形资产摊销和长期待摊费用摊销均为0，因此不需要预测摊销。

5.EBIT

EBIT=EBITDA−折旧、摊销

由于美的集团没有摊销，因此预测期摊销为0。

6.财务费用

财务费用由利息费用和利息收入构成，利息费用取决于有息负债融资的规模和相应的贷款利率，利息收入取决于货币资金和相应的存款利率，因此可以按照下列公式进行预测：

$$\text{利息费用}=\text{短期借款}\times\text{短期贷款利率}+\text{长期借款}\times\text{长期贷款利率}+\text{应付债券}\times\text{票面利率}+\text{租赁负债}\times\text{实际利率}$$

应付债券的票面利率从债券发行公告中读取。实际利率通常用过去10年租赁期限相近的贷款基准利率的均值来替代。

利息收入=货币资金×存款利率

财务费用=利息费用−利息收入

由于短期借款、长期借款、应付债券、租赁负债和货币资金属于资产负债表项目，还没有预测，因此，在财务费用单元格输入上述公式即可，其结果显示为0，这是因为银行借款和货币资金类项目还没有数值。

7.非正常性或非经常性损益

非正常性或非经常性损益属于非主营业务，其驱动因素是复杂的，如果非正常性或非经常性损益占营业收入的比重较小，那么可以用简便的方法进行预测，即假设保持历史最后一期数值不变。

8.利润总额

利润总额=EBIT-财务费用+非正常性或非经常性损益

9.所得税费用

所得税费用以利润总额乘以有效税率来计算，其计算公式如下：

所得税费用=利润总额×有效税率的历史均值

10.净利润

净利润=利润总额-所得税费用

（二）预计利润表建模演示

预计利润表
Excel演示
（14-7）

按照上述讲授的利润表项目的预测方法，首先将调整后的利润表项目和2019年数据链接到空白工作表中，为了清楚每个项目的预测方法，可以在报表项目后插入一列“预测方法”，这样会更清晰。然后按照项目预测方法在2020年一列的单元格中建立公式，后面各期用公式复制的方法即可，具体操作过程见二维码中的Excel演示。

二、预计资产负债表

（一）预计资产负债表项目预测方法

1.货币资金

货币资金是由经营活动、筹资活动和投资活动共同形成的，它是一个综合性项目，在预测时很难找到驱动因素。我们可以先假设它是由经营活动和投资活动产生的，那么可以按照销售百分比法预测。如果我们的假设错误，那么货币资金除了包括经营活动和投资活动产生的现金流量外，还包括融资活动产生的现金流量，那么此时货币资金的数额将大于按照销售百分比法预测的结果，此时说明资产负债表右方资本来源大于资产负债表左方资本使用，多余的部分将体现在货币资金里，因此货币资金此时成为资产负债表的调平项，具体的调平步骤，下面会详细介绍。由此可见，在编制预计资产负债表时，采用销售百分比法预测货币资金。

2.应收项目

应收票据、应收账款、预付款项均是以销售为驱动因素的，因此均可采用销售百分比法预测。其中，应收账款的预测也可采用固定周转率法，因为企业一般采用账龄分析法来管理应收账款，平均应收账款收账期在账龄分析法下基本趋于稳定，平均应收账款收账期即为应收账款周转天数，应收账款周转天数趋于稳定，则应收账款周转率趋于稳定，那么就可以以历史的应收账款周转率平均值为标准，利用周转率法预测应收账款，其预测过程如下：

应收账款周转率的计算公式为：

$$应收账款周转率 = \frac{营业收入}{(期初应收账款 + 期末应收账款)/2}$$

根据应收账款周转率的计算公式，可以推导出预测期应收账款的计算公式：

$$预测期应收账款 = \frac{预测期营业收入}{应收账款周转率历史均值} \times 2 - 期初应收账款$$

当应收账款周转天数不趋于稳定时，则预测出来的应收账款有可能出现正负交替的情况，这显然不符合实际，此时需要用销售百分比法预测。

3.存货

存货的价值最终将转移到营业成本中，所以存货可以按照与营业成本呈固定比率的方法进行预测，也可以按照周转率法进行预测，因为一个成熟的企业其购、产、销三个环节的工作效率是趋于稳定的，因此采购所产生的库存原材料的数额是稳定的，生产过程中的在产品和产成品的比率是趋于稳定的，销售环节中的已销售和未销售的商品比例是趋于稳定的，因此存货的周转天数也会趋于稳定。同样地，以存货周转率历史平均值为标准，利用周转率法预测存货，存货周转率的计算公式为：

$$存货周转率 = \frac{不含折旧、摊销的营业成本}{(期初存货 + 期末存货)/2}$$

所以，预测期存货的计算公式如下：

$$预测期存货 = \frac{预测期营业成本}{存货周转率历史均值} \times 2 - 期初存货$$

4.其他流动资产

其他流动资产的归类是比较综合的，我们没有办法判断其具体的驱动因素，而且其他流动资产的数据往往比较大，为了简化计算，所有“其他”类项目均视为以销售为驱动因素，采用销售百分比法预测。

5.非核心资产

非核心资产的预测可以采用简便的预测方法，即与最后一期历史数据保持一致，用固定值法预测。

6.长期应收款

长期应收款的驱动因素为销售活动，因此采用销售百分比法预测。

7.固定资产、在建工程和使用权资产

固定资产和无形资产在资产中所占比重较大，属于重点预测项目，所以在财务建模时可以单独建立工作表格“重点项目预测”来对固定资产和无形资产进行详细预测。固定资产和无形资产往往使用BASE法则进行预测。

BASE法则的具体做法是：用该项目的期初数值（beginning），加上当期使该项目增加的项目（addition），减去当期使该项目减少的项目（subtraction），得到该项目的期末数值（ending），即期初值+增加项-减少项=期末值，取这四个英文单词的首字母即为BASE法则。

固定资产和在建工程的作用是形成生产能力，如果现有生产能力达到饱和，那么销售的增加带来生产的增加，生产的增加带来生产能力的增加，此时固定资产的驱动因素是销

售活动，所以固定资产原值可以采用销售百分比法预测。按照企业会计准则，固定资产需要计提折旧，资产负债表披露的固定资产净值是固定资产原值减去折旧和固定资产减值后的余额，由于固定资产减值是市场公允价值与账面余值比较的结果，因此减值的计提不是经常性或正常性的，可以不予预测。

按照这种思路，固定资产的预测方法需要分两步：

首先，预测固定资产增加额。增加固定资产是为了增加生产能力以满足销售增长的需求，因此，固定资产增长额与营业收入呈固定比率，可以采用销售百分比法预测固定资产增加额。在这里，固定资产增加额与营业收入呈固定比率是基于生产能力达到饱和的假设，此时固定资产增加额为正值。如果固定资产增加额为负值，说明固定资产并没有随着销售收入的增加而增加，或者如果产生固定资产清理，此时固定资产减少额也不会与营业收入呈固定比率。因此采用销售百分比法预测固定资产增加额时，固定资产增加额占营业收入百分比的均值应该是固定资产增加额为正值部分占营业收入百分比的历史均值。

预测期固定资产购建=预测期营业收入×固定资产增加额占营业收入比值的历史均值

其次，预测固定资产期末余额。根据BASE法则，固定资产期末余额的预测方法如下：

预测期固定资产净额=期初固定资产+本期固定资产购建-折旧

折旧的预测方法在预计利润表中已经做了介绍，在这里就不再赘述。

8.无形资产

根据BASE法则，无形资产预测分两步：

首先，预测无形资产增加额。无形资产购建一般是因为要增加生产能力而发生的购置土地使用权、经营许可权、专利权、商标权、著作权等，根据无形资产的内容，新增的无形资产往往与固定资产购建或营业收入呈固定比率。

当固定资产购建是无形资产增加的驱动因素时，无形资产增加额的预测方法如下：

预测期无形资产购建=预测期固定资产购建×无形资产增加额占固定资产增加额比值的历史均值

当销售活动是无形资产增加的驱动因素时，无形资产增加额的预测方法如下：

预测期无形资产购建=预测期营业收入×无形资产增加额占营业收入比值的历史均值

其次，预测无形资产期末余额。

重点项目预测 Excel演示（14-8）

预测期无形资产=期初无形资产+本期无形资产购建-摊销

无形资产不是必须摊销，现行会计准则规定，当无形资产使用寿命不确定时无须摊销，使用寿命有限的无形资产，应以成本减去累计摊销额和累计减值损失后的余额进行披露。预测未来购置的无形资产使用寿命是否有限是比较困难的，可以用简便的预测方法，以公司过去计提摊销的情况作为参考。美的集团历史现金流量表显示，过去该公司没有进行摊销。

9.商誉

商誉是公司在非同一控制的企业合并中，收购成本大于取得的被收购方可辨认净资产份额的部分。商誉被确认后将在每年至少做一次减值测试，判断是否计提商誉减值。商誉减值的预测一般有两种方式：一是对于近期可以估计的减值，直接预测其数值；二是按照商誉的比例进行预测。商誉减值一旦确认，未来不可转回。如果历史数据显示商誉呈减少趋势，可以按照商誉比例法预测商誉减值，然后以期初商誉减去商誉减值来预测商誉期末余额。如果历史数据显示商誉呈增加趋势，说明有新的并购导致商誉增加。而公司未来是否有并购战略规划，这是目前很难预测的，因此，我们可以假设不考虑未来的并购战略，这样可以按照固定值法预测商誉。

10.长期待摊费用

长期待摊费用如果数额不大也可以用简便方法预测，采用固定值法。

11.递延所得税资产和递延所得税负债

递延所得税资产和递延所得税负债是会计上纳税和税法上纳税依据不同而产生的税收差异，其预测方法取决于其重要程度，如果金额不大，可以将递延所得税资产和递延所得税负债合并进行简单预测，比如采用固定值法，甚至可以不预测。如果金额较大，可以根据驱动因素和数值特征确定预测方法。美的集团的递延所得税资产会计分析数据显示，其占营业收入的比重比较稳定（如图14-4所示），因此可以用销售百分比法进行预测。因为递延所得税资产和递延所得税负债的驱动因素相同，所以递延所得税负债也可以用销售百分比法预测。

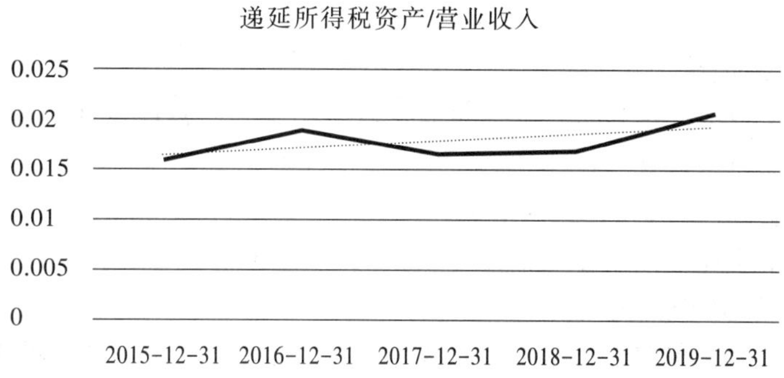

图14-4　美的集团递延所得税资产占营业收入比重数据分析图

12.短期借款

短期借款主要是为了满足日常经营活动的资金需求，销售规模越大，日常经营活动所需资金越多，因此可以用销售百分比法预测短期借款。

13.交易性金融负债

衍生金融负债等交易性金融负债如果数额比较小，可以用简便的预测方法，比如采用固定值法。

14.应付款项

应付票据、预收款项、应付职工薪酬、应交税费、其他应付款、其他流动负债的驱动因素是销售活动，因此均可以用销售百分比法预测。

应付账款与存货、应收账款一样，也可以用周转率法来预测，其预测过程如下：

$$预测期应付账款 = \frac{预测期营业成本}{应付账款周转率历史均值} \times 2 - 期初应付账款$$

15.一年内到期的非流动负债

一年内到期的非流动负债可以不预测，因为我们假设即便是长期借款到期也不予以结转到一年内到期的非流动负债中，这样做也不会影响估值结果。

16.长期借款

长期借款是我们假设的满足融资需求的融资方式，在报表没有平衡前，我们不能判断是否需要融资，因此先令其等于期初数，如果有融资需求再利用长期借款进行调平，具体的调平方法将在后面详细介绍。

17.应付债券

应付债券的账面价值由三部分构成：面值、应计利息和溢价摊销。随着利息的支付，应付债券中包含的应计利息越来越少。随着到期日的临近，溢价摊销使得剩余的溢价越来越少[①]。到期日那天，债券账面价值为面值。由于每年的应计利息和溢价摊销额相同，因此应付债券的预测可以用摊销法，即以（债券账面价值–面值）/剩余年限作为摊销额，使债券价值逐渐递减。

在预测应付债券时，需要根据报表附注和债券发行公告，读取债券发行信息，根据发行日期、到期日期推算出剩余年限。如果债券在详细预测期内到期，假设不再发行新的债券，融资需求由长期借款满足，此时债券到期后，应付债券账面价值为0。美的集团2019年没有应付债券，而且假设以后的融资需求以银行借款来满足，因此预测期应付债券为0。

18.经营性长期负债

长期应付款、专项应付款、长期应付职工薪酬均属于经营性长期负债，其驱动因素也是销售活动，可以用销售百分比法预测。

19.预计负债

预计负债属于非经常性或非正常性负债，不予以预测。

20.实收资本及资本公积

实收资本及资本公积在未来不发行新股和回购股票的假设下，基本保持不变，因此我们可以用固定值法预测。如果在预测期该公司有未执行完毕的股权激励计划，那么会导致预测期的股本和资本公积发生变化，这时依据股权激励计划的股权解锁数量和股票面值来确定增加的股本，按照解锁价格和面值的差额乘以解锁股票数量来确定增加的资本公积。股权激励计划实施完毕后，股本和资本公积保持不变。

21.留存收益

留存收益等于期初留存收益加上本期新增的留存收益，本期新增的留存收益取决于净利润和股利政策，因此留存收益的预测方法如下：

预测期留存收益=期初留存收益+净利润×（1–股利支付率）

股利支付率的预测在基本假设预测中已详细讲解。

22.一般风险准备及专项准备金

一般风险准备是公司存在人民银行的风险准备金，这部分金额一般比较小，而且比较稳定，我们可以用固定值法简单预测。专项准备金也可以采用简单预测方法，用固定值法预测。

23.其他综合收益

其他综合收益是非正常性或非经常性项目，可以不预测。

---

① 我国债券市场不允许折价发行债券。

24.少数股东权益

少数股东权益的预测方法如下：

预测期少数股东权益=期初少数股东权益+本期少数股东损益

本期少数股东损益=净利润×少数股东权益比率

剩下的资产负债表项目均为会计定义项目，包括流动资产、非流动资产、资产总计、流动负债、非流动负债、负债合计、归属于母公司的所有者权益、所有者权益合计、负债和所有者权益总计，这些会计定义项目需要根据会计定义确定其包含的内容，然后求和得到数值。

（二）预计资产负债表建模演示

按照上述讲授的资产负债表项目的预测方法，首先将调整后的资产负债表项目和2019年数据链接到空白工作表中，然后按照项目预测方法在2020年一列的单元格里建立公式，后面各期用公式复制的方法即可，具体操作过程见二维码中的Excel演示。

预计资产负债表Excel演示（14-9）

三、报表调平和钩稽关系的建立

（一）报表调平的原理

按照上述的利润表和资产负债表的预测方法，预计利润表和预计资产负债表的财务模型已经基本搭建完毕，但此时资产负债表的资产总计与负债和所有者权益总计并不相等，融资缺口不为0，这说明资产负债表没有平衡。使资产等于负债和所有者权益的过程被称为报表调平。报表调平的基本原理如下：

1.长期借款融资调平

如果资产总计大于负债和所有者权益总计，融资缺口为正，表示资本来源不足，需要融资，此时用长期借款融资，那么长期借款就是调平项，长期借款的预测方法如下：

长期借款=资产-流动负债-除了长期借款外的其他非流动负债-所有者权益

2.货币资金调平

如果资产总计小于负债和所有者权益总计，融资缺口为负，表示资本融集大于资本花费，多余的融集资本将留在货币资金项目中，此时货币资金不光包括经营活动产生的现金流，还包括融资活动产生的现金流，那么货币资金就是调平项，货币资金的预测方法如下：

货币资金=负债和所有者权益总计-非流动资产-除了货币资金外的流动资产

（二）报表钩稽关系的建立

按照上述两种调平方法，无论是长期借款还是货币资金作调平项，都会引起财务费用的变化，净利润也会随之变化，资产负债表留存收益也会随之变化，从而又打破了资产负债表原来的平衡关系，我们把这样的由资产负债表的某个项目变化会引起利润表项目的变化，从而带动资产负债表和利润表整体发生变化的现象叫作报表的钩稽关系。

在建立财务模型时，如果没有建立正确的钩稽关系，那么财务模型建设就会出现错误。报表钩稽关系的存在会使得财务模型建设中出现“循环引用”，当一个单元格内的公式直接或间接地引用了这个公式本身所在的单元格时，就称为循环引用。为什么会出现循环引用呢？比如以长期借款为调平项，长期借款增加，财务费用也增加，净利润减少，资产负债表留存收益减少，使得原本计划的长期借款增加额不足以使报表平衡，那么继续增加长期借款，财务费用又增加，净利润又减少，留存收益又减少，增加的长期借款又不足以使报表平衡……这样就使报表调平陷入了无限次循环过程。在Excel建模中，就会出现弹出“循环引用”的提示对话框（如图14-5所示）而停止运算的现象。如果点击确定，就会出现循环引用的轨迹，并且调平项为0。

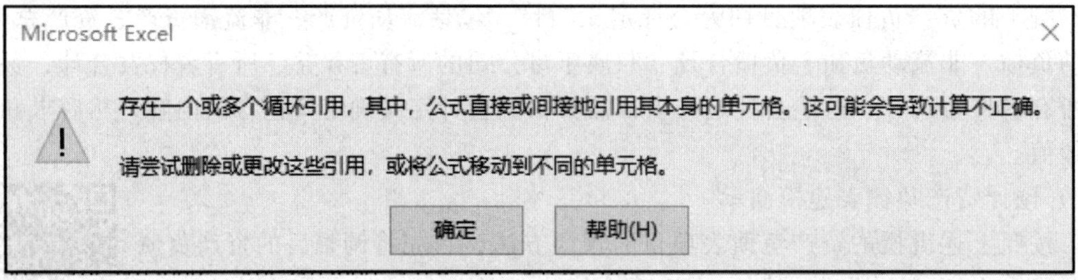

图14-5　Excel循环引用提示对话框

那么如何解决循环引用的问题，使报表调平呢？可以使用Excel中的“迭代计算”功能来自动运算实现报表平衡。如图14-6所示，首先，点击“选项”，然后点击“公式”，选择“启用迭代计算”，这样就可以实现报表自动平衡，融资缺口为0。

图14-6　迭代计算对话窗口

第四节 公司价值评估数据演练

一、股权自由现金流量模型估值

根据股权自由现金流量的计算公式：

$$\text{FCFE} = \text{净利润} + \text{折旧} + \text{摊销} - \begin{matrix}\text{营运资本}\\\text{增加额}\end{matrix} + \begin{matrix}\text{长期经营性}\\\text{负债的增加}\end{matrix} - \begin{matrix}\text{长期经营性}\\\text{资产的增加}\end{matrix} - \begin{matrix}\text{资本性}\\\text{支出}\end{matrix} + \begin{matrix}\text{债务净}\\\text{增加额}\end{matrix} \tag{14.14}$$

公式（14.14）中，净利润、折旧、摊销来源于预计利润表。

营运资本增加额等于期末营运资本减去期初营运资本。营运资本来源于预计资产负债表，营运资本等于流动资产减去流动负债。

长期经营性负债的增加等于期末长期经营性负债减去期初长期经营性负债，长期经营性负债来源于预计资产负债表。

长期经营性资产的增加等于期末长期经营性资产减去期初长期经营性资产，长期经营性资产也来源于预计资产负债表，等于长期应收款和递延所得税资产的合计。

资本性支出包括固定资产和无形资产（包括研发支出），来源于预计资产负债表。资本性支出是指本期资本支出产生的现金流出，因此，资本性支出=本期固定资产增加额+本期无形资产增加额+本期研发支出增加额。

债务净增加额是指有息负债净增加额，包括短期借款、长期借款、应付债券、租赁负债等有息负债，来源于预计资产负债表，等于期末有息负债减去期初有息负债。

按照公式（14.14）计算出股权自由现金流量后，按照下列公式计算股权价值：

$$\text{股权价值} = \sum_{t=1}^{n}\frac{\text{FCFE}_t}{(1+r)^t} + \frac{\text{TV}}{(1+r)^n} \tag{14.15}$$

其中：$\text{TV} = \dfrac{\text{FCFE}_n \times (1+g)}{r' - g}$。

公式（14.15）中的r来源于基本假设中的详细预测期的股权资本成本，r′是稳定增长期的股权资本成本，g是稳定增长期的增长率，均来自基本假设。

根据公式（14.15）计算出的股权价值是股权价值总额，除以流通在外的普通股股数，即可得到每股股权价值。详细估值过程请参见二维码中的股权自由现金流量模型估值Excel演示，美的集团的估值结果为60.56元/股。

股权自由现金流量模型估值Excel演示（14-10）

二、公司自由现金流量模型估值

根据公司自由现金流量的计算公式：

$$\text{FCFF} = \begin{matrix}\text{息税前}\\\text{利润}\end{matrix} \times \left(1 - \begin{matrix}\text{所得税}\\\text{税率}\end{matrix}\right) + \begin{matrix}\text{折}\\\text{旧}\end{matrix} + \begin{matrix}\text{摊}\\\text{销}\end{matrix} - \begin{matrix}\text{营运}\\\text{资本}\\\text{增加额}\end{matrix} + \begin{matrix}\text{长期经营}\\\text{性负债}\\\text{的增加}\end{matrix} - \begin{matrix}\text{长期经营}\\\text{性资产}\\\text{的增加}\end{matrix} - \begin{matrix}\text{资本性}\\\text{支出}\end{matrix} \tag{14.16}$$

公式（14.16）中，息税前利润来源于预计利润表，所得税税率来源于基本假设。其他项目的来源均如前文所述。

计算出公司自由现金流量后，按照下列公式进行估值：

$$公司价值(EV) = \sum_{t=1}^{n}\frac{FCFF_t}{(1+WACC)^t} + \frac{TV}{(1+WACC)^n} \tag{14.17}$$

其中：$TV = \frac{FCFF_n \times (1+g)}{WACC' - g}$。

上述公式中，WACC是加权平均资本成本，来源于基本假设，在折现过程中，因为WACC每期的值不相等，因此可以如本章第一节中所述，先计算累计折现因子，然后进行折现，这样做会大大简化计算过程。

根据公式（14.17）计算出来的是公司价值，然后减去预测时点的有息负债价值，就得到股权价值。由于我国债务融资以银行借款为主，因此有息负债价值往往以账面价值作为替代变量。用股权价值除以流通在外的普通股股数，即可得到每股股权价值。详细估值过程请参见二维码中的公司自由现金流量模型估值Excel演示，美的集团的估值结果为61.05元/股。

公司自由现金流量模型估值Excel演示（14-11）

三、股利折现模型估值

股利折现模型的计算比较简单，按照公式（14.18）进行估值：

$$P_0 = \sum_{t=1}^{n}\frac{DPS_t}{(1+r)^t} + \frac{TV}{(1+r)^n} \tag{14.18}$$

其中：$TV = \frac{DPS_n \times (1+g)}{r' - g}$。

公式中DPS是股利，用净利润乘以股利支付率计算，净利润来源于预计利润表，股利支付率来源于基本假设。将股利折现模型的估值结果除以流通在外的普通股股数，即可得到每股股权价值。详细估值过程请参见二维码中股利折现模型估值Excel演示，美的集团的估值结果为54.32元/股。

股利折现模型估值Excel演示（14-12）

2020年1月初美的集团的收盘价约为59.75元/股，从三个模型的估值结果看，股权自由现金流量模型比估值起点的市价高1.36%，公司自由现金流量模型高2.18%，股利折现模型低9.09%。按照5%的置信区间来计算，前两个现金流量折现模型的估值结果与预测起点的美的集团股票收盘价的偏差均在5%范围内，说明这两个估值模型均具有一定解释力。而股利折现模型偏差略大，但也在10%范围内。

在这里需要说明一下，由于基本假设中的增长率、股利支付率和永续增长期的股权资本成本均可以根据主观判断进行略微调整，所以估值结果也会随之发生改变，但我们可以根据估值结果与预测起点的关系，判断估值模型的有效性。

【学思践悟】 华为市值到底为多少？估值彰显国际地位

华为近些年在全球舞台上强势崛起，在国内收割了大量忠实用户，华为技术的世界地位和运营模式，让国人将华为与“爱国”联系在了一起。在爱国情怀的笼罩下，华为的业绩不断攀升。但华为坚持不上市，因此外界对华为的市值到底是多少一直颇为好奇。

2019年中国企业领袖年会上，中国工程院院士倪光南曾称华为估值约为1.3万亿美元，居世界第一。对于1.3万亿美元的估值，有人说高估，有人说低估。数字并不是最重要的，地位才重要。倪光南认为，华为作为世界第一是当之无愧的，华为的研发队伍有8万人，比美国的科技公司多一倍。在5G领域，华为无论是5G合同还是5G基站都处于领跑的状态。目前，华为还推出主打物联网时代的鸿蒙系统。华为不仅仅是中国科技行业的骄傲，也是全球科技行业的领军者，是中国为数不多拥有着核心技术的企业。

近几年，华为屡屡遭受美国的污蔑和打压，外交部发言人华春莹以华为的实际行动回击美国：过去30年里，华为在全球170多个国家和地区建设了1 500多个网络，为228家全球500强企业提供了服务，服务全球超过30亿人口，没有发生过一起类似“斯诺登事件”“维基解密”的网络安全事件，没有发生过一起类似“棱镜门”“方程式组织”“梯队系统”的网络监听监视行为，也没有任何一个国家能够拿出华为产品存在“后门”的证据。华为早就公开表示愿意签署“无后门”协议，也愿意在任何国家建立网络安全评估中心。

无论从华为的技术、经济贡献，还是华为对全球信息网络的服务，都可以看出倪光南院士给出的华为的估值排名世界第一是不无道理的，在估值时不能光看企业赚了多少钱，更应该关注有多少人“力挺”这个企业的发展，因为企业的价值取决于未来的发展而并非现在的利润。

【本章小结】

案例演示题

▶财务报表的调整方法有：报表项目删除、报表项目合并、报表项目拆分和报表项目增加。

▶财务建模时会有三类假设数据：第一类，单元格中的数据为手动输入的数值，且属于历史数据，不可更改。第二类，单元格中的数据为公式形式，模型结构一旦确定不再更改。第三类，单元格中的数据为手动输入的数值，且属于假设数据，在模型结构确定后仍可以更改。

▶详细预测期增长率的预测可以根据历史增长率、证券分析师的研究报告等信息来预测，根据未来经济发展状况适当调整。稳定增长期增长率一般略低于稳定发展国家的宏观经济增长率。

▶股利支付率以历史均值为起点，根据股利支付率和增长率的关系来预测。股利支付率和增长率呈反向变动关系。

▶财务报表项目预测方法有：销售百分比法、固定值法、周转率法、公式法、BASE法则等。

▶使资产等于负债和所有者权益之和的过程被称为报表调平。如果资产总计大于负债和所有者权益总计，融资缺口为正，表示资本来源不足，需要融资，此时用长期借款融资，那么长期借款就是调平项。如果资产总计小于负债和所有者权益总计，融资缺口为负，表示资本融集大于资本花费，多余的融集资本将留在货币资金项目中，此时货币资金不光包括经营活动产生的现金流，还包括融资活动产生的现金流，那么货币资金就是调平项。

【复习思考】

1. 预计股权资本成本、预计债务资本成本和预计加权平均资本成本如何测算？
2. 财务建模的基本假设有哪些？
3. 预计利润表如何编制？
4. 预计资产负债表如何编制和调平？
5. 如何利用股权自由现金流量模型进行股权价值评估？
6. 如何利用公司自由现金流量模型进行股权价值评估？
7. 如何利用股利折现模型进行股权价值评估？

链接本章
引导案例

《财务管理》
慕课资源

主要参考文献

［1］张英明．财务管理基础［M］．北京：中国财政经济出版社，2021.

［2］王化成，刘俊彦，荆新．财务管理学［M］．9版．北京：中国人民大学出版社，2021.

［3］张敏翔，刘阳．财务管理基础［M］．北京：机械工业出版社，2020.

［4］达莫达兰．估值——难点、解决方案及相关案例［M］．刘寅龙，译．3版．北京：机械工业出版社，2020.

［5］刘淑莲，牛彦秀．公司理财［M］．5版．大连：东北财经大学出版社，2020.

［6］刘淑莲．财务管理［M］．5版．大连：东北财经大学出版社，2019.

［7］荆新，王化成．财务管理学［M］．8版．北京：中国人民大学出版社，2019.

［8］布洛克，赫特，丹尼尔森．财务管理基础［M］．王静，译．16版．北京：中国人民大学出版社，2019.

［9］精英资讯．Excel财务管理：从入门到精通［M］．北京：中国水利水电出版社，2019.

［10］布里格姆，休斯顿．财务管理［M］．张敦力，等译．14版．北京：机械工业出版社，2018.

［11］张先治，牛彦秀．财务学［M］．3版．大连：东北财经大学出版社，2017.

［12］罗斯，威斯特菲尔德．公司理财［M］．李常青，译．9版．北京：中国人民大学出版社，2018.

［13］罗斯，威斯特菲尔德，杰富，等．公司理财［M］．吴世农，译．11版．北京：机械工业出版社，2017.

［14］陈力农．公司价值评估［M］．上海：上海财经大学出版社，2012.

［15］伯克，德玛佐，哈福德．公司理财基础［M］．姜英兵，译．9版．大连：东北财经大学出版社，2012.

［16］达摩达兰．达摩达兰论估价［M］．罗菲，译．大连：东北财经大学出版社，2010.

［17］彭曼．财务报表分析与证券价值评估［M］．北京：北京大学出版社，2010.

［18］达摩达兰．应用公司理财［M］．郑振龙，译．北京：机械工业出版社，2000.

附　录

附表一

复利终值系数表

n	1%	2%	3%	4%	5%	6%	7%	8%	9%	10%	11%	12%	13%	14%	15%
1	1.0100	1.0200	1.0300	1.0400	1.0500	1.0600	1.0700	1.0800	1.0900	1.1000	1.1100	1.1200	1.1300	1.1400	1.1500
2	1.0201	1.0404	1.0609	1.0816	1.1025	1.1236	1.1449	1.1664	1.1881	1.2100	1.2321	1.2544	1.2769	1.2996	1.3225
3	1.0303	1.0612	1.0927	1.1249	1.1576	1.1910	1.2250	1.2597	1.2950	1.3310	1.3676	1.4049	1.4429	1.4815	1.5209
4	1.0406	1.0824	1.1255	1.1699	1.2155	1.2625	1.3108	1.3605	1.4116	1.4641	1.5181	1.5735	1.6305	1.6890	1.7490
5	1.0510	1.1041	1.1593	1.2167	1.2763	1.3382	1.4026	1.4693	1.5386	1.6105	1.6851	1.7623	1.8424	1.9254	2.0114
6	1.0615	1.1262	1.1941	1.2653	1.3401	1.4185	1.5007	1.5869	1.6771	1.7716	1.8704	1.9738	2.0820	2.1950	2.3131
7	1.0721	1.1487	1.2299	1.3159	1.4071	1.5036	1.6058	1.7138	1.8280	1.9487	2.0762	2.2107	2.3526	2.5023	2.6600
8	1.0829	1.1717	1.2668	1.3686	1.4775	1.5938	1.7182	1.8509	1.9926	2.1436	2.3045	2.4760	2.6584	2.8526	3.0590
9	1.0937	1.1951	1.3048	1.4233	1.5513	1.6895	1.8385	1.9990	2.1719	2.3579	2.5580	2.7731	3.0040	3.2519	3.5179
10	1.1046	1.2190	1.3439	1.4802	1.6289	1.7908	1.9672	2.1589	2.3674	2.5937	2.8394	3.1058	3.3946	3.7072	4.0456
11	1.1157	1.2434	1.3842	1.5395	1.7103	1.8983	2.1049	2.3316	2.5804	2.8531	3.1518	3.4786	3.8359	4.2262	4.6524
12	1.1268	1.2682	1.4258	1.6010	1.7959	2.0122	2.2522	2.5182	2.8127	3.1384	3.4985	3.8960	4.3345	4.8179	5.3503
13	1.1381	1.2936	1.4685	1.6651	1.8856	2.1329	2.4098	2.7196	3.0658	3.4523	3.8833	4.3635	4.8980	5.4924	6.1528
14	1.1495	1.3195	1.5126	1.7317	1.9799	2.2609	2.5785	2.9372	3.3417	3.7975	4.3104	4.8871	5.5348	6.2613	7.0757
15	1.1610	1.3459	1.5580	1.8009	2.0789	2.3966	2.7590	3.1722	3.6425	4.1772	4.7846	5.4736	6.2543	7.1379	8.1371
16	1.1726	1.3728	1.6047	1.8730	2.1829	2.5404	2.9522	3.4259	3.9703	4.5950	5.3109	6.1304	7.0673	8.1372	9.3576
17	1.1843	1.4002	1.6528	1.9479	2.2920	2.6928	3.1588	3.7000	4.3276	5.0545	5.8951	6.8660	7.9861	9.2765	10.7613
18	1.1961	1.4282	1.7024	2.0258	2.4066	2.8543	3.3799	3.9960	4.7171	5.5599	6.5436	7.6900	9.0243	10.5752	12.3755
19	1.2081	1.4568	1.7535	2.1068	2.5270	3.0256	3.6165	4.3157	5.1417	6.1159	7.2633	8.6128	10.1974	12.0557	14.2318
20	1.2202	1.4859	1.8061	2.1911	2.6533	3.2071	3.8697	4.6610	5.6044	6.7275	8.0623	9.6463	11.5231	13.7435	16.3665
21	1.2324	1.5157	1.8603	2.2788	2.7860	3.3996	4.1406	5.0338	6.1088	7.4002	8.9492	10.8038	13.0211	15.6676	18.8215
22	1.2447	1.5460	1.9161	2.3699	2.9253	3.6035	4.4304	5.4365	6.6586	8.1403	9.9336	12.1003	14.7138	17.8610	21.6447
23	1.2572	1.5769	1.9736	2.4647	3.0715	3.8197	4.7405	5.8715	7.2579	8.9543	11.0263	13.5523	16.6266	20.3616	24.8915
24	1.2697	1.6084	2.0328	2.5633	3.2251	4.0489	5.0724	6.3412	7.9111	9.8497	12.2392	15.1786	18.7881	23.2122	28.6252
25	1.2824	1.6406	2.0938	2.6658	3.3864	4.2919	5.4274	6.8485	8.6231	10.8347	13.5855	17.0001	21.2305	26.4619	32.9190
26	1.2953	1.6734	2.1566	2.7725	3.5557	4.5494	5.8074	7.3964	9.3992	11.9182	15.0799	19.0401	23.9905	30.1666	37.8568
27	1.3082	1.7069	2.2213	2.8834	3.7335	4.8223	6.2139	7.9881	10.2451	13.1100	16.7387	21.3249	27.1093	34.3899	43.5353
28	1.3213	1.7410	2.2879	2.9987	3.9201	5.1117	6.6488	8.6271	11.1671	14.4210	18.5799	23.8839	30.6335	39.2045	50.0656
29	1.3345	1.7758	2.3566	3.1187	4.1161	5.4184	7.1143	9.3173	12.1722	15.8631	20.6237	26.7499	34.6158	44.6931	57.5755
30	1.3478	1.8114	2.4273	3.2434	4.3219	5.7435	7.6123	10.0627	13.2677	17.4494	22.8923	29.9599	39.1159	50.9502	66.2118

续表

n	16%	17%	18%	19%	20%	21%	22%	23%	24%	25%	26%	27%	28%	29%	30%
1	1.1600	1.1700	1.1800	1.1900	1.2000	1.2100	1.2200	1.2300	1.2400	1.2500	1.2600	1.2700	1.2800	1.2900	1.3000
2	1.3456	1.3689	1.3924	1.4161	1.4400	1.4641	1.4884	1.5129	1.5376	1.5625	1.5876	1.6129	1.6384	1.6641	1.6900
3	1.5609	1.6016	1.6430	1.6852	1.7280	1.7716	1.8158	1.8609	1.9066	1.9531	2.0004	2.0484	2.0972	2.1467	2.1970
4	1.8106	1.8739	1.9388	2.0053	2.0736	2.1436	2.2153	2.2889	2.3642	2.4414	2.5205	2.6014	2.6844	2.7692	2.8561
5	2.1003	2.1924	2.2878	2.3864	2.4883	2.5937	2.7027	2.8153	2.9316	3.0518	3.1758	3.3038	3.4360	3.5723	3.7129
6	2.4364	2.5652	2.6996	2.8398	2.9860	3.1384	3.2973	3.4628	3.6352	3.8147	4.0015	4.1959	4.3980	4.6083	4.8268
7	2.8262	3.0012	3.1855	3.3793	3.5832	3.7975	4.0227	4.2593	4.5077	4.7684	5.0419	5.3288	5.6295	5.9447	6.2749
8	3.2784	3.5115	3.7589	4.0214	4.2998	4.5950	4.9077	5.2389	5.5895	5.9605	6.3528	6.7675	7.2058	7.6686	8.1573
9	3.8030	4.1084	4.4355	4.7854	5.1598	5.5599	5.9874	6.4439	6.9310	7.4506	8.0045	8.5948	9.2234	9.8925	10.6045
10	4.4114	4.8068	5.2338	5.6947	6.1917	6.7275	7.3046	7.9259	8.5944	9.3132	10.0857	10.9153	11.8059	12.7614	13.7858
11	5.1173	5.6240	6.1759	6.7767	7.4301	8.1403	8.9117	9.7489	10.6571	11.6415	12.7080	13.8625	15.1116	16.4622	17.9216
12	5.9360	6.5801	7.2876	8.0642	8.9161	9.8497	10.8722	11.9912	13.2148	14.5519	16.0120	17.6053	19.3428	21.2362	23.2981
13	6.8858	7.6987	8.5994	9.5964	10.6993	11.9182	13.2641	14.7491	16.3863	18.1899	20.1752	22.3588	24.7588	27.3947	30.2875
14	7.9875	9.0075	10.1472	11.4198	12.8392	14.4210	16.1822	18.1414	20.3191	22.7374	25.4207	28.3957	31.6913	35.3391	39.3738
15	9.2655	10.5387	11.9737	13.5895	15.4070	17.4494	19.7423	22.3140	25.1956	28.4217	32.0301	36.0625	40.5648	45.5875	51.1859
16	10.7480	12.3303	14.1290	16.1715	18.4884	21.1138	24.0856	27.4462	31.2426	35.5271	40.3579	45.7994	51.9230	58.8079	66.5417
17	12.4677	14.4265	16.6722	19.2441	22.1861	25.5477	29.3844	33.7588	38.7408	44.4089	50.8510	58.1652	66.4614	75.8621	86.5042
18	14.4625	16.8790	19.6733	22.9005	26.6233	30.9127	35.8490	41.5233	48.0386	55.5112	64.0722	73.8698	85.0706	97.8622	112.4554
19	16.7765	19.7484	23.2144	27.2516	31.9480	37.4043	43.7358	51.0737	59.5679	69.3889	80.7310	93.8147	108.8904	126.2422	146.1920
20	19.4608	23.1056	27.3930	32.4294	38.3376	45.2593	53.3576	62.8206	73.8641	86.7362	101.7211	119.1446	139.3797	162.8524	190.0496
21	22.5745	27.0336	32.3238	38.5910	46.0051	54.7637	65.0963	77.2694	91.5915	108.4202	128.1685	151.3137	178.4060	210.0796	247.0645
22	26.1864	31.6293	38.1421	45.9233	55.2061	66.2641	79.4175	95.0413	113.5735	135.5253	161.4924	192.1683	228.3596	271.0027	321.1839
23	30.3762	37.0062	45.0076	54.6487	66.2474	80.1795	96.8894	116.9008	140.8312	169.4066	203.4804	244.0538	292.3003	349.5935	417.5391
24	35.2364	43.2973	53.1090	65.0320	79.4968	97.0172	118.2050	143.7880	174.6306	211.7582	256.3853	309.9483	374.1444	450.9756	542.8008
25	40.8742	50.6578	62.6686	77.3881	95.3962	117.3909	144.2101	176.8593	216.5420	264.6978	323.0454	393.6344	478.9049	581.7585	705.6410
26	47.4141	59.2697	73.9490	92.0918	114.4755	142.0429	175.9364	217.5369	268.5121	330.8722	407.0373	499.9157	612.9982	750.4685	917.3333
27	55.0004	69.3455	87.2598	109.5893	137.3706	171.8719	214.6424	267.5704	332.9550	413.5903	512.8670	634.8929	784.6377	968.1044	1 192.5333
28	63.8004	81.1342	102.9666	130.4112	164.8447	207.9651	261.8637	329.1115	412.8642	516.9879	646.2124	806.3140	1 004.3363	1 248.8546	1 550.2933
29	74.0085	94.9271	121.5005	155.1893	197.8136	251.6377	319.4737	404.8072	511.9516	646.2349	814.2276	1 024.0187	1 285.5504	1 611.0225	2 015.3813
30	85.8499	111.0647	143.3706	184.6753	237.3763	304.4816	389.7579	497.9129	634.8199	807.7936	1 025.9267	1 300.5038	1 645.5046	2 078.2190	2 619.9956

附表二 复利现值系数表

n	1%	2%	3%	4%	5%	6%	7%	8%	9%	10%	11%	12%	13%	14%	15%
1	0.9901	0.9804	0.9709	0.9615	0.9524	0.9434	0.9346	0.9259	0.9174	0.9091	0.9009	0.8929	0.8850	0.8772	0.8696
2	0.9803	0.9612	0.9426	0.9246	0.9070	0.8900	0.8734	0.8573	0.8417	0.8264	0.8116	0.7972	0.7831	0.7695	0.7561
3	0.9706	0.9423	0.9151	0.8890	0.8638	0.8396	0.8163	0.7938	0.7722	0.7513	0.7312	0.7118	0.6931	0.675	0.6575
4	0.9610	0.9238	0.8885	0.8548	0.8227	0.7921	0.7629	0.7350	0.7084	0.6830	0.6587	0.6355	0.6133	0.5921	0.5718
5	0.9515	0.9057	0.8626	0.8219	0.7835	0.7473	0.7130	0.6806	0.6499	0.6209	0.5935	0.5674	0.5428	0.5194	0.4972
6	0.9420	0.8880	0.8375	0.7903	0.7462	0.7050	0.6663	0.6302	0.5963	0.5645	0.5346	0.5066	0.4803	0.4556	0.4323
7	0.9327	0.8706	0.8131	0.7599	0.7107	0.6651	0.6227	0.5835	0.5470	0.5132	0.4817	0.4523	0.4251	0.3996	0.3759
8	0.9235	0.8535	0.7894	0.7307	0.6768	0.6274	0.5820	0.5403	0.5019	0.4665	0.4339	0.4039	0.3762	0.3506	0.3269
9	0.9143	0.8368	0.7664	0.7026	0.6446	0.5919	0.5439	0.5002	0.4604	0.4241	0.3909	0.3606	0.3329	0.3075	0.2843
10	0.9053	0.8203	0.7441	0.6756	0.6139	0.5584	0.5083	0.4632	0.4224	0.3855	0.3522	0.3220	0.2946	0.2697	0.2472
11	0.8963	0.8043	0.7224	0.6496	0.5847	0.5268	0.4751	0.4289	0.3875	0.3505	0.3173	0.2875	0.2607	0.2366	0.2149
12	0.8874	0.7885	0.7014	0.6246	0.5568	0.4970	0.4440	0.3971	0.3555	0.3186	0.2858	0.2567	0.2307	0.2076	0.1869
13	0.8787	0.7730	0.6810	0.6006	0.5303	0.4688	0.4150	0.3677	0.3262	0.2897	0.2575	0.2292	0.2042	0.1821	0.1625
14	0.8700	0.7579	0.6611	0.5775	0.5051	0.4423	0.3878	0.3405	0.2992	0.2633	0.2320	0.2046	0.1807	0.1597	0.1413
15	0.8613	0.7430	0.6419	0.5553	0.4810	0.4173	0.3624	0.3152	0.2745	0.2394	0.2090	0.1827	0.1599	0.1401	0.1229
16	0.8528	0.7284	0.6232	0.5339	0.4581	0.3936	0.3387	0.2919	0.2519	0.2176	0.1883	0.1631	0.1415	0.1229	0.1069
17	0.8444	0.7142	0.6050	0.5134	0.4363	0.3714	0.3166	0.2703	0.2311	0.1978	0.1696	0.1456	0.1252	0.1078	0.0929
18	0.8360	0.7002	0.5874	0.4936	0.4155	0.3503	0.2959	0.2502	0.2120	0.1799	0.1528	0.1300	0.1108	0.0946	0.0808
19	0.8277	0.6864	0.5703	0.4746	0.3957	0.3305	0.2765	0.2317	0.1945	0.1635	0.1377	0.1161	0.0981	0.0829	0.0703
20	0.8195	0.6730	0.5537	0.4564	0.3769	0.3118	0.2584	0.2145	0.1784	0.1486	0.1240	0.1037	0.0868	0.0728	0.0611
21	0.8114	0.6598	0.5375	0.4388	0.3589	0.2942	0.2415	0.1987	0.1637	0.1351	0.1117	0.0926	0.0768	0.0638	0.0531
22	0.8034	0.6468	0.5219	0.4220	0.3418	0.2775	0.2257	0.1839	0.1502	0.1228	0.1007	0.0826	0.0680	0.0560	0.0462
23	0.7954	0.6342	0.5067	0.4057	0.3256	0.2618	0.2109	0.1703	0.1378	0.1117	0.0907	0.0738	0.0601	0.0491	0.0402
24	0.7876	0.6217	0.4919	0.3901	0.3101	0.2470	0.1971	0.1577	0.1264	0.1015	0.0817	0.0659	0.0532	0.0431	0.0349
25	0.7798	0.6095	0.4776	0.3751	0.2953	0.2330	0.1842	0.1460	0.1160	0.0923	0.0736	0.0588	0.0471	0.0378	0.0304
26	0.7720	0.5976	0.4637	0.3607	0.2812	0.2198	0.1722	0.1352	0.1064	0.0839	0.0663	0.0525	0.0417	0.0331	0.0264
27	0.7644	0.5859	0.4502	0.3468	0.2678	0.2074	0.1609	0.1252	0.0976	0.0763	0.0597	0.0469	0.0369	0.0291	0.0230
28	0.7568	0.5744	0.4371	0.3335	0.2551	0.1956	0.1504	0.1159	0.0895	0.0693	0.0538	0.0419	0.0326	0.0255	0.0200
29	0.7493	0.5631	0.4243	0.3207	0.2429	0.1846	0.1406	0.1073	0.0822	0.0630	0.0485	0.0374	0.0289	0.0224	0.0174
30	0.7419	0.5521	0.4120	0.3083	0.2314	0.1741	0.1314	0.0994	0.0754	0.0573	0.0437	0.0334	0.0256	0.0196	0.0151

续表

n	16%	17%	18%	19%	20%	21%	22%	23%	24%	25%	26%	27%	28%	29%	30%
1	0.8621	0.8547	0.8475	0.8403	0.8333	0.8264	0.8197	0.8130	0.8065	0.8000	0.7937	0.7874	0.7813	0.7752	0.7692
2	0.7432	0.7305	0.7182	0.7062	0.6944	0.683	0.6719	0.6610	0.6504	0.6400	0.6299	0.6200	0.6104	0.6009	0.5917
3	0.6407	0.6244	0.6086	0.5934	0.5787	0.5645	0.5507	0.5374	0.5245	0.5120	0.4999	0.4882	0.4768	0.4658	0.4552
4	0.5523	0.5337	0.5158	0.4987	0.4823	0.4665	0.4514	0.4369	0.4230	0.4096	0.3968	0.3844	0.3725	0.3611	0.3501
5	0.4761	0.4561	0.4371	0.4190	0.4019	0.3855	0.3700	0.3552	0.3411	0.3277	0.3149	0.3027	0.2910	0.2799	0.2693
6	0.4104	0.3898	0.3704	0.3521	0.3349	0.3186	0.3033	0.2888	0.2751	0.2621	0.2499	0.2383	0.2274	0.2170	0.2072
7	0.3538	0.3332	0.3139	0.2959	0.2791	0.2633	0.2486	0.2348	0.2218	0.2097	0.1983	0.1877	0.1776	0.1682	0.1594
8	0.3050	0.2848	0.2660	0.2487	0.2326	0.2176	0.2038	0.1909	0.1789	0.1678	0.1574	0.1478	0.1388	0.1304	0.1226
9	0.2630	0.2434	0.2255	0.2090	0.1938	0.1799	0.1670	0.1552	0.1443	0.1342	0.1249	0.1164	0.1084	0.1011	0.0943
10	0.2267	0.2080	0.1911	0.1756	0.1615	0.1486	0.1369	0.1262	0.1164	0.1074	0.0992	0.0916	0.0847	0.0784	0.0725
11	0.1954	0.1778	0.1619	0.1476	0.1346	0.1228	0.1122	0.1026	0.0938	0.0859	0.0787	0.0721	0.0662	0.0607	0.0558
12	0.1685	0.1520	0.1372	0.1240	0.1122	0.1015	0.0920	0.0834	0.0757	0.0687	0.0625	0.0568	0.0517	0.0471	0.0429
13	0.1452	0.1299	0.1163	0.1042	0.0935	0.0839	0.0754	0.0678	0.0610	0.0550	0.0496	0.0447	0.0404	0.0365	0.0330
14	0.1252	0.1110	0.0985	0.0876	0.0779	0.0693	0.0618	0.0551	0.0492	0.0440	0.0393	0.0352	0.0316	0.0283	0.0254
15	0.1079	0.0949	0.0835	0.0736	0.0649	0.0573	0.0507	0.0448	0.0397	0.0352	0.0312	0.0277	0.0247	0.0219	0.0195
16	0.0930	0.0811	0.0708	0.0618	0.0541	0.0474	0.0415	0.0364	0.0320	0.0281	0.0248	0.0218	0.0193	0.0170	0.0150
17	0.0802	0.0693	0.0600	0.0520	0.0451	0.0391	0.0340	0.0296	0.0258	0.0225	0.0197	0.0172	0.0150	0.0132	0.0116
18	0.0691	0.0592	0.0508	0.0437	0.0376	0.0323	0.0279	0.0241	0.0208	0.0180	0.0156	0.0135	0.0118	0.0102	0.0089
19	0.0596	0.0506	0.0431	0.0367	0.0313	0.0267	0.0229	0.0196	0.0168	0.0144	0.0124	0.0107	0.0092	0.0079	0.0068
20	0.0514	0.0433	0.0365	0.0308	0.0261	0.0221	0.0187	0.0159	0.0135	0.0115	0.0098	0.0084	0.0072	0.0061	0.0053
21	0.0443	0.0370	0.0309	0.0259	0.0217	0.0183	0.0154	0.0129	0.0109	0.0092	0.0078	0.0066	0.0056	0.0048	0.0040
22	0.0382	0.0316	0.0262	0.0218	0.0181	0.0151	0.0126	0.0105	0.0088	0.0074	0.0062	0.0052	0.0044	0.0037	0.0031
23	0.0329	0.0270	0.0222	0.0183	0.0151	0.0125	0.0103	0.0086	0.0071	0.0059	0.0049	0.0041	0.0034	0.0029	0.0024
24	0.0284	0.0231	0.0188	0.0154	0.0126	0.0103	0.0085	0.0070	0.0057	0.0047	0.0039	0.0032	0.0027	0.0022	0.0018
25	0.0245	0.0197	0.0160	0.0129	0.0105	0.0085	0.0069	0.0057	0.0046	0.0038	0.0031	0.0025	0.0021	0.0017	0.0014
26	0.0211	0.0169	0.0135	0.0109	0.0087	0.0070	0.0057	0.0046	0.0037	0.0030	0.0025	0.0020	0.0016	0.0013	0.0011
27	0.0182	0.0144	0.0115	0.0091	0.0073	0.0058	0.0047	0.0037	0.0030	0.0024	0.0019	0.0016	0.0013	0.0010	0.0008
28	0.0157	0.0123	0.0097	0.0077	0.0061	0.0048	0.0038	0.0030	0.0024	0.0019	0.0015	0.0012	0.0010	0.0008	0.0006
29	0.0135	0.0105	0.0082	0.0064	0.0051	0.0040	0.0031	0.0025	0.0020	0.0015	0.0012	0.0010	0.0008	0.0006	0.0005
30	0.0116	0.0090	0.0070	0.0054	0.0042	0.0033	0.0026	0.0020	0.0016	0.0012	0.0010	0.0008	0.0006	0.0005	0.0004

附表三 年金终值系数表

n	1%	2%	3%	4%	5%	6%	7%	8%	9%	10%	11%	12%	13%	14%	15%
1	1.0000	1.0000	1.0000	1.0000	1.0000	1.0000	1.0000	1.0000	1.0000	1.0000	1.0000	1.0000	1.0000	1.0000	1.0000
2	2.0100	2.0200	2.0300	2.0400	2.0500	2.0600	2.0700	2.0800	2.0900	2.1000	2.1100	2.1200	2.1300	2.1400	2.1500
3	3.0301	3.0604	3.0909	3.1216	3.1525	3.1836	3.2149	3.2464	3.2781	3.3100	3.3421	3.3744	3.4069	3.4396	3.4725
4	4.0604	4.1216	4.1836	4.2465	4.3101	4.3746	4.4399	4.5061	4.5731	4.6410	4.7097	4.7793	4.8498	4.9211	4.9934
5	5.1010	5.2040	5.3091	5.4163	5.5256	5.6371	5.7507	5.8666	5.9847	6.1051	6.2278	6.3528	6.4803	6.6101	6.7424
6	6.1520	6.3081	6.4684	6.6330	6.8019	6.9753	7.1533	7.3359	7.5233	7.7156	7.9129	8.1152	8.3227	8.5355	8.7537
7	7.2135	7.4343	7.6625	7.8983	8.1420	8.3938	8.6540	8.9228	9.2004	9.4872	9.7833	10.0890	10.4047	10.7305	11.0668
8	8.2857	8.5830	8.8923	9.2142	9.5491	9.8975	10.2598	10.6366	11.0285	11.4359	11.8594	12.2997	12.7573	13.2328	13.7268
9	9.3685	9.7546	10.1591	10.5828	11.0266	11.4913	11.9780	12.4876	13.0210	13.5795	14.1640	14.7757	15.4157	16.0853	16.7858
10	10.4622	10.9497	11.4639	12.0061	12.5779	13.1808	13.8164	14.4866	15.1929	15.9374	16.7220	17.5487	18.4197	19.3373	20.3037
11	11.5668	12.1687	12.8078	13.4864	14.2068	14.9716	15.7836	16.6455	17.5603	18.5312	19.5614	20.6546	21.8143	23.0445	24.3493
12	12.6825	13.4121	14.1920	15.0258	15.9171	16.8699	17.8885	18.9771	20.1407	21.3843	22.7132	24.1331	25.6502	27.2707	29.0017
13	13.8093	14.6803	15.6178	16.6268	17.7130	18.8821	20.1406	21.4953	22.9534	24.5227	26.2116	28.0291	29.9847	32.0887	34.3519
14	14.9474	15.9739	17.0863	18.2919	19.5986	21.0151	22.5505	24.2149	26.0192	27.9750	30.0949	32.3926	34.8827	37.5811	40.5047
15	16.0969	17.2934	18.5989	20.0236	21.5786	23.2760	25.1290	27.1521	29.3609	31.7725	34.4054	37.2797	40.4175	43.8424	47.5804
16	17.2579	18.6393	20.1569	21.8245	23.6575	25.6725	27.8881	30.3243	33.0034	35.9497	39.1899	42.7533	46.6717	50.9804	55.7175
17	18.4304	20.0121	21.7616	23.6975	25.8404	28.2129	30.8402	33.7502	36.9737	40.5447	44.5008	48.8837	53.7391	59.1176	65.0751
18	19.6147	21.4123	23.4144	25.6454	28.1324	30.9057	33.9990	37.4502	41.3013	45.5992	50.3959	55.7497	61.7251	68.3941	75.8364
19	20.8109	22.8406	25.1169	27.6712	30.5390	33.7600	37.3790	41.4463	46.0185	51.1591	56.9395	63.4397	70.7494	78.9692	88.2118
20	22.0190	24.2974	26.8704	29.7781	33.0660	36.7856	40.9955	45.7620	51.1601	57.2750	64.2028	72.0524	80.9468	91.0249	102.4436
21	23.2392	25.7833	28.6765	31.9692	35.7193	39.9927	44.8652	50.4229	56.7645	64.0025	72.2651	81.6987	92.4699	104.7684	118.8101
22	24.4716	27.2990	30.5368	34.2480	38.5052	43.3923	49.0057	55.4568	62.8733	71.4027	81.2143	92.5026	105.4910	120.4360	137.6316
23	25.7163	28.8450	32.4529	36.6179	41.4305	46.9958	53.4361	60.8933	69.5319	79.5430	91.1479	104.6029	120.2048	138.2970	159.2764
24	26.9735	30.4219	34.4265	39.0826	44.5020	50.8156	58.1767	66.7648	76.7898	88.4973	102.1742	118.1552	136.8315	158.6586	184.1678
25	28.2432	32.0303	36.4593	41.6459	47.7271	54.8645	63.2490	73.1059	84.7009	98.3471	114.4133	133.3339	155.6196	181.8708	212.7930
26	29.5256	33.6709	38.5530	44.3117	51.1135	59.1564	68.6765	79.9544	93.3240	109.1818	127.9988	150.3339	176.8501	208.3327	245.7120
27	30.8209	35.3443	40.7096	47.0842	54.6691	63.7058	74.4838	87.3508	102.7231	121.0999	143.0786	169.3740	200.8406	238.4993	283.5688
28	32.1291	37.0512	42.9309	49.9676	58.4026	68.5281	80.6977	95.3388	112.9682	134.2099	159.8173	190.6989	227.9499	272.8892	327.1041
29	33.4504	38.7922	45.2189	52.9663	62.3227	73.6398	87.3465	103.9659	124.1354	148.6309	178.3972	214.5828	258.5834	312.0937	377.1697
30	34.7849	40.5681	47.5754	56.0849	66.4388	79.0582	94.4608	113.2832	136.3075	164.4940	199.0209	241.3327	293.1992	356.7868	434.7451

续表

n	16%	17%	18%	19%	20%	21%	22%	23%	24%	25%	26%	27%	28%	29%	30%
1	1.0000	1.0000	1.0000	1.0000	1.0000	1.0000	1.0000	1.0000	1.0000	1.0000	1.0000	1.0000	1.0000	1.0000	1.0000
2	2.1600	2.1700	2.1800	2.1900	2.2000	2.2100	2.2200	2.2300	2.2400	2.2500	2.2600	2.2700	2.2800	2.2900	2.3000
3	3.5056	3.5389	3.5724	3.6061	3.6400	3.6741	3.7084	3.7429	3.7776	3.8125	3.8476	3.8829	3.9184	3.9541	3.9900
4	5.0665	5.1405	5.2154	5.2913	5.3680	5.4457	5.5242	5.6038	5.6842	5.7656	5.8480	5.9313	6.0156	6.1008	6.1870
5	6.8771	7.0144	7.1542	7.2966	7.4416	7.5892	7.7396	7.8926	8.0484	8.2070	8.3684	8.5327	8.6999	8.8700	9.0431
6	8.9775	9.2068	9.4420	9.6830	9.9299	10.1830	10.4423	10.7079	10.9801	11.2588	11.5442	11.8366	12.1359	12.4423	12.7560
7	11.4139	11.7720	12.1415	12.5227	12.9159	13.3214	13.7396	14.1708	14.6153	15.0735	15.5458	16.0324	16.5339	17.0506	17.5828
8	14.2401	14.7733	15.3270	15.9020	16.4991	17.1189	17.7623	18.4300	19.1229	19.8419	20.5876	21.3612	22.1634	22.9953	23.8577
9	17.5185	18.2847	19.0859	19.9234	20.7989	21.7139	22.6700	23.6690	24.7125	25.8023	26.9404	28.1287	29.3692	30.6639	32.0150
10	21.3215	22.3931	23.5213	24.7089	25.9587	27.2738	28.6574	30.1128	31.6434	33.2529	34.9449	36.7235	38.5926	40.5564	42.6195
11	25.7329	27.1999	28.7551	30.4035	32.1504	34.0013	35.9620	38.0388	40.2379	42.5661	45.0306	47.6388	50.3985	53.3178	56.4053
12	30.8502	32.8239	34.9311	37.1802	39.5805	42.1416	44.8737	47.7877	50.8950	54.2077	57.7386	61.5013	65.5100	69.7800	74.3270
13	36.7862	39.4040	42.2187	45.2445	48.4966	51.9913	55.7459	59.7788	64.1097	68.7596	73.7506	79.1066	84.8529	91.0161	97.6250
14	43.6720	47.1027	50.8180	54.8409	59.1959	63.9095	69.0100	74.5280	80.4961	86.9495	93.9258	101.4654	109.6117	118.4108	127.9125
15	51.6595	56.1101	60.9653	66.2607	72.0351	78.3305	85.1922	92.6694	100.8151	109.6868	119.3465	129.8611	141.3029	153.7500	167.2863
16	60.9250	66.6488	72.9390	79.8502	87.4421	95.7799	104.9345	114.9834	126.0108	138.1085	151.3766	165.9236	181.8677	199.3374	218.4722
17	71.6730	78.9792	87.0680	96.0218	105.9306	116.8937	129.0201	142.4295	157.2534	173.6357	191.7345	211.7230	233.7907	258.1453	285.0139
18	84.1407	93.4056	103.7403	115.2659	128.1167	142.4413	158.4045	176.1883	195.9942	218.0446	242.5855	269.8882	300.2521	334.0074	371.5180
19	98.6032	110.2846	123.4135	138.1664	154.7400	173.3540	194.2535	217.7116	244.0328	273.5558	306.6577	343.7580	385.3227	431.8696	483.9734
20	115.3797	130.0329	146.6280	165.4180	186.6880	210.7584	237.9893	268.7853	303.6006	342.9447	387.3887	437.5726	494.2131	558.1118	630.1655
21	134.8405	153.1385	174.0210	197.8474	225.0256	256.0176	291.3469	331.6059	377.4648	429.6809	489.1098	556.7173	633.5927	720.9642	820.2151
22	157.4150	180.1721	206.3448	236.4385	271.0307	310.7813	356.4432	408.8753	469.0563	538.1011	617.2783	708.0309	811.9987	931.0438	1 067.2796
23	183.6014	211.8013	244.4868	282.3618	326.2369	377.0454	435.8607	503.9166	582.6298	673.6264	778.7707	900.1993	1 040.3583	1 202.0465	1 388.4635
24	213.9776	248.8076	289.4945	337.0105	392.4842	457.2249	532.7501	620.8174	723.4610	843.0329	982.2511	1 144.2531	1 332.6586	1 551.6400	1 806.0026
25	249.2140	292.1049	342.6035	402.0425	471.9811	554.2422	650.9551	764.6054	898.0916	1 054.7912	1 238.6363	1 454.2014	1 706.8031	2 002.6156	2 348.8033
26	290.0883	342.7627	405.2721	479.4306	567.3773	671.6330	795.1653	941.4647	1 114.6336	1 319.4890	1 561.6818	1 847.8358	2 185.7079	2 584.3741	3 054.4443
27	337.5024	402.0323	479.2211	571.5224	681.8528	813.6759	971.1016	1 159.0016	1 383.1457	1 650.3612	1 968.7191	2 347.7515	2 798.7061	3 334.8426	3 971.7776
28	392.5028	471.3778	566.4809	681.1116	819.2233	985.5479	1 185.7440	1 426.5719	1 716.1007	2 063.9515	2 481.5860	2 982.6444	3 583.3438	4 302.9470	5 164.3109
29	456.3032	552.5121	669.4475	811.5228	984.0680	1 193.5129	1 447.6077	1 755.6835	2 128.9648	2 580.9394	3 127.7984	3 788.9583	4 587.6801	5 551.8016	6 714.6042
30	530.3117	647.4391	790.9480	966.7122	1 181.8816	1 445.1507	1 767.0813	2 160.4907	2 640.9164	3 227.1743	3 942.0260	4 812.9771	5 873.2306	7 162.8241	8 729.9855

附表四　　**年金现值系数表**

n	1%	2%	3%	4%	5%	6%	7%	8%	9%	10%	11%	12%	13%	14%	15%
1	0.9901	0.9804	0.9709	0.9615	0.9524	0.9434	0.9346	0.9259	0.9174	0.9091	0.9009	0.8929	0.8850	0.8772	0.8696
2	1.9704	1.9416	1.9135	1.8861	1.8594	1.8334	1.8080	1.7833	1.7591	1.7355	1.7125	1.6901	1.6681	1.6467	1.6257
3	2.9410	2.8839	2.8286	2.7751	2.7232	2.6730	2.6243	2.5771	2.5313	2.4869	2.4437	2.4018	2.3612	2.3216	2.2832
4	3.9020	3.8077	3.7171	3.6299	3.5460	3.4651	3.3872	3.3121	3.2397	3.1699	3.1024	3.0373	2.9745	2.9137	2.8550
5	4.8534	4.7135	4.5797	4.4518	4.3295	4.2124	4.1002	3.9927	3.8897	3.7908	3.6959	3.6048	3.5172	3.4331	3.3522
6	5.7955	5.6014	5.4172	5.2421	5.0757	4.9173	4.7665	4.6229	4.4859	4.3553	4.2305	4.1114	3.9975	3.8887	3.7845
7	6.7282	6.4720	6.2303	6.0021	5.7864	5.5824	5.3893	5.2064	5.0330	4.8684	4.7122	4.5638	4.4226	4.2883	4.1604
8	7.6517	7.3255	7.0197	6.7327	6.4632	6.2098	5.9713	5.7466	5.5348	5.3349	5.1461	4.9676	4.7988	4.6389	4.4873
9	8.5660	8.1622	7.7861	7.4353	7.1078	6.8017	6.5152	6.2469	5.9952	5.7590	5.5370	5.3282	5.1317	4.9464	4.7716
10	9.4713	8.9826	8.5302	8.1109	7.7217	7.3601	7.0236	6.7101	6.4177	6.1446	5.8892	5.6502	5.4262	5.2161	5.0188
11	10.3676	9.7868	9.2526	8.7605	8.3064	7.8869	7.4987	7.1390	6.8052	6.4951	6.2065	5.9377	5.6869	5.4527	5.2337
12	11.2551	10.5753	9.9540	9.3851	8.8633	8.3838	7.9427	7.5361	7.1607	6.8137	6.4924	6.1944	5.9176	5.6603	5.4206
13	12.1337	11.3484	10.6350	9.9856	9.3936	8.8527	8.3577	7.9038	7.4869	7.1034	6.7499	6.4235	6.1218	5.8424	5.5831
14	13.0037	12.1062	11.2961	10.5631	9.8986	9.2950	8.7455	8.2442	7.7862	7.3667	6.9819	6.6282	6.3025	6.0021	5.7245
15	13.8651	12.8493	11.9379	11.1184	10.3797	9.7122	9.1079	8.5595	8.0607	7.6061	7.1909	6.8109	6.4624	6.1422	5.8474
16	14.7179	13.5777	12.5611	11.6523	10.8378	10.1059	9.4466	8.8514	8.3126	7.8237	7.3792	6.9740	6.6039	6.2651	5.9542
17	15.5623	14.2919	13.1661	12.1657	11.2741	10.4773	9.7632	9.1216	8.5436	8.0216	7.5488	7.1196	6.7291	6.3729	6.0472
18	16.3983	14.9920	13.7535	12.6593	11.6896	10.8276	10.0591	9.3719	8.7556	8.2014	7.7016	7.2497	6.8399	6.4674	6.1280
19	17.2260	15.6785	14.3238	13.1339	12.0853	11.1581	10.3356	9.6036	8.9501	8.3649	7.8393	7.3658	6.9380	6.5504	6.1982
20	18.0456	16.3514	14.8775	13.5903	12.4622	11.4699	10.5940	9.8181	9.1285	8.5136	7.9633	7.4694	7.0248	6.6231	6.2593
21	18.8570	17.0112	15.4150	14.0292	12.8212	11.7641	10.8355	10.0168	9.2922	8.6487	8.0751	7.5620	7.1016	6.6870	6.3125
22	19.6604	17.6580	15.9369	14.4511	13.1630	12.0416	11.0612	10.2007	9.4424	8.7715	8.1757	7.6446	7.1695	6.7429	6.3587
23	20.4558	18.2922	16.4436	14.8568	13.4886	12.3034	11.2722	10.3711	9.5802	8.8832	8.2664	7.7184	7.2297	6.7921	6.3988
24	21.2434	18.9139	16.9355	15.2470	13.7986	12.5504	11.4693	10.5288	9.7066	8.9847	8.3481	7.7843	7.2829	6.8351	6.4338
25	22.0232	19.5235	17.4131	15.6221	14.0939	12.7834	11.6536	10.6748	9.8226	9.0770	8.4217	7.8431	7.3300	6.8729	6.4641
26	22.7952	20.1210	17.8768	15.9828	14.3752	13.0032	11.8258	10.8100	9.9290	9.1609	8.4881	7.8957	7.3717	6.9061	6.4906
27	23.5596	20.7069	18.3270	16.3296	14.6430	13.2105	11.9867	10.9352	10.0266	9.2372	8.5478	7.9426	7.4086	6.9352	6.5135
28	24.3164	21.2813	18.7641	16.6631	14.8981	13.4062	12.1371	11.0511	10.1161	9.3066	8.6016	7.9844	7.4412	6.9607	6.5335
29	25.0658	21.8444	19.1885	16.9837	15.1411	13.5907	12.2777	11.1584	10.1983	9.3696	8.6501	8.0218	7.4701	6.9830	6.5509
30	25.8077	22.3965	19.6004	17.2920	15.3725	13.7648	12.4090	11.2578	10.2737	9.4269	8.6938	8.0552	7.4957	7.0027	6.5660

续表

n	16%	17%	18%	19%	20%	21%	22%	23%	24%	25%	26%	27%	28%	29%	30%
1	0.8621	0.8547	0.8475	0.8403	0.8333	0.8264	0.8197	0.8130	0.8065	0.8000	0.7937	0.7874	0.7813	0.7752	0.7692
2	1.6052	1.5852	1.5656	1.5465	1.5278	1.5095	1.4915	1.4740	1.4568	1.4400	1.4235	1.4074	1.3916	1.3761	1.3609
3	2.2459	2.2096	2.1743	2.1399	2.1065	2.0739	2.0422	2.0114	1.9813	1.9520	1.9234	1.8956	1.8684	1.8420	1.8161
4	2.7982	2.7432	2.6901	2.6386	2.5887	2.5404	2.4936	2.4483	2.4043	2.3616	2.3202	2.2800	2.2410	2.2031	2.1662
5	3.2743	3.1993	3.1272	3.0576	2.9906	2.9260	2.8636	2.8035	2.7454	2.6893	2.6351	2.5827	2.5320	2.4830	2.4356
6	3.6847	3.5892	3.4976	3.4098	3.3255	3.2446	3.1669	3.0923	3.0205	2.9514	2.8850	2.8210	2.7594	2.7000	2.6427
7	4.0386	3.9224	3.8115	3.7057	3.6046	3.5079	3.4155	3.3270	3.2423	3.1611	3.0833	3.0087	2.9370	2.8682	2.8021
8	4.3436	4.2072	4.0776	3.9544	3.8372	3.7256	3.6193	3.5179	3.4212	3.3289	3.2407	3.1564	3.0758	2.9986	2.9247
9	4.6065	4.4506	4.3030	4.1633	4.0310	3.9054	3.7863	3.6731	3.5655	3.4631	3.3657	3.2728	3.1842	3.0997	3.0190
10	4.8332	4.6586	4.4941	4.3389	4.1925	4.0541	3.9232	3.7993	3.6819	3.5705	3.4648	3.3644	3.2689	3.1781	3.0915
11	5.0286	4.8364	4.6560	4.4865	4.3271	4.1769	4.0354	3.9018	3.7757	3.6564	3.5435	3.4365	3.3351	3.2388	3.1473
12	5.1971	4.9884	4.7932	4.6105	4.4392	4.2784	4.1274	3.9852	3.8514	3.7251	3.6059	3.4933	3.3868	3.2859	3.1903
13	5.3423	5.1183	4.9095	4.7147	4.5327	4.3624	4.2028	4.0530	3.9124	3.7801	3.6555	3.5381	3.4272	3.3224	3.2233
14	5.4675	5.2293	5.0081	4.8023	4.6106	4.4317	4.2646	4.1082	3.9616	3.8241	3.6949	3.5733	3.4587	3.3507	3.2487
15	5.5755	5.3242	5.0916	4.8759	4.6755	4.4890	4.3152	4.1530	4.0013	3.8593	3.7261	3.6010	3.4834	3.3726	3.2682
16	5.6685	5.4053	5.1624	4.9377	4.7296	4.5364	4.3567	4.1894	4.0333	3.8874	3.7509	3.6228	3.5026	3.3896	3.2832
17	5.7487	5.4746	5.2223	4.9897	4.7746	4.5755	4.3908	4.2190	4.0591	3.9099	3.7705	3.6400	3.5177	3.4028	3.2948
18	5.8178	5.5339	5.2732	5.0333	4.8122	4.6079	4.4187	4.2431	4.0799	3.9279	3.7861	3.6536	3.5294	3.4130	3.3037
19	5.8775	5.5845	5.3162	5.0700	4.8435	4.6346	4.4415	4.2627	4.0967	3.9424	3.7985	3.6642	3.5386	3.4210	3.3105
20	5.9288	5.6278	5.3527	5.1009	4.8696	4.6567	4.4603	4.2786	4.1103	3.9539	3.8083	3.6726	3.5458	3.4271	3.3158
21	5.9731	5.6648	5.3837	5.1268	4.8913	4.6750	4.4756	4.2916	4.1212	3.9631	3.8161	3.6792	3.5514	3.4319	3.3198
22	6.0113	5.6964	5.4099	5.1486	4.9094	4.6900	4.4882	4.3021	4.1300	3.9705	3.8223	3.6844	3.5558	3.4356	3.3230
23	6.0442	5.7234	5.4321	5.1668	4.9245	4.7025	4.4985	4.3106	4.1371	3.9764	3.8273	3.6885	3.5592	3.4384	3.3254
24	6.0726	5.7465	5.4509	5.1822	4.9371	4.7128	4.5070	4.3176	4.1428	3.9811	3.8312	3.6918	3.5619	3.4406	3.3272
25	6.0971	5.7662	5.4669	5.1951	4.9476	4.7213	4.5139	4.3232	4.1474	3.9849	3.8342	3.6943	3.5640	3.4423	3.3286
26	6.1182	5.7831	5.4804	5.2060	4.9563	4.7284	4.5196	4.3278	4.1511	3.9879	3.8367	3.6963	3.5656	3.4437	3.3297
27	6.1364	5.7975	5.4919	5.2151	4.9636	4.7342	4.5243	4.3316	4.1542	3.9903	3.8387	3.6979	3.5669	3.4447	3.3305
28	6.1520	5.8099	5.5016	5.2228	4.9697	4.7390	4.5281	4.3346	4.1566	3.9923	3.8402	3.6991	3.5679	3.4455	3.3312
29	6.1656	5.8204	5.5098	5.2292	4.9747	4.7430	4.5312	4.3371	4.1585	3.9938	3.8414	3.7001	3.5687	3.4461	3.3317
30	6.1772	5.8294	5.5168	5.2347	4.9789	4.7463	4.5338	4.3391	4.1601	3.9950	3.8424	3.7009	3.5693	3.4466	3.3321